21世纪新闻传播学系列教材

报纸编辑学教程

郑兴东　陈仁风　蔡　雯　著

中国人民大学出版社
·北京·

总 序

20世纪以来的一百年，是世界新闻传播事业飞速发展的一百年。这一百年来，随着科学技术的不断发展，继报纸、期刊、通讯社之后，广播、电视和互联网络相继问世，新闻传播的媒介日趋多元化，新闻传播的手段日趋现代化，“地球村”变得越来越小，新闻传播事业对世界政治经济和文化的影响，则变得越来越大。

这一百年，也是中国新闻事业飞速发展的一百年。其中最后的二十年，即改革开放以来的二十年，发展得尤为迅猛。综合有关部门发表的统计数字，截至本世纪的最后一年，全国已有公开发行的报纸两千一百种，通讯社两家，广播电台一千二百座，有线和无线电视台三千多座。其中，报纸年出版总数达到一百九十五亿份，广播人口覆盖率达到88．2％，电视人口覆盖率达到89％，电视受众超过九亿。与此同时，全国各类新闻从业人员的总数，也已超过五十五万人。这样大的发展规模，这样快的发展速度，在世界和中国新闻事业史上都是空前的。现在已经是世纪之交，回顾既往，盱衡未来，新闻传播事业在即将到来的21世纪，还将会保持着旺盛的发展势头。新闻传播，作为上层建筑、意识形态的一个重要组成部分，在全面准确地宣传党的基本理论、基本路线和基本方针以及各项决策，反映人民群众的伟大业绩和精神风貌，以及推动改革开放和社会主义现代化建设等方面，必将继续发挥着重要的导向作用。

与新闻传播事业的发展相配合，这一百年来，为中国的新闻战线培养和输送人才的中国新闻教育，也有了相应的发展。中国的新闻教育起始于本世纪初叶，有八十多年的历史。新中国成立前的三十年，虽然先后在个别院校中设立了新闻系或新闻专科，但规模都不大，设备也不够完善，在校学生的人数，最多的时候不超过四百人，三十年间累计培养出来的毕业生人数还不到三千人。新中国建立后，为了为新中国的新闻事业培养人才，新闻教育继续有所发展，但到 60 年代中期为止，全国的新闻教育机构也还只有十四家。当时全国共有三百四十三家报社，七十八座广播电台和十三家电视台，新闻系和新闻专业的学生统招统分，勉强能够满足中央和省市以上新闻单位人才方面的需求。“文化大革命”爆发后，这一发展被迫中断。中国的新闻教育得以重振旗鼓并得到空前迅猛的发展，主要还是改革开放以来二十年间的事情。这二十年来，中国新闻教育的发展和中国新闻事业的发展完全同步。截至 1999 年，全国设有新闻学类院、系、专业的高校已由改革开放之初的两三所，增加到六十所以上，专业点已超过一百个。专业教育体系已从单一的本科教育，发展到博士生、硕士生、本科生、大专生、成人教育等多层次的格局。改革开放之初，全国在校的新闻系科学生总共只有五百来人，现在仅本科生就有六千人，加上大专生和研究生接近一万人。二十年来向新闻单位输送的毕业生，累计也已超过三万人。办学层次，办学规模，办学水平，都有了很大的提高。在世纪之交，新世纪的跫跫足音已经十分临近的时刻，随着新闻传播事业的加速发展，随着新闻战线人才需求的不断增加，在可以预见的将来，中国的新闻教育肯定还将会有更大幅度的发展。

一般说来，新闻教育质量的高低，起决定作用的，主要是两个因素：一个是师资，一个是教材。两者之间，教材的作用更大。这是因为，师资的多少和良窳，往往受办学主客观条件的限制，而教材只要一旦完成，就可以直接嘉惠于学子，风行四海，无远弗届。进一步说，一部好的教材，不仅可以满足教学的需要，培养出一大批人才，而且还可以同时拥有很高的学术含量，推动新闻学研究的发展。1919 年出版的徐宝璜的《新闻学》，1927 年出版的戈公振的《中国报学史》，就是这方面的很好的例子。两书都是作者在高等学校从事新闻学和新闻史教学时，作为教材编写出来的。出版之后，立即引起世人的关注和推崇。几十年来，一再重版，历久不衰，至今仍然是公认的新闻学和新闻史方面的传世之作。正因为这样，新闻教育的前辈们，历来十分重视教材的建设。新中国成立初期的十来年，坊间出版的新闻学方面的书籍，绝大部分都是教材。改革开放以后，新闻学研究空前繁荣，新闻学方面的书籍大量问世，但教材仍然在其中占了很大的比重。这些教材，覆盖了新闻学的方方面面，经过出版家和众多作者们的长期努力，门类和品种基本配套齐全，曾经为同时期的新闻教学作出过重要的贡献。但是，随着时间的推移和新闻工作实际的飞速发展，这些教材的体例日显陈旧，观点和内容也亟待调整和更新。一些属于学科前沿和科技含量较高的新开课程的教材，尚付阙如，使现有的教材，出现了不少缺口。21世纪即将到来之际，集聚力量，重新编写出一套体系完整的，能够为新世纪的新闻教育和新闻人才培养服务的新闻传播学的系列教材，已经成为人们的共识。

呈现在读者面前的就是这样的一套系列教材，她将涵盖新闻学、传播学两个学科和新闻学、广播电视、广告三个专业。负责编写工作的，是中国人民大学、复旦大学、北京广播学院等校长期从事新闻传播学方面教学与研究工作的教授、副教授，其中有相当大的一部分人，都是相关学科的学术带头人，堪称一时之选。收入系列的教材中有国家级重点教材，有部级重点教材，其他也都是经过严格筛选的精品，所以，这套系列教材的质量是有保证的，她的权威性也将会得到社会的认同。

21世纪是一个高度信息化的时代，是信息经济和知识经济占主导地位的时代。信息经济和知识经济有两大支柱，一是以高新科技为代表的传播技术产业，二是从事新闻和信息产品生产的媒体产业。新闻传播学作为将这两大领域有机联结的桥梁，在今后的国家建设和社会发展中必将发挥越来越重要的作用。中国人民大学出版社经过精心策划，隆重推出这套系列教材，是具有高度的前瞻性和战略眼光的。在这里，我谨代表编委会和全体作者向中国人民大学出版社表示由衷的感谢。

新的世纪即将到来，中国的新闻传播事业和新闻教育事业都将有一个大的发展。这批系列教材的问世，将会为新世纪新闻传播事业和新闻教育事业的发展和繁荣，为新世纪新闻传播人才的培养，作出她应有的贡献。这是出版者和全体作者共同的一点希望。是为序。

方汉奇

1999年9月20日于中国人民大学林园

前言

报纸的历史虽已久远，但它获得主要发展是20世纪的事。这种发展不仅是指报业的发达，更主要的是指报纸理念、经验包括报纸编辑理念和经验的丰富和创新。当我们跨入21世纪时，探讨一下报纸编辑的理念，总结一下报纸编辑的历史经验，使21世纪的报纸有所借鉴，办得更好，也使我们在大学学习新闻学的同学对报纸编辑工作有一个比较系统的认识，这是一件很有意义的事。我们正是本着这种心愿来写这本教材的。

报纸编辑包括多个层面，对具体一篇稿件的选择、修改、拟标题是一个最基本的层面，大一点的是对稿群的编辑、版面的编辑，再大一点的是一个大的报道系统和整个报纸的编辑。因此，报纸编辑有微观和宏观两个层面。这本教材兼顾了这两个方面。但考虑到大学新闻院系本科生的实际需要，以前者为主。

这本教材的各章执笔人为：第一、二、九章，蔡雯；第三、四、六、七章，郑兴东；第五、八、十章，陈仁风。第七章中的第九节由彭兰执笔。郑兴东统编全稿。

在1988年，中国人民大学出版社曾出版过一本《报纸编辑学》（修订本），郑兴东和陈仁风撰写了其中新闻稿的选择、稿件的修改、稿件配置、版面设计、新闻标题、报道的组织六章。这次他们所执笔的相关章节，是参考了上述章节，并加以修改、补充而成的。

这本教材汲取了世界一些国家报纸编辑的历史经验，特别是我国改革开放以来的报纸编辑经验。但编辑是新闻园地的默默耕耘者，他们对自己参与过的新闻作品，大多未曾留下姓名，因此，在记叙编辑的成果时未能在书中一一加以注明。在此，谨向他们表示由衷的敬意和感谢。

我们都是大学教师，我们还要特别感谢学习过此门课程的同学，是他们的期盼、聆听和质疑，给予了我们从事新闻教学包括撰写此书的动力。

作　者

2001年3月12日

于中国人民大学新闻学院

目 录

第一章

概　论

第一节　当代报纸编辑工作

报纸编辑工作是伴随着报纸的诞生而出现的。在我国，早在唐代就有报纸，到清朝末年西学东渐，出现了《察世俗每月统记传》等近代报刊，报纸的编辑业务也逐渐得到发展。辛亥革命以后，报纸越办越多，办报人员的分工也越来越细，报馆纷纷借鉴日本和欧美的报社制度，设置主笔、访员、编辑等职，这才使报纸编辑的名义、地位和学术价值得以逐渐确立。

社会发展与科学技术的进步推动着报纸这一历史悠久的大众传媒不断革新，面向21世纪的报纸编辑工作也因此站在一个新起点上。

一、21世纪的报纸编辑环境

21世纪，人类社会正以前所未有的速度走向经济全球化、一体化，资本在全球范围的高速流动与优化配置，国与国、地区与地区之间的经济互接互补、贸易合作关系，使得产业经济的知识含量迅速递增，人类由此迎来了知识经济新时代。在新的历史时期，报纸这一古老的大众传媒面对的是更加开放，也更具挑战性的新环境。

（一）社会变革加剧使报纸编辑面对更加复杂多变的社会环境

我国由计划经济向社会主义市场经济体制的转轨，使社会利益组织出现多元化的趋势，这些组织与个人对新闻信息的需求都迅速增长，他们需要依赖新闻信息进行各种生产经营活动、社会交往活动和家庭生活与个人生活的决策，计划经济时期的单一的机关报模式已经远远不能满足这种新闻信息需求，报纸的类型因此日益多样化，出现了机关报、晚报、都市报、晨报、专业报、家庭生活服务报等各类报纸共同繁荣的局面。报纸的版面也在不断增加，到 20 世纪末，全国性大报与各地主要报纸的版面一般都达到十多版至几十版，报纸版面容量与西方发达国家报纸的差距不断缩小。另外，社会对信息的需求还呈现出越来越显著的差异性、变动性特点，报纸的读者出现了不断“细分”的趋势，报纸编辑面对的是越来越“挑剔”、越来越难以把握的服务对象，做好新闻传播工作的难度越来越大。与此同时，社会转型期的新情况、新问题层出不穷，比如社会观念变革、企业制度改革、人事制度改革，以及医疗、教育、住房、工资等各个领域、各个方面的变化，使得新闻传播客体也表现出复杂性、多变性的特点，因此编辑在传播活动中的决策和操作的难度不断加大。社会的加速发展还使知识更新的速度继续加快，报纸编辑需要掌握的新知识日益增多，从事这项工作使人感受到了前所未有的压力。

（二）媒介种类与数量的递增使报纸编辑面对压力强大的市场竞争环境

我国报纸在改革开放以来经历了高速发展的“黄金时代”以后，在 2000 年达到2 053种之多，不少中心城市甚至出现了多家定位相同或相近的报纸，报业竞争日趋白热化。在报纸高速发展的同时，电子新闻媒介也迅速崛起，2 000多家广播电台、3 000多家电视台成为报纸的强大竞争对手。广播以其优于报纸的传播时效、声情并茂的传播手段以及与听众实时交流的互动性吸引了大量听众，而且广播电台自 20 世纪 90 年代以来，不断进行专业划分，出现了一大批像新闻台、经济台、交通台、教育台、儿童台等专业台或专业频道，以更加明确的定位和更加周到的服务占据媒介市场。电视作为 20 世纪末与 21 世纪初社会影响力最大的传媒更是业绩骄人，各省台已经纷纷“上星”，从而使竞争突破了地域的限制，如在北京地区，观众就能够收看到 40 多个电视频道的节目。电视在新闻传播方面展示出的优势对报纸尤其构成威胁。如中央电视台从 1993 年开始的电视新闻滚动播出，还有紧跟其后推出的《焦点访谈》《新闻调查》等新闻栏目，都吸引了无数观众。正在迅速发展的网络媒介同样对报纸造成压力，2000 年我国各类型网站已经突破一万，虽然其中不乏“昙花一现”者，但像“新浪”“搜狐”

等一些实力雄厚的商业网站在新闻信息传播方面显示出来的强大攻势引人注目。网络传播的实时性、交互性，以及随着技术发展能够做得更好的多媒体传播，是报纸这种印刷媒介无法企及的。因此，报纸编辑工作在这些新媒体的冲击下，要参与新闻传播竞争，就要不断寻找和发挥自己的优势。

（三）现代科技发展使报纸编辑处于崭新的技术环境

早在20世纪40年代，西方就研制出了与电脑相连的照排技术，70年代美国、日本和西欧一些发达国家在新闻出版业中普遍使用了激光照排与胶印。1986年，我国《经济日报》采用北京大学教授王选等人研制出的华光电子出版系统获得成功，成为世界上第一家采用计算机激光屏幕组版、整版输出的中文报纸。后来，北京大学在华光电子出版系统的基础上又推出了功能更全、速度更快的“北大方正”新一代激光照排出版系统，进一步推动我国报纸告别“铅与火”的历史，走入“光与电”的时代。继电子出版系统在报界普及之后，20世纪90年代，越来越多的报社着力于研制报社内部的计算机采编系统，使报纸编辑彻底告别了纸和笔，采、编、改、排、签发等多个环节全部在网络上进行。现代科技不但改善了编辑工作条件，还使报纸编辑能够更好地开发新闻信息资源，并使编辑工作流程更加合理、高效。20世纪90年代兴起的国际互联网对我国报纸编辑工作产生了巨大影响，越来越多的编辑、记者利用互联网检索、浏览各类信息，由此得到大量的新闻线索。编辑、记者还可以利用联网数据库发掘各类新闻资料，甚至利用电子邮件进行远距离采访调查。20世纪90年代以后，越来越多的报纸利用网络资源开办了“在线”类的专版、专栏，扩大了报道面。从报社内部来看，报纸编辑流程完全成为一种网络上的运作之后，不但工作效率显著提高，而且这一流程本身的运转更加合理，并最大限度地利用了信息资源。而且，现代科技还推动了报纸编辑业务的改进，带动了报纸质量的提高和形象的改观。如计算机新闻处理系统配合使用数码相机、扫描仪及现代通讯技术，正在逐渐淘汰传统的暗房冲片及晒版工艺，新闻图片处理走上了高质量的数字化与快速网络传输的新阶段。在新闻处理系统中，新闻图片设有独立的部门库、版面库、见报图片库，能像文字稿件一样投送、转投、签发、改签，并且，图片的每一步流动都有历史记录。编辑能够在自己的工作微机上对图片进行缩放、剪裁及其他加工。在版面编排方面，激光照排系统的运用使标题与正文的字体、字号变化空间更大，电脑还可以帮助设计制作各式各样的图表，使报纸的版面语言更为丰富。这些新技术的运用推进了报纸编辑业务的创新，从报道的策划组织，到稿件的修改、版面的设计，方式更多，技巧更高。此外，卫星接收和传版系统的运用使报纸能够在异地多点印刷，保证了新闻传播的时效性，提高了报纸的服务质量。新型彩色印刷设备的使用使报纸版面告别了以往“黑、白、灰”或者只能单色套印的历史，进入了五彩缤纷的新时代，报纸的形象彻底改观。现代科技发展还展示了报纸新的发展前景，促进报纸编辑观念的革新。现代科学技术为报纸下一步发展提供了新的生存空间：报纸电子化。1993 年 12 月，《杭州日报》通过该市的一家联机服务网络进行传播，将《杭州日报·下午版》送上互联网，拉开中国报纸电子化的序幕。现在，已经有越来越多的报社开始在网络上建立自己的网站，或者借助其他网站在出版印刷媒介的同时推出报纸的电子版。报纸电子版与其印刷版相比，具有信息量更大、时效性更强、跨国界传播、廉价、读者选择性大等优势，新一代电子报纸已经不再是纸质报纸的简单翻版，它不受出版时间的限制，随时更新和补充新闻信息，读者可以从其庞大的资料库中获取新闻的背景材料，可以与报纸编辑进行双向交流，可以更多地参与新闻传播活动。从科技发展的前景看，电子报纸还将进一步向多媒体形式发展，成为一种集文字、图片、录像、声音等于一体的新型媒介。这将使报纸与广播、电视在传播方式上的差别日益缩小，共同点越来越多。所有这些改变必将促进报纸编辑更新观念，对新闻传播的时效、新闻报道的手段和方法、版面编排的规则和艺术等进行新的探讨。

二、报纸编辑工作的内容及流程

报纸是以刊载新闻和时事评论为主的定期向公众发行的印刷出版物，是大众传播的一种重要载体，具有反映和引导社会舆论的功能。同时，报纸作为一种公开出售的文化产品，要通过市场流通实现其价值和使用价值，因此又具有商品属性。在市场经济条件下，报纸的编辑、出版和发行既是一项政治性很强的工作，又要遵循市场竞争的规律，实行企业化的经营管理。

报业作为信息产业的一部分，是由报纸生产和报纸销售两大系统有机组成的。报纸生产包括产品设计、信息采集、编辑和制版印刷等环节，参与这部分运作的主要有记者、编辑、排版录入人员、制版印刷工人等；报纸销售包括向读者出售报纸和向广告商出售广告版面两方面，参与这部分运作的主要是发行部和广告部的工作人员，他们通过广告代理公司和邮局、报刊发行公司等完成广告版面和报纸的销售任务。

报社内部的分工合作是以一定的组织形式固定下来的，其中负责报纸编辑出版工作的组织机构就是报纸编辑部。在计划经济时期，“编辑部”与“报社”地位相等，编辑部既管编报，又管经营，广告部、发行部都是报纸编辑部下辖的二级部门。改革开放以后，报纸逐步走向市场，报社这种“大编辑部小经营部”的内部结构表现出明显的弊端。1995 年《羊城晚报》率先试行社长领导下的总编辑、总经理负责制，报社作为最高一层机构，编辑部与经理部地位相等，成为报社下辖的两个二级部门，编辑部管办报，经理部管经营（包括广告、发行和多种经营）。这种新机制合乎市场经济新形势的需要，逐渐在报界得到推广。在这种新型的报社机构中，报纸编辑工作并未削弱，相反，依靠报纸日益健全的销售系统，报纸编辑能够更及时、更全面地把握读者构成和读者需求的变化，据此不断调整编辑方针，更有效地设计报纸、策划报道，不断改进各项编辑业务。

报纸编辑部的最高领导人是总编辑，最高领导机构是编委会。编委会是由正副总编辑和一些重要编辑部门的负责人组成的。

报纸编辑部下辖的部门是各专业部，如人民日报社编委会管辖之下，有总编室、评论部、经济部、教科文部、国内政治部、理论部、群工部、国际部、文艺部、记者部等部门。在一些报社，专业部直接负责报纸版面编辑工作，如总编室负责要闻版的编辑，经济部负责经济新闻版的编辑，国际部负责国际新闻版和国际副刊的编辑等，这些报社专业部的人员在家是编辑，出外是记者，称作“采编合一”。也有一些报社实行“采编分离”制度，专门设版面主编负责版面编辑工作，编辑人员不采访，专业部的记者只做采访工作，不承担编版任务。

总编辑与编委会对各专业部和各个版的领导，以及各个部门之间的协调合作，主要通过“编前会”制度来落实。“编前会”，就是在每期报纸组版之前，由报社的值班总编辑和编委或总编室主任主持、各专业部门负责人参加的版面协调会。各版主编在编前会上汇报第二天版面编排的设想和稿件情况，各部门沟通情况，对版面上可能出现的问题及时安排解决，对近期的重要报道选题进行落实和布置。此外，总编室除了负责要闻版的编辑，也负有协调其他各部门的版面矛盾的责任。

总之，在报业运作系统中，报纸编辑工作是报纸生产过程中的重要环节之一，其主要任务是设计和编辑报纸。我们可以这样概括报纸编辑工作：

报纸编辑工作指报纸编辑在报纸生产过程中所进行的一系列工作。报纸编辑工作的内容包括策划、编稿和组版三部分。策划指报纸的整体设计和新闻报道的策划与组织；编稿指分析与选择稿件、修改稿件和制作标题；组版指配置版面的内容和设计报纸版面。

报纸编辑工作是一项由众多环节组成的“系统工程”，不同的岗位，不同的业务职能，形成了编辑工作的多种类型。

报纸编辑工作种类的划分较为复杂，划分的标准不同，编辑工作种类也不同。

（一）按管辖范围和责任大小划分具有的类型

1. 总编辑

编辑部门总负责人。其主要职能是：拟订编辑方针、设计报纸方案；随时指导编辑部人员（包括编辑、记者、评论员、资料员等）的工作；对编辑部工作中出现的问题进行裁决；对重要的或有疑问的稿件、标题、报纸的大样清样进行审读、签发。

2. 编辑部主任

编辑部下属各具体业务部门的负责人。其主要职能是：拟订本部门报道规划并组织和调控报道；审读、挑选、修改、签发本部门记者和通讯员的稿件，并分别提供给有关版面主编。

3. 版面主编

负责设计、组拼报纸版面的编辑。其主要职能是：设计版面的报道内容与形式、审读、选择和修改稿件、修改标题、配置版面的内容、设计版面、校对样张。

4. 编辑

协助编辑部主任和版面主编工作，担负一定范围的稿件编辑任务的人员。其主要职能是：审读、初选和修改稿件、制作标题。

5. 校对

从事新闻出版过程中校对工作的专职人员。其主要职能是：根据文字原稿或定本核对校样，订正差错，保证出版物的质量。

（二）新闻编辑工作按业务程序划分具有的类型

1. 日班编辑

编辑部组织日常宣传报道的人员。其主要工作包括策划报道、布置采访、联系作者，处理、修改和提供稿件等。

2. 夜班编辑

负责每天报纸最后发排工作的编辑，因需要上夜班而得名。其主要职能是处理日班编辑送来的稿件，确定当天报纸的内容，对版面内容进行配置，修改标题、设计版面等，并必须在规定的付印时间之前完成。通常只有日报才有夜班编辑。

3. 内务编辑

又称“编务”，是负责编辑部内部业务事宜的工作人员。其主要工作是搜集、研究和整理内部情况，汇集和编写各种资料，出版内部新闻业务交流刊物，培训通讯员骨干等。

（三）新闻编辑工作还可按编辑内容的专业划分

可分为政治编辑、文教编辑、经济编辑、体育编辑等等。这种划分在不同的报社情况不同，有粗有细。如综合性报纸，负责编辑经济新闻的编辑为数不多，称作经济编辑。而在经济类专业报纸中，经济编辑还要更详细地分为工交编辑、财贸编辑、农业编辑等等。

报纸编辑工作是报纸生产中最重要的部分之一，由多道工序组成，报纸编辑工作各工序安排的程序就是报纸编辑工作流程。

对编辑工作流程的全面理解，是将报纸由创刊伊始至报纸出版问世作为一个完整的生产周期，编辑在这一周期中各项工序的安排程序就是报纸编辑工作流程。如图 1—1。

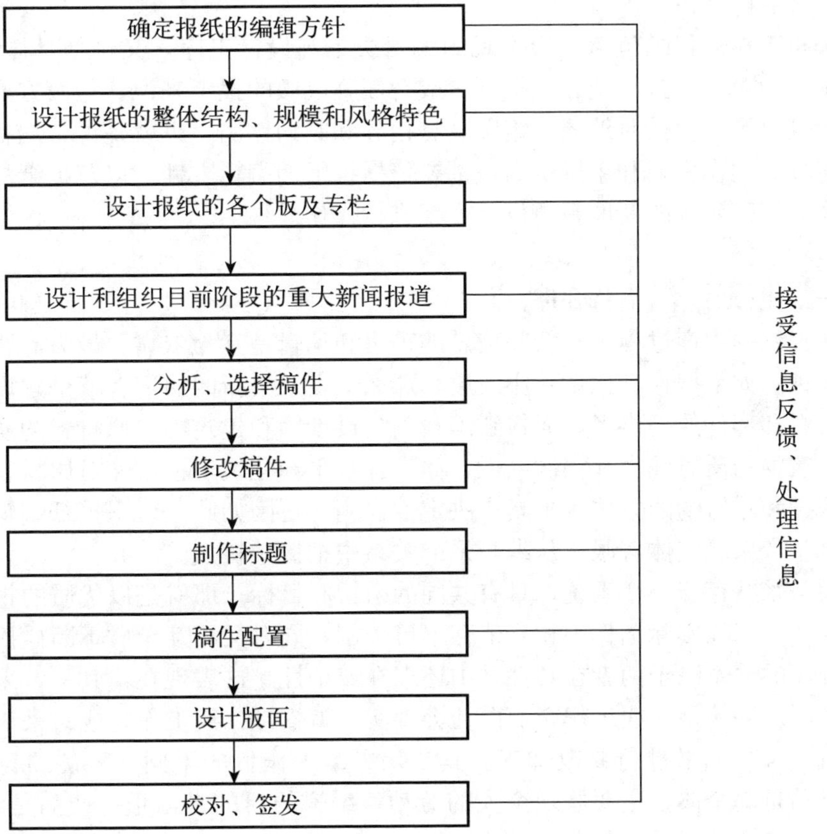

图 1—1　报纸编辑工作流程图

在编辑工作流程中，首先是以总编辑为首的编辑委员会在调查读者需求和媒介市场的基础上，根据办报方针，确立报纸的编辑方针，并设计出报纸方案。报纸设计方案对报纸的规模如共出多少版面、报纸结构如各类型版面的分工组合，以及报纸的风格特色作出详细规划。然后，各专业编辑部门的负责人或版面主编对当前阶段的重大报道进行策划，包括确定报道选题、设计报道范围与重点、确定报道规模与进程、拟订发稿计划、设计报道方式与表现形式、确定报道力量的配置和报道运行机制等。在这些决策性工作程序之后，要将策划方案具体落实到人，编辑工作就进入了微观操作阶段，从分析和选择稿件、修改稿件、制作标题、配置稿件、设计版面到校对和签发清样。此外，接受信息反馈和处理各类信息是这一流程中贯穿始终的一项工作，报纸编辑在任何一道工作程序中都要有意识地接受来自记者、作者、读者等各方面的意见和建议，并据此对正在进行的工序作出必要的修正。

编辑工作流程既包括较为宏观的编辑决策与设计工序，又包括具体的编稿、组版工序。对于一张新创办的报纸，或者面临改版的报纸来说，这两方面缺一不可，而且决策与设计对编稿与组版具有指导和制约作用，也就是说，编辑选择和修改稿件、制作标题和组拼版面，都要依据报纸的编辑方针，以及报纸的整体设计方案和当时阶段的新闻报道设计方案进行操作。

三、报纸编辑工作的特点

在报纸的生产过程中，新闻信息的采集和编辑是互为依靠、最为需要的两大业务工种。如果把报纸比做一座大厦，那么负责采集新闻的记者就是建设这座大厦的材料和部件的提供者，而报纸编辑则是设计师和建筑师。原材料的质量，决定了建筑物的质量优劣和档次高低，而设计水平和建筑工艺，又对原材料功用的发挥程度和建筑物的总体水平具有决定性作用。正因如此，认识报纸编辑工作要从报纸生产系统整体着眼，从编与采的关系中把握其特点。

编与采共存于一个系统，具有共同的宗旨和目标，那就是以优质的报纸为读者服务。它们在实际运作中相互依存不可分割，同时又相互矛盾不断碰撞。这种对立统一的关系缘于两者在共性之中还存在着个性。这表现在：其一，采编工作性质不同。采访是一线工作，面向社会现实；编辑是二线工作，或对采访提供指南，或对采写成果进行修改加工。其二，采编工作目的不同。采访的目的是写稿，产品是单个体，主要体现个人的劳动；编辑的目的是出报，产品是综合体，主要体现集体的劳动。其三，采编工作方式不同。采访可以由记者独立承担，自始至终一人进行；编辑工作必须集体来做，由许多环节组成，从总编辑策划报纸、部主任设计报道方案到夜班编辑设计出版面，环环相扣，全体协作。

采与编两大业务的不同点导致了两者不可避免的矛盾。一是编辑的指挥是否得当、决策是否正确，影响记者采访的成败和水平的发挥，容易出现矛盾。二是编辑对稿件的取舍和修改，关系记者劳动成果的体现，容易出现意见分歧。三是编辑的人品修养和业务素质能影响采编的合作效果，比如那些以稿谋私或业务水平低下、工作不负责任的编辑就难以公正、合理地处理与记者的关系，难免造成种种冲突和矛盾。从编辑工作在报纸生产系统中所处的特殊位置以及编采关系的这种矛盾统一性中，可以看到，报纸编辑工作具有这几方面特点：

（一）相对于报纸及其新闻传播活动而言是“总设计”与“总指挥”

在社会主义市场经济条件下，我国新闻媒介面对的已经不是媒介供不应求的“卖方市场”，而是受众自由选择媒介的“买方市场”。媒介间的竞争首先是媒介产品质量和服务质量的竞争，而产品质量和服务质量又主要体现在新闻传播效果上。读者欢迎的是新闻信息量大、时效性强、可信度高、可读性强的报纸，报纸这些品质不是自然生成的，必须靠有创意的报纸设计和有意识、有组织的新闻传播活动来营造。而报纸编辑工作的一项任务就是策划报纸和策划、组织新闻传播活动。

1. 报纸编辑是报纸编辑方针的制定者，是报纸整体形象的设计师

报纸创办或者改版，以总编辑为首的编辑委员会担负着制定编辑方针的任务，编辑方针规定了报纸的读者对象、报道内容、报纸水准和风格特色，这将成为今后编辑部全体人员共同遵守的行动纲领，成为所有新闻业务活动的指南。报纸编辑还担负着设计报纸的规模、结构和外在形象的任务，每一块版面、每一个专栏都是报纸编辑策划的结晶，它们作为报纸的有机组成部分，成为向广大读者传递新闻信息的载体。报纸的政治水平、文化水平以及专业水平，都受到编辑策划的制约，报纸的外在形象更是编辑设计的直接产物。20 世纪 80 年代以后，我国报界出现“扩版热”“改版热”，新创办的报纸也层出不穷。报纸作为一种文化产品，其读者定位、产品设计和形象包装问题引起越来越广泛的重视，报纸编辑工作在这方面的功能今后还将不断加强。

2. 报纸编辑是每一阶段新闻报道活动的策划者和组织者

报纸的总编辑、编辑部主任、版面主编等都担负着策划和组织新闻报道的任务，这项任务在任何报社都常规性地、日益频繁地进行着。社会经济和科学技术的发展，使报纸读者对新闻传播的需求不断提高，他们已经不仅仅满足于获知新近变动的新闻事实，而要求报纸围绕新闻事件或社会现象提供尽可能详尽的背景资料，解释其产生的原因，分析其带来的影响，预测其发展的趋向。为此，新闻报道要由平面式走向立体式，从单向性走向多向性，追踪报道、系列报道、组合

报道等运用得越来越多，报纸编辑设计报道和组织报道的任务也越来越重。

3. 报纸编辑是记者从事采访写作的指挥员和参谋

报纸编辑不仅策划报道，而且是每一个重大报道战役的指挥者，他们向记者部署采访任务，协调各部门和记者之间的关系，随时了解记者的工作情况并为其提供力所能及的帮助，比如提供采访线索、提供资料、推荐合作者等，在记者的采访写作过程中，编辑还要为其做好参谋。在新闻竞争日趋激烈的今天，即使是并不重要的报道，记者也愿意和编辑沟通情况，听取他们的意见和建议，因为编辑与记者的工作性质不同，更习惯于站在全局的高度看问题，可以弥补记者对报道客体认识的不足，帮助记者找到更有价值的选题和更好的报道角度，使其写出优秀的新闻作品。可以说，新闻竞争越激烈，报社越需要足智多谋、指挥有方的编辑。

（二）相对于新闻传播活动而言是“集大成者”和“总把关人”

如果说记者的工作对象是单篇的稿件的话，那么编辑的工作对象则是报纸这样一种集合体。由于编辑工作的目标是生产出由各类稿件组合成的综合产品——报纸，报纸编辑就必然处在精加工和总合成的位置。编辑部的各类工作人员如记者、资料员、评论员、照排技术人员等，无一不与编辑工作发生联系，他们的劳动成果通过编辑工作汇集成一体。在已经运用计算机采编系统的报社，网络系统上的一个个编辑工作站实际就是一个个枢纽，来自各方面的稿件都集中在这些工作站的“备稿库”中。各部门编辑对这些稿件进行分类、选择、加工，不合格的产品被退还，编好准备采用的稿件则放进“成品库”中。总编室白班编辑根据当天版面的需要，从“成品库”中选取稿件再度进行加工和配置，经过这轮处理的稿件就进入了“上版库”，留待版面编辑将其设计成完整的版面。设计好的版面再由技术人员照排制版，印刷成报纸。采编系统中的三类稿库，既是编辑的作业场所，又是记者、评论员、资料员等劳动成果的集中地。采编网络系统的运行，使编辑在网络上与各工种对话、合作，而编辑工作的最终目标，就是将编辑部门所有人的劳动成果在报纸上集中体现出来，向广大读者奉献一份高质量的文化产品。所以说，编辑工作是对各项采编业务的集大成。

在新闻传播活动过程中，编辑工作又是新闻传达至读者的最后一个关卡。以一篇新闻稿来说，从最初的选题、采写、修改到上版面、印成铅字与读者见面，编辑是它的加工者，也是最后一个把关人。有人把编辑比作足球场上的守门员，如果说传球失误还可以寻找机会更正，或者被守门员拦住而不至造成败局的话，守门员的失误却将无法修正，造成的损失无法弥补。虽然记者、作者对新闻都有自行“把关”的责任，但编辑由于其特殊的地位，在把关上担负的责任更为重大。这种把关既包括杜绝新闻报道在政治思想和政策上的差错，也包括其事实的技术性的差错。新闻编辑无法阻止各种差错的出现，但必须把一切差错消灭在版面之外，保证新闻传播的真实性和准确性。

（三）对于新闻素材的“再认识”和“再创作”

当记者、作者把新闻稿交到编辑部时，这些稿件已是对原始的新闻素材的选择和加工后的成品，但是，这些成品并不一定完全符合报纸的要求。编辑选择和处理稿件，首先是对新闻素材重新认识的过程。由于新闻采写与编辑工作的种种差异，编辑和记者往往是从不同的角度看待新闻选题和新闻素材的。工作在一线的记者对事物的感受更加真实、深切，但也可能因为身在其中难以保持客观冷静，而且视野会受到限制。编辑所处的位置相对超脱，更多地从全局上考虑问题，对报纸的报道立场和原则把握得更加到位，对同类情况有更多的报道经验，因此有可能看到记者尚未意识到的问题，发现新闻素材中潜在的价值，找到更好的报道角度。编辑对于新闻素材的再认识，还与编辑面对的新闻稿件众多，可以相互比较、相互联系有关系。有时一条稿件的主题与另一稿件的主题是对立的或者相关的，编辑通过对比、联想、拓展，就能从中提升出一个更深刻的报道主题，或者发现更有价值的新闻线索，重新策划和组织报道。

报纸编辑对于新闻稿件的加工修改，不是简单的“剪刀加糨糊”的技术性工作，而是根据编辑方针和报道意图对新闻素材的再挖掘和再表现的过程，是富有创造性的劳动。当然，编辑对新闻素材的“再创作”要以新闻事实为依据，不能主观随意地添加或杜撰，不能违背事物的本质和规律，从这一点来说，新闻编辑的能动性、创造性又是受到制约的。

报纸编辑对新闻素材的再创作主要从这几个方面体现：

1. 对新闻素材的重新选择和组合

编辑与记者的岗位不同，视野也往往不同。记者一般对社会现实了解颇多，对自己所从事报道的领域非常熟悉，但对全面的情况和读者的要求却往往不如编辑清楚，在写稿时可能不得要领，使新闻素材的潜力得不到充分发挥。编辑选稿、改稿、拟标题，就是要使最有新闻价值的内容得到突出处理，更深入、更全面地报道新闻事实。

2. 对新闻表现形式的再创造

形式是为内容服务的，形式的运用往往又关系到内容传播的效果。新闻编辑对于新闻表现形式的创造主要通过变化稿件的写作方式和安排稿件的版面形式来实现。此外，对单个的稿件进行发展或组合，通过一系列的稿件的综合表现，使受众了解事物发展的全貌，也是编辑对于新闻素材的创造性运用。

第二节　报纸编辑人才

一、报纸编辑的多重角色

报纸编辑部门在报纸的生产系统中处于核心位置，这种特殊地位赋予其从业人员多重角色，要求从事这项工作的人具备某些必要的知识与技能。

（一）报纸编辑部门是报纸生产系统的设计和决策中心

对于报纸这种特殊的文化产品来说，如何选择目标读者、如何确定报道内容、如何确立报纸水准和风格特色，报纸编辑特别是那些负有领导责任的编辑是最有发言权的。编辑的决策与设计为记者采访写作、编辑编稿、组版指明了方向，确定了专业规范，进而从根本上决定了报纸的内在品质和外在形象。

报纸作为一种大众传播媒介，首要功能是传播新闻信息，而客观存在的新闻信息是无穷无尽的，选择什么信息进行传播，如何传播，报纸编辑也掌握着主动权，他们确定每个时期的报道选题并策划和组织报道，这种设计和决策引导记者根据报纸的需要采访写稿，引导编辑根据报纸的需要处理稿件和版面，最终使报纸达到预期的水准。由此而言，“决策者”与“设计师”是报纸编辑部赋予编辑人员的最重要的一种角色。

（二）报纸编辑部门是报纸生产系统的指挥和调度中心

报纸生产是由诸多工种和工序集合进行的，这一系统的有序运转离不开报纸编辑（主要是中高层编辑人员）的指挥调度。特别是在从事重大新闻报道的时候，为了保证新闻传播的时效性，保证报纸的高质量高水平，需要记者、编辑、资料员、技术人员、印刷工人等协同作战，各环节畅通无阻，各工种默契配合。报纸编辑实际上担任了“管理者”的角色，指挥各个生产环节，调度人力物力，并力求提高整体效率，使出报工作顺利进行。

（三）报纸编辑部门是单个新闻产品的加工和组装中心

报纸是由各类稿件组合而成的综合性产品，报纸编辑的工作对象主要是各种类型的单篇的稿件，这些稿件在很多情况下并不完全合乎报纸的要求，需要编辑进行加工修改。最后，版面编辑还将根据版面的需要对这些稿件进行配置，有的要配资料、言论、图片等，有的要将若干条稿件组织在一起，形成“稿群”，再通过版面设计，将各类稿件、稿群组装为一个完整的版面。报纸编辑所从事的这种加工和组装的工作能够提高原稿件的质量，并且使新闻材料的潜在价值得到更大程度的发掘，保证了报纸这一综合性产品的水平。在这些工作环节中，编辑作为新闻产品的“生产者”与新闻传播的“把关人”的角色特点得到了充分的体现。

（四）报纸编辑部门还是报纸生产系统与报纸销售系统相互联系的重要枢纽

报纸编辑是报纸的设计者和生产者，而他所生产的报纸必须通过报纸销售系统才能传递到读者手中，实现其价值和使用价值。反过来，报纸销售系统运转的关键又取决于报纸的质量，只有那些办得好的报纸才能赢得较大的读者群，从而也赢得较多的广告份额。因此，报纸的生产系统与销售系统是相互依存、相互影响的，从销售系统反馈回来的读者信息、广告经营信息对报纸的设计和生产具有重大价值，而对报纸设计和生产的改进又是促进报纸销售的主导力量。在这两大系统的互动中，报纸编辑部门是实现信息和能量转换的枢纽，编辑要以销售系统的信息为决策依据之一，将信息转化为报纸改进的能量，进而提高办报水平，促进报纸的销售。从这个角度来看，报纸编辑还是有关报纸运作的“信息采用者”。

二、报纸编辑的知识结构

报纸编辑所担任的多重角色要求编辑具备相对合理的知识结构。所谓知识结构，指的是各种学科知识在人的头脑中的组织方式，包括这些学科知识的配置比例、内部联系和协同关系。编辑的知识结构就是指从事编辑工作的人员所掌握的知识的组合构架情况。

当代社会正处在新学科新知识有如爆炸般剧增的状态，对每一个人来说，时间与精力都是有限的，要真正成为无所不通、无所不精的全才其实很难，编辑也不例外。然而，报纸是一本“大百科全书”，很难说有哪一类知识是报纸上不涉及的，编这样的“全书”，不具备广博的知识就会时时碰壁。因此，报纸编辑就要根据自己的工作需要，通过不断的学习与积累，使自己的知识结构能够适应其角色特点的要求。

报纸编辑工作是一种制造文化产品的工作，这与其他文化产品的编辑工作有相通之处，那就是都涉及对人类文化的记载与传播，这一点决定了报纸编辑需要具备一般编辑都应具备的基础知识与百科知识，否则就无法从事这项工作。另一方面，报纸编辑所加工处理的信息又是有个性的信息，从内容上看，这类信息具有新闻性、时效性，因此往往具有更大的社会影响力；从形式上看，这类信息是以语言文字和图片、色彩这些适用于印刷媒体的传播符号表现的，在处理方法和技巧上有着与其他媒体的编辑不相同的地方。因此，报纸编辑工作还要求它的从业人员具备某些专业知识。而且，编辑工作往往是细分成不同专业与领域的，还要求从业者成为他所分管的这些专业和领域中的行家，也就是要具备专业修养。所以，归纳起来，基础知识、百科知识和专业知识应是报纸编辑的基本知识构成。

（一）基础知识

基础知识主要指文、史、哲知识。对报纸编辑来说，具备广博的文学知识以及驾驭文字的能力是做好编辑工作的前提，因为编辑每天要选择和处理大量的新闻信息，语言文字是他们进行信息加工处理和传播的重要工具，如果不能熟练地掌握这方面的知识和技能，就无法使新闻报道准确、生动、具有社会影响力。有些报纸上经常出现一些文字方面的差错，实际上就与办报的编辑语言文字功底不足有关。

社会总是在不断的变动中发展和进步的，今天发生的每一个新闻都有其历史根源，关于这些新闻的报道也往往要依靠对历史的追溯、与相关情况的比较，才能真正接近其本质，给读者以启迪。为此，进行新闻传播工作的编辑人员就必须要掌握丰富的历史知识，学会以历史的眼光分析问题和组织报道。在 1997 年香港回归和 1999 年澳门回归的报道中，很多报纸就开设了介绍香港、澳门历史变迁的专栏，而且报道回归盛况的新闻稿件中也大量引用了历史背景资料。还有关于中华人民共和国建国 50 周年的报道、关于人类迎接 21 世纪的报道，对历史的回顾和梳理与对盛典的关注更是密不可分。新闻编辑如果没有这方面的历史知识积累是很难驾驭这类重大报道的。

哲学是帮助人们认识世界的重要工具，报纸编辑更需要借助它来分析和处理新闻信息。因为新闻是对最新事实的报道，而变动的事实是每时每刻都大量地存在着的，新闻工作者如何选择、如何报道，往往受其对世界的认识程度，对事物所持态度、观点的影响。马克思主义创始人提出的唯物论和辩证法是我们正确认识世界的指南，只有对其精髓深入领会，才能在风云变幻、纷繁复杂的事物运动过程中认清本质、把握规律，区分主要矛盾和次要矛盾，使新闻传播符合事物发展原貌，避免错误的引导和不良的影响。比如对先进人物的报道，既要看到成绩和优点，又要看到缺欠和不足；既要充分肯定其模范、表率作用，又要处理好他们与周围群众的关系，这才是实事求是的报道态度。再比如对经济发展中各个时期的“热门现象”的报道，既要抱有满腔热情的态度，又要保持冷静、辩证的思考，把握好报道量，避免走极端、一哄而上，导致不良后果，等等。马克思早就指出，任何事物都处在发展变化中。事物发展没有穷尽，认识也没有穷尽，我们只能不断向真理靠近，但永远也达不到绝对的真理。新闻报道的客体是不断发展变化的客体，编辑在策划与组织报道、处理新闻稿件时，都要注意用发展的眼光看问题，遵循事物运动发展的规律，逐步深化报道，力争全面反映客观事物的本质与发展趋势，发挥正确的舆论导向作用。

（二）百科知识

百科知识指包罗万象的知识，这种知识不限于一两个领域或专业，而是无所不及。当然，任何人事实上都不可能掌握所有领域和学科的知识，编辑要具备的百科知识其实也是相对于工作需要而言的一种“杂家”范畴的知识。也就是说，从编辑人员的知识配置来说，他掌握知识的覆盖面应该比一般人广泛，他所拥有的知识信息量比一般人要大，在他具备的基础知识与专业知识之外，还能有其他学科的知识作为其知识结构的组成部分，来帮助他完成自己的编辑任务。比如编辑要与记者、通讯员打交道，有时还要与读者沟通，这就需要他具备一定的社会学、心理学、公共关系学的知识。

编辑知识结构中对百科知识的要求因人、因岗位而异。比如对于那些位处中高层编辑岗位的编辑人员来说，他们要策划与组织报道，就需要懂得决策学、管理学的知识。编辑的百科知识在其知识结构的合理与否方面起重要作用，因为知识结构的合理性主要是从各学科知识的相关程度以及其分布层次上来考察的。假如一个负责证券报道的编辑是由大学中文系培养出来的，文、史、哲基础知识很丰富，对天文、地理、音乐也有比较大的兴趣和比较深入的了解，却对经济学、财金、证券都知之不多，这种知识构成相对于这位编辑所从事的业务工作来说显然就不太合理，因为他掌握的第一层知识文、史、哲知识作为基础知识虽然必要，但他掌握的第二层知识天文、地理、音乐等却与本职工作关联不大，而本职工作最需要的一些学科知识如经济、财金、证券等他却没有具备。所以，编辑人员的百科知识实际上是应该有侧重点的，他所具备的不同学科的知识与其工作需要相关的越多、相关的程度越大，其知识结构才越合理。

此外，百科知识在编辑工作中的运用还要求充分发挥这些不同学科知识的相互协同关系，也就是强调知识结构整体功能的发挥程度。如果一位编辑掌握的百科知识很多，知识结构也比较合理，但这些知识在他的头脑中都处于分割状态，他不善于将这些知识融会贯通，那么百科知识对于他的实际工作的帮助就会减弱。

（三）专业知识

专业知识由两部分组成，一部分是编辑作为新闻传播者所应具备的新闻传播学理论知识与业务知识，另一部分是编辑所从事的报道领域所要求具备的专业知识。

新闻编辑是媒介产品与新闻报道活动的设计师，媒介竞争的日趋加剧对媒介产品及其新闻传播的要求不断提高，编辑要做好产品策划与报道策划工作，就要深刻地了解与把握新闻传播规律，要进行专业性的研究。编辑所从事的各项微观业务工作，从选择稿件、修改稿件、制作标题到编排版面，也都需要专业知识和技能，而且在新的历史环境下，这些具体业务都在发生变革，旧的观念和规则不断被打破，新的理念和方式逐渐确立，编辑人员只有不断加强新闻传播专业理论的学习和研究，才能适应这种变化，办出优秀的报纸。曾经先后担任过《经济日报》和《人民日报》总编辑的范敬宜同志就是一位勤于在专业研究上下功夫的人，他在管理报社采编业务的同时，撰写过大量的业务研究文章，不断对新闻实践中出现的新现象、新问题进行思考和分析，也正因为有这种深厚的研究做基础，他才领导、策划和组织了像“关广梅现象”大讨论、“用辩证的观点看待经济形势”等一系列在社会上产生巨大反响的重要报道战役。

新闻编辑不仅要成为新闻传播领域的专家，还要对自己分管的报道领域有比较深刻的了解与研究，这样才能使新闻报道全面地反映客观现实，起到正确的舆论导向作用。反之，如果编辑对报道领域知之不多，则无法把握报道方向与传播效果。如 20 世纪 90 年代初期，我国汽车工业发展取得了引人注目的成绩，1992 年全国汽车总产量突破 100 万辆大关，各报都在显著位置报道了这项引人注目的建设成就。这种报道是必要的也是应该的。但是，在报道成绩的同时，记者、编辑们由于对汽车行业的了解不深，特别是对这一行业国际性的动态知之不多，未能及时发现一个已经普遍存在的隐患：在全国许多地区，一些规模很小、技术水平很差的企业也在盲目上马生产汽车，到 1993 年我国汽车生产企业超过 1 000 家，而这么多企业的年生产总值还不到美国通用汽车公司一家年产总值的十二分之一。更重要的是，许多小企业盲目生产的汽车成本高、售价高，产品质量低劣，对于“入世”后我国汽车工业迎接世界经济的挑战是非常不利的。但当时由于编辑们没能清醒地认识到这些问题，新闻报道也自然是报喜不报忧，直到 1994 年各类媒体才开始正视这方面问题，并配合政府的产业调整政策进行反思性的、比较客观的报道。这段经历告诉我们，新闻编辑需要像自己所报道的领域中的专家一样熟悉该领域的历史与现状，掌握丰富的专业知识与理论，对相关专业问题保持敏锐的洞察力，善于发现问题、研究问题，具备独立的思考和见解，这样才能对不断变化的客观存在进行全面的、准确的、富有深度的报道。

三、报纸编辑的能力结构

从事任何活动都离不开一定的能力，越复杂的活动往往对人的能力要求越高。能力结构是由所从事的活动的特点而来的，报纸编辑除了要具备适宜于多种活动要求的一般能力，如观察力、记忆力、抽象概括能力等等，还因其工作特点，要特别注意培养以下几方面的业务能力。

（一）信息能力

信息能力指的是报纸编辑主动地、积极地接受信息和处理信息的能力。报纸编辑是新闻信息的传播者和把关人，而从事这项工作的前提是接受信息。这就是说，编辑的受传能力是其传播活动的基础。

编辑作为受传者，与普通读者接受传播是有区别的。这种区别在于，编辑所接受的信息未经选择和加工，真伪优劣并存，而且数量更多，涉及面更广，编辑获取信息的途径和方式也更加多样、复杂。

获取信息是编辑决策的前提。大到编辑方针的确定、报纸的设计，小到一篇稿件的处理，都是以编辑掌握的信息为参考和依据的。在现代社会里，生活节奏加快，社会变化的频率也在加剧，编辑不能用一成不变的眼光看待变化无穷的外部世界，更不能闭门造车、主观行事，必须时时刻刻追逐最新的信息。

这些信息主要有：

1. 社会信息

包括时事信息、经济信息、文化信息、社会生活信息等等。这类信息是新闻传播的主要内容，它构成报纸版面的主体。

2. 行业信息

即新闻出版行业的情报和消息。了解本行业的最新动态，知道同行的想法和行为，对报纸策划、报道策划和编稿组版都有重要的参考价值，可避免不必要的重复劳动和浪费。同时，也能从行业信息中发现新情况、新问题，不重蹈覆辙。

3. 来自读者的信息

读者是报纸的服务对象，只有了解他们的需要和愿望，才能使传播有效地进行。接受读者的信息，可以通过阅读读者来信、接受读者来电来访去获取，还可以主动出击，进行大规模的读者调查，也可以“微服私访”，上门调查等等。

4. 媒介内部的信息

编辑对媒介的总体策划和对报道的策划都需要以媒介自身所具备的基础和条件为依据，媒介的人力、财力、物力和管理水平、人际关系等都对新闻报道活动形成制约。因此，只有准确把握媒介的内部变化，才能有效地开发和配置新闻资源，提高新闻传播的有效性。

报纸编辑获取信息能力的大小取决于其社会活动能力和对客观变动的灵敏感受，这就要求报纸编辑养成良好的性格，善于与人相处，做社会活动家，广交朋友。同时，又要求编辑时时刻刻当有心人，不放过任何有价值的线索。

报纸编辑不仅要善于获取信息，还要善于处理和利用各方面信息，比如要善于从读者反馈中把握传播效果，吸收各方面意见和建议改进办报工作；从各类媒介的报道中发现新闻线索，从互联网上收集各方面资料，策划和组织报道等。

如《人民日报》1994年初策划的系列报道《来自东西南北中的报告》，其创意就源自一位读者的来信。这封给编辑部的信中说，党的十四届三中全会以来，全国各地经济发展形势很好，希望《人民日报》的记者能积极投身到变革的潮流中，深入采访，反映亿万人民的实践和创造，同时也研究新问题，告诉人们什么是值得提倡的，什么是不值得提倡的，什么是应该做的，什么是不应该做的。这封信引起编委会的重视，由此引出一场重大报道战役。《人民日报》副总编辑李仁臣后来谈道："这组报道的点子，就是五个字：'东西南北中'，报道的总题目隐藏在读者的这封信里。"①

（二）鉴别能力

鉴别能力指的是报纸编辑迅速、准确地判断新闻事实的报道价值的能力。报纸编辑每天接受的信息是大量的，作为把关者，他在由记者（作者）到编辑的一级传播与从编辑到读者的二级传播之间，如同一个"过滤网"，把适合于读者的新闻信息筛选出来加以传播。这就要求编辑要有鉴别能力。他应能鉴别信息是否真实、全面、准确地反映了客观事物原貌；鉴别信息是不是读者所欲知的，甚至能预测新闻报道的社会效果，还要鉴别发布新闻的时机是否合适，等等。

鉴别能力是编辑基本修养与工作经验的综合体现。一般说来，理论修养、知识修养和职业道德修养越高的编辑，越具备对新闻信息的鉴别能力。长年从事编辑工作的人由于阅历广、见识多、经验丰富，这种鉴别能力要比缺少经验的编辑强。

如1981年湖北《孝感报》接到一篇通讯员来稿，报道应城县一位名叫杨小运的农民，表示在完成当年一万斤粮食统购任务的基础上，愿意再平价向国家出售万斤粮，但有一个条件，就是要求国家奖售给他一辆永久牌自行车。最初处理这条稿件的编辑把它扔进了废纸篓，理由是：第一，他觉得农民交售粮食本是天经地义的事，此人竟向国家提出交换条件，思想境界不高；第二，卖粮食数量也不算很大，不足为奇；第三，来稿中一些数字也不太清楚，不足为用。但是，该报总编辑却独具慧眼地从废纸篓中"抢救"出了这条稿件，他认为不该"枪毙"的理由如下：第一，不应一味指责"交换"的思想，而应看到这是一种进步，是一种勇敢的挑战；第二，1981年刚刚实行农业生产责任制不久，有关部门和社会舆论都在担心农民打了粮食肯不肯平价卖给国家，这个农民对此作出了富有说服力的回答；第三，原稿上一些模糊之处，找当事人核实一下并不难。这样，这

① 李仁臣：《关于重大题材的报道》，载《中国报刊月报》，1996（3）。

位总编辑把这条稿件修改后刊登在报纸显要地位，题为《他家愿向国家交售两万斤粮食，只求卖给他家一辆永久牌自行车》。这条新闻被《人民日报》转载，在全国反响很大，还在全国好新闻评选中获了奖。

为什么同一个稿件不同的编辑会有不同的态度？鉴别能力差异使然。青睐这条新闻的编辑以他的敏锐“掂”出了其分量：虽然新闻反映的只是一个种粮户的故事，但它生动地体现了中央的农村改革政策给农民带来的好处，以及富裕起来的农民对相对落后的轻工业的挑战。它意味着，农业的发展必将促进工业的变革。这深刻的含义，如果没有对形势的全面了解，没有深厚的理论功底，是难以认识到的。

新闻传播讲求时效性，对编辑的鉴别能力有特殊的要求：一是迅速，二是准确。如果优柔寡断，就会贻误良机，使新闻价值受损；如果一味抢速度而不加慎重考虑，又往往会造成不良影响。

（三）创造能力

创造能力指的是报纸编辑突破传统思维、创新编辑业务的能力。编辑工作的每一项业务，从报纸策划、报道策划到编稿、组版，都是创造性的劳动。一张报纸的水平高低，很大程度上取决于编辑人员的创造性。如 1990 年北京首次举办亚运会，我国报界在这场盛会期间展开了激烈的新闻竞争。读者发现，报纸“好看”了，版面“亮”起来了。究其原因，是因为许多报纸在这期间有一些突破常规之举，如大胆运用巨幅新闻照片、大字标题，稿件体裁与风格也呈多样化，版面上修饰手法与用黑、留白非常大胆等。《人民日报》曾就北京亚运会开幕之日的各报版面进行过一次评比，结果《北京日报》的要闻版一举夺魁。《北京日报》的这块获奖版面从原材料上看与其他报纸并无太大不同，头条是新华社发布的通稿，与其他报纸的头条无异，新闻照片也是其他报纸同样可以拍到的。这块版获奖完全是因为版面编辑的创新设计。亚运会开幕当晚，《北京日报》在内部举行了版面设计大赛，见报的版面是从当晚设计的 30 多个版面中挑选出的佼佼者。头版上三大幅新闻照片精美清晰，套红的大字标题和会徽、吉祥物图案三足鼎立、相映成趣，整个版面隆重、美观、气派不凡。所以说，报纸编辑在各项编辑业务中的创新能力对于办好报纸至关重要。

创造学理论认为：“创造性思维是指人类在探索未知领域的过程中，充分发挥认识的能动作用，突破固定的逻辑通道，不断以新颖方式和多维角度的思维转化来寻求获得新成果的思维活动。”[1] 创造性思维过程往往表现出这样一些品质：

---

① 鲁克成、罗庆生：《创造学教程》，77 页，北京，中国建材工业出版社，1997。

一是发现问题的敏锐性，能在大家习以为常之处觉察事物的差异性，能发现处于萌芽状态的矛盾；二是探索过程的发散性，即善于从多侧面、多角度、多层次思考问题；三是解决问题的新颖性，即用前人未尝试过的独特、新奇思维路径和方法解决问题；四是思维结构的综合性，即借助多种思维形式、运用多种思维能力、借助多种思维原料，在操作上和内容上进行统摄思维。新闻编辑需要有意识地培养和训练自己这种创造性的思维能力，首先要着力于发掘客观事物间的差异性、现象与本质的不一致性，要敢于对惯见的现象和已有的权威理论持分析的、怀疑的、批判的态度。要学会不断将观察到的事物和已知的事物联系起来思考，结合其相似性、特异性，发现其必然联系和本质现象，使自己具备洞察力。第二，要培养自己的想象力。心理学告诉我们，想象是人脑在过去感知的基础上对感知过的形象进行加工、改造，创建出新形象的心理过程，想象是创造的重要条件。编辑应该掌握各种想象方法，如原形启示法、类比法、联想法等，以创造性的想象为创造性的思维服务。第三，还要让自己具备合理的知识结构和活跃的灵感。因为合理而有特色的知识结构是创造性思维的思维原料，灵感则是创造中特有的突发心理现象，策划者只有凭借自己的合理的知识结构和灵感，才能形成卓尔不群的策划思路。

创造性的思维来自于创造欲望和激情，新闻编辑保持对媒介的创新使命感是非常重要的。邹韬奋办《生活》周刊时，从栏目到版式都力求创新，受到读者的喜爱，结果引得一些报刊刻意模仿。韬奋为此撰文说："我们以为无论做人做事，宜动些脑子，加些思考，不苟同，不盲从，有自动的精神，有创作的心愿，总能有所树立，个人和社会才有进步的可能。"① 这段话对今天的编辑工作仍有指导意义，因为新闻媒介的竞争，从某种意义上来说，就是人的创造性的竞争。

（四）组织能力

组织能力指的是报纸编辑组织报道和组织新闻人才的能力。首先，报纸编辑是新闻报道的组织者，通过对记者采访的部署、组织和调度、协调以及对社外作者约稿，来完成稿件的准备工作，因而，是否具备良好的组织才能，关系到编辑工作的成败。组织能力，在一般意义上说，指编辑依据新闻报道的需要，合理安排和使用分散的有关人员，使其形成系统性、整体性，互相配合，完成采编任务。其次，对组织能力的更高层次的要求，则还包括为事业发展网罗人才、组建队伍，形成相对稳定的合作群体。后者对于总编辑、编辑部主任等担负一定领导职务的人尤为重要，关系到报社发展大计。

---

① 邹韬奋：《韬奋文集》，第 2 卷，226 页，上海，上海人民出版社，1995。

新中国成立前在旧中国广有影响的《大公报》就长于此道。《大公报》总编辑胡政之精心搜罗人才，知人善任，为《大公报》组织了一支精干的队伍。如著名记者范长江还在北京大学读书期间就因课余投稿深得胡政之赏识，并得其资助到西北一带旅行采访，写出长篇通讯连载于《大公报》上，后结集为《中国的西北角》出版，一举成名。还有杨刚、徐盈、子冈等一代名记者也都是因了胡政之慧眼识才，充分施展了才华和抱负。

在新闻竞争不断加剧的今天，善于发现与使用人才，是事业成功的关键。有生气有实力的新闻传媒，往往就是人才集中、使用合理的地方，而这些又和主要编辑人员的组织才能分不开。

组织才能的大小取决于编辑人员的决策水平、人际关系、活动能力、性格等多方面因素。一般说来，各方面修养越深、敢于拍板、富有计谋的编辑组织能力越强；善于与人相处、容易取得他人信任和好感的编辑组织能力越强；热心社交、交友广泛、善于言谈的编辑组织能力越强；性格开朗、乐观，为人坦诚大方的编辑组织能力越强；编辑的社会阅历、风度举止、社会地位和影响等，也往往对其组织才能有影响。总之，形成编辑组织才能的相关因素极多，编辑人员只有不断提高自己各方面的素养，才能逐步提高组织水平。

（五）写作能力

写作能力指的是报纸编辑撰写、修改稿件的文字运用能力。报纸编辑每天处理、修改大量的稿件，还有制作标题、配发言论等任务，这就要求编辑具有较高的写作水平。纵观古今中外，许多优秀的编辑人员都是长于撰文的"大手笔"，有丰厚的著述留传于世。如今许多报纸的主要编辑人员都是"多面手"，《经济日报》在1992年率先推出个人署名言论专栏，领头的三位作者就是该报的总编辑和编辑部主任，这一举动得到了同行们的钦佩。

修改好一篇文章往往难于写一篇文章，何况新闻稿要讲求时效，分秒必争。编辑要在极有限的时间内加工修改稿件，制作标题，就必须有深厚的文字功底和娴熟的写作技巧，以及"倚马可待"的写作速度。写作能力的提高，要靠平日勤学苦练。编辑应该注意阅读各类优秀文章和名著，注意当代新闻文体的变化发展，多加揣摩和借鉴，并勇于创新。

（六）现代化技术与工具的运用能力

现代化技术与工具的运用能力指的是报纸编辑使用与出报有关的现代通讯手段、语言工具和交通工具的能力。新闻出版业随着科学技术的发展，已经告别了铅与火的年代，不断向现代化迈进。我国许多报社已经运用计算机采编系统，采用了激光照排和胶版印刷，数码相机、卫星传稿也广泛采用。报纸编辑以计算机为代笔工具，彻底摒弃了过去的工作习惯。国际互联网成为编辑获取信息的最新工具，新一代电子报纸也已经问世。这一切都说明，现代化的技术操作手段将是每一位新闻从业人员的必备能力。

现代报纸编辑的工作环境越来越开放，他们需要运用国际互联网络获取资料，需要与国外同行进行业务交流和合作，甚至需要把报纸办到境外去，这就要求编辑人员掌握现代语言工具，能够使用外语。此外，编辑工作已经不再是单纯坐在办公室里的工作，因为策划报纸和报道的需要，他们与社会各方面的交往和沟通越来越多。在许多报社，采编工作并不严格分开，逢有重大报道或紧急情况，报纸编辑经常要奔赴社会第一线参加采访报道。因此，编辑和记者一样，还应该掌握现代化的通讯工具和交通工具，比如学会使用数码相机和便携式电脑、懂得卫星传稿技术、能够驾驶汽车等。总之，在现代科技高度发展的社会中，报纸编辑工作是一项富有挑战性的工作，需要其从业人员不断地学习新知识、新技术，不断地丰富与完善自己。

报纸编辑工作除了要求从业人员具备合理的知识结构和能力结构，还要求编辑具有敬业精神和良好的职业道德。因为报纸编辑工作是一项“为人作嫁”的工作，它体现的是集体的劳动成果，编辑所担负的策划、组织报道的任务和编稿组版业务，责任重大，还经常会面对各种分歧和矛盾，容易得罪人。从事夜班工作的编辑更加辛苦，日夜颠倒，生活不便。这些都说明，编辑人员需要做出巨大的牺牲和奉献，所以编辑要热爱本职工作、甘于平凡、任劳任怨。报纸编辑担任“把关者”的角色，对于社会、对于读者担负着重大责任。编辑在与人相处、与社会相处时就要遵循特定的职业行为规范。目前世界上许多国家都制定了新闻人员的职业道德守则，联合国也制定有《国际报业道德规范》。在我国，1981 年，中共中央宣传部新闻局和中央新闻单位曾共同拟订了《记者守则》（试行草案），是新中国成立以来新闻工作者的第一个职业道德规范。1991 年 1 月，中华全国新闻工作者协会第四届理事会第一次全体会议通过了《中国新闻工作者职业道德准则》，是加强新闻工作者自律的一项重要措施。报纸编辑应该自觉地学习和遵守这些新闻工作职业规范，遵守宪法和各项法规中与新闻传播相关的条律，遵守新闻宣传纪律，不利用职权以稿谋私、出卖版面；不偏听偏信、造谣惑众；不泄露国家机密，给人可趁之机；杜绝一切妨碍社会进步和历史发展的不良内容公之于众。

第三节　报纸编辑学研究

我国新闻编辑学研究已有相当长的历史，徐宝璜 1919 年出版的我国第一本新闻学专著《新闻学》中对报纸编辑工作就有专门论述。20 世纪 20 年代全国十多所高校设报学系科（后改名新闻系），报纸编辑是必修内容之一。至新中国成立前夕，我国已经出版新闻编辑学著作计 12 本。不过，新闻编辑学研究成果最辉煌的时期还是在改革开放以后。20 世纪 80 年代，中国人民大学新闻系、复旦大学新闻系等将原先内部印发的编辑学讲授纲要改编成教材正式出版，一些从事新闻编辑工作的报人也开始出版论著。仅 1979 年到 1985 年 7 年间出版的编辑学教材和专著就达 33 种。[①] 经过几代学者与编辑人员的共同努力，我国新闻编辑学体系终于确立，新闻编辑工作的规律、原则和技巧得到了系统的归纳和阐述，这是对我国新闻学学科建设的巨大贡献，为改革开放后的新时期培养了一大批优秀新闻编辑人才，对新闻媒介的繁荣发展起到了巨大推进作用。目前，报纸编辑学研究伴随着报业的发展，还在进一步向前推进。

一、报纸编辑学的研究对象

报纸编辑学是新闻传播学的一个分支，报纸编辑学的研究对象是报纸编辑工作的规律、原理和方法。

报纸编辑学的研究框架是建立在对报纸编辑工作流程的全面理解之上的。对报纸编辑工作流程的全面理解是将报纸从创办伊始到完成印刷出版作为一个完整周期，在这个流程中，既包含确定报纸的读者定位与编辑方针、策划与组织报道这类宏观性的编辑业务，也包含了选择稿件、修改稿件、制作标题、编辑图片、配置稿件、版面设计、副刊专刊编辑等一系列微观性的编辑业务。微观性的编辑业务实际是对宏观性业务的具体落实和发展。如果以时间跨度作为标尺，报纸编辑业务可以一种伞状图勾勒出三个层次，如图 1—2 所示。

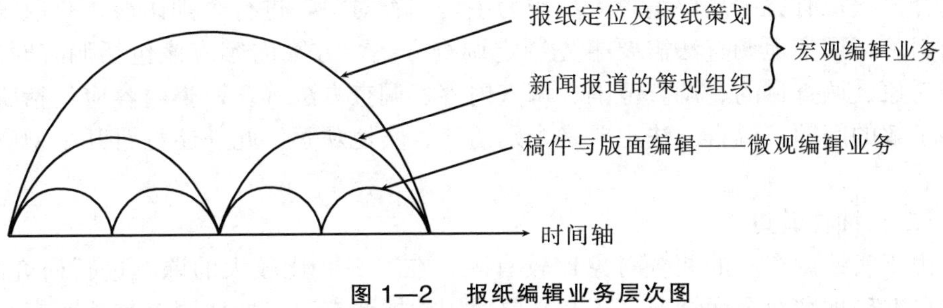

图 1—2　报纸编辑业务层次图

报纸编辑学不仅要研究以上三个层次的各项业务，还要研究它们之间的相互

① 参见林德海主编：《中国新闻学书目大全》，北京，新华出版社，1989。

联系。而且，由于在市场经济条件下，报纸已经成为既要产生社会效益，又要获取经济效益的信息产业，面临着越来越激烈的市场竞争，报纸编辑工作作为报纸生产系统的一个重要组成部分，与报纸的发行、广告经营紧密相关，因此，报纸编辑学研究还要从报纸编辑与报纸经营相联系的角度展开，比如要从市场分析入手研究报纸的读者定位，要从社会环境分析入手研究报道的策划与组织活动等。当然，这类宏观业务的研究相对于微观业务研究而言难度较大，在本科阶段的报纸编辑学教学中不作为重点。本教材在对宏观业务的基本概念和原理进行阐述的同时，更多地侧重于微观业务的研究。

报纸编辑学研究还要注重将报纸编辑与其他新闻媒介的编辑工作相比较，侧重对其特性进行分析。各类不同新闻媒介在编辑工作方面的差异主要缘于媒介的外在形态与传播手法不同，报纸编辑学就要研究报纸如何扬长避短地进行新闻信息传播，以达到最佳效果。

随着时代的发展，报纸编辑工作也在不断发展、变革之中，报纸编辑学研究需要适应这种发展变化，不断拓展视野，更新研究方法，以指导新闻实践。

二、报纸编辑学的研究方法

报纸编辑学作为新闻传播学领域中的一门应用学科，与其他应用学科一样，可以运用多种研究方法进行研究。最主要的研究方法有：

（一）实地调查法

这种研究方法适用于研究范围比较小的课题，如对某一种报纸编辑业务的调查。研究者一般先确定研究课题，明确调查的目的，然后根据已经掌握的情况选择调查对象。比如研究某一报纸改版活动中编辑方针调整和报纸设计的变化，就要选择该报社有关中高层编辑人员作为主要调查对象，进行个别访谈，获取第一手材料。运用实地调查法需要事先制定调查方案，方案内容应该包括调查时间、调查对象、调查目的、调查范围、调查内容、调查方法等。调查内容应包括所有需要了解的问题，调查方法主要是个别访谈、实地观察，此外还可召开小型座谈会等。

（二）抽样调查法

由于实地调查法的调查对象比较有限，在对一些比较大的课题进行研究时，需要更准确地掌握全面情况，还有必要使用抽样调查法。抽样调查是从调查对象总体中抽选出部分样本，以这部分样本为对象实施调查。比如对报纸编辑人员运用网络技术进行编辑业务的调查，涉及的报社很多，难以采用实地调查法获取全部材料，就需要从所有报社编辑中抽取一定的样本，进行问卷调查。抽样方法一般有有意抽样和随机抽样两种，后者在现代使用得更普遍。随机抽样又有简单随机抽样、系统抽样、分层抽样、多级抽样等几种方法，这些方法可参照有关统计学或社会调查书籍。抽样调查的另一关键步骤是设计问卷，问卷一般由基本项目（了解被调查人的基本情况）和与调查主题相关的项目构成，问项应意义明确、通俗易懂，并按先易后难的顺序排列。问项回答方式可以是闭合式的，即给出几种答案由被调查者从中选择，也可以是开放式的，即由被调查者自由回答，还可以是同时使用这两种方式。最后，在问卷收回之后要运用统计分析方法对各项数据进行分析，根据计算机处理结果，对所研究的问题得出相关结论，写出调查报告。

（三）文献研究法

这是通过对报社有关文献资料的研究、对报纸内容和形式的比较分析来研究报纸编辑工作的一种方法。比如通过对不同类型报纸关于同一报道题材的报道，进行编辑业务的比较研究。这种方法在编辑学研究中适用性很广，无论是宏观业务还是微观业务的研究，都会大量采用内容分析法。文献研究法有纵向研究与横向研究两类，纵向比较分析研究，即通过对不同时期的文献、报纸内容与形式的比较，分析报纸编辑业务的发展变化。横向比较分析研究则是通过对同一时期不同报纸的文献或报纸内容形式的比较分析，考察不同报纸编辑工作的共性与差异。这两种方法有时也可同时使用。

研究方法也同样会随着实践的发展不断完善与更新。对于报纸编辑学研究者来说，灵活地运用上述研究方法，并根据研究课题的需要不断改进研究手段，也是一项重要的任务。

思考与练习题

1. 21 世纪报纸编辑工作环境有什么变化？
2. 什么是报纸编辑工作？
3. 简述报纸编辑工作流程。
4. 报纸编辑工作有哪些特点？
5. 简述报纸编辑人才的知识结构。
6. 报纸编辑需要具备哪些能力？

第二章

报纸设计

第一节 报纸的特点与结构

一、报纸与其他大众媒介的差别

大众媒介的种类非常之多，如果以媒介的外在形态来划分，有印刷媒介、电子媒介、网络媒介三代不同的大众媒介。报纸属于定期出版的印刷媒介一类，与报纸同属这一类的还有杂志和书籍。如果以媒介负载的内容特点来划分，大众媒介还可以分为以传播新闻信息为主的新闻传媒、以传播非新闻内容为主的非新闻媒介两大类。报纸属于新闻传媒这一类。与报纸同属新闻传媒的还有广播、电视和网络新闻媒介。值得我们重视的是，报纸无论放在哪一类别的大众媒介中考察，都有着与其同类相异的个性，而且这种个性对于报纸设计至关重要。

在印刷媒介中，报纸与杂志、书籍最大的不同表现在出版周期与传播内容上。报纸的出版大多以每日、每周、周二刊、周三刊等为周期，而杂志的出版周期则多以月、季居多，书籍的出版则无固定周期。出版周期的差异，使这些印刷媒介在传播内容上自然各有侧重，报纸因为出版周期最短，对外部社会的反映最迅速，便以进行时效性强的新闻传播见长。而杂志、书籍因为出版周期较长，能够有充裕的时间反映外在变化，因此以传播内容具有深度为特点。

而这种不同与各类媒介运用的符号系统有着很大关系。如报纸主要运用文字语言符号和视觉性非语言符号进行传播，文字语言符号主要是稿件、标题和文字，视觉性非语言符号主要有照片、漫画、图示、线条、色彩等。文字语言符号的特点是具有概括、抽象的功能，因此以这种符号为主的报纸擅长进行析事说理的深度报道和旁征博引的新闻评论，而且由于其文字符号和视觉性非语言符号需要附载于纸张之上，报纸就具有可以保存、便于查阅、方便携带、阅读自主的优点。但报纸符号体系的缺陷也很明显。由于没有有声语言符号、听觉性非语言符号的支撑，其传播的实证性、对事件的再现力就受到影响，其传播的时效性、感染力也因此不足。

与报纸不同，广播以采用有声语言符号和听觉性非语言符号如音响为主，声音传播的快速和便捷使广播具有很强的时效性，使用听觉性符号还使广播的新闻报道在实证性、感染力方面具有优势。但听觉性符号难以附载于实物，及其收听次序的不可选择性，使广播同时又有稍纵即逝、不便保存与查询的劣势。

电视的符号系统显然比广播和报纸丰富。同时拥有语言符号和非语言符号、听觉符号和视觉符号，因此传播功能非常强大，这也是电视在现代社会中成为“第一媒介”的缘由。但电视所采用的符号系统也和广播一样有难保存、难查询的弱点。

正在兴起的网络媒介从理论上说能够克服前三类媒介的缺点，具有最全面的符号系统，而且对这些符号的运用可以随心所欲、不分轻重。但目前由于技术条件限制还未能真正达到这一步。即便达到了这一步，也还可能会存在其他一些缺陷，比如复杂的符号系统对传播设备的依赖可能造成信息接收的不便，传播符号在摆脱媒介空间和时间的约束后形成信息泛滥，成为接收障碍。

综上所述，报纸作为一种以传播新闻信息为主的印刷媒介，具有以下特点。

（一）报纸的信息容量受制于报纸的版面数量

报纸的信息量是由报纸的版面所承载的，版面越多的报纸能够容纳的信息越多，但任何报纸的容量都是有限的。当然，报纸的信息量并非无条件地与版面数量成正比，如果一家报纸设计不当，各版面或栏目内容重复，或者新闻报道水平不高，稿件内容空泛，报纸的信息量可能还比不上一份版面虽少但设计合理、报道务实的报纸。

（二）报纸以文字语言符号作为传递新闻信息的手段

报纸以文字语言符号为主传递新闻信息，在揭示事物本质、评析事理方面具有先天优势，因此报纸的内容相对于其他新闻媒介可以更具深度。当然，报纸内容的深度也有适当的度，要与报纸的性质、读者需求相适应，而且与杂志、书籍相比，报纸的内容则应该属于通俗、浅显、大众化的。

（三）报纸的视觉性非语言符号的作用

报纸作为一种平面载体，它的外在形象是由视觉性符号构造出来的，而且视觉性非语言符号比文字语言符号更起作用。

尤其是当代彩色印刷报纸普及以后，报纸形象的塑造越来越倚重彩色照片、个性化的报头、新颖的版式。相对于文字，这些因素给读者的视觉冲击更大，也更能加深读者对报纸的认知和记忆。

报纸作为一种文化产品面临着激烈的市场竞争。不但报纸之间的竞争在加剧，广播、电视以及正在兴起的网络媒介也对报纸的生存发展构成威胁。要赢得竞争，报纸就要找准自己的市场定位，不断提高传播质量，树立优秀的报纸形象。因此，对报纸的定位和设计是编辑工作非常重要的一部分。

二、报纸的“树状”结构

报纸是一种作为精神文化产品的平面印刷媒介，从产品结构上看，报纸的各组成部分呈“树状”结构，如图 2—1。

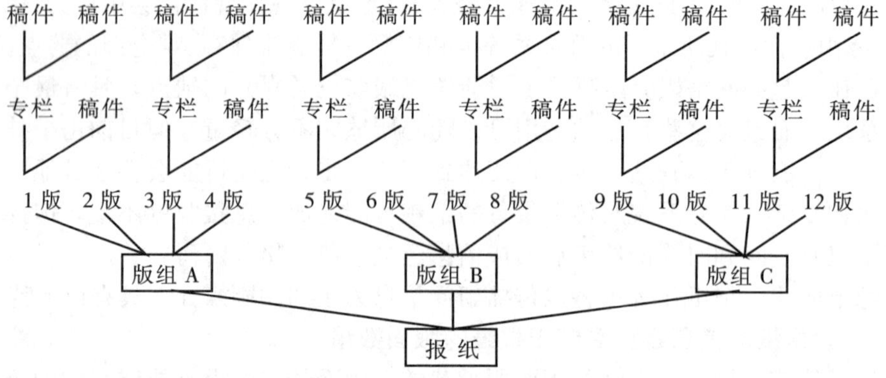

图 2—1　报纸组成部分的树状结构图

报纸如果版面少，可能直接由若干版面组成。如果版面数量多，则需要将众多的版面进行分类，形成版组，再由版组组合为完整的报纸。

报纸的结构总是处在不断的改进与调整中的。20 世纪末，我国公开出版的报纸已经由 1979 年的 186 种增加到2 000多种。报社大多已由享受国家拨款的事业单位转向企业化管理，公款办报、行政摊派、公费订报的“保护伞”在逐步缩小，报纸成为商品进入了市场。这一切都对传统的办报观念和办报模式造成强烈的冲击。如何在越来越白热化的报业竞争中站稳脚跟、谋求发展成为当务之急。我国晚报在 20 世纪 80 年代初复刊之后，以其不同于机关报的读者定位和贴近百姓、贴近生活的独特风格迅速赢得了社会公众的认同和喜爱;20 世纪 80 年代末和 90 年代,许多国家大报和省级机关报,则以创办周末版、都市报及其他各类型子报的方式参与竞争,以崭新的报纸形象开拓市场。我国行业机关报在改革开放之后成为报坛上一支活跃的队伍,而 20 世纪 90 年代末期中央机构改革则使它们面临失去依托、重新转轨的严峻考验。能否顺应时代的变化,调整办报策略,事关其兴衰存亡。可见,在当代报业竞争中,报纸定位与设计已经成为决胜的关键。1998 年,新闻出版署发布的《新闻出版业 2000 年至 2010 年发展规划》中明确提出,"'加强管理、优化结构、提高质量'是今后一个时期新闻出版工作的重要指导原则,新闻出版业的发展规模要根据这个指导原则,进一步推进阶段性转移,实现从扩大规模数量为主向提高质量效益为主的转变"。同年,新闻出版署公布的统计数据表明,我国报纸扩版势头不减,1997 年平均每份报纸用纸比上年增长 11.74%。1998 年我国平均每份报纸用纸 1.82 印张,比 1997 年又增长 13.82%。① 由此可见,随着报纸版面在不断增加,如何进一步科学地搞好版面的分工、定位,设计好报纸的内部结构和外在形象,提高报纸质量,已是放在各类报纸面前的严峻课题。

各类型媒介的竞争不断加剧,也对报纸设计提出了越来越高的要求。报纸不仅面对越来越激烈的纸质媒介的竞争,而且面临着越来越严峻的电子媒介的挑战。

我国广播事业在 20 世纪 80 年代再度步入迅速发展的黄金时期,到 20 世纪末期已经办有各级广播电台 1 200 多座。1986 年 12 月 25 日,广东珠江经济电台开播,突破了以往广播节目的传统模式,以新颖的板块结构和栏目设计表现出鲜明的个性和特色,在全国范围内产生了巨大影响。各地广播电台的改革浪潮随之兴起,出现了一大批专业台如教育台、音乐台、儿童台、交通台等,广播内容丰富多彩,形式活泼多样,特别是新闻报道的滚动播出,现场直播的大量运用,热线电话的开设等,充分发挥了广播电台在传播新闻、交流意见方面的优势,使沉寂多年的广播节目再度赢得广大听众的青睐。

我国电视发展后来居上。全国各类电视台的总量已经超过 3 000 个。1995 年上海东方电视台问世,开创了一市两台相互竞争的新局面。电视频道的增加引人注目,如至 2001 年中央电视台已经推出了 11 个频道,满足不同观众群体的需要。卫星电视发展神速,有线电视台遍地开花,以《焦点访谈》《东方时空》为代表的一批电视新闻评论节目和电视新闻杂志节目的出现,显示出电视在新闻报道和新闻评论方面的巨大潜力,将电视报道的深度大大推进,产生了广泛的社会影响。

网络传播、电子报刊,是中国传播界正在热起来的话题。已经有越来越多的中国人习惯于从互联网上获取新闻信息,而且与传统新闻媒介不同的是,网络传

---

① 参见《中国报刊月刊》,1999(6)。

播带给受众的是不受国界限制的浩若烟海的信息资源。1996 年美国新闻学会提交的一份调查报告表明，全世界可以通过互联网络阅读的电子报纸 1996 年底即达到 2 000 多种。1993 年，我国一家地方报纸《杭州日报》率先发行电子版，开我国报纸电子化之先河。至 1997 年，我国已经上网的电子报刊也已超过了 60 家。网络传播并不局限于报纸电子版，更不是传统印刷媒介和电子媒介的简单翻版，它集各传统媒介的优势于一身，同时又具有传统媒介所不具备的传者与受众“交互传播”的特点，因此，它所具有的潜力以及对于传统媒介可能带来的冲击和影响目前尚不可估量。

总之，传播环境的变化以及媒介竞争的加剧，迫使报纸要根据客观变动不断检验和修正自己的读者定位和办报策略，不断地优化报纸结构，塑造优秀的报纸形象。在近几年的报纸改版中，结构调整正在受到越来越多的重视。2000 年 11 月 6 日，《北京青年报》再度进行改版时，宣告“根据读者意见，本次改版重在整合，使版面条理更加清晰，形成‘每日新闻’＋‘深度报道’＋‘天天副刊’＋‘生活资讯’的四大版组格局”①。并在报纸上刊登了《北京青年报》2000 年 11 月 6 日起版面轮换表（见图 2—2），从这张表中我们可以看到这份大容量的都市报纸的“树状”结构。

第二节　报纸设计思想

报纸设计指报纸编辑根据报纸的外部环境与内部条件，在确定报纸编辑方针的前提下，对报纸的规模、结构和形象进行整体设计。报纸设计工作一般是在报纸最初创办时或者报纸改版时进行，这项工作的成败，首先取决于报纸编辑有没有良好的设计思想，即编辑要明确报纸设计最终要实现什么样的目标，达到什么样的效果，以及通过什么样的方式能够做到。

一、报纸发展条件分析

报纸是一定社会环境与历史条件下的文化产品，报纸的生存环境决定了报纸生存状态。构成报纸生存环境的因素很多，有政治、经济、人口、法律、文化、技术等等。这些因素共同对报纸的发展产生影响，并且在不同的时期各因素影响力的大小及影响方式不同，比如在市场经济条件下，经济因素对报纸的影响与在计划经济条件下的影响就不一样；改革开放以后，文化因素对于报纸的影响也与

① 《北京青年报》，2000－11－05。

每日新闻

	1版	2版	3版	4版	5版	6版	7版	8版	9版	10版	11版	12版	13版	14版	15版	16版
星期一	要闻	要闻	本市新闻	热线传真	每日焦点	国内新闻	国际新闻	图片报道	体育新闻	足球报道	文化新闻	娱乐报道	财经新闻	每日证券	每日观察	青年新闻
星期二	要闻	要闻	本市新闻	热线传真	每日焦点	国内新闻	国际新闻	图片报道	体育新闻	足球报道	文化新闻	娱乐报道	财经新闻	每日证券	每日观察	青年新闻
星期三	要闻	要闻	本市新闻	热线传真	每日焦点	国内新闻	国际新闻	图片报道	体育新闻	足球报道	文化新闻	娱乐报道	财经新闻	每日证券	每日观察	青年新闻
星期四	要闻	要闻	本市新闻	热线传真	每日焦点	国内新闻	国际新闻	图片报道	体育新闻	足球报道	文化新闻	娱乐报道	财经新闻	每日证券	每日观察	青年新闻
星期五	要闻	要闻	本市新闻	热线传真	每日焦点	国内新闻	国际新闻	图片报道	体育新闻	足球报道	文化新闻	娱乐报道	财经新闻	每日证券	每日观察	青年新闻
星期六	要闻	要闻	本市新闻	热线传真	每日焦点	国内新闻	国际新闻	图片报道	体育新闻	足球专递	文化新闻	娱乐报道	[illegible]	[illegible]	每日连载	每日电视
星期日	要闻	要闻	本市新闻	热线传真	每日焦点	国内新闻	国际新闻	图片报道	体育新闻	足球报道	文化新闻	娱乐报道	财经新闻	每日证券	每日观察	[illegible]

深度报道

	17版	18版	19版	20版	21版	22版	23版	24版
星期一	财富周刊							
	创业神话	财富论坛	深度追踪	非常事件	数字读写	营销资讯	商务资讯	商业调查
星期二	法治周刊							
	法治纵深	法情采播	一周说法	法律剧幕	法治时空	经法聚焦	身边法律	京城警方
星期三	新闻周刊							
	周刊关注	新闻事件	新闻人物	视觉新闻	新闻揭访	新闻真相	新闻亲历	精编新闻
星期四	环球周刊							
	环球直击	环球人物	环球实录	环球现场	环球军情	环球博览	双语视窗	环球时尚
星期五	青年周末							
	周末关注	新闻事件	新闻人物	视觉新闻	记者行动	记者行动	记者行动	记者行动
星期六	证券周刊							
	焦点透视	名家看盘	股场点兵	投市学究	上市公司	周末盘点	周末盘点	行业分析
星期日	下周刊							
	下周关注	新闻事件	新闻人物	视觉新闻	[illegible]	[illegible]	每日连载	每日电视

天天副刊

	25版	26版	27版	28版	29版	30版	31版	32版
星期一	[illegible]	[illegible]	[illegible]	[illegible]	[illegible]	[illegible]	每日连载	每日电视
星期二	[illegible]	[illegible]	[illegible]	[illegible]	[illegible]	[illegible]	每日连载	每日电视
星期三	[illegible]	[illegible]	[illegible]	[illegible]	[illegible]	[illegible]	每日连载	每日电视
星期四	[illegible]	[illegible]	[illegible]	[illegible]	[illegible]	[illegible]	每日连载	每日电视
星期五	[illegible]	[illegible]	[illegible]	[illegible]	[illegible]	[illegible]	每日连载	每日电视

生活资讯

	33版	34版	35版	36版	37版	38版	39版	40版	41版	42版	43版	44版	45版	46版	47版	48版
星期一	求职时代				通信时代				网络时代							
	职场冲浪	人才高速路	人才高速路	打工北京	通信报道	通信服务	通信市场	通信视窗	网络报道	网事追踪	网际冲浪	网络声音	e网情深	网络教室	网上过招	网络天地
星期二	广厦时代															
	广厦报道	广厦报道	广厦调查	广厦访谈	广厦政策	政策解答	律师咨询	广厦课堂	家居话题	家居创意	时尚设计	家具建材	家居经络	家居便利	[illegible]	[illegible]
星期三	汽车时代						航空时代		IT时代							
	汽车报道	汽车服务	汽车投诉	个性汽车	极品汽车	北京的士	航空报道	航空服务	IT报道	IT传递	IT聚焦	IT模式	电脑广场	软件点击	[illegible]	[illegible]
星期四	京城楼市															
	楼市报道	楼市资讯	买房顾问	物业管理	经济住房	百姓房讯	政策解答	律师咨询	城市空间	建筑评论	建筑物语	建筑欣赏	家居广场	居家装修	[illegible]	时尚设计
星期五	旅游时代				消费时代				家电时代				健康时代			
	每日快报	国内旅游	国际旅游	四通八达	流行观察	名牌解码	食话实说	都市休闲	抢购热潮	家电纵深	家电观察	家电参谋	健康报道	专家问药	[illegible]	健康关怀

■根据读者意见，本次改版重在整合，使版面条理更加清晰，形成“每日新闻”+“深度报道”+“天天副刊”+“生活资讯”的四大版组格局

■本次改版在版面、栏目的设置和定位方面吸收了一些读者提出的建设性意见，今后还将在具体操作中不断改进

■本报11月6日改版后，仍欢迎读者提出意见和建议

图 2—2 《北京青年报》2000 年 11 月 6 日起版面轮换表

开放以前不同。因此，要分析报纸的发展前景，就要研究报纸生存环境中各相关因素的变动。

（一）社会环境中的各项因素对报纸发展有影响，主要是由以下几方面表现出来的

1. 读者

读者是报纸的服务对象，是新闻传播的接受者，是报纸这一文化产品的消费者。读者群体的变化直接制约和影响报纸市场的变化。如 1996 年中国人民大学舆论研究所在北京地区进行的一项“北京居民读报情况和读报意愿”抽样调查结果表明，当时北京报业市场所面对的读者群规模总数约为 575 万人，但有相当多可能成为报纸读者的人因各种原因并未成为报纸的读者（城市人口中约 19%的人基本上不接触报纸）。调查者认为，在表面“白热化”的报业大战背后，北京报业发展的空间还有相当大的余地。[①] 应该说，读者是一个复杂、多变的因素，读者的人数、年龄结构、职业结构、文化程度、收入水平，以及读者对报纸的消费心理和行为等都是影响报业发展，从而制约报纸定位的要素。再从新闻传播角

① 参见喻国明：《关于北京报业市场的考察》，载《中国报刊月报》，1997（11）。

度看，随着现代高科技的发展，传播手段和模式在不断改变，读者将越来越多地参与传播活动，从单纯的“受传者”向“受传者+传播者”转变。读者对于新闻信息的需求也在不断变化，这些都是报纸策划必须考虑的因素。

2. 报纸的控制者

报纸的控制者指对报纸有领导权或管理权的组织和个人。我国报纸特别是主流报纸大多接受各级行政机构的领导，如各级机关报必须接受上级党委或政府的领导，产业报要接受所在产业部委的领导，各类报纸都要在中央宣传部的统一领导下工作，国家新闻出版署对各类报刊进行行政业务的管理，等等。

因此，报纸的控制者对于报纸的定位和发展具有重要影响，在市场经济新时期，国家在推动报纸全面走向市场，依靠经济规律促进新闻资源实现合理配置的同时，仍将通过行政手段对报业结构和规模加以宏观调控。报纸控制者的意志、管理法规和政策，是报社进行决策必须考虑的要素之一。而且，报纸作为舆论载体的特殊性质决定了它不同与普通的商品，报纸的新闻传播活动必定会受到政治因素的制约，报道什么、如何报道，不可能脱离报纸控制者的控制与影响，报纸策划也必然要受到这一因素的制约。

3. 广告客户

广告是现代报业的经济支点，报纸的生产循环要依靠广告提供资金保障，因此对广告市场份额的争夺在报业竞争中不可避免，尤其是那些完全进入市场的报纸，会更加自觉地将广告客户作为自己的服务对象和争取目标。如 20 世纪八九十年代省级机关报纷纷创办都市报，其主要目标之一就是与当地的晚报竞争，重新分割一直由省会城市晚报占优势的读者市场和广告市场。广告客户的需求、广告经营的规模越来越成为制约报纸定位和设计的重要因素，而且广告经营的成败与报纸的质量优劣已经是现代报业发展的一个“连环扣”，这两者将一荣俱荣、一损俱损。故报纸策划不能不将广告客户作为参照因素之一。

4. 中介

报纸需要依靠邮局和其他报刊发行网络才能到达读者手中，报纸的广告经营也需要通过广告公司这一中介才能完成，所以营销中介是报业生存发展的重要依托。报纸的生产还需要其他信息传载的中介，如通过国际互联网以及其他信息网络收集信息，通过纸张油墨附载信息等，这些也都是报纸的传通中介。支撑中介的元素非常复杂，既有主要靠人力构成的中介，如报纸发行网络，又有主要靠科技设备构成的中介，如国际互联网络。报纸的中介因素牵涉到诸多与报业相关的其他产业，如生产新闻纸、计算机等信息附载或接受体的多种产业，还有卫星、光缆等高新技术产业。所有这些中介因素都影响与制约报纸产品的形态和规模，成为报纸策划的依据之一。

5. 竞争对手

新闻媒介相互之间的竞争一方面存在于不同类型的媒介之间，如报纸与广播、广播与电视之间的竞争，另一方面还存在于同类型媒介即报纸与报纸之间。如都市报的竞争对手不仅有在当地发行的其他报纸，还有当地的广播和电视。改革开放以来，我国各类新闻媒介在数量和类型上发展迅猛，客观上造成了各媒介的竞争对手急剧增多，竞争的态势日趋严峻。媒介受众市场的不断“分化”成为大势所趋，能否找准合适的市场定位并生产出高质量的媒介产品，决定着媒介的兴衰成败。而报纸定位正是与竞争者的生存状态相对而言的，也即要寻找竞争对手的薄弱环节，发现市场空白点，从而选择正确的发展战略。所以报纸策划必须考虑竞争者这一因素。

(二) 报社自身的条件也是影响报纸发展的重要因素

报社内部的变化，比如人事变更、机构重组，以及报社经济条件的改变、技术设备的改进等，都可能直接引发报纸进行改版。报纸发展需要报社内部具备以下主要条件：

1. 报社的资金、设备和技术条件

这是报纸生产进入良性发展的“硬件”。无论报纸新创办或者改版，都需要“硬件”保障，如20世纪90年代我国很多省级机关报创办都市报，一般都要投放几百上千万的启动资金，与资金同时启动的，还有办公场所、印刷厂、各类通讯、摄影设备、交通车辆等等，而且很多工作环节都离不开高新技术手段，需要有技术方面的保证。

2. 报社的人才资源、体制与管理水平

这是报纸生产顺利运行的“软件”。人才资源指报社拥有各类专业人员的数量、人员素质及其水平。人才资源历来是制约报纸设计的重要因素，因为一切策划方案都要靠恰当的人去完成，策划实施效果首先取决于人的努力。我国第一家报业集团广州日报报业集团的事业能够迅速发展，一个很重要的原因就是他们重视集团内部的人才结构。为了确保人才结构适应报业集团发展，他们集中引进高学历、名牌大学人才，以期在20世纪末使采编人员的学历结构达到硕士以上占20%、本科毕业生占40%、大专毕业生占40%。[①] 还有一些报纸，在设计名牌栏目时，主要借助于人才资源方面的优势，如《武汉晚报》推出由著名女记者范春歌主持的新闻专栏《范春歌新闻工作室》，引人注目。

---

① 参见曹鹏：《中国报业集团发展研究》，122页，北京，新华出版社，1999。

报社的体制指报社的组织制度，包括用人制度、部门设置等，目前我国报社的体制是有差异的，有的已经实行全员聘任制，真正实现了社会招聘、择优录用和人才流动，有的还维持着计划经济时期形成的旧体制，人员难以流动，人浮于事的状态难以改变。体制的差异会直接影响从业者的工作态度和业务水平的发挥，形成对策划的制约力。

报社的管理水平也是影响策划和组织传播的一项重要因素，管理水平高的报社能够以高效的工作流程、完善的制度和严格的纪律保障策划方案的实施，而管理水平低下的报社则有可能使优秀的策划变成纸上谈兵。

媒介内部的各项因素是互相关联且能够彼此转化的。“硬件”方面的因素可以转化为“软件”方面的因素，“软件”的优势也可以转化为“硬件”优势；“软件”和“硬件”中的不同因素也可以相互转化。比如报社拥有雄厚的资金实力，就可以吸引优秀人才，可以添置现代化的技术设备；报社拥有体制方面的优势，也能够吸引人才和资金投入。

另外，影响报纸发展的还有传播符号因素。前面已经谈到，报纸进行新闻信息传播主要是凭借文字语言符号和视觉性非语言符号，因此以进行析事说理的深度报道和旁征博引的新闻评论见长，并具有可以保存、便于查阅、方便携带、阅读自主的优点。而不足之处是缺乏实证性、再现力和感染力，时效性也相对差一些。这些特点是报纸设计时应该考虑的内容，以便扬长避短，充分发掘自己的资源。

二、编辑方针决策

报纸的编辑方针是根据办报方针对报纸编辑工作作出的决策，它规定了报纸的读者对象、传播内容、报纸水准和风格特色，是报纸编辑工作必须遵循的准则。报纸的编辑方针为报纸设计指明了方向，确定了目标。

任何报纸都要根据自己的生存环境和自身所具有的条件，确定办报方针。办报方针对报纸的性质、办报宗旨和新闻传播的立场、原则这些根本性的问题作出明确规定，是指导报社一切工作的基本纲领。而新闻编辑方针则结合报纸的特性，将办报方针具体落实到编辑工作中，进一步规定编辑工作中的传播对象、工作目标和操作水平。

报纸在创办之初或者改版之时，通常在报纸上公开宣告办报方针和编辑方针，表述方法多种多样，有详细的也有简略的，而且办报方针和编辑方针有时并不严格分开阐述。如《新民晚报》著名的十六字方针“宣传政策、传播知识、移风易俗、丰富生活”，就是一种高度凝练的编辑方针，这十六个字，既规定了《新民晚报》的传播内容和风格特色，也表明了这家报纸的办报宗旨和新闻传播的立场、原则，即作为一家市民报纸“飞入寻常百姓家”，参与社会生活、提高人民素质。也有一些新闻媒介在办报方针的基础上，更细地阐述编辑方针。如1992年《经济日报》改版策划时，编委会下达报社内部的《〈经济日报〉改版大思路》文件中，强调“改版要按照编委会提出的‘同中央精神贴得更近些，同实际工作贴得更近些，同群众脉搏贴得更近些’的‘三个贴近’和有利于增强新闻报道的宏观意识、理论意识、国际意识和批评报道有建设意识等‘四个意识’的原则来进行”。由此再进一步阐述编辑方针：“1. 紧紧围绕发展市场经济这个大课题，开展多层次、多功能、多角度、多形式的宣传报道，并按照市场要素与经济运行规律设置版面。2. 从多种经济成分并存的现实出发，扩展报道面。3. 进一步发挥新闻媒介的传播作用，充分考虑不同层次读者的要求，努力把《经济日报》办成消息总汇。4. 改版后的报纸应当突出三性：即权威性、实用性、可读性，使之具有浓浓的经济味儿。5. 继续发挥报纸在经济生活与社会生活中的舆论监督作用。”这样的编辑方针对《经济日报》扩版的总体与局部设计具有指导意义。

报纸编辑方针的内容主要包括四个方面：

（一）报纸的读者对象

读者是报纸编辑工作最终的服务对象，而且读者正逐渐成为现代传播活动的参与者。报纸的读者对象是根据报纸的性质、办报宗旨以及报业市场竞争的需要确定的。报纸的设计要针对具体的读者对象来操作，因此编辑方针首先要规定报纸的目标读者。目标读者是报纸编辑希望其能够成为报纸受众的人群。报纸读者群的结构往往是多元组合，如青年报的读者总体上说是青年，但从结构上看，它又是由不同年龄、不同职业、不同地区、不同性别的年轻人组成的一个群体。编辑方针不仅要确定目标读者的总体范围，还要进一步规定读者群中的主体是哪类人，次要的读者又是哪类人。如《北京青年报》历史上曾经有过三种不同的读者定位，20世纪50年代至60年代主要面向团的干部和团员，20世纪80年代前期主要面向中学生，20世纪80年代后期至今全面走向社会，以全市广大青年为主。读者对象是编辑方针中最重要的内容，它对其他几项内容会产生制约作用。比如《北京青年报》历史上三种不同的读者定位决定了该报在各个时期的传播内容不同，报纸的水准和风格特色也不同。在报纸全面走向社会以后，主体读者的范围扩大了，新闻报道的内容便不再局限于青年的活动，只要是青年们关心的新闻，《北京青年报》都积极报道，而且报纸的水准提高了，更具有锐意创新的风格特色。

（二）新闻传播的内容

报纸传播的内容指的是报纸新闻传播的总的报道面有多大，具体说来，包括报道对象的分布有多广、报道的领域有多宽、报道的区域有多大等。报纸新闻传播的内容是由报纸的性质、办报宗旨和读者对象的需要决定的，比如《人民日报》作为中共中央机关报，作为全国最大一家综合性日报，其报道范围要比地市级的党委机关报大得多，也比各类行业报大得多。中国和世界各地发生的新闻都在《人民日报》的报道范围之内，各行各业的变化都是其报道的对象。相比之下，地方综合性报纸虽然也报道国内外大事，但本地区的新闻才是报道的重点，构成报道内容的主体部分。行业报的报道内容则主要是行业范围之内的新闻。编辑方针对报纸传播内容的规定，将直接指导报纸总体规模和内部结构的设计，报纸版面的分工、栏目的设置都与此有关。

（三）报纸的水准

报纸的水准指报纸的思想水平、文化水平和专业技术水平所达到的高度，具体通过报纸传播内容的深度、广度，以及语言文字、版面设计、制版印刷等多方面因素综合表现。报纸的水准也是根据报纸的性质、办报宗旨和读者对象确定的，如面向知识分子阶层的综合性报纸对思想水平、文化水平和专业技术水平一般都要确定较高的标准，报道应该达到一定的广度和深度。而面向普通市民的晚报，传播内容侧重社会生活领域，报道讲求通俗易懂、平易近人，对语言文字的运用和版面设计与前者大不相同。至于面向某些专业读者的行业报，对行业内新闻传播的深度则有较高的专业要求。编辑方针中对报纸水准的规定也将具体指导报纸的设计。

（四）报纸的风格特色

报纸的风格特色指报纸的整体结构、传播内容、传播方式和版面形象等综合表现出的格调和特点。报纸的风格特色是由报纸的性质、办报宗旨、读者对象决定的。如《人民日报》作为中共中央机关报，强调以权威性、指导性、理论性为主要特色，这种特色具体表现为重要言论多、对全国各行各业有指导意义的新闻多、报道稳健而有深度、版面庄重大方等。团中央机关报《中国青年报》，读者对象和《人民日报》不同，其风格特色也相应不同，以生动活泼、富有朝气受到年轻人的喜爱。编辑方针对报纸风格特色的规定，为报纸设计指明了努力方向。

第三节　报纸设计程序

一、报纸设计的内容

报纸设计是将报纸的编辑方针具体落实为操作方案的一种创造性的工作。报纸设计的内容包括整体规模设计、内部结构设计和外部形象设计几个方面。

报纸的整体规模主要由报纸的版面总量构成，如日均出版多少版面，每周版面总量有多少等；报纸的内部结构是指报纸全部版面的分工与组合形态，如报纸由多少块新闻版、专版专刊、副刊、广告版面组成，以及各组成部分在空间上排列的顺序、出版时间的安排等；报纸外部形象则主要由报纸的报头、版式、色彩等视觉性元素组合而成。

无论是报纸的整体规模、内部结构还是外部形象，都是根据报纸的编辑方针确定的。如1993年《北京青年报》推出《新闻周刊》，这一新产品的出现缘于办报者崭新的办报理念。北青报人认为，随着改革进程的日益深入和人民群众欣赏品位的提高，读者对高档次、严肃性新闻的需求将造就一个前景远大的潜在市场，谁先抢占这个市场，谁就将取得报纸市场的主动权。该报编委会规定，《新闻周刊》的办刊宗旨是："《新闻周刊》必须姓'新'，即内容上以新闻为主，彻底打破'新闻＋副刊'的传统报纸格局。其主要版面应都是新闻或以新闻为主。"[①] 这一思路决定了《新闻周刊》的特殊结构——除了正常刊登广告以外，全部由新闻版构成，正如其报纸上公开宣布的"只提供一种东西——新闻"。2000年《北京青年报》改版时，又将《新闻周刊》与另外几大周刊如《财富周刊》《法治周刊》《环球周刊》《证券周刊》等整合为深度报道版组放置在第17版至24版，每天轮流出版，成为整体结构中一个重要的组成部分。而且，这次改版设计运用图标和色彩来设计报纸外部形象，正如该报2000年11月3日在"读者特刊"上刊登的《〈北京青年报〉改版总体设计方案》所言："总体设计原则：1. 强化新闻纸的视觉化因素，回应读图时代的视觉性需求，满足和培养读者的视觉文化。2. 从报头、版头、报眉到文字、图片、色彩等无一不进行彻头彻尾的视觉化工作，让读者阅读时'赏心悦目'。3. 功能性设置图像化的'地球、太阳、月亮、星星'四大版组，服务于读者快速分叠，便于阅读。"《北京青年报》的新闻版组的图标是地球，以蓝色为主色调；深度新闻版组的图标是太阳，以红色为主色调；每日副刊版组的图标是月亮，以绿色为主色调；生活服务版组的图标是星星，以黄色为主色调。这种形象设计开国内报界之先河，体现了设计者的一种超前理念。

报纸规模与内部结构的设计不仅是一种定性的考虑，而且要进行精确的定量定排。在许多报社，这种设计最终是以"版面运行表"表现出来并具体付诸实施的。如1999年《经济日报》再度扩版，报纸规模达到平均日出12版，正常工作日每日16版。从"《经济日报》1999年版面运行表"中可以看到（见图2—3），《经济日报》的总体规模是每周总共80版（其中周一8版，周二至周五每天16版，周六和周日每天4版）。内部结构是由A、B、C、D4个版组构成，每个单元均含

---

① 郑兴东主编：《新闻冲击波——〈北京青年报〉现象扫描》，159页，北京，中国人民大学出版社，1994。

4块版。A版组为"综合要闻",每日出版。B版组为"产经透视",周一至周五出版。C版组是"周刊",周二至周五出版。D版组为"企业信息",周二至周五出版。

《经济日报》1999年版面运行表（1999年1月1日起实行）

	星期一	星期二	星期三	星期四	星期五	星期六	星期日	备注
A1第1版	要　闻	要　闻	要　闻	要　闻	要　闻	要　闻	要　闻	报眼广告
A2 第2版	国　内 新　闻	国　内 新　闻	国　内 新　闻	国　内 新　闻	国　内 新　闻	国　内 新　闻	质　检 公　告	整　版
A3 第3版	综　合 新　闻	综　合 新　闻	综　合 新　闻	综　合 新　闻	综　合 新　闻	每　日 证　券	经　济 文　摘	99行
A4 第4版	国　际 新　闻	国　际 新　闻	国　际 新　闻	国　际 新　闻	国　际 新　闻	国　际 新　闻	综　合 副　刊	99行
B1 第5版	理　论 周　刊	产经透视 景气观察	产　经 透　视	产　经 透　视	产　经 透　视			报　眼 广　告
B2 第6版	理　论 周　刊	产　经 透　视	产　经 透　视	产　经 透　视	产　经 透　视			99行
B3 第7版	理　论 周　刊	热　点 好望角	国　际 专　题	热点73行 网络52行	港台澳 专　题			99行
B4第8版	广　告	广　告	广　告	广　告	广　告			整　版
C1 第9版		家　电 周　刊	社　会 周　刊	人　物 周　刊	周末刊			报　眼 广　告
C2 第10版		家　电 周　刊	社　会 周　刊	人　物 周　刊	周末刊			73行
C3 第11版		家　电 周　刊	社　会 周　刊	人　物 周　刊	周末刊			63行
C4 第12版		家　电 周　刊	社　会 周　刊	人　物 周　刊	周末刊			63行
D1 第13版		科　技 经　纬	乡镇企业 民营企业 （双周）	城　市 经　济	企业天地 三资企业			报　眼 广　告
D2 第14版		科　技 经　纬	工　商 服　务	城市经济 （整版）	工　商 服　务			73行
D3 第15版		每　日 证　券	每　日 证　券	每　日 证　券	每　日 证　券			99行
D4 第16版		广　告	广　告	广　告	广　告			整　版

说明：1. A4《综合副刊》包括：

甲、绿原、读书和旅游，每月第一、三周轮流刊出，美术画刊逢第五周见报。

乙、国际副刊，单月第二周见报。　　丙、地方风情，双月第二周见报。

丁、摄影画刊，每月第四周见报。

2.《景气观察》每月逢18、28日在《产经透视》B1版刊出，如遇周六、日、一则延至周二刊出。

3. D单元分别有"科技经纬·证券"、"城市经济·证券"和"企业·信息·证券"三个报头，报头下标明"中国证监会指定披露上市公司信息报纸"。

图2—3　《经济日报》1999年版面运行表

报纸的总体设计要充分考虑读者对象的阅读需求，如机关报或其他以公费订阅为主的报纸，在双休日一般读者较少，版面规模就应相应缩小，而工作日版面则相应可以多一些。一些读者定位比较特殊的专版专刊，也需要根据特殊读者群的需要合理地安排出版时间，以争取更高的阅读率和更好的传播效果。

在对报纸进行了整体规模与内部结构的总设计之后，还要进一步对报纸的每一个组成部分进行设计，也就是设计报纸的每个版组、版组中的每个版，以及版中的各个专栏。

如果我们把报纸看做一个母系统，版组及其中的各版就是这个母系统中的子系统（也有一些报纸版面不多，不分单元），而专栏又是这些子系统中的更小的子系统。我们在设计这些子系统时，要从母系统的整体需要出发，也就是说，要根据报纸的总体定位、设计对其各个部分的要求来设计版组、版和专栏。如1999年《经济日报》的《综合要闻》版组是该报每天都要出版的一个重要单元，这个单元的报道内容包括国内外重大新闻、国内经济新闻、国际新闻和重要社科文教新闻。这样广泛的报道内容要进一步分解到4个版中，使每个新闻版报道任务明确，相互配合，共同完成“综合新闻”版组的使命。因此，该版组的编辑在“权威、快捷、深度、准确”的编辑思想指导下，对单元中的每个版做了精心的设计：

第一版：要闻版

体现权威意识、门面意识、特色意识。在继续加强对重大主题、重大事件等的深度报道之外，加大宏观信息量。对各报统一发表的重大新闻，版面安排“同中求异”，保持特色。

主要专栏：快论、现场速写、今日导读、豆腐块短新闻。

广告：报眼位置。

第二版：国内新闻版

扩大中观信息量，提高信息层次。主要刊登热点经济新闻及分析、全国性行业新闻、地方性重大经济新闻等。除有典型意义的重要企业新闻外，一般不刊登“一厂一店”式企业新闻。

主要专栏：特别报道、王府井随笔、每周经济观察、热点冷评、经济短波、今日话题。

第三版：综合新闻版

突出“三性”：综合性（刊登重要时政新闻包括为一版分流稿件，重要教育、科学、文化新闻及社会新闻等）、监督性（刊登一些问题性、批评性报道）、服务性（刊登对读者有实用价值的新闻、读者来信来电等）。

主要专栏：体验新闻、编读往来、地方领导谈经济。

广告：占 99 行。

第四版：国际新闻版

立足国内谈国际，借鉴国际说国内。

主要专栏：世经聚焦、世经专论、世经述评、热点随笔、海外杂谈、周末特写、海外生活面面观、新闻集装箱、五洲集锦。

广告：占 99 行。

这份设计方案是公开发表于《经济日报》1998 年 11 月 26 日“发行专号”上的，只是对详细的设计方案的一个摘要。它对《综合要闻》版组中各个版的定位和设计有明确的说明，但对每个版中的主要专栏只是点出了名称，没有具体阐述设计方案。事实上，在完整的报纸设计方案中，对每个专栏的内容、篇幅、体裁、作者、版面位置、风格等也都会有明确的交代。

归纳起来，报纸的局部设计包括：

第一，确定各个单元及其中各版的读者定位和编辑思想。

第二，确定各版名称、报道范围和重点。

第三，确定具体版面的主要专栏名称、内容、篇幅、体裁、风格等。

第四，确定广告在各个版面所占的篇幅和位置，以及广告的类型。

第五，确定具体版面的版式特点和风格特色。

需要注意的是，报纸的局部设计是整体设计的一部分，要注意局部风格与报纸整体定位相一致，各个版的风格设计既要相互协调，共同构成报纸整体风格，又要根据各自的定位和内容特点与其他版面有所区别，表现出个性。

还要说明的是，报纸策划往往与报社传播机制策划紧密联系在一起，因为传播机制是对报纸设计方案付诸实施的必要保障，如果仅仅策划报纸，而不考虑生产报纸的机制，报纸策划很可能只是“纸上谈兵”，难见成效。所以，报社在进行报纸策划时，一般都要同时策划传播机制，即确定采编部门的设置、采编人员的配置与分工合作、采编流程及其管理等。这些内容已属报纸编辑管理范畴，这里暂不展开论述。

报纸策划的成果由书面文字表现出来，是报纸设计方案。这一方案往往作为报社内部文件发至有关采编人员。方案的内容包括三大方面：第一，阐述报纸编辑方针。第二，阐述报纸的整体规模和内部结构。第三，阐述报纸各个版组、版与专栏的设计。

二、报纸设计的操作过程

报纸设计是一种集体性的创造活动，从事这种创造活动的是由“核心层”与“外围力量”组成的集体。所谓“核心层”，是指领导并具体进行操作的那部分编辑人员，通常是报社总编辑、编委会成员、新闻采编部门的负责人等，他们组成专门的策划小组，领导与实施策划活动。他们是策划过程的组织者、策划方案的制作者、方案试行的指挥、监督者。所谓“外围力量”，指所有为报纸设计出谋划策、不固定地参加策划活动的人员，包括报社采编人员和管理人员，从社会各界邀请来献计献策的政府官员和专家学者，报纸的热心读者等。报纸设计是在这样一种复杂而庞大的创作集体中，依靠不断的信息交流和思想碰撞，经过不断的比较、论证和修正才最终完成的。

报纸设计是一项难度极大的系统工程，这项工作通常历时几个月甚至近年，设计过程大致可分三个阶段。

（一）设计预备阶段

指从产生策划意图、着手准备，到方案设计之前的一段时间。这一阶段的主要任务是调查传媒市场与报社内部情况，细分读者与广告市场，寻找报纸发展的空间。

信息是决策的依据。在报纸策划中，需要收集两方面的信息：

1. 外部信息

即构成报纸生存环境的、与报纸发展直接有关的信息。具体包括：

（1）读者信息。读者的构成（年龄、性别、地区、职业等）、文化水平、消费心理与习惯、对报纸的评价等。

（2）报纸控制者的信息。报纸领导部门对报纸的政策、法规、管理条例，控制者对新闻报道的态度和意向等。

（3）报纸竞争者的信息。竞争对手的现状与动向、竞争对手在新闻报道方面的经验教训等。

（4）报纸相关产业信息。如新闻纸生产、现代通讯设备生产等对新闻传播活动的规模、手段、效果产生直接影响的产业。

2. 内部信息

即构成报纸内部环境的、与报纸发展直接有关的信息。具体包括：

（1）资产信息。报社现有固定资产规模、资金实力等。

（2）技术信息。报社现有技术设备、技术力量和技术水平等。

（3）人才信息。报社现有采编人员及其分工、人员素质、工作状态、心理状态等。

（4）管理信息。报社采编部门的设置、采编流程、人财物管理水平等。

这些信息是报纸策划的重要依据，因此在策划运作前期，首先要建立收集信息的网络和机制，要主动出击获取尽可能全面、准确、有效的信息。比较常用的方法有：

第一，外出走访调查——即走访其他新闻媒介、走访有关部门的领导、专家学者、走访受众等获取各类外部信息。

第二，读者抽样调查——即通过抽取读者样本、发放问卷、统计数据的方法获取读者信息。

第三，召开座谈会——即邀请有关领导、专家或受众进行座谈，或组织报社内部工作人员进行座谈，获取有关的外部信息和内部信息。

第四，公开征集意见与建议——即通过报纸发起征集意见与建议的活动，吸引社会各界为报社献计献策。

第五，内部个别交谈——即与有关采编人员、管理人员个别交流，获取内部信息。

第六，文献研究——即通过对有关报纸的资料文献的研究，获取对报纸设计有价值的信息。

获得信息之后，还要对各类信息加以归类、处理，以分析媒介市场，发现报纸发展的空间。20 世纪中期，美国市场营销专家温德尔·斯密提出“市场细分化”概念，即根据消费者的不同特征，把市场分割为若干个消费者群，其中每个消费者群是一个子市场，各子市场都是由需求相近的消费者组成的，这些子市场间的差异比较明显。市场细分理论对于企业寻找目标市场很有意义。报纸作为一种文化产品，在确定自己的市场定位时，同样可以借鉴这一理论。比如，报纸的读者市场可以按地理标准（按读者所在的地理位置划分为不同的群体）、经济收入标准（按读者收入水平划分不同的阶层）、人口标准（按读者年龄划分为不同的群体）、心理标准（按读者的生活方式、购买报纸的动机等划分不同的类型）等多重标准进行细分，再进一步分析每个子市场中已有媒介的情况，即市场占有情况，从而找到市场的空白点或薄弱地带，发现报纸发展的机会，确定目标读者。如 1995 年《华西都市报》在创办之初，总编辑等人对报业市场进行了细致的考察，认为随着市场经济的进一步发展，我国将出现一批区域组合城市，四川的“经济一条线”：成都、德阳、绵阳、乐山，已经在向这个方向发展，实际上形成了成都经济带。成渝高速公路的贯通，使成都和重庆两城市靠近了，加上聚集在周围的一批中小城市，最后必然成为区域组合城市。区域组合城市的读者群体人口众多，并且具有相近的生活方式和读报需求，而已有的省市机关报、城市晚报和其他专业性报纸都不能满足区域组合城市市民的这种需求，于是，决定将《华西都市报》定位于“区域组合城市报”①。根据这种市场定位，确定了办“市民生活报”的编辑方针，并对报纸的内容、形式和风格特色作了精心设计。报纸一创办，就在重庆开设了记者站，新闻报道面覆盖所有区域组合城市，并专门设一版重庆新闻。这一市场定位后来被证明是正确的，报纸创办第一年就打开了局面，社会效益与经济效益都很好。由此可见，报纸策划之前，对信息的获取和分析，对市场的细分，对报纸发展空间的把握，是报纸策划取得成功的前提。

（二）方案设计阶段

指确定报纸的编辑方针，以之为基础拟订报纸设计方案并优选方案的这一过程。方案设计阶段是报纸设计的核心阶段。

1. 确定目标读者、制定编辑方针

在充分占有和处理了有关信息的基础上，设计者要根据对市场机会的分析，确定目标读者，即确定新闻传播的主要对象，这也是报纸编辑方针中最重要的一项内容。读者是个集合概念，市场细分理论告诉我们，根据读者的年龄、性别、职业、居住地区、文化水平、兴趣爱好、消费水平和消费习惯因素，可以用不同的标准将其划分为不同的群体，形成不同的读报需求组合。因此，报纸设计首先要确定自己的受众群体是哪一类人，然后才能针对这一人群的特殊需求，结合报纸的性质、办报宗旨等确定报纸的传播内容、报纸水准和风格特色，然后再设计报纸方案。确定目标读者要注意两点：

（1）读者群体的变化。对报纸来说，读者群体是一个结构不断变化的人群，设计者要在把握变化中不断更新自己的目标读者。如我国省报在改革开放以前是订到每个生产队的，农村是订户大头，与这种读者构成相适应，省报的新闻报道要特别重视向农村倾斜。而改革开放以后，省报的读者构成发生了变化，多数自然村已经不再订省报，行政村往往也只订一份省报，订户大头已由农村转向了城镇。读者结构的这种变化，就要求省报的新闻编辑方针也需做出调整，报道内容也要注意向城镇倾斜。因此，有省报编辑提出，“与农民相比，城镇居民的需求

---

① 参见席文举：《区域组合城市和省级城市报纸》，载《新闻战线》，1996（9）。

更广泛，兴趣爱好也更多种多样，他们不仅想更多了解本地情况，还想更多了解全国全世界的情况；不仅对国内外政治、经济、军事、外交很感兴趣，而且对家庭婚姻、文化娱乐、体育比赛、医药卫生等也很感兴趣，为此，省报就必须拓宽报道面，根据城镇居民的需要，增加相关内容，把报纸办得更有城市味。如果不是这样思考问题，或囿于本省农村人口多，或囿于本省是农业大省，继续把省报办成‘农民报’，那么城镇居民就必然会不爱看、不愿订”[①]。读者群的改变，要求设计者确定新的目标读者，并以此为依据重新设计报纸。

（2）目标读者的分解。报纸的读者群是一个比较宽泛的概念，在设计中，还要根据读者群的结构因素，进一步确定报纸各不同部分的读者目标。如《南方周末》把具有中学文化水平，关心社会、热爱知识的人确定为自己的主要读者对象，但同时也考虑到周末报以自费订阅为主，几乎所有报纸都要进入家庭这个特点。该报主编认为：“家庭成员的层次是很复杂的，几乎是整个社会的缩影。因此，周末版所设的专版和各版小栏目的设置，既要突出重点读者对象，也要照顾到各个层次的读者群。我们的方法是对每个次要的读者层的阅读要求和阅读心理作出分析，看看他们最喜欢读什么东西，哪些是我们可以提供的，哪些是不可能提供的，然后有针对性地为每个次要读者层开辟三两个小栏目，力求做到各种层次的读者都能从我们的报纸上找到他们喜欢的东西。”[②] 报纸读者群的分解，在报纸设计中具有重要意义，设计者对于目标读者的解构，决定着他们对报纸内部结构的安排，决定了报纸各个局部的定位与设计。

在明确了报纸的目标读者以后，就可以根据报纸的性质、办报的宗旨进一步确定编辑方针中的另外几项内容：传播内容、报纸水准和报纸的风格特色。这些内容的具体含义前面已经讲述，这里不再重复。编辑方针中规定的各项内容最终将在报纸方案设计中得到具体落实。

2. 拟订与优选报纸设计方案

设计方案一般由策划小组责成专人起草，形成初稿后，经过多次讨论，经过优化选择，不断修改完善，直至定稿。方案拟订与优选的过程中，要注意做好这几方面的工作：

（1）鉴别、筛选。经过前一阶段广泛收集信息，设计者获得了大量的线索、意见、建议可供参考，在设计方案时，需要对这些庞杂的信息加以鉴别和筛选，去伪存真、去粗取精。鉴别与筛选一般要经过多次讨论、磋商来实现，有时，出

---

① 李俊昌：《对省级党报发展滞后原因与对策的思考》，载《中国记者》，1997（7）。

② 《吸引读者的“魔法”——〈南方周末〉原主编左方访谈录》，载《传媒天地》，1995（5）。

现意见分歧，还需要进行补充调查和反复论证，要对每一条意见和建议可行与否，以及施行中可能出现的问题做出预测，通过权衡比较，做出最佳选择。

（2）创意、设计。报纸设计方案不是由零碎的点子和建议拼凑成的，方案的产生首先需要策划者的创意。也就是设计者要充分运用创造性思维，进行大胆的设想、构思，形成报纸的总体构架。而经过鉴别与筛选出来的好点子、好主意，可以用来填补、完善这一初具雏形的总体设计，使其每一局部、细部更加精彩。比如报纸的要闻版与其他新闻版的总体结构、各个版的出版频率、时间需要统筹考虑，形成合理的排列组合；而具体到每个版面，又需要各不相同的栏目设置、版面包装设计等。报纸规模越大、版面容量越多，报纸策划的难度也越高。方案设计既要以系统观点把握报纸的整体结构与整体形象，又要以层次化手段处理每一个局部的设计，做到以科学的组合将优秀的局部集纳为优秀的整体，实现整体效果优于部分之和的目标。

（3）协调、完善。在制定与修正报纸设计方案的过程中，设计者还要反复征求报社内部采编人员的意见，并将方案初稿在一定范围内加以讨论磋商，以及时发现问题和漏洞，修改完善。讨论之中，各类矛盾和意见分歧在所难免，大到报纸的整体结构，小到对具体的版面、栏目设计，都有可能看法不一。因此，设计者一方面要不断收集各类意见和建议，继续鉴别、筛选，汲取其中的精华，另一方面还需要针对各类矛盾、各种不宜采纳的意见做大量解释、说服工作，以协调各方面的关系，促成大家认识上的一致，最终形成能为大家普遍接受和认同的设计方案。

（4）比较、优选。报纸策划是一项影响重大的工程，因此往往会同时设计若干种方案供比较选择。这些方案设计思路不同，一般各具优点和不足，设计者提出若干方案的目的，在于充分利用各类信息资源，照顾各方面因素，以便权衡比较各种方案的利弊，选择最佳方案。方案优选应以整体效果为评判标准，而不能只看某一局部的效果；应以充分发挥报社内部潜力、扬长避短为评判标准，而不能以己之短攻人所长；应以低投入、高产出的效益原则为评判标准，而不能不考虑投入水平和风险因素。

拟订并修改方案的时间一般较长，如 1999 年《经济日报》进行改版策划，报纸设计方案曾几易其稿，在报社内部召开了多次讨论方案的会议，广泛征求各方意见，反复修改和论证，才最终定稿试刊。

（三）试行方案阶段

指将报纸设计方案投入试行，以验证其可行性，最终修正确认的阶段。报纸试刊有时是公开进行的，面向所有读者发行试刊的报纸；有时是在报社内部秘密进行的，试刊的报纸只在小范围内传阅。在试行方案这一阶段，设计者担负着部署任务、指挥操作、监督运行、修正方案等职能。试行方案需要注意下列问题：

1. 慎重选择试刊的内容

试行方案有时并不能将方案中所有内容都试刊，因为报纸版面众多，特别是专版专刊多达几十种，能够试刊的只是其中一部分内容。因此，要根据试行方案的时间、人力、财力、物力等条件，对试行内容有所选择。原则上应选择方案中最主要、最重要的内容，以及改版时新增设的内容进行试刊，因为这些内容可行与否、效果如何，是检验策划成败的关键。

2. 慎重选择试刊的时间

试行方案的时间不宜选在特殊的日子，如节日期间，或有重要活动、重要会议的时候，因为这些时候正常的采编任务较重，有许多重要稿件必须刊登，会影响试行方案的人员和设备安排，难以保证试行效果。而且在特殊时期公开试刊报纸，还会因为要发表一些重要稿件而影响试刊的版面，使一些应该试刊的内容不能按计划试行。

3. 适当把握试行方案的次数

试刊多少回，要根据报社的具体条件和目标而定，一般不应少于 2 次，否则一旦在试刊中发现了严重问题，无法在修正以后再次接受检查。对于新办的报纸，试行方案的次数应该更多一些，以全面检验报纸的定位是否合适、各部分设计是否可行。如 1997 年，《解放日报》创办《申江服务导报》，在筹备过程中，正式试刊前有两个多月的"试制样报"和内部练兵。编辑们试编了几次版面，负责电脑设计和拼版的美编们更有几十个版面的经验积累。他们说："做样报，把脑子里朦胧的想法清楚明白地落到纸上，看得真切也就想得更真切，有助于修正思路和做法。同时，在这一过程中，我们也在摸索工作流程安排和工作规范，这是为正式出报后的正常运转'预设保险'。"①

4. 广泛征集各方面意见，修正和确定设计方案

试行方案的目的是为了及时发现方案中的问题与漏洞，尽可能将问题解决在正式出报之前，因此，要注意接受方案试行后的意见反馈。报纸如果公开试刊，应有意识地增加发行，对某些部门和个人免费赠送，并主动上门征集意见，还可采用召开座谈会等方式广泛收集社会各方面的反应。对各方面反馈回来的信息要认真整理、分析，采纳其中的合理部分，对试行效果不好的内容找出原因，做出调整，对整个设计方案做最后的修正和确认。

---

① 徐炯：《"我们要做一棵树！"——〈申江服务导报〉创办前后》，载《新闻记者》，1998（4）。

报纸设计方案通过试行和修正，正式运用于办报之后，有时还会根据客观需要不时作局部的调整。因此说，报纸设计是随着报纸编辑出版不断接受反馈、不断运行的过程。

思考与练习题

1. 报纸与其他媒介相比较有什么特点？
2. 影响报纸生存发展的因素主要有哪些？
3. 简述你对报纸的编辑方针这一概念的理解。
4. 报纸设计主要包含哪些内容？
5. 简述报纸设计的程序。
6. 为本校设计一份周报，写出设计方案。

21 世纪 新闻传播学系列教材

第三章

新闻稿的选择

新闻（包括消息、通讯、特写、深度报道等）是报纸的主体，新闻经过采访、写作等工序，最后以稿件形式呈现于编辑面前时，即开始了稿件的处理过程，对新闻稿进行选择是其中的第一步，也是报纸编辑工作的重要环节之一。

第一节　选择新闻稿的意义和程序

一、选择新闻稿的意义

新闻稿在见报之前都要经过筛选，这对于任何一家报纸来说都是不可少的、必需的。这有两方面的原因。

首先，大千世界每时每刻都在发生着各种变动，反映此种变动的新闻信息难以胜数，其中一些以新闻稿的形式，通过各种渠道诸如通讯社、互联网、记者、通讯员源源不断地传送到报社编辑部，它们的数量十分庞大，通常都要远远大于报纸可能刊登的容量。而一家报纸的篇幅是相对固定的，一般不可能因新闻稿量的庞大或增加而随意扩版。从这个角度看，报纸是一个封闭系统。要想多刊登某一方面的新闻，就必须同时相应少刊登另一方面的新闻。即使收到的新闻稿都是值得刊登的，受篇幅容量的限制，编辑也不能不舍弃其中的一部分，这是一种强迫性选择。即使某些报纸的篇幅很多，如目前我国一些报纸已增至几十个版、一百多个版，欧美一些国家的某些报纸有时多至几百个版，也不能不进行这种强迫性选择，因为与可以刊登的新闻相比，篇幅还是太少了。

强迫性选择是受报纸容量的有限性这种客观条件制约对稿件所进行的选择。强迫性选择的意义在于取得新闻稿件选用量与报纸篇幅容量之间的平衡。

其次，之所以要对新闻稿进行选择，并非仅仅是由于报纸客观条件的限制，而是有其更重要的原因。

报纸每天收到的新闻稿，内容极其广泛，涉及客观世界的各种变动；倾向也不尽相同，代表着各种不同的立场、态度和审美情趣；写作水平也参差不齐，有好有坏。它们都在敲打着报纸版面的大门，期待着能与读者见面。显然，报纸的版面对它们不可能是完全敞开的。编辑的责任就在于对它们做出确切的判断：正确的还是错误的，重要的还是不重要的，真的还是假的，新鲜的还是陈旧的，等等，然后做出取还是舍的选择。这是报纸编辑根据新闻传播的需要所进行的选择，是一种需要性选择。需要性选择是新闻稿选择的主要方式。

需要性选择的意义有以下几个方面。

（一）守门

新闻传播不仅是一个传播客观世界变动信息的过程，而且也是一个对客观世界变动信息进行评价的过程。这种评价包含在新闻信息的采集、写作、编辑的每一个传播环节之中。每一次评价都可能给予新闻信息以不同方式的影响。各种影响都表现为传播媒体对传播的守门行为。报纸对新闻稿的筛选就是包含于编辑过程中的一种重要的守门行为。

由美国传播学者库尔特·卢因首先在群体传播中提出，继而由怀特在大众传播中加以应用和补充的“守门人”（一译“把关人”）理论，曾对新闻流动中的筛选现象进行调查和研究，明确提出新闻报道并非是“有闻必录”的，而是一个不断筛选的过程，并认为其中“编辑舍弃许多新闻的决定”是一种“最值得注意的守门行为”①。

《纽约时报》一百多年来一直刊登于报眼上的那句话：“刊载所有适宜刊载的新闻”，就可看做是《纽约时报》的守门宣言。对于这句话的具体内涵，虽然可以有不同的理解，但它至少说明《纽约时报》并非是对一切新闻都予以刊载的，而是有所选择，只是刊载其中在报纸看来是“适宜”的那一部分。

---

① 参见［美］丹尼斯·麦奎尔等：《大众传播模式论》，134页，上海，上海译文出版社，1987。

报纸选择新闻稿总是以报纸所代表的一定阶级、集团的利益和需要为重要尺度的，这也是报纸编辑“守门”的最重要职责之一。这种尺度首先表现于对新闻所反映的客观世界的变动的评价上。虽然关于客观外界的什么变动才具有新闻价值有种种说法，但除了时效等因素外，大概都强调这样两个条件：一是这种变动要具有一定的意义；一是这种变动是要广大读者所感兴趣的。有的比较强调意义，有的比较强调兴趣。但不论是意义还是兴趣，都是对客观事物的认识、体验，不能不反映一定的价值观、趣味观。其次，这种尺度还表现于对新闻的表现评价上。新闻虽然重在事实，但在选择、表述事实过程中总带着作者对这个事件的特定认识和感情，因此，即使是同一事实，不同的人有不同的表述方式。选择新闻稿，不仅要考虑新闻所反映的客观事实，而且要考虑新闻稿对这种客观事实的表述方式。因此，选用什么新闻稿，往往是与报纸的办报宗旨、方针联系在一起的。我们之所以要对新闻稿进行选择，重要的原因之一就是“守门”——确保我们的报纸能始终遵循马克思主义的办报方针。

（二）创造特色

即使是同一阶级、集团的报纸，每个报纸由于具体任务、发行地区、读者对象、出版时间等条件的不同，对新闻的取舍也有不同的侧重。这种侧重是构成报纸特点的重要组成部分。没有这种侧重，报纸就失去单独存在的理由。

我国在实行改革开放特别是推行社会主义市场经济后，新闻媒体获得了极大发展，读者选择媒体的空间越来越大，媒体之间的竞争也随之加剧。在这种情况下，新闻稿的选用强调具有报纸特色就显得尤为重要了。现在我国报纸在编辑实践中就十分重视这一点。除了重要新闻外，通讯社电讯稿的采用量大大减少，而自采稿件的采用量却越来越多，就是一个明显的证明。

（三）保证质量

新闻作为反映客观世界的一种形式，有其自身的规律，对新闻稿进行选择，正是要选出符合此种规律的好新闻。当今社会“信息爆炸”，各种新闻信息数量庞大，难免良莠不齐、鱼龙混杂。只有对它们进行严格筛选，才能确保新闻的质量。我国现在许多报纸都把“出精品”作为一种战略目标加以追求，新闻“精品”虽然不能一蹴而就，需要事先的策划和事后的琢磨，但是把握好选择这一环节也十分重要，否则，买椟还珠，又何来“精品”？

此外，选择好稿件也是确保以后的编辑环节的质量的重要条件。从编辑的过程来看，编辑工作的其他环节，如稿件的修改、稿件的配置、标题、组版等也都是以已经选定的稿件为对象的。这些环节的质量在一定程度上是受选稿这个环节的质量的制约的。稿件选择得当，修改稿件才可能锦上添花，稿件的配置才有坚实的基础，标题才可能因龙而点睛，版面也才能做到内容和形式的完美统一；稿件选择不当，这几个环节上的一切努力，就可能因缺乏好的基础而事倍功半，甚至完全付诸东流。所以，对新闻稿进行选择也是保证报纸质量的一个重要环节。

上面所说的需要性选择的意义：守门、创造特色、保证质量，主要是从报纸角度来说的。如果换一个角度，从读者的角度来考察，也可看出需要性选择的意义。

读者阅读新闻也是一个选择过程，读者选择什么新闻不仅取决于新闻对读者的报偿程度，也取决于读者阅读新闻的费力程度。

美国传播学者威尔伯·斯拉姆曾提出过一个受众选择信息的公式：

$$\frac{\text{报偿的程度}}{\text{费力的程度}}=\text{选择的或然率}$$ ①

把这个公式应用到新闻方面，可以看出，读者选择新闻的或然率是与读者阅读新闻可能获得的报偿程度成正比，而与读者阅读的费力程度成反比的。获得的报偿越多越高，选择的或然率越高；费力的程度越高，则选择的或然率越低。

报纸编辑选择新闻稿归根结底是为读者服务的，编辑选择新闻稿并不能代替读者的选择，但可以为读者的选择创造良好的条件，提供一个坚实的平台。从这一角度来说，编辑对新闻稿进行需要性选择的意义，就在于重视并遵循读者选择新闻的条件，确保读者最终能在报纸上选择到最满意的新闻。

在实际工作中，强迫性选择与需要性选择总是结合在一起进行的。两种选择服务于同一目标：既不刊登一篇不值得刊登的新闻，也不漏登一篇应该刊登的新闻。但是这两种选择又并非都是一致的。强迫性选择常常可能制约需要性选择，使需要性选择无法按传播的实际需要来进行。当这种制约过大，超出一定限度，以致使后者发生很大困难，难以满足传播的需要时，报纸的篇幅就需要调整，扩版就成为必需。但是即使扩版了，需要性选择依然不可或缺。一个编辑经常难免面临这种痛苦：值得刊登的新闻是如此之多，而篇幅又是如此之少。一个高明的编辑也正表现于能在众多值得刊登的新闻中选出最值得刊登的新闻。如果说强迫性选择是被动的，而需要性选择是主动的话，在被动中争取主动，正是确保选择新闻稿成功的重要条件。

二、选择新闻稿的程序

每天的报纸都要刊登一定量的新闻，这些新闻的选出并非是一次完成的，而是一个不断筛选的动态过程。这有多重原因。

---

① ［美］威尔伯·斯拉姆等：《传播学概论》，114 页，北京，新华出版社，1984。

首先，新闻稿作为报纸的一种原料，与一般工厂的原料并不相同。报纸无法控制新闻的发生，新闻的发生也不会顾及到报纸的需要。新闻稿如同溪流源源不断地涌入编辑部，在编辑阅读之前，并不十分了解甚至完全不了解将会收到什么样的新闻稿，会收到多少新闻稿，因而需要随着新闻稿流的涌入，不断进行选择。

其次，选择新闻稿虽有一定标准，但还需要通过稿件间的比较才能达到择优的目的。此种比较往往也需要随着新闻稿的流入而不断进行。

此外，客观外界的情况是不断发生变化的，为了确保新闻能及时、准确地反映最新的情况，选用一些新收到的更合用的稿件，而淘汰一些原已选定的稿件，是经常的。因此，只要报纸没有截稿，编辑对新闻稿的选择和调整就不能终止。

就具体一篇新闻稿而言，也并非是一次选择就能完成的，而要经过层层的筛选。通常是由各部（组）的编辑初选，部主任（或组长）复选，最后由总编室乃至总编辑选定。

任何选择都意味着在实现一种可能性的同时排除另一种可能性，对新闻稿的选择也是如此。对新闻稿进行选择，最终就是要选出适用的新闻，而排除其他不适用或相对来说不甚适用的新闻。

一条适用的新闻，应该既有好的内容，又要有好的表现形式。具体说，要符合以下基本条件：真实、准确、具有新闻价值、适用（符合报纸需要）、简练、生动。前四个条件主要就内容而言，后两个条件主要就表现形式而言。

但是，不能因此简单地将上述适用新闻的标准笼统地作为选择新闻稿的标准。

因为新闻稿初选出来之后，还要经过编辑的修改和润饰，在修改和润饰过程中，稿件的某些缺陷，特别是文字表现方面的缺陷，是可以消除的。因此，对新闻稿进行初选的时候，对于文字是否简练、生动，不必苛求。一篇新闻稿如果基本符合新闻的其他四个条件，就可以初步入选。

选择新闻稿，目前尚无任何可以代劳的机器，而只能由编辑采用原始的随机控制的方法来进行。即通过阅读、分析来稿中的每一篇稿件寻找适用的稿件。通过不断的寻找，使适用的稿件的可能性空间逐渐缩小，从而最后选出适用的稿件。

编辑部收到的来稿数量往往十分庞大，编辑选择新闻稿所面临的可能性空间是很大的。要通过不断的寻找，逐步缩小这种可能性空间，选出适用的稿件，突出的矛盾是速度问题。新闻是时间上的易碎品，今天可以采用的，到明天就可能失去了生命。对选择新闻稿的速度不能不提出严格的要求。实际情况表明，在报社中，有时就是由于选择稿件的速度太慢，以致新闻失去时效，从而丧失了发表的机会。要确保选择的速度，就必须采用最佳的选择程序，尽量减少选择的时间。

上面提到，对新闻稿进行初选时，要考察新闻稿是否符合四个条件。要减少选择的时间，确保选择的速度，就不可能对要选的稿件按上述四个条件同时进行考察。四个条件可以分为两类：一类是根据稿件本身就能基本做出判断的，如正确、具有新闻价值、符合报纸需要；另一类是常常要经过调查核对才能判断的，如真实。根据稿件本身进行判断所需时间比较少，而调查核对无疑需要较长的时间，因此，选择新闻稿，最初只宜对前一类问题进行考察，符合条件即可暂时入选，然后再对这些已入选的稿件的真实性进行考察。

对于一类时间性特别强的重要稿件，选择的具体环节要尽量减少。目前我国一些报纸为此采取了一些新的措施。如不经一般常规的层层筛选过程，而直接交总编室乃至总编辑定稿。这种方法也有利于迅速处理稿件，确保新闻的时效。

第二节　社会评价

一、社会评价的标准及其把握

新闻是客观世界的反映，新闻一经报纸向社会传播以后，就可能对读者的思想、行为发生影响，从而对客观世界产生巨大的能动作用。因此，报纸选择新闻，不能不注意新闻发表后可能产生的社会效果。对新闻可能产生的社会效果的好坏、利弊的评价，就是社会评价。在阶级社会里，报纸选择新闻稿，总是自觉或不自觉地把这种评价放在优先的地位。

对新闻的社会评价，包括对可能产生的政治、经济、法律、文化、道德等各方面的社会效果的评价。其中政治的评价占最重要的地位。

社会评价在阶级社会里总是以一定阶级的利益、需要为标准。许多国家为此制定了新闻法，把这种标准用法律形式固定下来。有的国家的报纸和报业团体，还订有成文或不成文的道德规范，以此作为自律，使这种标准能自觉为编辑所接受。

我国报纸是社会主义报纸，为最大多数人的根本利益服务是我国报纸的宗旨。这也应该是对新闻进行社会评价的最根本的标准。在现在，评价新闻的社会效果，就是要看新闻是否有利于推进改革开放、建立社会主义市场经济体制、发展社会生产力的舆论，是否有利于加强社会主义精神文明建设和民主法制建设的舆论，是否有利于鼓舞和激励人们为国家富强、人民幸福和社会进步而艰苦创业、开拓创新的舆论，是否有利于人们分清是非、坚持真善美、抵制假恶丑的舆论，是否有利于国家统一、民族团结、人民心情舒畅、社会政治稳定的舆论。这五个“有利于”，已作为我国新闻工作者职业道德准则被确定下来。①

当然，对新闻的社会评价是不能离开新闻的特点和功能来进行的。新闻的主要特点和功能在于向人民群众如实报告外界变动的情况，并且分析这种情况，帮助读者认识这种情况。五个“有利于”，是就新闻的舆论导向而言的，但这种导向与新闻的特点和功能是紧密相连的。新闻要达到五个“有利于”，就必须尊重、发挥新闻的特点和功能。一条新闻只有如实反映客观外界的变动，有助于读者正确认识这种变动，才可能真正达到五个“有利于”，产生正面的社会效果。

一条新闻的社会效果是正面的还是负面的，与新闻所报道的事实本身对人民有利还是无利，是愉快的还是不愉快的，是两回事，应该把这两者区分开来。事实是客观存在，是不以人们的意志为转移的；新闻是对事实的一种反映，这种反映表现了人们对客观事实的态度。即使所反映的客观事实本身是不利于人民的，只要反映事实的态度是正确的、积极的，而不是错误的、消极的，就有助于人们去正确认识客观外界的实际情况，激励人们去和这种不利因素进行斗争，从而使本来不利于人民的因素，可能转化为有利于人民的因素。比如，天灾、人祸（如车祸、火灾等）、工作中的错误、实际生活中的困难，这些事情本身对于广大群众无疑是不利的，是坏事，但是，绝不能由此得出结论，反映这些情况的新闻报道的社会效果就是负面的。因为，新闻不是事实本身，只是反映事实的一种信息。只要报道这些事情的态度是正确的、积极的，就可能激励人民起来改变这些不利因素。因而，这样的新闻就可能有利于人民，而不是不利于人民。它的社会效果就是正面的，而不是负面的。那种认为有关这类不利因素的报道必然会产生负面效果，不利于人民，从而予以压制，是片面的、不正确的。这种做法掩盖了矛盾，只会麻痹人民，使人民在改造客观世界的斗争中处于盲目消极的状态，成为不利因素的奴隶。而且对人民群众的知情权也是一种损害。

当然，新闻的社会效果与新闻事实本身也并非是没有联系的。如果新闻只是去反映客观外界所发生的对人民群众说来是不利的、不愉快的事实，甚至以为只有这种事实才能构成新闻，更是片面的、不正确的。因为社会毕竟是发展的，而这种发展总是以人民群众的胜利、奋进为主旋律的，不去报道这方面的新闻，既不利于弘扬人民群众的能动性和积极情绪，也无法全面、真实地反映社会的面

---

① 参见《中国新闻工作者职业道德准则》，载《人民日报》，1997—01—27。

貌。我国现在正在积极建设有中国特色的社会主义，人民群众意气风发，社会面貌日新月异，在此种社会条件下，强调新闻以报道正面事实为主，就更具有现实意义。这既是正确反映客观现实所要求的，也是充分发挥报纸的正确舆论导向功能所必需的。

因此，编辑在对新闻稿进行社会评价时，既要看到新闻可能产生的社会效果与新闻事实二者之间的区别，也要看到二者之间的联系。任何片面性，都不可避免地会影响报纸舆论导向功能的发挥。

二、社会效果的考察

新闻传播是一种社会现象，它面向整个社会。就我们的报纸来说，它的读者主要是广大的人民群众，但也不排除有少数敌视社会主义的分子；主要是国内读者，也包括国外读者（指出口报纸）。在人民群众这个读者群中，也不是铁板一块的，而是有先进、中间、后进之别。即使是同一种读者，他们的状况也不是凝固不变的。在不同的时间，对待不同的情况，会出现各种不同的思想状态。何况，新闻的内容可能涉及社会生活的许多方面，因此，新闻的社会效果是极其复杂的。这就要求编辑在考虑一篇新闻可能产生的社会效果时，也必须有全面观点，要考虑到国内与国外，考虑到敌、我、友各方面的情况，要顾全到新闻全部内容可能产生的社会效果的各个方面。

新闻的社会效果往往不是单一的，而是具有多重性。根据不同的视角，可以对新闻的社会效果有不同的分类。

（一）以社会效果的性质来区分，有正面效果、负面效果、中性效果之分

正面效果——即新闻能对读者、对社会产生良性的积极影响。在我国建设有中国特色社会主义时期，上述五个“有利于”即是正面效果的具体体现。

负面效果——即新闻对读者、对社会产生的影响是消极的、不利的。如宣扬色情、暴力、迷信等新闻就可能产生此种效果。

中性效果——即新闻对读者、对社会产生的影响，既无明显的积极意义，也无明显的不利影响。如某些趣味性新闻即属此类。

编辑选择新闻稿时，无疑应首先注意选用可能具有正面效果的新闻，对于可能具有中性效果的新闻，可以适当兼顾，而对于可能产生负面效果的新闻，则要避免选用。

（二）以社会效果的主次来区分，有主效果、副效果之分

主效果——即新闻可能产生的主导效果。

副效果——即新闻可能产生的次要效果。

编辑在选择新闻稿时，既要着重考虑新闻可能产生的主效果，也不能忽视新闻可能产生的副效果。主效果与副效果在性质上可能是同一的，即均为正面的，或均为负面的，对于前者自然可以选用，对于后者则不能选用。但主效果与副效果在性质上也可能是不同一的，甚至相悖的。对于副效果可能是正面的，而主效果却是负面的，不能选用；对于主效果是正面的，而副效果是负面的新闻稿，是否可选用，则要进行具体分析。如果可能产生的副效果是有限的，容易消除的，就可以考虑选用。要求新闻的效果纯而又纯，并不现实。不能不分析具体情况，只要认为可能有消极的副效果，就把一些很有意义的稿件关闭在版面大门之外，未必明智。但是，如果预见到一篇新闻发表后，虽然会产生积极的效果，也可能产生相当大的消极影响，它的副效果是严重的，这样的新闻稿通常就不宜采用。

比如，一篇新闻稿剖析了一个杀人犯犯罪的过程，说明这个杀人犯本来是一个有抱负的青年，但是由于官僚主义者处事不公，加之有些人利用特权，破坏社会主义法制，对之进行迫害，致使这个青年行凶报复，成为杀人凶犯。这篇稿件尖锐地揭露和抨击了官僚主义者和少数迷恋特权的人，其主效果可能是积极的。但是它同时给人一种印象：这个人杀人是有理的，是值得同情的。这在客观上就可能使一些有犯罪意图的人找到行凶的借口，酿成新的凶杀事件，从而破坏社会治安。因此，刊登这样的稿件是否适宜就需要考虑，通常以不用为宜。如果要采用，也要配以必要的评论，以消除或减少可能产生的不良的副效果。

（三）以社会效果的表现来区分，有显性效果、隐性效果之分

显性效果——即新闻所产生的效果是外露的，是短时期便能观察到的。如新闻告知一项新信息，可以很快被人所知晓；新闻暴露一个街道不洁，可以很快受到有关方面重视，并得到修正，等等。

隐性效果——即新闻产生的效果不是外露的，往往是要经历一个比较长的时间才能被人们所觉察。潜移默化是此种效果常见的表现形态。比如，一个关于宣扬先进人物的新闻报道，其中的信息容易被人们所知晓，但新闻所宣扬的先进人物要真正被人们所认同，先进人物所表现的崇高思想真正为人们所接受，则是一个长期的、潜移默化的过程。

编辑选择新闻稿，对新闻可能产生的显性效果和隐性效果要兼顾。片面注重前者，进而一味追求新闻的轰动效应，不利于报纸舆论导向功能的发挥，是不足取的。

新闻的社会效果是在传播之后才产生的，编辑在对新闻稿进行选择时，只能对其进行预测。这种预测主要是以公认的社会规范如法律、政策、道德为判断依据的。当然最终要经受社会实践的检验。

对于一些对社会具有明显危害性质的新闻，世界各国根据长期的新闻实践经验，都制定有明确的禁止刊登规定。

1948年3月至4月在日内瓦召开的联合国新闻自由会议，曾通过《国际新闻自由公约草案》，对不许传播的内容作了如下规定：

1. 为国家安全应守秘密之事项。

2. 意图煽动他人以暴力变动政府制度或扰乱治安者。

3. 意图煽惑人民犯罪者。

4. 发表不洁，有害于青年之文字，或供青年阅读之出版物者。

5. 妨碍法庭审判之公正进行者。

6. 侵犯著作权及艺术权者。

7. 意图毁损他人之名誉，或有害他人而无益于公众者，无论其毁损者为自然人或法人皆然。

8. 违反因由职业上，契约关系或其他法律关系而产生之法律责任者，包括泄露因职业上或官方资格而获得之机密消息。

9. 有意欺骗者。

10. 有计划地传布足以损害人民或国家友好关系之虚构或曲解新闻者。

我国尚未制定新闻法，对哪类新闻应禁止刊登尚有待做出具体的规定。根据我国宪法、刑法、民法以及其他法令的规定，凡属以下几方面性质的新闻，应禁止刊载：

煽动——煽动推翻无产阶级专政的政权和社会主义制度，煽动群众抗拒、破坏国家法律、法令的实施，煽动闹事，煽动民族仇恨、民族歧视，破坏民族团结等。

诽谤——捏造并散布虚假的事实来损害他人的人格，破坏他人的名誉。

侮辱——贬低他人人格、名誉。侮辱与诽谤的区别在于，前者不是捏造事实而是用其他方式，如用侮辱性的言词来公然贬低他人人格，比如侮辱他人为“骗子”“流氓”“白痴”“患性病者”等。

泄密——违反国家保密法规，泄露国家机密，危害国家安全。

造谣——散布谣言、欺骗群众，如借迷信进行造谣，谎报险情，随意预报某种天灾等。

教唆——教唆他人犯罪（如赌博、偷盗、吸毒等）。

传播淫秽——具体描写性行为或露骨宣扬色情淫荡形象。

侵犯隐私权——未经本人同意，公布私人生活方面的秘密，如公布他人的日记、信件以及不愿公开的家庭生活等。

以及含有法律、行政法规禁止的其他内容。

有些新闻内容虽不是法律禁止刊登的，但它违背了新闻职业道德，采用此类新闻稿，会损害社会和公众利益，也有损报纸的形象和声誉，这类新闻稿也是不宜选用的。

其中特别值得注意的是，要将新闻与广告区分开来。不能以给报社创造“经济效益”为借口，更不能以饱个人私囊为目的，采用以广告或变相广告为内容的新闻稿。对于“有偿新闻”更要坚决抵制，此种新闻只对当事人有利，而对广大读者并无价值可言。选用此种新闻稿，实质是对读者的欺诈。我国 1997 年 1 月第二次通过的《中国新闻工作者职业道德准则》[①] 中就明确规定：“新闻报道和经营活动要分开。新闻单位不得用新闻形式做广告；不得向编采部门下达‘创收’任务。记者编辑不得从事广告或其他经营活动。” 1999 年 12 月 1 日公布实施的《中国报业自律公约》[②] 也规定：“不以任何方式将广告内容与新闻报道内容相混淆，不把新闻采编活动与发行和广告等经营活动相混淆。”

第三节　新闻评价

对新闻稿进行选择，不仅要对新闻可能产生的社会效果的利弊、好坏进行社会评价，而且要对新闻稿本身的好坏、得失进行评价，这种评价就是新闻评价。

只是对新闻稿进行社会评价，并不能选出完全适用的新闻，因为社会评价几乎适合一切向社会传播的言论和作品。根据社会评价，人们只能辨别新闻稿所反映的观点、立场是正确的还是错误的，是恰当的还是不恰当的，但不能据此判断是否符合新闻的要求，而这只能根据新闻评价来确定。

新闻评价的内容是多方面的。主要有：真实性评价、新闻价值评价、新闻的适用性评价、新闻表现评价等。关于真实性问题，我们将在“新闻稿的修改”一章中进行讨论，这里从略。新闻表现评价如前所述，在新闻稿初选阶段，不宜作过多考虑，因此，在这里将着重讨论新闻价值评价和新闻的适用性评价这两个问题。

一、新闻价值评价

客观世界永远在变化发展之中。这种变化和发展无时不在产生着信息。人类用自己的感官从客观世界获取信息，借以认识世界、改造世界。新闻也是信息，

---

① 载《人民日报》，1997—01—27。

② 载《新闻出版报》，1999—12—08。

但是一种特殊的信息。新闻有其自身的质的规定性。新闻价值就是新闻的质的规定性。

新闻价值既决定于事实本身，如事实的性质、特点、规模等等，而且也决定于事实与读者的关系。新闻价值即是读者的需要打在事实上的一种烙印。新闻价值的有无决定新闻是否成立；新闻价值的大小决定新闻意义的大小。对新闻稿进行新闻价值评价，就是要选出最具有新闻价值的新闻，而舍弃没有新闻价值或者相对来说新闻价值比较小的新闻。

新闻价值由下列因素所构成。

（一）及时

新闻，顾名思义要新。人们读新闻主要是为了了解客观外界的变动，而且是新近发生或正在发生的变动。客观外界业已过去的变动，人们也需要了解，借以认识事物发展的来龙去脉，从中吸取有益的经验；但这不是新闻的使命，而是历史所担负的任务。新闻和历史的区别正在于时间。历史是昨天的新闻，新闻是明日的历史。人们需要读历史，但人们读报纸则主要是为了了解今日的新闻。一条陈旧的新闻，已经不是新闻，而是历史。新闻是在时间长河中的一瞬间才存在的。

科学技术的发展，为新闻的迅速采集和传递提供了有利条件，同时也剥夺了陈旧新闻存在的权利。在交通、传递工具都比较落后的年代，新闻有时不得不扮演与历史相近的角色。1882 年 1 月 16 日，《申报》首次采用电讯，在这之前，从北京传递到上海的新闻，最早要六七天。在 18 世纪，电报尚未发明的时候，美国报纸上登载的往往是两三个月前发生在英国和其他国家的新闻。在当时的条件下，人们把六七天之前甚至是两三个月之前发生的“新闻”，仍当做新闻，是不足为怪的。现在，通讯手段越来越先进，传递新闻的速度越来越快，新闻不仅不能再以月计，冠以“昨天”的新闻，也显得有些陈旧了。

“及时”的确切含义到底是什么？新闻的“及时”是否是指记者一旦获知某一事实，迅速地予以报道？记者一旦获知事实迅速予以报道，这是构成新闻及时的一个重要条件，但不是新闻及时的标志。因为记者何时获知事实，可以因人而异。一个陈旧的事实，纵然记者得知以后迅速予以报道，也是明日黄花。

报道了读者不知道而又急切想知道的事，是否就是及时？也不能这样说。新闻的内容如果是读者不知道而又急切想知道的，无疑是有意义的。但新闻的意义和新闻的及时是两个概念。前者是就新闻和读者的关系来说的（这一点将在后面讨论）；后者是就新闻和时间的关系来说的。一件旧闻，甚至是远古的历史，也可能是有意义的，是读者感兴趣的，但它难以充任新闻的角色。即使是读者不知道而又想知道的事，这里依然存在一个报道是否及时的问题。

那么，新闻的及时到底指什么？新闻的本源是事实，新闻的及时就是指在事实发生以后，迅速予以报道。也就是说，事实本身是新鲜的。大家都知道，新闻总是和事实的某种变动相联系的。没有变动，就没有新闻。新闻的及时，具体说就是指事实的变动是新近发生的。但由于变动的情况不一样，这里又有几种不同情况：

第一种情况是，事实的变动是突发性的或者是跃进性的。所谓及时，就是指这种变动一发生就立刻予以报道。比如，一项工程落成，一项科学成果诞生，一个会议召开，立即进行报道。

第二种情况是，事实的变动是渐进性的，表现为一个过程，如一种风气的形成，一项活动的深化，一种现象的发展，等等。它们都是在比较长的时期内形成的，往往现在还在发展之中，变动缺乏一个明显的标志。何谓及时，似乎很难测定。因此，这类新闻似乎不必太讲求时效。但恰恰是这样的新闻使人感到缺少"新闻味"，引起读者许多责难。这类新闻不讲求时效显然也是不行的。改进这种新闻的办法，就是要从中发掘出一种比较新的变动，作为新闻根据。例如：

我国加快生态环境建设步伐
每年投入资金近百亿元

据新华社武汉3月13日电　（记者杨希伟）记者从日前结束的长江上游水土保持委员会会议上获悉，国家不断加快生态环境建设步伐，目前每年用于治理水土流失、改善生态环境的资金已达到近百亿元人民币。

有关资料表明，中国是世界上水土流失最严重的国家之一，全国水土流失面积367万平方公里，每年流失土壤总量达50多亿吨，其中中西部地区的水土流失面积占全国总量的80%。

加快生态建设步伐是一个渐进过程，现在所以成为新闻，就是因为这是记者刚从一个会议上获悉的，这就使事件获得了新闻根据。当然，新闻根据应是客观的变动，因此，这条新闻如果改为以"××会议宣布（或透露）"作新闻根据，更为恰当。

第三种情况是，事实的变动早已发生，因种种原因，未被人发现或未予以公开。这种变动纵然有意义，读者感兴趣，但在时间上已失去了新闻价值。要使这种变动成为新闻，就必须借助于另一种新的变动，与之相联系，使之具有"新"的因素，从而在时间上也具备新闻价值。例如，1979年11月23日，《人民日报》

刊登新闻《唐山地震死亡24万多人》。唐山地震是1976年7月发生的，事隔三年有余，新闻的时间性早就失去了。但是这个数字是1979年11月17日至22日召开的中国地震学会成立大会上首次公布的。唐山地震24万多人死亡这一变动因与最近的这一变动（首次公布）相联系，因而就使三年前发生的这一段历史有可能成为新闻。

第四种情况是，新闻预告一件事实的变动即将发生。这种预告性新闻，如何才能判断它的及时与不及时？预告的事情因尚未发生，因此是无法根据事情本身来判断的。但不能因此认为，只要预告的事情尚未发生，任何时候进行预告都可以说是及时的。1999年12月9日在武汉召开的全国高等教育招生计划工作会议宣布，2000年我国各类高等教育计划招生300万人，比1999年增加20万人。《人民日报》记者当日发出消息，12月10日，《人民日报》刊登了这一消息。显然不能认为只要在2000年招生之前刊登此消息都是及时的。因为事情虽然尚未发生，正在孕育之中，但预告这件事情的新闻却已经“老化”了。判断这种预告新闻是否及时，不能以将要发生的事实本身来判断，而要以新闻根据——预告来判断。

综上所述，事实的变动在新闻中构成的要件是不相同的：

一是新闻的内容。即新闻主要要告诉读者的部分，也是新闻的意义所在。

一是新闻根据。即新闻所以能在某一特定时间能成为新闻的原因，是新闻所以在时间上保持新鲜，区别于历史的要素。

新闻内容和新闻根据可以是由事实的一种变动构成，也可以由不同的变动所构成。当新闻本身即是报告事实的最新变动时，新闻内容与新闻根据即是一体的，如上述的第一种情况即是。如新闻内容不是报告事实的最新的变动时，新闻即需要其他变动作为新闻根据。此时新闻内容与新闻根据即是分立的。上述第二、三、四种情况即是。

因此，确切地说，新闻的及时指的是新闻根据一旦成立就迅速予以报道。

那么，又如何判断“迅速”呢？迅速作为一种时间观念，并不是绝对的，而是相对的。它是随着社会的进步、科学技术的发展而变化的。当过去一条国外新闻要两三个月才能收到时，如果刊载一条一个多月前的新闻会认为是再迅速不过的；但是在今天，却会被人们视作是最迟缓的“新闻”了。当前国际新闻界为了抢先发布新闻而展开激烈的竞争。“迅速”的纪录在不断突破。我们虽然反对无原则的“抢先”，但不能因此不讲求报道的时效。如果我们故步自封，以过去的新闻速度为满足，安于发布那种几天前，甚至一两个月前的新闻，只能说是一种落后。

（二）新意

新闻不仅要求所报道的事实是新近发生的，而且要求新闻的内容具有新意，即能告诉读者原先不知晓的事实，有助于消除读者认识的不确定性。

新闻的新意决定于两个因素。

一是新闻事件的特质。新闻的新意是相对于事件的常态而言的。新意就来源于对常态的改变。具有首创性、新异性的新闻事件是对常态的挑战，所以引人关注。它使人们看到一个崭新的天地，它能引起人们的惊异，使人们产生疑难，也激发人们去探索。所改变的常态的时空跨度越大、稳定性越高，新闻的新意就越强烈。人类第一次登月、试管婴儿的诞生、艾滋病的发现，以及“一国两制”的提出及其在香港、澳门的实现都属于此类。

当常态的改变的频率越来越高时，新闻的新意就越来越弱。当常态的改变也已成为常态时，新闻的新意就完全消失。当我国刚实行改革开放，农民的日子变得好起来时，一个农民乘飞机外出，甚至在家里安装电话，都使人感到新鲜，具有新闻价值。因为它突破了千百年来农民与坐飞机、安装电话无缘的常态。这几年农民外出乘飞机和家里安装电话已越来越多，此类事件的新意就锐减了。

当然，就大多数新闻事件来说，它所改变的常态都是在一定范围、一定时间内存在的，这种新闻事件对其他地区当时可能已无新意，对生活在那个范围和时间内的人来说，却依然可能不失为一件新鲜事。因此，在一个依然贫困的地区，有农民乘飞机外出，或家里安装电话，也可能仍具有一定新意。

事件的常态并非是绝对不变的。在一定的时间、空间、条件下，本来是常态的可以成为非常态。因此判定一个新闻事件是否改变了常态，必须联系具体的时间、空间和条件来考察。下面是一条有关高考的新闻：

新华社南京7月10日电 （记者袁养和、周振丰）遭百年未遇特大洪涝灾害的江苏省，9.3万多名考生在为期三天的普通高校招生考试中无一人缺考。

省高校招生办公室负责人说，往年高考常有漏考的，今年却无一人因洪涝灾害而缺考，是高考史上的奇迹。

江苏省今年高考共设有154个考点，3 300多个考场。面对特大洪涝灾害，各级领导和各行各业都把保证高考的顺利进行，作为义不容辞的职责。

苏州市所属六个县（市）公路大部分都已中断，各县（市）便想方设法提前把考生接到考点。到6日晚，所有考生全部进入考点。县城招待所、旅馆纷纷腾出床位，帮助考生解决食宿困难。

常州市对家庭受淹的考生，由老师负责逐家逐户走访，稳定情绪。吃饭、复习有困难的，由所在中学集中安排食宿，复习功课。临考前，原设的一些考场因地势低洼受淹不得不临时变更，市里不仅通过广播、电视做宣传，还由各校老师通知到每一个考生。结果，20 多个考场，600 多名考生无一缺考。地处秦淮河畔的江宁县秦淮中学，正在考试时，学校突然进水，低洼处水深竟达一米。县有关部门和学校立即在校门口筑起坝来，奋力排水。尽管屋外大雨如注，考场内却滴水未进。

如期举行高考，无人缺席，在通常情况下是常态。但是在一个遭受百年未遇的特大洪涝灾害的地区就是非常态，是奇迹。正因为如此，这条新闻才能给人带来新意，具有新闻价值。

新闻的新意不仅来自新闻事件常态的改变，而且也来自帮助读者对常态的新的了解。有时一条新闻虽然讲的只是一种常态，但由于是从一个新的特点、新的角度来表现的，内容具有一定典型性，它深化或扩展了人们对常态的认识，也能给人带来新意。这对于反映客观的形势、环境的变迁等新闻来说，尤其如此。这类新闻在我国是不少的，它们往往是通讯、特写的重要题材。请看下面的新闻特写：

救灾车闯祸后……

梁　峰

7 月 18 日傍晚，四川彭山县火车站附近，一辆“解放”牌货车被人们围住，人们用噪辣的近于粗俗的四川话争吵着、叫骂着。

我挤进人群，见一小伙子和一老太婆正揪住司机论理。据说两分钟前，这辆货车靠街边时将小伙子的自行车剐坏了，有人躲避时又碰翻了老太婆的豆腐摊，雪白的豆腐倒了一地。

“开的啥子车?”小伙子横眉怒眼，挽胳膊想动手。

“不赔我豆腐，走不脱!”老太婆尖叫着。

司机也不示弱：“你们聋了瞎了？听到喇叭不理不让!”

众人都给小伙子和老太婆帮腔。路边包子铺老板指着司机鼻子道：“整了人家还嘴硬，你今天想不想走?!”

戴红袖套的老汉连喊：“啥子态度？罚款!”

“喊警察来!”

“赔 100 块钱!”

“不赔扣货!”

人们吵嚷着，乱成一团，司机脾气大，但也是个干脆人：“赔就赔，少起哄，我还要赶路。”

“这人拉的是抗洪物资!”有人惊叫。马上有人爬上车查看：“是的是的，省里让发往江苏的草袋。”一个穿铁路服的人证实。现场立刻静下来，小伙子正要接司机赔款的手退缩了，卖豆腐的老太婆也停止了叫骂。

“算了，有钱让他赔点，放他走，别误了装火车。”有人提议。

一片赞同。

“咋不早说呢？这货，灾区急等呢！快上车！”戴红袖套的说。

“师兄，你不该停这个地方嘛。”小伙子口气缓和多了。

“我……我停下想买几个包子就走，午饭晚饭都没吃。”司机边解释，边赔钱给小伙子。

“他还是辛苦，别个忙来没吃饭。”有人同情司机道。

“算了算了，我这破车就当捐给灾区抗洪了，你赔老太婆点钱就行了。”小伙子挺仗义地说。

“莫赔了，你救灾车把细（小心）点，快走吧。”老太婆也很宽大。说话间，卖包子的老板用一张报纸包了几个包子递给司机：“你不是没吃饭吗，我请你。”司机捧着包子，愣在车前，一米八几的汉子，泪水在眼眶里直打转。

“没事了，同志，都看在灾区分儿上。”一干部模样的人边安慰司机边将他推进驾驶室。人们很快闪开前后通道，看着汽车加大油门朝火车站驶去。

两分钟后，警察赶来了，还未张口，就有人风趣地告诉他：“私了啦，私了啦，你回吧。”警察简单了解情况后，笑着走了。

笔者很激动，走到老太婆豆腐摊前：“老人家，您的豆腐我全买了，就要这地上的。”

（《人民日报》1991—08—17）

在水灾来临之际，前方灾民奋勇抗洪抢险，后方群众踊跃支援灾区人民救灾的事，在我国常常发生，通常媒体也会多次报道。上面这篇特写讲的就是后方老百姓心系灾区，积极支援抗洪的事，似已为大家所熟知，并无新意。但它通过一辆救灾车发生车祸后发生的事，使人们从一个侧面看到了普通老百姓心系灾区的崇高思想境界和动人情景。内容很典型，它使人们对抗灾的认识更具体化了，也更深化了，因而依然具有新意。

上面说的是决定新闻新意的一个因素——新闻事件本身的特质。

新闻的新意还决定于另一个因素，就是读者的认识。

新闻作为一种信息，具有一个鲜明的特征，即是可以共享的。一条新闻一经传播，立即会通过各种渠道扩散开来，被众人所知晓。现代新闻媒体众多，新闻传播十分发达。一个新闻事件的特质虽有新意，但它如已被其他新闻媒体和其他渠道所传播，人们已知悉其事，对此事的不确定性已被消除，一个报纸接着再来传播同样的新闻，新意也就不可避免地衰变甚至丧失。正因为如此，报纸都要不惜工本来抢发新闻，特别是自己的独家新闻。

（三）重要

人们需要新闻，主要是为了在应付环境和改造环境中做出正确的抉择。做出这种正确的抉择并不需要也不可能去了解客观环境所发生的所有具有新意的信息，而只需要去了解能帮助他们做出抉择的具有一定重要意义的信息。可以说重要性是构成新闻价值的最重要因素。

新闻的重要性是由新闻所报道的事件、现象对社会所产生的影响所决定的。影响所涉及的社会领域、社会成员越广泛，影响的程度越深刻，则重要性越是显著。

如果一条新闻报道的事件、现象所影响的社会面很广，影响的程度又很深，则无疑是一条很重要的新闻。

当然，有一类新闻所报道的事件、现象只是对部分社会领域、部分社会成员有影响，即使是对全社会有影响，对每一个社会领域、社会成员的影响程度也不完全相同。因此，以不同社会领域、不同读者群为对象的报纸，对以同一事件、现象为内容的新闻的重要性会有不同的估量，是很自然的。一条报道农业先进经验的新闻，对于农民报纸来说是重要的，对于工人报纸来说，就不是重要的了；一种老年病新药的制成，对于一般日报来说，选用这样的新闻是有意义的，对于青少年报纸来说，刊登这种新闻就是没有必要的了。

一个事件、现象发生后所产生的影响，可以有多种形态和性质，要准确估量新闻的重要性，必须对它们做出全面的考察和估量。

有些事件、现象在它发生时已表现出对社会的巨大影响，而有些事件、现象的影响要过一段时间甚至是很长的时间才能显示出来。要准确估量新闻的重要性，不仅要看到前者，而且要看到后者。

对于前者，编辑容易觉察，因为这种影响在新闻中往往已有所表述；而对于后者则容易忽略，因为新闻所写的事物的社会影响尚未完全显露，因而在新闻中对此并无足够的表述。但这类事物一经传播就可能产生巨大的社会影响。这类事物往往具有如下特点：本身是新生事物，开始虽幼弱，但预示着某种发展方向；虽属个别，却比较典型，具有说服力和感染力，对全局有推动作用。

1978 年 9 月 15 日，《人民日报》刊登了新华社这样一条新闻：山东省济南市第二商业局采取思想教育与经济制裁相结合的办法，决定对不讲究卫生而又不接受批评的两家饭店停业整顿。停业整顿期间减发饭店负责人和其他职工的工资，三天时间就收到显著效果。这条新闻虽然也写到了事件的影响：两家饭店停业整顿，三天内收到显著效果。但是，如果这一事件的影响仅仅是涉及这两家店，应该说新闻价值是极其有限的。其实，这一事件的新闻价值是存在于可能产生的影响之中。当时，在我国的经济建设中存在一个亟待解决的问题：怎样对企业进行整顿。过去“四人帮”推行的那种抓阶级斗争的方法是错误的，不能再用了。只依靠思想教育这一条，效果也不大。济南市两家饭店的整顿，提供了好办法，即思想教育和经济制裁相结合。它说明，搞经济建设必须按照客观规律办事，而这正是我们长期来所忽视的。正因为如此，这两家饭店进行停业整顿一事可能影响全国而不只是济南这两家饭店，是所有企业而不只是服务行业。看不到这一点，就无法正确估量这个事件的新闻价值。

1995年12月18日，《人民日报》在头条位置刊登了一条新华社新闻：《一位母亲强烈呼吁扫黄打非不可手软》。新闻写道，一位苏州的普通女工给江苏省副省长、苏州市委书记杨晓堂写了一封举报信。在这封信中，她讲述了突然发生在她幸福家庭中的一件令人痛心不已的事情：她原本比较争气的16岁儿子因为在电脑上偷看黄色出版物，变得神情恍惚，考试成绩直线下降，而这些黄色出版物居然都是在正式的中外合资企业中买来的。《人民日报》为这条新闻加配了“本报评论员”评论《警惕“电脑犯罪”》，指出：“这只是一个例子，所涉及的只是一个孩子，一个家庭，但它是一个缩影，一个开始病变的细胞。如果我们不引起警惕，不加大扫黄打非的力度，任其蔓延，势必影响千千万个孩子，千千万个家庭，甚至会影响整个国家的未来和命运。这位母亲向市委书记反映的，确是一个‘社会环境’问题，是需要一把手过问、全社会关心的大问题。”新闻和评论发表后，在社会中产生强烈反响，引起了各界对黄色电子出版物的共同谴责，纷纷要求坚决扫除黄毒，创造良好社会环境。江泽民总书记对此也十分重视，在1996年1月召开的全国宣传部长会议上的讲话中，他说：“我们要一手抓繁荣，一手抓管理。最近，报上的苏州市一位母亲的信，反映了广大群众的心声。《人民日报》那篇《警惕“电脑犯罪”》的短评写得也很好。这位母亲的信，读了以后，催人泪下。政治局常委们谈起这件事，都感到心情很沉重。一个16岁的孩子，本来是个好青年，家中寄予厚望，为了让他学电脑技术，拿出家中所有存款买了电脑，结果受到黄色软件的毒害。我们全党同志都有责任教育好青少年。如果对这样的事无动于衷、麻木不仁，怎么得了！我们一定要加强文化市场的管理。对那些毒害群众、毒化社会空气的精神垃圾，要坚决取缔，决不能手软。”①

---

① 中共中央政策研究室编：《江泽民论社会主义精神文明建设》，38～39页，北京，中央文献出版社，1999。

这条新闻所写的事，似是个别的，却有典型性。它的影响如《人民日报》评论所说，虽“所涉及的只是一个孩子，一个家庭，但它是一个缩影，一个开始变坏的细胞”。如任其发展、蔓延，“势必影响千千万万个孩子，千千万个家庭，甚至影响整个国家的未来和命运”。新闻的发表，目的就在于唤起社会的关注，制止这种现象的发展和蔓延。因此，这条新闻的社会影响主要不是已经发生，而是将要发生的。只有充分看到后者，才能正确评估其新闻价值，在选稿时做出正确的选择。

要准确估量事件、现象可能产生的影响，不能只是孤立考察事件、现象本身，而必须把事件、现象与现实生活中的矛盾结合起来考察。当一个事件、现象的发生可能激化、推动或解决现实生活中的矛盾特别是亟待解决的重大矛盾时，这个事件、现象可能产生的影响就越大，也就越具有新闻价值。正是因为现实生活中存在着企业整顿这个亟待解决的矛盾，济南这两家饭店停业整顿取得好效果这件事才具有重要意义。同样，也正因为社会中存在着不良出版物毒害青少年的严重现象，苏州这位母亲的呼吁也才具有迫切的现实意义。

现实生活中的矛盾是发展的，因此，一篇新闻可能产生的影响也不是绝对不变的。社会上一个矛盾正在孕育、发展，那么，反映和解决这个矛盾的新闻就有重大意义。矛盾解决了，转化了，反映原来矛盾的新闻就成了无的放矢，失去了它的生命力。

现实生活中的矛盾是多方面的，不仅因时而异，而且也因地、因条件而异。就一个地区、一个领域来说，它们面临着全国的共同性矛盾。比如，在我国社会主义的初级阶段，人民日益增长的物质文化需要同落后的社会生产力之间的矛盾是全国各个地区、各个领域共同面临的主要矛盾；但一个地区、一个领域也有它们的特殊矛盾，这种矛盾是全国共同矛盾的具体表现。正因为如此，各个地区、各个领域的报纸在选择新闻时，既有共性，又有个性，就是很自然的。

在估量新闻事实的重要性时，还要看到它的外露的和内隐的不同形态。有一类事件、现象的发生，群众能直接认识到它的影响；也有一类事件、现象的发生，群众往往难于完全认识到它的影响。那些与读者的当前利益、个人切身利益密切相关的事件和现象，对于它们的影响，读者一般是容易认识的。而那些与读者的长远利益，与集体、国家利益相关的事件和现象，如国家的重大方针政策的制定、党和国家采取的重大措施、尖端科学技术上的发明创造，一般群众限于自身的条件，有时就不一定能完全认识到它可能产生的重大影响。前者的意义是比较外露的，后者的意义则是比较内隐的。因此，就存在这种可能性：读者对前者比较感兴趣，感兴趣的人数也比较多；而对后者则不一定很感兴趣，感兴趣的人数也比较少。编辑在估量新闻价值时，不能因读者不很感兴趣或感兴趣的人比较少，而低估它的重要性。读者的兴趣并不是凝固不变的，而是会变化、会发展的。以读者一时的兴趣为借口，而不选用后一类新闻，无疑等于把读者的兴趣凝固化，使他们停留在原有的水平。只有既告诉读者想知道的，而又告诉读者应该知道的；既满足他们的兴趣，又在新闻传播中不断培养、提高他们的兴趣，才是社会主义报纸所应采取的正确态度。

要准确估量一个事件、现象的影响，还必须对事实本身的构成有准确的把握。任何一个事件、现象都可以分解为人物、地点、时间、事件、原因等要素。不同的要素及其不同的结构，可能产生的影响是不相同的，因而它的重要性也是不相同的。比如，就人物这个要素来说，同样一件事，甲做可能具有很高的新闻价值，而乙做则可能仅具有一般的新闻价值，甚至完全没有新闻价值。

马克思主义认为群众是历史的创造者，但也不否认个人在历史上的巨大作用，他们能促进或延缓历史的进程。因此，群众对于某些个人特别关注，是理所当然的。

党和国家的领导人的国务活动，往往是重要的新闻。因为作为领导人，他们的活动并不代表个人，而是代表党，代表国家，代表政府。它说明党、国家和政府对于国家大事、国际事务的立场和态度，对于人民群众是有指导意义的；另一方面，党和国家领导人又是人民的公仆，他们的国务活动应该让广大群众了解，以便于进行监督，真正实现社会主义民主。因此，对党和国家领导人的国务活动进行必要的报道，是完全正常的。

有社会影响的人物，往往也能使新闻的重要性增加。英雄、模范、先进人物的言和行往往要比一般人的更能引起舆论的注视，因为他们是群众的榜样。著名科学家、艺术家对于一项科学发明、一个艺术上的争论的意见和看法，往往要比一般人的更能引起人们的兴趣，因为他们在这个问题上具有权威。人们需要榜样，因为它是落后者的“辅导者、教师和促进者”①。人们需要权威，因为问题往往是靠权威来解决的。

有些事件中的人物由于是当事人、关系人，往往也能使这个事件具有较高的新闻价值。南京大屠杀的幸存者谈南京大屠杀的真相，驳斥日本某些人意在掩盖、歪曲事件真相的谬论，要比第三者具有更大的说服力；经济改革中的先进人物谈经济改革的意义，要比一般人更为深切、更容易为读者所接受。2000 年 10 月 14 日，成都市为减少大气污染，实行第一个“无车日”，新华社这天发了一条

① 《列宁选集》，中文 3 版，第 3 卷，493 页，北京，人民出版社，1995。

消息，说成都市长王荣轩上午去市交通管理局现场办公，可他那辆奥迪车也在禁开之列，只能改骑自行车了。有的报纸以《“无车日”市长骑车行》为题刊载了这条消息。“无车日”改骑自行车的人很多，何以市长骑车行能成为新闻？这是因为“无车日”是成都市规定的，而无车难免会给一些原本坐汽车的人带来不便，市长是否能带头执行这一规定，特别为老百姓所关注，因而“无车日”市长骑车行就有了新闻价值。

再就地点这个要素来说，也存在两种情况：同样一件事，发生在甲地具有新闻价值，发生在乙地则可能毫无新闻价值。一般说，与新闻事件有特殊关系的地点、与群众关系特别密切的地点，往往能使事件具有更高的新闻价值。比如，《淮南八公山豆腐上市了》，这是 1979 年 3 月 18 日登在《人民日报》上的一条新华社新闻。豆腐是很普通的副食品，十一届三中全会以后，随着集市贸易的发展，有豆腐上市的地方不胜枚举，何以淮南八公山豆腐上市竟成了新闻？奥秘就在于新闻发生地和新闻事件的特殊关系上。新闻写道：“据李时珍的《本草纲目》记载：‘豆腐之法，始于汉淮南王刘安。’淮南，即今安徽淮南一带……八公山豆腐向来远近闻名。”八公山原来是豆腐的家乡！“文化大革命”时期，豆腐的家乡居然买不到豆腐，可见“文化大革命”破坏之深。如今随着集市贸易的发展，又恢复了生产，使传统得以继承，可见党关于开放集市贸易的政策的正确。因此，新闻的意义是很明显的。如果八公山非豆腐之家乡，豆腐上市虽然也是好事，但毕竟缺乏典型意义，要作为向全国发布的新闻，是不可能的。

就时间这个要素来说也是如此。在论述新闻价值的第一个因素——及时的时候，我们已说明了时间对于新闻的重要性。但及时主要是指新闻一旦发生，立刻予以报道，它只是区别是新闻还是旧闻的标尺；而这里所说的时间，是指事实是在什么时候发生的，它是衡量新闻的重要性的一个标尺。

时间和地点一样，往往构成新闻的背景。有许多新闻只有在这种背景烘托下，才能显示出其重要意义。请看这条新闻：

广州千禧第一婴

本报讯　今天零时零 4 分，广州第一个千禧儿在省人民医院诞生。该女婴 3.85 千克，身体健康，出生时以一声嘹亮的初啼宣布自己的到来，激动万分的父母当场为女婴起名为容颖希，希望爱女聪明活泼，健康成长，将来成为国家栋梁。……（李宏 新蕊 陈安）

（《广州日报》2000—01—01）

一个婴儿的诞生，在平时实在不是新闻，因为每天每时都在发生，且难以胜数。但是，新千年的第一个婴儿的出生则具有新闻价值。因为这种概率实在太小，真是千载难逢，这就具有了非同寻常的意义。而且更重要的是，婴儿的诞生与新千年到来同步，赋予了读者一种心理意义，不仅给人们增添了节日的喜悦，而且激发起人们的想象：在新千年中，一代新人将面临何种机遇和挑战？

（四）接近

新闻发生地与传播地的距离，与新闻价值有重要关系。

虽然全球化正日益成为当今时代的一个重要特征，但另一个不可忽视的现实是，人们关心周围的事物，一般说来，依然要胜过于关心遥远地区的事物。因为前者比后者与他们的关系通常更为直接，更为迫切。人们应付环境，改造环境总是从近处开始的。所以，如果单就地点的远近这一个条件来说，距离越近，则新闻价值越高。本地新闻之所以特别受读者青睐，这就是一个重要原因。因此，新闻传播的地区化和全球化总是作为新闻传播的两极出现的。

上面所说的新闻《广州千禧第一婴》，除了时间这个要素在新闻价值的构成上具有重要意义之外，对于广州的读者来说，新闻发生地——广州，也是一个决定新闻价值的重要因素。因为这会使广州读者感到分外亲切。如果是其他城市新千年的第一个婴儿诞生，对广州读者来说，新闻价值就会大减，《广州日报》也就未必会刊登这一消息。

接近不仅指地理上的距离，而且也指心理上的距离。

新闻虽然发生在遥远的地方，但是由于与读者在心理上的接近，也具有较高的新闻价值。

形成接近心理的因素很多，比如，新闻中的人物、地点、事件等与读者或是有较密切的关系，或是读者所熟悉的、向往的，或是新闻中的人物与读者具有相同、相似之处（如年龄、性别、职业、民族等)。由于心理上的接近，读者对新闻就更具有了解的愿望和兴趣，即使相隔遥远，也不再成为接受新闻的心理障碍，反而成为人们需要新闻的一个心理条件。因为，正是新闻才能如此经常地、迅速地为他们提供远方的近况。比如，我国一个城市和外国的一个城市结为友好城市，纵然在地理上相距很远，但因为彼此存在着较密切的关系，在经济、文化、科学等各方面经常有友好交往，这个城市的人民希望多看到这个外国友好城市的有关新闻，就是很自然的。

富有人情味的新闻的魅力，也在于它与广大读者的心理是息息相通的。一个弃婴的遭遇、一个百岁老人的期盼、一个走失的孩子与家人的重逢，此类新闻虽然所写的并非是什么重大事件，也非显著人物的活动，而是普通人的生活和机遇，但他们所经历的悲欢离合，正是人性的表露和呼唤，会引发多数人的心灵共鸣和震颤，因而此种新闻往往也具有一定新闻价值而为读者所需要。

（五）新闻价值结构

上面简述了新闻价值所包含的要素：及时、新意、重要、接近。需要说明的是，每条新闻虽然都要具有新闻价值，但所具有的新闻价值结构并不相同，即每一种新闻价值要素在新闻中所占的地位是不相同的。有的新闻具备及时、新意、重要几个要素，但接近性较弱；有的新闻很重要，但时效性较差；有的新闻富有新意，且与读者心理很接近，比较引人看，但并非很重要，如此等等。编辑选择新闻稿时，自然应该优先选择多种新闻价值要素的含量均高，因而具有较高新闻价值的新闻，但实际的情况是，每篇新闻的新闻价值要素所具有的新闻价值含量是不相同的，表现为不同的新闻价值结构。因此，不能用单一的新闻价值结构来要求所有新闻，否则就可能把一些有新闻价值的新闻关闭在报纸大门之外。

所以，编辑在判断新闻价值时，不仅要重视新闻价值的构成要素，而且要重视新闻价值的结构。编辑面对不同新闻价值结构的新闻，通常可以根据以下三原则来判断、评估其新闻价值。

叠加原则：即将多种新闻价值要素所体现出来的新闻价值相加，以求得新闻价值的总量。

补充原则：即以其他新闻价值要素所包含的高新闻价值含量，补某一新闻价值要素含量之不足。如一篇新闻的重要性十分显著，而接近性较弱，则可以前者补后者之不足，选用此篇稿件。

排除原则：即全部或大部分新闻价值要素的新闻价值含量均很弱，新闻价值结构十分脆弱，这样的新闻就需要排除，不予选用。

新闻的所有体裁，包括消息、通讯、特写等，都要具有新闻价值。但对于每一种体裁来说，新闻价值结构的要求并不是相同的。及时的要求对于消息来说是严格的。一天、一小时甚至一分钟都可能使消息“老化”而失去生命的活力。而相对来说，通讯、特写等则比较坚挺，它们能承受较长时间的压力。有一些通讯、特写、调查报告，报道的是新近发生的一种变动，是配合新闻发表的，当消息已因时间关系而失去其生命力的时候，它们依然能以自己的比消息更为详实的内容，更为深入的分析而受宠于读者。有一些通讯、特写报道的不是新近发生的某一变动，而是一个人物、一种社会现象、一项工作经验，这种报道可以有新闻根据，也可以没有新闻根据；可以和消息配合，也可以不和消息配合，在时间上具有更强的适应能力。只要它报道的内容依然是目前广大群众和现实生活所需要的，则时间上迟早一点并无很大影响。

二、新闻的适用性评价

选择新闻稿，不仅要进行新闻价值评价，而且要对新闻的适用性，即是否符合报纸需要作出评价。这种评价要注意以下两方面。

（一）选择新闻稿必须考察新闻是否符合报纸的特点

报纸有特点才能使自己与别的报纸区分开来，才能赢得读者，从而在报纸的竞争中获得生存的可能。

报纸的特点是报纸根据它的特定对象、特定的发行地区、特定任务等客观条件，并经报纸工作人员的主观努力和创造性劳动，在长期实践中逐渐形成的。应该指出，上面所述的对新闻进行的社会评价、新闻价值评价与报纸特点的形成也是有关联的。新闻价值中的“重要”和“接近”因素，就包含了对读者、地区的重视，因此，不同读者对象、不同发行地区的报纸，按照新闻价值标准选择新闻时，必然会具有某些特点。对新闻的社会评价，在不同的社会里有不同的评价标准。比如，我国的社会评价标准与美国的社会评价标准不可能完全相同，因此，我国报纸与美国报纸各自按自己的标准进行社会评价所选出的新闻就必然不完全相同。但是，仅仅根据上述两种评价来选新闻，只能使一个报纸所选用的新闻与别国的报纸、其他地区以及以其他读者为对象的报纸有所区别，而难以与同一读者对象、同一发行地区的报纸相区别。而没有后者这种区别，报纸的特点依然是不鲜明的。

读者作为社会的人，对新闻内容的需求是多方面的。按地域分，有国际的、国内的、本地的、本单位的；按内容类别分，有政治的、经济的、文教的、体育的等；按内容特点分，有信息性的、知识性的、指导性的、服务性的等；按新闻发生的时间分，有上午的、下午的、晚上的等。任何一个报纸都难以完全满足读者的上述需求，而只能有所侧重。比如，中央和省市的党委机关报（日报）侧重于信息性、指导性的新闻，而晚报、文化生活类的报纸则更多侧重于知识性、服务性新闻；日报侧重于下午、晚上发生的新闻，而晚报则侧重于上午发生的新闻；综合性报纸侧重于满足广大读者对新闻的共同性需求，而专业性报纸则侧重于满足特定读者对某一专业的新闻需求。各报的特点正是通过这种侧重表现出来。

因此，选择新闻稿必须有所侧重。所谓侧重，具体表现为两个方面：

一方面是稿件的数量。要确保报纸具有鲜明的特点，符合报纸特点的稿件在稿件总体中应占较大的比重，在数量上具有优势。具体说，一个报纸应尽量多刊用符合报纸特点的稿件，而不只是大量刊登通讯社的通稿。按照我国许多报纸的经验来看，前者至少应占60％才比较合适。当然，各报的具体情况不同，因而不能对所占比重作出死板的规定。比如，有的报社所在地只有一家报纸，读者所需求的国际、国内新闻主要是通过这家报纸获得，则通稿所占的比重可适当大一些。如果当地有几家报纸，读者获取这方面的新闻有多种渠道，则通稿的比重可以小一些。同样，大型日报的通稿比重可适当大一些，而小型报纸、非日刊报纸则可小一些。综合性报纸这类新闻所占比重要大一些，而专业性报纸则可小一些。因此，各报应根据自己所处的环境和条件，定出合适的选稿比重。

另一方面是稿件的质量。选择新闻，不仅要重视稿件的数量，而且要重视稿件的质量。具体说，选用的稿件一定要有反映报纸特点的重要稿件，包括头条。如果反映报纸特点的稿件虽然在数量上占优势，但长期是一些一般性的稿件，占据不了版面的重要位置，也不足以显示报纸的特点。

在强调选择新闻稿要突出报纸特点的同时，要注意防止另一种偏向：即为了表现与其他报纸的区别，凡是通讯社的通稿，即使是重大新闻也不予选用。比如，地方报纸宁肯去选用本地区的一般性新闻，而不选用全国性的重大新闻，这种做法未必妥当。这样做虽然更可能显示报纸的特点，但它不符合新闻价值的要求，特点也就失去了坚实基础。当然，对于这类新闻稿，在刊用方式上依然可以体现报纸的特点，如可以进行删节、改写、综合等，做到同中有异。

总之，报纸选用新闻稿，既要突出个性，又不能回避共性。只有正确处理好共性与个性的关系，才能选出最适用的稿件。

（二）注意报道的平衡

新闻不仅要符合报纸特点，而且要注意报道的平衡，这是评价新闻是否符合报纸需求的另一项重要内容。

上面我们提出选择新闻稿要进行社会评价和新闻价值评价、新闻的适用性评价，正确进行这几种评价，报纸就可以做到除芜存菁，去粗取精，把真正重要的新闻奉献给读者。但是，不能说正确进行这几种评价，就能如实地反映社会生活各方面的情况，满足广大读者的需求。因为来稿带有很大的自发性，而现实生活是多样的，群众的需要是多样的，来稿的这种自发性和现实生活以及群众需要的多样性之间不可能不存在矛盾。这种矛盾的表现之一，就是报道的不平衡，即在一个相当长的时期内某一方面的报道过多或过少。有时，报社各业务部（组）由于分工不同，在选稿时也不可避免地会出现偏多偏少的情况，如不进行必要的调整，也会促使这种不平衡的出现或发展。当然，在各个业务部（组）对稿件进行初选阶段，应该主要着眼于稿件本身的质量，选出适用的稿件，对平衡问题不可能考虑很多；但是，在联系版面对稿件进行最后的选择时，就不能不考虑各类稿件的平衡问题。

新闻报道不平衡，畸轻畸重就不可能全面地反映现实生活的真实面目，就不能满足广大读者的需求。美国报纸对这种新闻报道的平衡也十分强调。美国报业发行人协会为“具有特殊成就的报纸”所订的四项标准中有一项就是“这一报纸的新闻报道，必须顾及各种性质新闻的平衡”。但是，资产阶级报纸很难做到这一点，因为受阶级的偏见和新闻观的影响，一些真正有意义的新闻难于受到应有的重视，而一些低级趣味的新闻反而可以在版面上充任主角。此外，资产阶级报纸片面追求利润，因而难于根据新闻平衡原则自觉地调整新闻报道。而我们的报纸是在党领导下的社会主义报纸，是以服务于人民为宗旨的，因而有可能做到这一点。

当然，正如现实生活的多样性并不是机械的均等、没有主次之分一样，新闻报道的平衡也不是要求各种新闻报道完全等量，而是根据客观的实际情况和报道的要求，使它们符合一定的比例。

1. 要注意报道重点与报道面的平衡

现实的社会生活中充满着各种矛盾，其中的主要矛盾和矛盾的主要方面，往往制约着矛盾的发展。编辑在选择新闻稿时，必须顾及矛盾的这种存在状态。对于反映社会主要矛盾和矛盾主要方面的稿件应该作为选择的重点。比如，当前我国正在建设社会主义现代化，经济建设是整个社会的中心，对于综合报纸来说，报道重心就应向经济报道倾斜，多选用此方面的稿件。在现实生活的发展中，某一时期往往又会有阶段性的主要矛盾，在这一时期，就需将它作为选稿的重点。比如，1998 年，我国长江、松花江、嫩江发生特大洪水，全国军民万众一心，奋勇抗灾，谱写了一曲伟大而悲壮的抗洪曲。报纸在选择新闻稿时，无疑就应以抗洪作为选稿的重点。突出重点，多选用反映现实生活中主要矛盾和矛盾主要方面的稿件，不仅可以使报纸唱响社会的“主旋律”，更好地发挥对现实生活的推动作用，而且也能更充分地体现新闻价值的要求，使读者的新闻需求获得更大的满足。

但是，编辑在选择新闻稿时，既要有重点，又要注意扩大报道面。因为现实生活中的主要矛盾和矛盾的主要方面并非是孤立的、一成不变的，而是与其他矛盾和矛盾的其他方面相互依存、相互转化的。选稿时将重点代替全局，使报道面过于狭窄，既不可能全面反映现实生活，也不利于报纸与广大读者的联系。因此，编辑选稿的视野既要有重点又要开阔。战斗在各条战线、各个岗位上的广大人民群众的劳动、学习、生活，他们的创造，他们的要求，都应该是新闻报道交响乐中的一个旋律。生活多么宽广，新闻的报道面就应该多么宽广。

我国报纸曾长期存在着一种杂志化的倾向。这种杂志化倾向有种种表现。表现在稿件的选用上，就是只注意主要问题，而对社会所提出的其他广泛问题很少关注，报道面很窄。新闻改革后，此种情况已有了很大改进。

马克思、恩格斯在他们合写的《〈新莱茵报·政治经济评论〉出版启事》中，曾精辟论述过报纸与杂志的区别。他们认为“报纸最大的好处”之一，就是“能够反映出当前的整个局势”，而杂志的“优点”之一就是“只谈最主要的问题”。可见，报纸和杂志各有所长。报纸如果只谈最主要的问题，只突出重点，而不去反映“当前的整个局势”，这恰恰是只抓取了杂志的优点，而抛弃了报纸自身的长处。而每一件事物的长处都是有条件的。斧子适于砍劈，凿子长于凿眼，二者不能代替。要报纸去担负杂志的任务，就等于要斧子去凿眼一样，其结果必然事与愿违。

2. 要注意各种报道内容之间的适当平衡

报纸是社会生活的反映。社会生活的内容是极其丰富的，它包括政治、军事、经济、文化、艺术、教育、卫生、体育等各个方面。其中每一方面又由若干具体的方面所组成。比如经济，就包括工业、农业、商业、金融等各个具体的方面。而工业又包括冶金、机械、纺织、化学等各个更具体的方面。社会生活的这种多样性，就规定了反映它的报纸的综合性。因此，选择新闻稿也应该适应这种综合性的要求，注意使反映社会生活的各方面的稿子能够取得适当的平衡，即合于一定的比例。

这种比例的具体确定，因报而异。每一个报纸都因为所在地的不同情况而有它的不同重点。一个以工业为主的城市的市报和一个以农业为主的省的省报，在工业与农业的报道比例上显然不可能一样。即使两个同样是以工业为主的城市的报纸，如果一个城市是以重工业为主，一个城市是以轻工业为主，则两个报纸的报道重点也不会相同，在反映工业的具体内容的比例上也会有很大差异。因此，平衡和重点是不矛盾的；相反，正因为平衡才能更好地显示重点。

上面是就一般的综合报纸而言，就专业报纸而言也要注意报道内容的平衡。专业报纸既然是以特定专业为主要报道对象，则当然没有必要像综合性报纸那样去全面反映社会生活的各方面内容。但是，在它的专业范围之内，依然有一个报道内容的平衡问题。如体育，它所包括的方面也很广，有田径、球类、游泳、体操、射击等许多方面，作为体育方面的报纸，在选择稿件时，也就不能不注意这些方面的报道的适当平衡。

3. 要注意报道地区、单位的适当平衡

一般说来，先进地区、单位的报道常常要比较多一些，这是正常的，因为它们的先进经验、先进人物对实际工作有较大的指导、示范作用，是广大群众所关注的。但不能因此而忽视其他地区、单位的报道。一般地区、单位也有自己的特点，也有先进人物、先进经验。即使是后进地区、后进单位也是一分为二的，绝非全是落后。选稿时要适当注意平衡，这样才有利于调动各种积极因素，才能促进后进向先进转化。

要照顾全面，注意平衡，首要的条件是要有充足的稿源。稿源不充足，没有选择的余地，要注意平衡是根本不可能的。对于报道中的“空白”和薄弱环节，要有意识地去主动组织采写稿件，以求得报道的平衡。

要照顾全面，注意平衡，还要求编辑必须具备全局观念，对发稿情况有通盘考虑，并能采取各种编辑手段来达到平衡的要求。1992 年 12 月到次年 3 月，《人民日报》曾就一个小学生因逃学被父亲捆绑悬吊致死一事组织过一个题为“我们今天怎样教育孩子”的讨论，收到来稿来信 4 000 多件。编辑在组织这个讨论时，首先遇到的一个矛盾是，来稿量很大，而见报量有限。这时《人民日报》总编辑要求组织讨论的编辑体会读者投稿者的心情，设法使讨论专栏的编排能够体现出全国范围和全社会参与的格局和气势。在总编辑的指导下，编辑注意了选用来稿时尽量扩大作者的地域、行业、身份、文化层次，使作者的分布遍及近 20 个省市，涉及社会多个方面，同时又采用来稿综述和摘编集纳的形式，尽可能多地反映读者的声音。[①]

为了达到平衡，对已见报的稿件进行分类统计是必要的。这样有助于掌握发稿的全面情况，如发现问题可以及时纠正。

第四节　充分利用稿件

编辑选择新闻时，直接看到的是稿件，但他应该想到，在这些稿件的后面都站有一个活生生的人。我国广大人民群众是报纸的主人，他们中的大部分人给报纸写稿不是为了个人，而是为了传播信息，交流经验，反映实际工作中存在的问题。这是他们行使自己的民主权利的一个重要方面。他们为了给报纸写稿，往往付出辛勤的劳动，在繁忙的工作、劳动之余，牺牲了休息时间写出来的。因此，他们寄来的不仅是稿件，而且也是自己的激情。有的通讯员连续写 500 篇稿件，一篇未用，并不因此而辍笔，他们对待报纸的热忱，不是能用稿件的质量的高低来衡量的。列宁曾对俄国工人纷纷起来写通讯揭露资本主义的黑暗，大加赞赏。

---

① 参见《人民日报》科教文部：《为人民服务与新闻改革——开展“我们今天怎样教育孩子”讨论的体会》，载《新闻战线》，1993 (6)。

列宁说，这种想“发表一下”的热情，是一种“高尚的热情”[①]。现在广大的人民群众纷纷起来写新闻报道，传播四化建设中的新人新事，反映人民群众的呼声，不也是一种“高尚的热情”吗？因此，编辑应该满怀热情地对待他们的来稿，并且尽量充分利用他们的来稿。

对于一个编辑来说，处理来稿是他们的日常工作，年复一年，日复一日，因此，一篇来稿很容易被看做只不过是成千上万篇来稿中的一篇罢了，因而失去那种应有的热情。但是，应该看到，对于一个作者来说，写作每篇稿件都是一次，很多人可能还是第一次。有的是抱着试试看的心情来写的。一个编辑的冷漠，不仅会埋没一篇好稿，同时可能使作者再也不敢执笔。因此，报纸失去的不仅是一篇稿件，而且也是一个作者。

要做到充分利用来稿，以下几点需要特别注意：

第一，既要注意选用计划以内的稿件，也要选用计划以外的稿件。报道计划是根据实际生活的要求而制定的，它规定了报道的要求和重点，因此是选稿的一个重要依据。但是报道计划不应该成为选稿的框框，合则留，不合则去。因为报道计划与实际生活相比，毕竟是第二位的东西。它一般只规定报道的重点，而不可能对丰富多彩的实际生活一一作出规定。而且，事物是发展的，制定计划也不可能完全预见到各种事态的发展，因此，选稿更重要的是面向实际生活，而不是面向计划。只有这样，那些实际生活中涌现出来的好稿件才可能真正进入编辑的视野。1989 年，时任《经济日报》总编辑的范敬宜谈到报道计划时曾说过：“搞新闻要抓住突破口。一个契机的产生往往不是靠报道计划，而是偶然发现的。有的同志认为，搞新闻主要应靠‘有心栽花’，而不应靠‘无心插柳’。这话有对的一面，但不够全面。从宏观上把握中央的精神、一段时期的总气候，比较有计划地考虑抓一个什么样的重大问题，这是对的。但我更强调‘无心插柳’。很多新闻是突发的，或者在偶然的机会发现的，事先很难作出计划。过去我们过于强调报道计划，结果形式主义比较多。”[②] 范敬宜这里所说的道理，是既适合于记者，也适合于编辑的。编辑选择新闻稿，要“有心栽花”，更要“无心插柳”。当然，所谓“无心插柳”，不是指碰运气，而是强调从实际出发，不要为主观设定的框框所束缚。

第二，不要因为文字技巧上的缺陷，而忽视稿件的内容。一篇新闻是否选用，不应该过多地从文字技巧方面来考虑。当然，文字技巧对新闻价值并非是毫

---

① 《列宁选集》，中文 3 版，第 1 卷，341 页，北京，人民出版社，1995。

② 侯兵：《关注大局　稳步前进——五报负责人谈新闻改革》，载《新闻战线》，1989（5）。

无关系的。文字技巧的好坏可以影响新闻价值的表现。但文字技巧上的毛病可以通过修改来校正。因此，对于一篇内容好而文字技巧有缺陷的稿件，编辑只有修改的义务而没有扼杀的权利。有些来稿文字也不甚通顺，字也写得歪歪扭扭，但它来自实际生活的第一线，带着泥土的芳香，反映的常常是实际生活中的重要问题，应该特别引起编辑的注意。

第三，不要因为稿件一部分写得不好，而忽略了其中可以利用的部分。在报社编辑部收到的大量来稿中，非常完美的稿件和一无可取的稿件并不是很多的。大量的来稿是瑕瑜互见、沙金掺杂的。因此，编辑选稿应该有沙里淘金的精神。对于那种基本上是好的但有缺陷的稿子，固然应该选用，并通过修改使它完善，就是那些写得不好的稿子，也要尽量发掘其中一点一滴可以利用的地方。如利用这些材料编写综合报道、专栏，或作为报道线索等。

思考与练习题

1. 联系实际简述需要性选择。
2. 如何认识新闻稿的社会效果？
3. 如何判断新闻是否及时？
4. 具体评价一篇新闻稿的新闻价值。
5. 选择新闻稿如何才能符合报纸特点？
6. 选择新闻稿如何才能达到报道平衡？

21世纪新闻传播学系列教材

第四章

新闻稿的修改

修改稿件是选择稿件的继续。选择稿件是从稿件的大处着眼的，选定了的稿件，只是说基本可用，并不等于完全符合要求了。选定了的稿件大部分都有待进一步修改才能刊用。即使是国内通讯社发来的稿件，有相当一部分仍然有待进一步加工。因此，送到编辑部来的稿子，在作者已经是成品；但是在编辑还只是半成品，甚至只是原料。大部分来稿所以需要进行修改，是由于这样两种情况：

一种情况是，原稿虽然在基本思想、基本事实方面都是正确的、有意义的，但在某些地方，表达的思想不够完善，引用的事实不够准确，文字上还有毛病，需要进一步加工、润饰。

另一种情况是，原稿在思想、事实、辞章等方面都没有什么毛病，但由于要符合报纸的某些特定要求，还需要作一些必要的修改。如根据报纸的特点，需要突出某一部分，删去某一部分；因为要与其他稿件组成一组稿件一起发表，内容需要有所侧重；由于版面容纳不下，需要作适当压缩，等等。

前一种修改，主要是改正错误，一般说来，不论稿件在什么情况下发表，在什么报纸发表，都是必需的，可称为绝对性修改；后一种修改则不同，不是改正错误，而是为了适应报纸的特定要求。每种报纸的要求不完全一样，每种报纸在不同情况下的要求也不完全相同。因此，这种报纸认为需要修改的，在另一种报纸可能认为不需要修改，即使需要修改，要求也不尽相同。同一种报纸，由于每天的版面的情况不相同，对于一篇具体稿件，今天和明天的修改也可能不完全一样。这种修改依具体条件而转移，可称为相对性修改。没有第一种修改，报纸就必然出现谬误，失去其优良的品质；没有第二种修改，报纸的质量、报纸的特点也难以保证。因此，这两种修改都是必不可少的。

修改稿子，是一种艰苦的劳动，是一种再创作，这种再创作并不比创作容易。刘勰在《文心雕龙》中说："改章难于造篇。"这是有道理的，因为"改章"要求"更上一层楼"。修改自己的文章难，修改别人的文章更难，因为修改的人缺少作者的具体感受，而且改动原稿的同时又必须尊重原稿。只有懂得这种难处，又不畏惧这种难处，并积极去克服这种难处的编辑，才能取得修改好稿件的主动权。

第一节　事实的订正

报纸的传播重在事实，新闻报道更主要的是借助于事实说话。报纸所报道、引用的事实必须完全真实、准确。因此，订正事实，是修改稿件的一个重要方面。

选定的稿件，虽然在基本事实方面应该是真实的，但是，不排除局部地方或某些细节依然有不真实、不准确的情况；即使是基本事实方面，也有必要通过稿件的修改过程来做进一步的推敲和核实。所以，修改稿件是保证报道真实准确的一个极为重要的环节。

新闻稿件中所涉及的事实有以下三类：一是现实的，即涉及活人活事的客观事实，新闻报道主要是以这种事实为主体的；一是历史的，即过去发生的客观事实，新闻报道中的背景材料，以及所援引的历史材料，往往涉及这方面的事实；三是科学的，即涉及科学领域的有关客观事实，科学报道、知识性稿件往往涉及这方面的事实。事实是客观存在是不以人们的意志为转移的，因此，稿件所涉及的事实不论属于哪一方面，都要核实订正。

一、订正事实的要求

订正事实包括订正事实的内容和表述两个方面。事实的内容错了，固然会造成报道的不真实、不准确；事实的表述错误或不当，也会使事实变得模糊、含混，甚至受到歪曲。因此，订正事实要达到五个要求：真实、准确、科学、统一、清楚。分述如下。

（一）真实

真实即指新闻报道中所涉及的现实方面的各种材料，必须完全符合事实的本来面貌。

稿件中的不真实因素，虽然都是以主观和客观的分离为特征的，但具体的表现形式不尽相同。要消除不真实的因素，必须善于识别它们。稿件中的不真实因素一般有以下几种表现形式：

1. 虚构

即所说的事情并无任何事实根据，全是无中生有，向壁虚造的。

2. 添加

事实有一定的根据，并非全部虚构，但其中某些情节和内容是“合理想象”，主观添加上去的。

3. 拼凑

即把不同人在不同时间、不同地点所做的事写成一个人在一个时间、一个地点所做的事，事实是拼凑而成的。这种做法，对于文学是允许的；对于新闻，则是不允许的。

4. 夸张

即夸大或缩小事实，把一分说成十分，把偶然的说成经常的，把个别的说成普遍的；或者反过来。

5. 偏颇

即抹煞事物发展中其他各种因素的作用，片面地夸大其中一种因素的作用。如报道水利，则把丰收归功于水利；报道平整土地，又把丰收归功于平整土地；报道供销社，则把丰收完全归功于供销社及时供应了农用物资。

6. 孤证

即根据几个孤立的事例得出与全局不相符合的结论。比如，一个乡只有两三个村已落实了党的有关农业政策，大部分村还没有进行这项工作，或者进行得不好，报道就以这两三个村为例，说明这个乡落实党的有关农业政策如何取得成效。

7. 回避

即对一些有关全局的重要情况故意避而不写，只强调某一方面。比如，质量不好回避不说，只说产量增加；发生了严重工伤事故不说，只说超额完成了生产任务。

8. 幻影

事出似乎有因，细查却无实据，以幻影代替真实。比如，道听途说，未经认真调查就信以为真，结果以讹传讹；把计划要做的事，事先写好，到时又不核对，而实际计划并未实行。

9. 假象

只是根据一些表面现象来认识和判断事物，这些现象虽然是存在的，但并不能说明事物的本质，其中有些甚至是假象，是与本质相矛盾的。比如，只根据植树造林现场的人很多，就得出农民积极性高涨，农村干部的工作有成绩的结论，其实，实际情况并不一定如此。人多可能是缺乏很好组织，是“一窝蜂”，人少却可能正是合理调配劳动力的结果。

10. 导演

事情虽然确已发生过，但完全是记者或某些人为了要写报道导演出来的，与事物的基本情况并不相符合。比如，为了要写“学雷锋”的报道，故意地组织人去车站“做好事”，实际上平时根本没有组织过这种活动。

可能还有别的表现形式，但以上十种是主要的。如果对以上十种表现形式进行一番分析，我们就可以看出，稿件中的不真实的内容情节，属于完全虚假的虽然也有，但并不是很多的。大部分的不真实，都表现为有真有假，真真假假（如“添加”“拼凑”“夸张”“偏颇”），或者是形真而实假（如“孤证”“回避”“幻影”“假象”“导演”）。也就是说，稿件中绝大多数不真实的错误都是比较隐蔽的，并不是轻而易举就能发现的。因此，识别事实的真伪，订正事实是一件很复杂、很细致的工作。

（二）准确

新闻报道除了内容情节要做到完全真实之外，构成事实成分的名称、时间、地点、数字、引语等也要做到完全准确无误。不提出这种硬性要求，新闻报道的纪实性就会完全受到破坏，新闻就不能如实反映现实，就难以成为明日可信的历史。

新闻报道和其他稿件有时还会涉及历史上的人物、时间、地点等基本事实，这些也必须符合历史的本来面貌，不能有任何差错。

检查事实成分，特别要注意容易出错而又容易被忽视的方面：

1. 注意细节

这些方面的差错看来都是很细微的，有时只是一句、一字，甚至只是一个标点的差错，但差之毫厘，就可能谬以千里，因此，不能因细微而有任何疏忽。例如，有的国家的国名称国（如日本国），有的称共和国（如菲律宾共和国），有的称人民共和国（如孟加拉人民共和国），有的称人民民主共和国（如老挝人民民主共和国），有的则称民主人民共和国（如阿尔及利亚民主人民共和国），这种细微的差别不能有丝毫混淆。

2. 注意“夹带”

有一些差错往往是和正确混杂在一起的，因而要对事实逐一检查。不逐一检查，差错就容易被忽略。例如，有一篇稿件在列举人们所崇敬的英雄人物时，把一个活着的英雄和许多已经牺牲的英雄人物并列在一起，而未加任何说明，以致使读者误会这位英雄也已牺牲。再如，“他们先后游览了广东、广西、湖南、四川等省的名胜古迹”，这里显然也有不准确的地方，因为广西与广东、湖南、四川不一样，是自治区，而不是省。这个差错也是混杂在正确的表述之中的，不逐一检查，就容易忽略。

3. 注意混淆

混淆的现象在人名、地名中最常见。我国同名同姓的人很多。外国人有的习惯只称姓，同姓的人也很多。因此，有些来稿就容易把同名同姓的人当成一个人。比如，单就19世纪俄国名作家来说，叫托尔斯泰的就有三人：一是列夫·尼古拉耶维奇·托尔斯泰，是《战争与和平》《安娜·卡列尼娜》《复活》的作者；一是阿列克塞·尼古拉耶维奇·托尔斯泰，是《苦难的历程》的作者；一是阿列克塞·康斯坦丁诺维奇·托尔斯泰，是历史剧《伊凡雷帝之死》的作者。有的来稿往往容易把三人混为一人。我国有些地名也极易混淆。如平原县与原平县，县名颠倒，一在山东，一在山西。而海宁与宁海，同属浙江省，却是两个地方。

4. 注意变迁

事情是变化发展的，有些事情已时过境迁，而稿件仍然沿用过去的习惯用法就不准确。比如，引用马克思、恩格斯、列宁、斯大林的语录，有的来稿是根据自己手中的旧版本摘引下来的，而新版本的译文已做了改动，翻译更为准确，因此，编辑有必要根据新的版本加以订正。

有些旧的名称，如伙夫、邮差、洋油、洋灰等，已经淘汰不用，应该相应改为炊事员、邮递员、汽油(或煤油)、水泥等。有的国家的名称以及全国的地方行政区划已经变更，来稿仍沿用旧的名称、采用旧的行政区划，也都需要改正过来。

此外，有些口头上的称谓未必准确，刊登在报纸上就应注意规范。比如，中国人如果已加入外国国籍，就不能再称之为“中国人”，而只能称之为“外籍华人”。再如，说“我们12亿炎黄子孙”，也不准确。因为我国是多民族国家，各族的始祖并不相同。“炎黄子孙”只能代表汉族，而不能代表其他兄弟民族。

(三) 科学

稿件所叙述的事实往往有许多涉及自然科学和社会科学，对于那些并非是有关学科的专家的作者来说，涉及这方面的事实时，容易发生这样那样的差错。编辑修改稿件时，务须将差错改正过来，使之符合科学。

全党工作着重点转移以后，报纸要为“四化”建设服务，涉及科学技术方面的稿件日渐增多，因此，注意报道的科学性，有格外重要的意义。

比如，一篇稿子说试制“六六六”农药，“失败和成功的比例是665比1”。这显然是不对的。“六六六”的命名是由于它的化学分子式中含有3个6，与失败、成功的次数毫无关系。

再如，一篇稿子说珠穆朗玛峰从山脚到峰顶高8 848米，这也是错误的。因为山峰的高度是按海拔高度来计算的。珠峰因为位于“世界屋脊”，所以才成为世界第一高峰。如果从山脚算起，就不可能有这样的高度。

当然，对于某些自然现象，至今没有被人们所认识，科学界尚在探讨或争论，说法不完全相同。在这种情况下，可以以其中一种比较普遍的说法为根据，也可以把几种说法如实作简要的说明。

（四）统一

稿件中关于事实的表述应该统一。这里所说的统一，包含两层意思。一是某些表述的方式要和全国规定的或通用的方式相一致。比如译名，全国已有通用译法的应按照通用的译法。再如计量单位，国务院在1984年2月27日发布的《关于在我国统一实行法定计量单位的命令》中已有了明确的规定。稿件中的计量单位应按统一的计量单位来写，必须用其他计量单位的，最好也加以注释，说明折合我国统一的计量单位是多少。统一的另一层意思是，一篇稿件或一组稿件中的译名、计量单位、数字的写法等要前后一致。比如，公元纪年如果都是用阿拉伯字（如1999年10月5日），就不要又采用汉字（如二〇〇〇年五月一日）。

（五）清楚

稿件中的事实，不仅要写得准确，符合事物的本来面貌，而且要写得清楚，就是要读者一看便明白，便于查找。

对于必须交代的事实成分不能残缺、含混。例如，“2000年的产量比1996年前增长3倍”，这句话就写得含混，“1996年前”到底是指哪一年？这个年份不写清楚，所谓“增长3倍”就没有着落。再如“××县的工业产值已跃居全省第3位”，这一句话未写清楚这个县原来的工业产值在全省占第几位，事实成分残缺，因此，读者对“跃居”的含义就不清楚。

对于省报来说，稿件中第一次出现的乡、村应该交代所属县的县名。对于全国性报纸来说，稿件中第一次出现的地区、市、县前面都应加所属省（自治区）的名称。比如，一家全国性报纸登载一篇通讯，开头写道“提起沙戈庄，谁都知道它是一个又穷又苦的地方”。通讯始终未交代沙戈庄在何省、何县。不要说一般读者不会知道沙戈庄在何处，即使要想查找，也无从找起。因此，所谓“谁都知道它是一个又穷又苦的地方"，就很含混。

另外，有些稿件不写具体人名，而只写职称，如"张书记""李主任""黄厂长"之类，既不确定，又显得不平易近人，在新闻报道中应该避免。

有些稿件滥用简称，也往往使事实显得不清楚。稿件中运用简称一定要以使读者明白为原则。稿件中第一次出现的名称，应尽量采用全称。

二、发现事实差错的方法

订正稿件中的事实，就是要消除不真实、不准确、不科学、不统一、不清楚的差错，要消除这些差错，首先要善于发现。发现稿件中的事实差错，有以下几种基本方法。

（一）分析法

稿件如果存在上述差错，就不能自圆其说，难免露出破绽或疑点。分析法就是通过对稿件所叙述的事实和叙述方法、写作条件等的逻辑分析，发现其中的破绽和疑点，从而判断稿件所叙述的事实哪些是不可靠的，或者是值得怀疑的。

分析可以从几方面入手：

1. 内容分析

即通过分析稿件中所写的事实以及事实与事实之间、事实与判断之间的关系，来发现稿件中存在的疑点和破绽。

稿件所写内容如果存在以下现象，对其真实性要特别加以审核：

（1）前后矛盾。即稿件在叙述同一事实时，前后不符，既是这样，又是那样。根据逻辑学的"矛盾律"，编辑就可以判断，其中一个肯定是错了，或者两者都错了。比如，"地球上每天增加 120 万居民，每分钟有 120 个婴儿出生。"这里有两个数字，如果演算一下，就会发现这两个数字是矛盾的。如果后一个数字是对的，每天就只能增加 172 800 人，还未除去死亡人数。再如，一篇稿件前面写道："解放前，千里风沙、寸草不生的沙漠地带，正逐渐成为发展农业、林业、畜牧业的基地。"后面又说："每当风沙刮起，不知有多少庄稼被压埋"。这里的"寸草不生"和"庄稼被压埋"显然是相互矛盾的。编辑有责任核实哪一种说法是真实的。

稿件中的某些前后矛盾之处，并不是一看就能觉察出来的，而往往需要经过思索、分析才能发现。比如，一篇稿子赞扬了一个司机，说他在 6 年时间里"安全行驶 20 万公里，共运货物 4 万吨"。而且说"他的车轮滚遍了青海的公路线"。如果编辑只是进行一般性阅读，就很难发现其中有什么问题。但是，如果阅读过程中同时进行分析和演算，就不难发现稿件所叙述的事实是不完全可信的。因为通常一个车按装4吨计算，4万吨货物就需装1万车次。这个司机一共行驶20万公里，那么平均运距才20公里，长途运输的可能性很小。因此说“车轮滚遍了青海的公路线”是值得怀疑的。

（2）不合情理。不真实的稿件并非实有其事，而是主观想象出来的，多半夸大其词，悖于情理。因此，对于那些与情理相悖的情节内容，要特别加以注意。

一篇关于植树造林的报道写道：“×××20年如一日，吃在山上，住在山上。有一次，孩子得了重病，几次捎信都不回家，直到小孩病危也没顾得上看一眼。群众称他是‘造林迷’。”整整20年不回家，吃住都在山上，连孩子病危也不去看一眼，似不合常情，也无此必要。事实是否确实如此，值得怀疑。一篇通讯写两个女放映员深入山区放映电影：一个女放映员“挑起了放映机、发电机这副重担”，后来又说另一个女放映员“冲到担子跟前，挑起放映机、发电机，提起影片箱，飞也似地上路了”。稿件刊出后，有的放映员给报社写信说，当时农村用的放映机、发电机，即使是最轻便的，和附件、汽油加在一起，也有四五百斤，能挑得动吗？还要提起影片箱，“飞也似地上路”，而且是山路，可能吗？经过核查，证实情节果然是夸大的。如果编辑能够在事先对这些情节多进行分析，发现其中的不合情理因素，那么，稿件的失实错误也许就可以避免。

（3）文艺色彩浓厚。有些来稿所描述的情节颇多巧合，文艺色彩很浓厚。这类稿件当然不一定都是不真实的，但实际生活中巧合的事情毕竟不多，因此需要格外注意检查。“无巧不成书”，文艺作品往往要借助巧合来展开情节。有些新闻报道所以不真实，正是因为作者不懂得文艺与新闻的区别，一味模仿文艺作品的写法，因而歪曲了事物的本来面貌。例如，曾有这样一篇通讯，写一对男女青年正在举行婚礼，党支部书记兴冲冲地进来，握住男的手说，祝贺你喜上加喜，你入党已批准了。事实证明，这种“喜上加喜”的巧合，正是作者为了追求生动创造出来的。实际上，男的早在一年前就已经入党。

（4）笼统含混。有的来稿在某些情节内容和新闻要素方面写得笼统含混，其中有些是属于写作技巧上的问题，有的是作者进行了虚构，故意含糊其辞，以掩人耳目。例如，“有一天”“有的人说”“大家认为”等等，“有一天”，究竟是哪年哪月哪日呢？有的竟然是一二年前的事，生拉硬扯来说明现在的问题。“有的人说”，“大家认为”，也不过是作者的障眼法，其实是作者自己在说。因此，对此不能不特别加以注意。

（5）超越采访可能。记者的采访并非万能，它总受一定的时间、空间、条件的限制，因而并非任何事实都可以通过采访获得。对于报道中所写的超越采访可能的“事实”就不能不多加推敲。比如，一篇报道写一个值班员与前来偷盗的歹徒进行搏斗，不幸当场身亡。报道描述了这个值班员当歹徒猛扑上来时的种种思想活动。对死者不可能进行采访，这种描述显然是作者虚构的。再如一篇新闻报道写一群代表登临天安门城楼，观赏首都景色，其中写道，这群代表“都要情不自禁地手扶栏杆极目远眺、静思默想、浮想联翩。”代表人数很多，且是“静思默想”，记者是难以从采访获悉的，其中就很可能包含着想象的成分。

2. 信源分析

即分析消息来源，判断其权威性、可靠性，从而发现稿件可能存在的问题。如有的稿件报道一个乡村生产发展的状况，但消息是从一个同学的家人来信中获悉的，这就不一定可靠。因为家人写信，对于村里生产发展的具体情况未必会去一一进行调查核对，只是耳闻目睹，未必完全准确。

3. 作者分析

即对照作者的身份与稿件的内容来进行分析。如果报道所写内容与作者身份不相适应，对报道的真实性也要多加怀疑。比如，作者是在一个乡工作的，而稿件内容写的是有关全县的情况，这就特别需要加以核对。因为这就有可能是作者虚构的，或者是作者听来的，或者是根据书面材料改写的。且不说前者，即使是后两者，由于不了解实际情况，也难免发生差错。

4. 时间分析

即对照写作时间和稿件内容来进行分析，从中发现可疑之处。比如，一项工作刚刚展开，来稿已经在全面介绍成绩和经验了，对于这种“预制”的稿件的真实性，编辑自然不能不打上一个问号。

分析法的优点，是一般不用借助于其他手段，从稿件本身就能比较迅速地发现事实方面的某些差错。编辑也能据此消除一部分差错，如将事实方面有破绽和疑点的部分抹去。但是，只依靠分析法，不可能完全发现稿件事实方面的错误。因为稿件的许多事实差错，并非都是有破绽和疑点可寻的。有的虽纯属虚构，但表面上可以说得头头是道，滴水不漏。而且如果要保留稿件中的有关文字，同时又改正其中的事实错误，则完全依靠分析法更是不可能了。因为根据分析法只能判断其中有错，但怎样才算正确，怎样改才能符合事物的本来面貌，是无法知晓的。这就需要采用订正事实的其他方法。

（二）核对法

分析法的主要依据是稿件本身，核对法的依据则是权威性资料，包括权威的书面材料和权威人士提供的口头材料。它通过与权威性资料的对照来发现和纠正稿件事实方面的差错。对于稿件中的有关历史、地理等知识方面的事实差错，很多都可以通过核对的方法来发现和纠正。

所谓权威性资料，即它本身的正确性是毋庸置疑的。不正确的资料不仅无助于消除原稿已有的错误，而且还可能据此将原来正确的改成错误的。因此，编辑在运用核对法的时候，不能满足于一般的核对，而必须与权威性资料进行核对。比如，要检查稿件中所列举的有关全国性的生产数字，应该根据什么资料来核对呢？当然不能以报上某一个人的文章为准，而应该以国家统计局公布的数字为准，因为国家统计局公布的生产数字是最具有权威性的。

据以核对的资料最好是直接的，而不是间接的。即使是权威性的资料，几经转述，有时也可能失真而包含错误，因而以它为根据，就不一定可靠。

资料的权威性并不是凝固不变的。事物是发展的，人们的认识也是发展的，旧资料，即使原来是权威性的资料，所记载的某些事实，都可能因时过、境迁、人变以及知识的修正或深化而改变。因此，如果要了解当时的情况，这些旧资料虽然仍有价值，但据此来核对已经变动的事实，就只会产生刻舟求剑的错误。因此，据以核对的资料应该是最新的权威性资料。

（三）调查法

就是对稿件中所叙述的事实，通过直接的、现场的观察和了解来检查它的真实性和准确性。

新闻报道写的是活人活事，事实又都是新近发生的，在这之前很可能没有任何资料记载过它。因此，如果稿件的叙述并无表面上的破绽，只借助于分析法、核对法，就不能完全发现和消除其中的错误，而只有对实际情况进行调查，通过对事实的再认识才能发现并纠正其中可能存在的错误。

调查应该是全面的。至少应该听取当事人和单位领导的意见。有关表扬和批评的内容以及比较重要的事实，还应该向有关群众调查。实践证明，当事人、有关群众、单位领导三见面的调查方法，是保证稿件真实准确的重要方法。凡是涉及一个单位的领导或一个单位的重要情况或全面情况的稿件，只在本单位调查是不够的，还应该送有关领导机关审核。

调查可以由编辑部派人进行，也可以通过信函、电话等方式进行。需要强调的是，调查必须认真，而不能流于形式。不论是亲自去调查或函调，都应该向调查者讲清要求，指出需要核对的关键问题。有时由于调查不说明要求，加上被调查者不了解新闻与文学的区别，结果虽然进行了调查，但因流于形式，依然没有消除其中的错误。编辑更不能抱着这种想法：只要被调查者点头了，稿子就算真实了，有了错误也是别人负责。这不是把调查作为保证稿件真实准确的一种方法，而是作为掩饰错误、转嫁责任的一种手段，这种态度显然不是一个负责的编辑所应该采取的。

稿件虽经过调查，如果积压了较长时间未用，在刊登前有必要再进行核对，因情况可能已发生了变化。比如，一篇介绍一个工厂安全生产的经验的稿子，虽经过调查核实，稿件刊出后读者却指出这是不真实的。这是因为原来稿件虽经调查核实，但稿件积压未用，就在此时，工厂发生了一次重大工伤事故，稿件在发表前，又未进行再调查，因而造成失实。

分析法、核对法、调查法各有其独特的作用，不能相互代替，而可以相互补充。采用分析法，找出稿件中的疑点和破绽，可以使核对和调查更具有针对性；而采用核对法和调查法又可以进一步澄清或改正采用分析法所发现的疑点和破绽。所以，一篇稿件往往是三者并用的。当然由于稿件的内容不同，采用的方法可以各有所侧重。如新闻报道侧重于分析法和调查法，而介绍背景、知识的稿件则更多采用核对法。

第二节　思想政治差错的校正

经过选定要用的稿件，除了批评、讨论的以外，主题思想一般都是符合马克思主义，符合党的路线、方针、政策的。但稿件的具体观点、提法仍然可能有不正确、不恰当的地方。校正它们是修改稿件的一个重要方面。

一、校正的原则

坚定地宣传、贯彻马克思主义和党的路线、方针、政策，是我们报纸党性的一个重要方面。报纸的宣传报道必须坚持四项基本原则。对于关系到党和国家的根本利益和全局的重大政治性、政策性问题，报纸的宣传报道必须与党中央的决定相一致，不能宣传和散布与党的路线、方针、政策相反的意见。这里所说的一致，包括如下几个方面：

第一，稿件中的观点要与马克思主义，与党的路线、方针、政策的基本精神相一致，这是最重要的。

第二，在阐述重大问题和原则性问题时，在分寸上要与党的路线、方针、政策相一致。因为事物的性质都表现为一定的量，失去分寸，就会改变事物的性质。正如列宁所说："只要再多走一小步，仿佛是向同一方向迈的一小步，真理便会变成错误。"①

---

① 《列宁选集》，中文3版，第4卷，211页，北京，人民出版社，1995。

第三，一些重大问题的提法，应该按照党中央的公开提法。因为问题的提法，表示了对事物的基本态度，往往是一个严肃的政治问题，随意改动，就可能造成实际工作的混乱。例如，1979 年元旦，第五届全国人民代表大会常务委员会发布《告台湾同胞书》，对于台湾问题采用了“台湾回到祖国怀抱”的新提法。在这个问题上，报纸上如果再采用其他过时的提法，显然是不对的。当然，这并不是说，马克思主义的个别原理，党的方针、政策的某些提法都是不能讨论的。但是讨论的时间、方式应由中央决定。正如《关于党内政治生活的若干准则》所规定的：“对于关系党和国家的根本利益和全局的重大政治性的理论和政策问题，有不同看法，可以在党内适当场合进行讨论，但是，在什么时候，用什么方式在报刊上进行讨论，应由中央决定。”

二、思想政治差错的表现形式

稿件中思想政治上的差错是形形色色的，但也并非无规律可循。如果我们能够认识稿件中所犯的思想上、政治上的差错的规律，我们就能够更好地去消除这些差错。

稿件中思想政治上的差错，从表现形式上来看，可以分为两类：

一类是，稿件中思想政治上的差错是直接陈述出来的。稿件中的观点、议论、提法上的错误和不妥，就是属于这一类。例如在 2000 年元月，人们正在欢庆新千年到来之际，一篇稿件中写道：“公元一千年值得庆祝吗？公元两千年又有什么特别的意义？你贵为帝王又怎样？你家财万贯又如何？你流芳千古又如何？你遗臭万年又怎样？”作者这里所陈述的观点显然是不正确的，因为开展庆祝新千年的活动，激发人们积极进取、创造美好未来的精神，不能说没有意义。至于不分是非、忠奸，将二者混为一谈更是十分错误的。又如，一篇稿件谈到企业家时，将他们比喻为军队中的“元帅”，并说，从机械时代到电气时代再到信息时代，一批批杰出的企业家不仅以战略眼光拥有了财富，而且带领整个人类社会走向了更加文明、效率更高、物质更丰富的生活，推动了历史的进步。稿件把企业家比喻为“元帅”，说他们“带领整个人类”如何如何，显然是夸大了“企业家”的作用，而且不区分不同历史时期、不同社会的企业家，笼统地论述其作用，也是不准确的。上述这种差错都是作者在稿件中直接陈述出来的，通常表现为一种观点，一种看法。这种差错在消息中要少些，因为消息重在用事实说话，议论很少，因而包含这种差错的可能性要小一些。而通讯、调查报告、评论中因议论成分较多，包含这种差错的可能性就要大一些。

另一类是，稿件中的思想政治差错是通过字里行间流露出来的。作者在叙事状物的过程中所表现出来的思想、感情上的错误往往属于这一类。这一类差错就其表现形式来说，是比较隐蔽的。这种错误在评论中相对来说要少一些，而在新闻、通讯、特写中，相对来说就要多一些。比如，一篇报道新安江电厂大坝泄洪的新闻写道："'黄河之水天上来'，古诗李白诗句中那瑰丽雄奇的景观，在新安江电厂大坝的泄洪中，真实地再现了。"江水"以每秒 5 000 立方米的流量冲出，好似千万条狂怒的巨龙，挣脱群山和大坝年长月久的封锁，奔腾呼啸地冲向滚滚东去的大江。二三尺长的大鱼，成群地被冲出闸门，顺着飞溅的浪花，被抛向半空，再摔进下游江面。当地万余名群众怀着寻奇探胜的心情，分聚在两岸山腰上尽情观赏。据了解，这足以令人惊心动魄的人间奇迹将持续 66 个小时"。新安江泄洪，是为了缓减洪水对大坝的压力所采取的一种不得已的措施，泄洪要毁坏大量良田。记者却把泄洪当做一种"瑰丽雄奇的景观"来描写，喜悦之情溢于笔端。新闻所表现的这种思想感情显然是错误的，而这种错误就是通过作者对这一事件的描述的字里行间流露出来的。

再如一篇稿件中写道："上一回，我去买腐乳，喊了几声'同志'，售货员只当没有听见，不理不睬，我改叫'小姐'，她方才答理。现在连卖臭豆腐的也喜欢称呼她为'小姐'，而不愿当'同志'，看来在这些人眼中'同志'这个称号真是不合时宜了。"稿件中虽无对人的直接谩骂，却表现了对"卖臭豆腐的"售货员的轻蔑和讥讽，显然是不妥的。而此轻蔑和讥讽是流露出来而非直接陈述出来的。

还有一类稿件中的思想政治差错是通过事实表现出来的。这类稿件所选择的事实虽然是客观存在的，但这种存在并非是合理的、正当的。而稿件错误地宣扬了这种存在，因而就可能对现实生活产生负面影响。如一篇稿件中写道："最近×县运输表彰会上，该县第一家个体汽车客运户、51 岁的农民宋某，带领亲生的 5 个女儿，登上领奖台，台上台下一阵轰动。原来宋某 5 个女儿 4 个学会汽车驾驶技术。今年春节，宋某把自己的 4 辆'中巴'新车发给 5 个女儿经营客运，每年净收回承包费 17.8 万元，宋家的'五朵金花'出了名。"宋某有 5 个女儿虽是一种客观存在，但并非是合理的存在，因为它不符合我国计划生育的国策。把农民宋某发家致富与"五朵金花"相联系，更容易助长农村的"超生"现象。

第一类差错是以观点的形式直接表现来的，比较露，而后两类差错是在叙事状物中表现出来的，比较隐。编辑在修改稿件时，既要注意前一类，也要注意后两类。这样才能彻底消除差错，保证稿件思想政治上的正确性。

三、消除思想政治差错要注意的几个主要方面

要消除稿件中思想政治上的差错，不仅要认识错误的不同表现形式，更重要

的是要认识形形色色差错的实质，能够将错误与正确区别开来。为此，必须特别注意以下几个方面。

（一）掌握界限，分清事物的性质

任何事物在一定条件下都具有它的质的规定性。正是这种质的规定性把这一事物与另一事物区别开来。认识事物就在于认识事物在一定条件下的这种质的规定性，并在这种认识基础上采取相应的态度。具体事物具体分析是马克思主义的灵魂。我们所制定的各种规范如法规、政策，都是建筑在具体事物具体分析的基础上的。对待不同事物有不同的认识和评价。因此，对于任何事物的评价和分析，都不能一概而论，不作区分。善于区分事物的性质，是编辑修改稿件中避免产生思想政治上的差错的重要条件。

来稿中常见的错误，就在于没有对事物进行具体分析，模糊了事物的性质，不注意这个事物和其他事物的区别，因而在评论这一事物时，采取了错误的、不恰当的态度，背离了法规、政策或道德。

一篇关于某县发展第三产业的报道写道：县委书记、县长等领导干部不仅支持农民办第三产业，而且还亲自“搭台”办企业，和农民一样“唱戏”。作者这样写就是没有区分不同事物的性质，因而背离了党的政策。农民办第三产业无疑是对的，县领导支持农民办第三产业也是对的，但县领导自己也办企业，就违背了关于国家干部不能经商的规定，因而是不正确的。

再如一篇稿件写道：“这个学校对未婚青年做了许多工作，比如对他们进行婚前培训，并将此作为准予结婚登记的条件之一，凡无婚前培训结业证书者，不能领取结婚证。”这个学校重视对青年的婚前教育是应该肯定的，但把是否参加婚前培训并取得结业证作为能否领取结婚证的条件，不符合我国婚姻法的规定，在报纸上介绍、宣扬这种做法就会造成婚姻登记问题上的某种混乱，显然是不妥的。

再如一篇表扬六个姑娘发扬新风尚的报道，其中有一段这样写道：

> 入夏以来，尽管蚊虫既多又大，她们却一个个把蚊帐收了起来，宁愿挨蚊子叮，也不挂蚊帐。这是为什么呢？原来她们之中有位同志没有蚊帐，她们想，要是我们五个人挂了蚊帐，蚊子全集中到那个同志身上，她还吃得消！如果我们都不挂，蚊子也咬咬我们，不就减轻一些那个同志的负担吗？看来这五个姑娘似乎太天真了，可是，这微小的举动中，人们却看到了一种处处为别人着想的思想。

这几个姑娘的思想虽然不能说不无可爱的一面，但蚊子咬人可能传染疾病，大家坐等蚊子来咬，这种态度毕竟是消极的，是不值得提倡的。这里，作者显然是把这种分担蚊子咬的痛苦的消极做法和发扬共产主义风格混为一谈了。

（二）要有全面观点，防止片面性

辩证唯物主义告诉我们，任何事物都是对立的统一。矛盾的双方相互斗争又相互依存。同时，任何事物又都是相互联系、相互制约的。我们党所制定的路线、方针、政策，就是以这种客观规律为基础的。因此，党的路线、方针、政策总是一个全面、完整的统一体。我们报纸在报道实际工作的时候，在宣传党的路线、方针、政策的时候，都要有全面观点，防止片面性。报道带上片面性，事物的本来面貌就会受到歪曲，马克思主义和党的路线、方针、政策就会得不到正确的贯彻，就可能使实际工作受到损害。

来稿中片面性的一个主要表现，就是报道某一事物时，不适当地突出矛盾的一方，或者为了强调矛盾的一方，就否定或忽略矛盾的另一方。比如，片面强调物质利益，忽略思想教育；片面强调民主，忽略集中；片面强调生活，忽略生产；片面强调先进个人，忽略群众的作用；或者反过来。这种写法是把矛盾的一方推向绝对化，使另一方失去存在的条件，从而在实际上也否定了矛盾本身，因而是错误的。例如，一篇赞誉中医中药的报道，其中写道："看不起中医中药是完全没有道理的。中医能治百病，西医能治的，中医都能治。中医治病是从身体的全局着眼的，不像西医，往往头痛医头，脚痛医脚。中草药，价钱便宜，没有副作用，疗效又好，我们这里很多人就不太相信西药的这个素那个素的。"看不起中医中药当然是错误的，但是报道为了说明中医中药的作用，把中医中药的作用说得太满、太绝对化而且又不恰当地贬低了西医西药的作用，既不符合事实，也不符合党的中西医结合的方针。这种说法显然是不妥的。

来稿中所以往往有这种片面性，一个重要原因是把写作中的侧重和片面混淆起来了。一般稿子都是针对某一种问题而写的，可以有所侧重，不必面面俱到。但侧重并不等于片面，侧重只是表示叙述、论证的重点，而不是思想上的偏颇，不是去夸大一方，否定另一方。

片面性的另一个重要表现是，不注意事物的相互联系和相互制约，脱离时间、地点、条件去提出问题、解决问题。任何事物都是与一定的时间、地点、条件相联系着的，离开了一定的时间、地点、条件，就无法正确认识事物。报纸要发表的稿件，大都是报道一个地区、一个单位在某一个特定时间内的成绩、经验或问题的。而稿子一经发表，读者对象就可能包括各个地区、各个方面。我国地域辽阔，自然条件、生活习惯都不完全相同。因此，在报道一个地区、一个单位的成绩、经验或问题时，讲清它们的条件是很重要的。比如，这个地区推广双季稻，另一些地区推广单季稻；这个地区多种粮食，另一些地区多种经济作物，都有它们自身的条件。只有讲清这些条件，读者才能理解，才能接受。有些来稿只讲这样做，不讲为什么这样做，就不能使读者有全面的理解。特别重要的是，不能抛开条件去推广一种做法、一种经验，把一个地区可行的东西，说成在别的地区也都是可行的。一个地区的经验即使再好，也是一定条件下的产物。别的地区和单位要学习，只能够从本地区、本单位的实际情况出发，把学习先进经验与本地区、本单位的实际结合起来，才能取得实际效果。因此，像这样一些提法，“要像××那样去……”“××能够办到的，你们为什么办不到呢?”“一切地方都要……”就必须注意讲清条件，不能一概而论。比如说“全国一切地方，都应该大力发展养猪事业”，就失之片面。回族居住地区就不适合发展养猪。如果将这句话改为“全国一切有条件的地方，都应该大力发展养猪事业”，就比较确切了。

（三）要注意社会效果，防止客观主义地描述消极的东西

一般来稿，特别是批判性、揭露性来稿，往往会涉及一些反面的、有害的、不健康的客观内容。我们生活的社会不是真空的，它依然存在着阶级，存在着封建思想、资产阶级思想的影响，存在着国外敌对势力的造谣和攻击。因此，反面的、有害的、不健康的东西是一种客观存在，报纸不反映它是不可能的。但报纸反映的目的，只是为了揭露它们，批判它们，使我们的读者憎恶、鄙视这些东西，而不是相反。因此，在描述这类客观内容的时候，必须考虑它可能产生的社会效果。

为此，要特别注意以下几个方面：

1. 对于社会上的“小道消息”、谣言，对于敌人攻击、污蔑我们的言论，不要客观主义地加以报道

国内敌视社会主义的分子和国际上的敌对势力，出于他们不可告人的目的，会对我国的形势、政策等各方面进行种种污蔑和诽谤，散布各种流言蜚语。在我们人民内部，有时也会传播这种或那种“小道消息”。稿件涉及这些内容，都必须有所选择，不能有什么登什么；并且要有所批判，不能只是客观罗列。否则，客观上就等于扩散这些东西。

2. 对于残暴、淫猥和丑恶的行为，不要作过细的、不适当的描写

有些新闻，特别是社会新闻，为了要说明犯罪分子的罪恶，往往要报道犯罪分子的作案情况，比如作案的经过、作案的手段以及作案的现场等。为了说明犯罪分子的罪恶，完全不涉及这些内容是不可能的；但要有所选择，要有所节制，不能作过细的、不适当的描写。首先，对于作案手段不能叙述得太详尽。因为这种叙述，对于一些本来就有犯罪企图和犯罪行为的人，可能产生传播犯罪伎俩的

副作用。此外，对于残暴、淫猥和丑恶的行为，不能进行血淋淋的、赤裸裸的描写。因为这样的描写也可能导致一些思想行为本来不端的人的模仿。而且这种描写也会增加受害者和受害者家属的痛苦，同时使一些人产生恐惧心理。

改革开放后，随着我国社会环境的宽松，加之一些地方抓精神文明建设不力，社会上沉渣泛起，凶杀、吸毒、卖淫、嫖娼等丑恶现象增多，反映此种现象的新闻稿件也随之增加，稿件中不当的描述也时有所见。如在报道戒毒的稿件中，把吸毒者吸食毒品的感觉写得很具体、很美好；在报道卖淫者自新的稿件中，把卖淫的详细过程以及卖淫的所谓“几要几不要”的经验也作了具体描述，这些描述都是作为正面报道中的一部分出现的，是很值得编辑在修改稿件中注意的。

3. 对于未成年的犯罪嫌疑人，不能披露其姓名、住所。在刊登其照片时，也应该进行必要的技术处理，如遮盖其双眼或模糊其面容，使其面貌不能为人所辨认

《中华人民共和国未成年人保护法》第42条规定：“对未成年人犯罪案件，在判决前，新闻报道、影视节目、公开出版物不得披露该未成年人的姓名、住所、照片及可能推断出未成年人的资料。”

对于一般违法，情节轻微的，一般也不宜完全披露其姓名，而只以笼统的称呼如“李某”“王某”等代之，这样做更利于挽救和争取他们。

对于已改恶从善的，报道应立足于鼓励，对于他们过去的罪恶，一般也不宜作详细、具体的描写。

4. 对尚未判决、事实又未查清的案件，报道要特别慎重，防止“报纸审判”

案例报道是法制报道的一个重要方面。有一些案件往往是在法院判决前就进行报道的，所谓“报纸审判”，即报纸在法院判决前对案件所作的评断。按照我国的《刑事诉讼法》和《民事诉讼法》的规定，诉讼都是“以事实为根据，以法律为准绳”。法院根据调查属实的证据，依法对被告人进行判决。因此，法院的审判不受报纸报道的约束。但是，报纸是面向大众传播的，能形成强大舆论，对当事人的精神产生重大影响，不能不注意“报纸审判”问题。对于一些事实尚未查清，或存在争议的案件，报纸应避免“报纸审判”。如果需要进行报道，只宜客观介绍案情，不要轻率发表评论，更不能作主观判断。

我国《刑事诉讼法》第12条规定：“未经人民法院依法判决，对任何人都不得确定有罪。”因此，在有关犯罪案件的报道中，对于被立案、侦查和提起公诉的当事人，在法院尚无判决的情况下，一概只能称之为“犯罪嫌疑人”，而不能称之为“罪犯”或“案犯”。

（四）注意严格保守党和国家的秘密

报纸是公开发行的，有许多报纸还是出口的，国内外的敌人往往把报纸作为他们获取情报的一个重要途径。所以，注意严格保守党和国家的机密，是编辑的一项重要职责。报纸上的其他错误尚可以采取各种办法来进行更正，而泄密的错误是无法更正的，因而泄密造成的损失是难以挽回的。

我国1989年5月1日起施行的《保守国家秘密法》规定："报刊、书籍、地图、图文资料、声像制品的出版和发行以及广播节目、电视节目、电影的制作和播放，应当遵守有关保密规定，不得泄露国家秘密。"并对应当保密的秘密事项作了规定。

1994年3月12日，我国新闻出版署发布的《关于防止在出版物中泄露国家秘密的通知》中规定："在出版物中（包括内部发行的出版物）严禁载有下列内容：国家事务重大决策中的秘密事项；国防建设和武装力量活动中的秘密事项；外交和外事活动中的秘密事项以及对外承担保密义务的事项；国民经济和社会发展中的秘密事项；科学技术中的秘密事项；维护国家安全活动和追查刑事犯罪中的秘密事项；其他经国家保密工作部门确定应保守的国家秘密事项。"

编辑修改稿件的任务之一，就是要防止泄密。编辑要防止泄密，首先要提高警惕性，加强保密观念，克服麻痹思想。其次，要善于识别什么是秘密，什么不是秘密。这就要求编辑能根据时间、地点、条件来进行具体的分析和判断。

有些事情，在今天不是秘密，在昨天就是秘密。例如，党和政府的某些重大决策，今天一经公布，就可以成为报纸报道的主题，尚未公布前，报纸则需要守口如瓶。

有些事情，发生在这个地方不是秘密，发生在另一个地方则是秘密。例如公路的建设，在一般地区是完全可以报道的，但在战略地区，则可能是秘密。

有些事情，可以报道到一定程度，超过一定程度则为泄密。例如，科学技术的重大成果、战况、灾情等，有的只能笼统地报道，对其中的人名、地点、具体细节等则不能报道。我国向太平洋预定海域发射的第一枚运载火箭获得圆满成功，1980年5月19日，我国各报都登载了这一消息，5月23日又登载了通讯《飞向太平洋——我国运载火箭发射试验目击记》，消息和通讯报道了这次试验的一般情况，至于火箭发射场的所在地，火箭飞行时间、距离，负责单位、领导人等等，都因为保密未予透露。

有些事情，可以在中央报纸上说，而不能在地方报纸上说。比如一项保密工程，在中央报纸报道，如果不指具体地点，则人们无法知道工程所在地；如果地方报纸以"本报讯"登载这一消息，就会使人知道这个工程就在这个地区，从而导致泄密。

总之，秘密的构成是以时间、地点、条件为转移的。编辑必须善于根据具体情况进行具体分析。难于判断的，应该请示有关领导单位，不要轻率从事。

还需要强调的是，不要疏忽一般稿件，不要疏忽稿件的细节。发生泄密的往往不是那些跟机密关系较大的稿件，而是那些看来与秘密无关的稿件；往往不在于稿件的主要内容上，而在于细节上。因为，对于那些与秘密关系较大的稿件，对于一般稿件中的主要内容，作者是比较留意的；而对一般稿件，特别是稿件中的细节，作者则以为不会涉及秘密问题，注意得比较少。结果正是这些稿件，并且是这些细节，造成失密现象。比如，一位作家到部队中去深入生活，他在谈到自己的见闻时写到，这半年来，他走访了上至司令部下至连队，中间还列举了部队各级建制。稿件是在谈到自己的见闻时，顺便提到这个情况的，但是这个细节无意中泄露了部队的编制情况。再如，一篇报道在谈到某部队自己动手，发展生产的情况时说，这个部队已养猪××头，达到一人一猪。谈生产似乎与机密无关，而养猪的头数与人数的关系，也是一个细节，但正是这篇稿件的这个细节，无形中泄露了部队的人数。

第三节　辞章的修饰

编辑在选择稿件时，对于稿件的辞章不宜要求太高，主要应着眼于稿件的内容。稿件内容好，就可以采用。这样才可以提高稿件利用率，更好地吸引广大群众来参加办报。但是在修改稿件的过程中，编辑对于辞章却应该字斟句酌，精益求精。见报的稿件应该做到准确、鲜明和生动。

一、编辑改稿与作者写作的不同心理

编辑对原稿的修改，是作者写作的继续。编辑改稿和作者写作，两者的目的是相同的，都是想把稿子写好。但是，编辑的改稿和作者的写作，在心理上是不完全相同的。

第一，有些作者特别是经验不多的作者写稿，往往是自觉或不自觉地从“自我”出发的。比如，认为自己知道的，就是读者不知道的，或者是读者想知道的；自己能懂的，别人也一定能懂；自己如果不说，读者就一定不会知道；自己爱怎样说，读者也一定爱怎样看，等等。作者有这种心理，是可以理解的。作者写稿子，总是在现实生活中有所感才去写的，写稿自然会从自己的认识、感受出

发。但是，作为编辑，主要的是要考虑读者，因为，见报的稿子是给广大读者看的。因此，编辑修改稿件，就要将稿子从作者的自我出发改为从读者出发。只告诉读者想知道的，或应该知道的；读者不懂的，就一定要设法交代清楚；相信即使作者不说，读者也能知道或者也能意会的，就不再去说；怎样说对于读者最有说服力、感染力，就采用怎样的表现方法，等等。只有这样，作者所写的稿子，才能真正为广大读者所接受。

第二，作者写稿，往往是从他所处的局部来认识和评价所反映事物的。比如从本单位、本行业、本地区来认识事物的特点、意义和作用。这也并不奇怪。我们报纸的一般通讯员、作者，甚至包括地方记者、专业记者，他们所工作、生活的环境，了解情况的渠道，毕竟都是有限的。要求他们都要站在全局的高度来认识和评价所反映的事物，是不大现实的。作为编辑，却不能不从报纸所面向的全局来考虑问题。在修改稿件的过程中，就需要将稿件的这种角度改变过来，将它由从局部着眼，改为从全局着眼。比如，一个省报编辑，就需要从全省的角度甚至全国的角度，来考虑所反映事物的特性、意义和作用。一项生产成绩的取得，在一个厂是一件大事，可能需要详写；但是从全省或全国的角度来看，可能就很普通，只要一笔带过。一项制度的建立，在这个地区可能已是妇孺皆知，不值得多提；但从全省或全国来考虑，也可能是一件很有意义的新事，值得大书特书。这种角度的改变，在稿件的修改中是经常见的。

第三，作者写稿子，一般只能从所写的这一单篇稿件出发来考虑写作上的各种要求。作者不可能了解报纸报道的全局，而稿件发表时，就往往会和其他稿件发生关系，因而编辑在修改稿件时，就不能不从整个报道的全局出发，来适当调整稿件中某些内容和表现形式。比如，突出稿件中的一部分，以与其他稿件相配合；将单篇稿件压缩为简讯或改为综合报道的一部分，等等。

编辑修饰辞章，可以根据稿件的具体情况和报道的需要，采取不同的方法。归结起来，修饰辞章的基本方法有：校正、压缩、增补、改写、分篇、综合几种。

二、校正

校正就是改正稿件中不正确的写法。校正的范围包括稿件中的事实、思想、语法、修辞、逻辑等各个方面。校正的目的就是要消除上述方面的各种差错。

校正有如下三种基本方法。

（一）替代法

即以正确的内容和叙述代替不正确的内容和叙述。举例来说，一篇稿件中写道："火红的枫叶、飞动的彩霞，令人目酣神醉。此时，不由得想起杜甫的诗句：

'停车坐爱枫林晚，霜叶红于二月花。'”这两句诗出于杜牧的《山行》，说是杜甫所作，显然是不正确的。因此原稿中的“杜甫”要以“杜牧”去替代。采用替代法，要注意替代的一定要是正确的，不仅字面上正确，而且内容上是真实的。上面这个例子，以“杜牧”替代“杜甫”，不仅字面上正确，而且内容上也是真实的。有些替代就不一定如此。例如，一篇表扬一个售货员的稿子写道：“他在去年一年中，收到表扬信 10 000 多封，平均每天 3 封。”这里的先后数字合不拢。如果将“10 000”改成“1 000”或将“每天 3 封”改为“每天 30 多封”，前后数字合得拢了。但是不论采用哪一种改法，都可能包含错误，因为尚存在另外的可能。因此，这两种改法，字面上正确了，内容却可能不一定真实。到底采用哪一种方法才可能做到不仅字面上正确而且内容上真实，只有通过调查才能确定。

（二）删节法

即删除稿件中有差错的部分。删节法的长处是比较简便。短处是消除差错后无法保留有关内容。因此，对于那些既要消除差错又要保留有关内容的部分，就不能采用删节法。

（三）加按语法

即不改动稿件中的差错，而是加按语指出其中的差错。加按语法的长处是：第一，因受时间、内容等的限制无法采用替代法时，采用这种方法，可以既指出差错的所在，又避免无根据的改动而造成新的差错。第二，不改动原文，不会损害原文的有关内容。第三，将差错如实刊出，并指明差错的所在，可以收到批评教育的效果。《晋绥日报》曾大量采用加按语法来校正稿件中的差错。如 1948 年 10 月 9 日《晋绥日报》在一篇题为《二分区生产会议讨论农业生产（引题）县区派专人领导翻地（主题）》的新闻中写道，二分区专署召开生产会议，决定县区派人或组织生产支前小组下去督促、检查各地翻地工作。其中一段是这样写的：对于“缺乏劳动力的军工烈属和民工队的地，必须帮助先翻，必须超过一般人的翻地数量。”就在这段文后，编辑加了如下一段按语：“此处提到必须超过一般人的数量，恐怕要求过高，是否改为保证和一般人的数量大体相等，比较适当呢?”如果编辑直接将按语所写的正确做法去替代原稿所写的不正确做法，必然造成事实的出入；如果是直接删去这段文字，又会使帮助烈军属等翻地的重要内容无法保留。而采用加按语法就既可指出差错所在，又避免上述两种弊病。当然，加按语法也有它的短处，即差错依然见诸报端。因此，对于某一类不能见诸报端的差错（如泄密）就不可能采用加按语法来校正。

三、压缩

（一）压缩的原则

压缩就是删除稿件中的多余部分。冗长是来稿最常见的一种毛病。生怕读者不知道，把自己知道的都写上，是写稿的人特别是初学写稿的人一种比较普遍的心理。有的作者还认为，事实宁可写得全面些，写得详尽些，以便编辑有选择、修改的余地；还有一些人认为，长就是有分量，写“豆腐干”式的短文章是水平不高。这种种心理，都使文章流于冗长。稿件冗长是稿件所以需要压缩的主要原因；但是，还有另一种情况，稿件并不冗长，只是限于版面，不能不作一些删节，这种压缩也是报纸编辑工作常见的。

毛泽东说，文章要写得“精粹些”，鲁迅也说文章要写成“精锐的一击”。压缩的目的就是要使稿件写得“精粹”，成为“精锐的一击”。压缩绝不是消极的，压缩多余的东西也就是美的创造。列夫·托尔斯泰曾经说过这样一句发人深思的话：“对于敏感而聪明的人说来，写作艺术之所以好，并不在于知道要写什么，而是在于知道不需要写什么。任何出色的补充也不能像删节作品那样的大大改善作品……”① 契诃夫也说过，“写作的技巧”其实就是“删掉写得不好的地方的技巧”②。编辑应该很懂得这种删节的技巧，很懂得不需要写什么。

压缩稿件时要掌握以下原则：

1. 消除赘余，但不损伤原稿主干

删节的目的是为了更好地突出稿件中的精华，因此删除赘余的同时要注意保存稿件的精华，而不能把精华连同赘余一并删掉。

2. 与新闻价值相适应

新闻稿的长短受新闻价值的制约。压缩稿件要符合这个要求。对于具有较高新闻价值的事实可以适当写得详尽一些，对于新闻价值较低的事实要尽量写得简略，对于毫无新闻价值又并无必要叙述的事实则要删除。

3. 顾及版面刊登的可能

形式应服从内容，因此不顾内容的需要，机械规定稿件的字数是不可取的。但版面不可能随意扩大、缩小，因此压缩稿件时要尽量顾及版面刊登的可能。小型报纸版面容量小，更要注意这点。

---

① 古典文艺理论译丛编辑委员会：《古典文艺理论译丛》，第1辑，197页，北京，人民文学出版社，1961。

② 宇清等编：《外国名作家谈写作》，250页，北京，北京出版社，1980。

（二）压缩的方法

压缩的方法归纳起来有以下5种：突出主题；摘取精华；以一当十，以虚衬实；学会删字、删句、删段、删意；掌握删节量。

1. 突出主题

主题是文章的中心思想，主题应该集中。主题集中，问题才说得透彻，读者获得的印象才能深刻。稿子所以冗长，一个很重要的原因就在于主题不集中。表现为两个方面：一是题目太大，因而什么都可以拉扯上，结果是大而空；二是主题太多，说了东又说西，不仅冲淡了要说的主要问题，而且使文章变得臃肿。因而，要压缩稿子首先要从突出主题入手。要尽量使文章的题目定得小一些，具体一些，一篇文章只着重解决一个问题，而不求面面俱到，不企图在一篇稿件中解决所有问题。特别是新闻更不能求全。新闻应只着重告诉读者事态的最新发展，而不应该去谈那些尽人皆知的事实。新闻应该只是写事情发展中的一环，而不应该去写事情发展的长链。

要做到这一点并不容易。因为既属于同一长链，每一个环节都是相连的。一篇稿件谈的完全是不相关联的事情的情况是很少的。稿件所以冗长，往往就在于过多地写了些虽然相关联，但并非都要交代的内容。因此，编辑的删节艺术就在于能割断某些不重要的联系，突出其中最重要的一环。

比如，有一篇关于北京采用大白菜贮存新技术，使大白菜叶绿、味浓、质鲜、纤维少的新闻原稿是这样写的：

> 春节期间，首都蔬菜市场运来了一批采用新技术贮存的大白菜。它们叶绿味浓，质量新鲜，深受居民欢迎。这一成果预示着，北京居民今后将不再为冬季搬运、贮藏大白菜而发愁了。
>
> 农历年二十九，记者来到大兴县礼贤乡白菜新法贮藏基地。只见18个长30米、宽4米的砖砌菜窖整齐排列。窖内挖了个长长的暗槽，上面的木板架上大白菜按井字型码成堆，顶头是带有鼓风机的通气窗，风量、温度由微机统一调解控制。看上去真有点现代化菜窖的味道！
>
> 北京市农科院蔬菜研究中心科技人员高丽朴介绍说，利用现代技术改变传统白菜贮存方法，是北京市为解决居民冬季吃鲜菜难和避免社会浪费而采取的一项重大措施。中心开发的强制通风贮存法，从窖的设计、菜的码放及外界给风等方面，让菜在恒温通风的条件下保鲜。这种方法省工省时，损耗也小，比传统菜窖每万斤获纯益300余元，而且直到2月底3月初，白菜的味道仍然鲜嫩如初。
>
> 蔬菜中心曾做过市场跟踪调查，90%的居民对新法贮存大白菜表示欢

迎。许多人希望政府把这项试验坚持下去，以减轻群众的负担。还有人说，自己贮菜方法不当，冬季常常吃的是枯白菜。只要能吃上新鲜白菜，即使多花钱我们也愿意。

据了解，去年北京在小试的基础上，分别在大兴、顺义、通县等地建立了115个新技术试验窖，贮量为2 000万斤。今年将推广贮存白菜1亿斤。

大白菜是北京市居民冬季的主要蔬菜，采用新的贮存技术，使老百姓既能吃上新鲜大白菜，而又免去自己贮存之苦，是一件颇有新闻价值的事。新闻主要应该告诉读者采用新技术的意义是什么，采用新技术贮存的大白菜的质量如何，优点何在，全市现有多少新技术试验窖，储量有多大，今年蔬菜市场上能供应多少采用新技术贮存的大白菜。即主要写新技术贮存大白菜能给老百姓带来什么实惠。

但原稿除上述内容外，又写了一些其他内容，如第二段对京郊一个新试验窖基地作了具体描述，如每个窖有多大，白菜如何码放，如何通风等。第四段又写了北京居民对新技术贮存大白菜的看法和要求。这些描述虽然都与新技术贮存大白菜有关，但并不是市民最关心的。因为具体介绍贮存技术，并不是新闻的任务，也不是广大读者所感兴趣的。因此只要概要地介绍一下此种技术就足够了。至于老百姓的反应，也可省略，因为内容比较一般，是在意料之中的。

新华社编辑对这篇稿件作了如下压缩：

新华社北京2月18日电　春节期间，首都蔬菜市场出现了一批采用新技术贮存的大白菜，叶绿味浓，质量新鲜。这一成果将使北京居民冬季不再搬运、贮藏大白菜的愿望成为可能。

据北京市农科院蔬菜研究中心科技人员介绍，利用现代技术改变传统白菜贮存方法，是北京市为解决居民冬季吃鲜菜难和避免社会浪费而采取的一项重大措施。这个中心开发的强制通风贮存法，从窖的设计、菜的码放及外界给风等方面，让菜在恒温通风的条件下保鲜。这种方法省工省时、损耗小，而且直到2月底3月初白菜的味道仍然鲜嫩、纤维少。

据了解，去年北京在小试的基础上，分别在大兴、顺义、通县等地建立了115个新技术试验窖，贮量为2 000万斤。今年将推广贮存白菜1亿斤。①

改写稿保留了原稿中最具有价值的内容，而压缩了多余的部分，使新闻的主题更突出了，也更精粹了。

---

① 原稿、改写稿及部分改写意见均参见张选国：《应该怎样写作——对78篇新闻稿的评析》，75～78页，北京，新华出版社，1998。

2. 摘取精华

就是摘取稿件中的精华部分，使之成篇，而舍弃其余部分。这里又有几种不同的方法。

一种方法是取局部而舍其余。来稿中这种情况是很多的:就稿件的全篇来说，或者因为主题没有意义,或者因为材料不充实以及其他种种原因而不能采用,但其中局部写得很精彩。这种情况,就可以取其精华部分单独成篇,而删节其余部分。

《北京市委宣布天安门事件是革命行动》，是一条曾经使全国人民感到极大振奋的新闻。这条新闻也是编辑从一篇原来篇幅很长、内容很多的会议新闻里摘编出来的。1978 年 11 月，中共北京市委召开常委扩大会议，着重研究如何贯彻执行党中央对北京市委的重要指示。会议的内容是很多的，但新华社编辑从原稿众多的内容中，敏锐地抓住为“天安门事件”平反这件最为全国人民关心的大事，独立成篇，而果断地舍弃了其他内容。新闻很短，200 多字，但发表后震动了全国。

事实上，不少见报的好新闻都是编辑披沙拣金，从内容芜杂的长稿中挖掘出来的。比如 1956 年 6 月 25 日新华社新闻《上海最后两辆人力车送进博物馆》，这是一篇新闻佳作。它通过最后两辆人力车被送进博物馆这一件事，不仅具体而生动地反映了上海交通工具的发展，而且也从一个侧面折射出上海社会的变迁。它就是从一篇写上海交通大发展的长稿中摘取出来的。两辆人力车送进博物馆原本只是这篇长稿中的一个事例。如果将这篇长稿全文发表，内容很多，面面俱到，精彩的内容被淹没了。现在将精华突显出来，篇幅短小，却可以以少胜多。

1995 年 6 月 20 日，《人民日报》刊载了一条新闻《北京图书馆又“热”了》。从北京图书馆由“冷”到“热”，反映北京人求知心态的变化，内涵丰富而取材角度很小，不仅有意义，也具有可读性。原稿很长，是篇通讯，有三四千字。后来记者接受编辑意见，将它进行了压缩，改写为消息，因为保留了精彩部分，消息比原稿更精彩了。时任《人民日报》总编辑的范敬宜特为此稿的改写加了批注，其中写道：“请记者部从总编室抽回一部分长通讯，按此要求进行‘改装’，好的可发一版头条。改编得好的，要给编辑发奖。”①

要从众多的内容中，摘录其中的精华，要发现埋藏在泥沙中的珍珠，这需要有敏锐的观察力和判断力。否则，看见珍珠也可能买椟还珠。

另一种方法是取概要而舍详情。有的稿件叙述的事情是有意义的，但由于篇幅等原因，不能全文照登。这种情况就可以登其概要，而舍其详情。报纸在删节通讯社新闻时，往往就采取这种方法。

---

① 范敬宜:《总编辑手记》，109 页，北京，人民日报出版社，1997。

新闻往往采取倒金字塔的写法，把最重要的内容写在前面。对于这种结构的新闻，编辑删节时一般是从后面删起。

比如，2000年12月7日，《人民日报》刊登了一篇标题为《首都组建“医疗航母”》的消息，全文如下。

> 本报北京12月6日讯　记者白剑峰报道：由北京同仁医院、安贞医院和积水潭医院组建的首都联合医疗集团今天成立。这是北京市第一家三级甲等医院强强联合的医疗集团。
>
> 本次联合的三家医院都具有突出的专业特色，如同仁医院的眼科和耳鼻喉科，安贞医院的心脏内、外科和小儿心脏科，积水潭医院的骨科、创伤外科和烧伤科。同时，三家医院具有很强的学科互补性。组建医疗集团，旨在进一步发挥特色学科作用，实现资源共享，优势互补，为群众提供方便、快捷、优质的服务，使患者在一家医院即可享受其他两家医院的医疗技术服务。三家医院实行“三通”，即通院、通科、通诊。医院之间打破壁垒，学科之间加强合作，诊室之间渠道畅通。集团成立后，三家医院将更多地承担危急重症、疑难杂症的诊治和高技术的攻关。医疗集团的首任执行主席为同仁医院院长韩德民。
>
> 首都联合医疗集团向社会作出以下承诺：集团成员相互提供各自医院重点科室专家号，并由专人负责提前三天通知对方医院，方便病人就医；集团成员相互开放各自的高新技术设备项目，以利于患者检查；相互承认对方的化验和检查结果，减少患者负担；定期相互组织专家对疑难病历会诊，相互提供病人有关病历资料，以利于病人治疗；针对患者不同医疗需求，集团内部通过专家出诊、手术、转院等合作方式，满足病人特需服务；在病人自愿的基础上，依据手术难度实行统一的专家点名手术收费标准；在病人就诊医院无手术条件时，依据病情可将病人转到其他两家医院，使病人得到尽快治疗。

这条新闻的最主要事实是导语中所写的北京三家医院实行强强联合，组建医疗集团这件事。第二段写的是三家医院的专业特色以及实行强强联合后可能显示的优势，第三段写的是新成立的医疗集团向社会所作的承诺。从内容看，导语是主干，而第二、三段则是主干的扩展和延伸。这条新闻可以全文发表，但如果要作相对性修改，只取概要，可保留导语，而压缩第二、三段内容。

还有一种压缩方法，是取“骨架”而含“筋肉”。有些稿件在一个问题之下列举了多个要点。这些要点又都很重要，删去其中几点都会使文章的原意不能很好表达出来，甚至歪曲文章的原意，而照登又不可能。在这种情况下，就可采用取文章的“骨架”而舍去“筋肉”的办法。压缩某些介绍经验和谈话的新闻，有时就可采取这种方法。

例如，有一篇报道羊城寿星情况的新闻，其中有几段写了寿星长寿的奥秘：

据调查，52名老人中92%是体力劳动者，自幼开始劳动，七八十岁才逐步减轻体力劳动，现在仍有半数以上的老人能操持家务，不少老人外出办事还坚持步行。多数老人至今坚持气功、太极拳、按摩等保健体育活动。106岁的廖富辉老人，鹤发童颜，精神奕奕。他每天数次上下四楼，到茶楼饮茶，去公园散步，几十年如一日。他从不间断“干洗脸”（双手由额向下拂面）、“舒大肠”（用手沿着大肠走向擦揉）、“旋膝盖”（用掌按摩双膝）、“甩双手”等头、面、躯干以及四肢的保健按摩和其他运动。

作息有规律，起居讲卫生，这是城市长寿老人生活中的又一个显著特点。他们大多能够坚持早睡早起，其中有6位老人每天一早五六点钟就起床，步行到茶楼，品茶吃早点。许多人经常亲自打扫庭院，整理内务；90%的老人一年四季坚持每天用温水擦身或洗澡，106岁老人李英常常一日擦身3次，每次40分钟以上。99岁的李剑每次擦身长达1小时。医务人员说，这种擦身不仅使老人干干净净，还可以起到按摩肌肤，改善血液循环，舒筋活络，健体强身的作用。

调查发现，城市长寿老人绝大多数胃口好，消化能力强，但非常注意节制饮食。这些老人多数家庭经济比较宽裕，但他们从不暴饮暴食，也不偏食，饮食定时定量。52名老人中，只有15人喝少量酒，12人偶然抽点烟，多数人没有烟酒嗜好。他们中间有40人喜欢饮水，包括茶、凉茶、各种汤类以及糖水。从医学上来说，多饮水对清洁肠胃道，保持大小便通畅，增加皮肤的水盐代谢，促进消化吸收等都有好处。

性格爽朗，情绪乐观，无忧少虑，是这些长寿老人所共有的精神方面的特点。52名老人中，有40人开朗乐观，从容温和，有12人胸怀坦白，心直口快。他们多数在旧社会受过苦，解放后翻了身，得以欢度幸福的晚年。

编辑将其压缩成为如下一段：

坚持体力劳动——多数老人从幼劳动，到70岁至80岁时才逐步减轻劳动；

坚持锻炼——他们多半至今还坚持做气功或打太极拳等体育活动；

都有好习惯——作息规律，起居讲卫生；

节制饮食——胃口都很好，但都坚持定时定量，不暴饮暴食和偏食；

乐观——性格爽朗，情绪乐观。

长寿奥秘的要点保留了，而每一要点的具体解释和例证则作了很大删改。编辑所采取的就是取“骨架”而舍“筋肉”的压缩方法。

3. 以一当十，以虚衬实

编辑要压缩稿件，但不能使稿件流于单薄，而要做到言简意赅。这就不能不要求材料的选择、表现方法的运用等方面做到以少胜多，以虚衬实。

以少胜多，以虚衬实，是人的主观能动作用在写作艺术上的一种表现。把现实生活中的事情一五一十都写出来，从写作上来说是消极的、被动的。因为这表明作者还没有真正把握住所反映的对象，没有真正懂得读者的阅读心理，因而无法对反映的对象进行选择。

首先，材料的选择要以少胜多。材料是表现主题的手段。有很多稿件主题很好，但是材料堆积、庞杂，淹没了主题。采用这种稿件，必须对材料进行压缩。

写作的艺术在于，形成主题的材料要丰富，表现主题的材料要精练。也就是说，采集材料要以十当一，运用材料要以一当十。编辑不仅要将与主题无关的材料全部删去，即使是与主题有关的材料，甚至是很动人的材料，也要精选。能以两个材料说明问题的，决不用三个；能用一个材料说明问题的，决不用两个。

当然，以一当十是有条件的。即这个“一”必须是有丰富的内涵，也就是说是典型的。典型的材料最能代表事物的本质，又有鲜明的特点，因而能生动而深刻地表现它所要表现的内容。它能使人产生联想，从一斑窥全豹，所以才有以一当十的作用。

因此，编辑删削材料的过程，往往也就是发掘和突出典型材料的过程。比如有一篇记述一个模范小学教师的报道，在写了这个教师教育孩子的许多生动事例的同时，又写了这个教师用实际行动搞好与其他教师的团结，以及积极参加校园义务劳动的事迹。作为一个教师，他的主要职责是教育好孩子，报道主要写的也是这个主题，因此，这个教师用实际行动搞好与其他教师的团结，以及积极参加校园义务劳动的材料就要删去。报道在记述这个教师怎样热情关怀、教育犯了错误的孩子时，写了三个事例：一是教师怎样在课堂上一视同仁地对待犯错误的孩子；二是当这个孩子的所谓小兄弟来校找这个孩子时，这个教师怎样严厉批评了这个“小兄弟”；三是教师雨夜家访，替孩子补习落下的功课，并结合课文对孩子进行教育。这几个事例都比较生动，作者可能正是因为这种缘故，把这些事例都写上了。但是，如果分析一下就可以发现，前两个事例主要要说明的是这个教师对待犯错误的孩子不是歧视，而是热情关切、严格教育的春风化雨的可贵精神，而这一点，在“夜访”这个事例中得到了更充分、更生动的表现。因此，编辑考虑到这种情况，就只能代作者割爱，将前两个事例删去。

其次，表现方法上要注意以略显详，以虚衬实。文章总是通过记叙、描写、抒情、议论等手段来展开主题的。不同的文体侧重于不同的表现手段。比如，新闻侧重于记叙；而通讯有的侧重于记叙，有的侧重于描写；散文重在抒情；评论则主要依靠议论。有些稿件所以冗长，需要压缩，往往就是这些表现手段运用不当。常见的偏向是，以为写得越多越好，不把所有事物写得一览无余，不把自己的感情一泻无余，读者就不会明白，就不会感动。其实恰恰相反，要真正把握住反映对象，真正说服、打动读者，只有采用详略结合、虚实结合的表现方法。

所谓详、实，就是指笔墨所到之处；所谓略、虚是指没有写到的地方，写得简略的地方，写得含蓄的地方。文章的重要部分，当然要实写、详写；但实写、详写要靠虚写、略写来衬托。没有虚写、略写，实写、详写的部分也就会被冲淡、被淹没，整个文章也会陷于芜杂、繁琐。

根据稿件中常见的毛病，编辑改稿，要做到详略得当、虚实结合，需要特别注意以下几个方面：

（1）写过程要有所跳跃。任何事情都表现为一个过程，为了说明事物的发展，往往要交代这种过程。来稿在这方面常见的毛病是，交代过程繁琐，不分主次，如同记流水账。编辑在修改时就要突出发展过程的主要环节，而略写其他。即采用跳跃的方法来展示事物的发展过程，做到有详有略。详处细针密缝，略处一笔带过，从而把发展过程中的主要环节突现出来。

请看下面这篇通讯：

临河姑娘

11月8日14点56分，由北京开往银川的169次直快列车旅客严重超员，我费了好大气力才挤上13号车厢11号座。

在我斜对面靠窗的座位上，坐着一位来自青岛、独身旅行的老大爷，他已70多岁了，且耳聋、体弱。在北京站中转时，他签了个去平罗的“无座”号，随母子候车室的老老幼幼先检票进站后，抱着侥幸心理，先占了这个座。果真，直到开车也没见来人，老人家不住地庆幸着：“今天我真走运，真走运……”

紧靠老人这排座椅的通路上，站着一位圆脸、短发，身穿灰粗线大衣的姑娘，来往穿行的旅客把她挤得东倒西歪，几次被人撞倒在坐着的旅客身上，在厌恶的目光下，她不时微笑着向人道歉。看到这情景，老人关切地问：“闺女，你没找个座儿？到哪儿下车？”

“没有，老爷爷，我到临河。”

“唉——这么远没个座儿可真难哪！”老人同情地叹息着，姑娘回之一笑。

车到康庄，开始供应晚餐，姑娘取钱时，从衣袋里带出的一张车票恰巧落在我的身边，我俯身拾起交还她时，无意中看到车票背面贴着的座号小条：第 13 车厢，第 17 号座。

“啊！你——怎么有号不坐？”

她微笑着悄悄向正在低头用餐的老人努努嘴，我起身看看老人的座位，正是 17 号。

“那——你上车后没请他给你让座？”

姑娘惊讶地看了看我，然后低声说：

“这么大岁数，我——”说到这里，她坚定地闭紧了嘴，轻轻地摇了摇头。

“他——知道不？”

她又微笑着摇摇头：“他知道了，就坐不踏实了。”

原来是这样！我感动了，当即起身请她坐一会儿，她不肯。

车过沙城，天已大黑，老人伏在小桌上早已安然入睡。再看临河姑娘，依然艰难地站在几乎是人挨着人的窄小通路上，在列车的颠簸和来往旅客的碰撞中东倒西歪着……

她叫郝秀梅，24 岁，是内蒙古巴盟临河市中心市场的服装个体户。

这篇通讯描写了一位临河姑娘让座的小故事，内容生动感人，文字也比较简洁。但是如果需要，其中一些叙述依然可以简化。比如，第二段主要是写老人上车的过程，对描写临河姑娘的关系就不很大。介绍老人的岁数、身体状况似乎也可省，因为说明是“老人”就足够了。第三至五段，写旅客厌恶的目光、老人的叹息，用意可能在于衬托临河姑娘的高尚风格；但是，下边几段已足以把这点表现出来了，所以也可省去。而且以旅客的厌恶目光与临河姑娘的微笔作对比的写法也未必好，因为这样写，车上的广大旅客又会作何感想呢？

因此，这篇通讯可以考虑进行如下压缩：

11 月 8 日 14 点 56 分，由北京开往银川的 169 次直快列车旅客严重超员，我费了好大气力才挤上 13 号车厢 11 号座。

车到康庄，开始供应晚餐，一位一直挤在通道里的姑娘在取钱时，从衣袋里带出的一张车票恰巧落在我的身边，我俯身拾起交还她时，无意中看到车票背面贴着的座号小条：第 13 车厢，第 17 号座。

“啊！你——怎么有号不坐？”

她微笑着悄悄向正在低头用餐的一位老人努努嘴，我起身看看老人的座位，正是 17 号。

“那——你上车后没请他给你让座?”

姑娘惊讶地看了看我，然后低声说：

“这么大岁数，我——”说到这里，她坚定地闭紧了嘴，轻轻地摇了摇头。

“他——知道不?”

她又微笑着摇摇头：“他知道了，就坐不踏实了。”

原来是这样！我感动了，当即起身请她坐一会儿，她不肯。

车过沙城，天已大黑，老人伏在小桌上早已安然入睡。再看这位姑娘，依然艰难地站在几乎是人挨着人的窄小通路上，在列车的颠簸和来往旅客的碰撞中东倒西歪着……

她叫郝秀梅，24岁，是内蒙古巴盟临河市中心市场的服装个体户。

(2) 要善于概括。写人写事不仅要求具体，也需要概括。具体地描写和叙述给读者的印象是具体的、生动的；概括的叙述给读者的印象则是简明的。有些文章所以冗长，原因之一就是脱离主题的需要，过多地进行具体的描写和叙述，没有把具体的描述和必要的概括结合起来。

一篇报道写一个工厂改进作风，加强经营管理，真正取得生产领导权的事迹。这个工厂在总结过去正反两方面的经验的基础上制定了管理条例，规定了各种岗位担负的职责，厂领导还深入到车间，解决条例执行中的具体问题。报道在写到制定管理条例时，用很大篇幅一一列举了条例的具体规定，而这些规定与其他工厂的规定相类似，又没什么特色，因而使文章显得冗长。其实，条例的具体内容不必具体介绍，只要概括交代制定了岗位责任条例就可以了；因为在报道下边讲到领导深入车间了解条例执行的具体情况时，读者还可以从中了解条例的某些内容。

有一些报道，特别是有关技术革新、创造发明方面的报道，对某些技术性问题，往往介绍得很详尽、很具体，不仅使文章冗长，而且难于被一般读者所看懂。对于这方面的叙述更应该做必要的压缩和概括。报纸报道这类事情，应主要着眼于思想方面，而不是着眼于技术上的具体做法和经验的介绍。

(3) 重在用事实说话。新闻、通讯主要是用事实说话，要靠事实内在的力量来说服和打动读者。抒情、议论虽然有时也是不可少的，对于通讯来说更是如此；但是，任何时候，抒情、议论不能游离于事实之外，更不能以抒情和议论来代替事实。而来稿的一个常见的毛病，正是过多地抒情和议论。有的是“事实不够议论凑”，有的则是以为多抒情、多议论，文章才有文采，才有感情。因而不仅文字冗长，而且失去朴实的美，流于浮华。

下面是一篇报道的开头。这篇报道写的是某医院抢救了一个昏迷204个昼夜的重症脑挫裂伤员的动人事迹。

粉碎“四人帮”以后，祖国大地喜讯接踵，八亿神州捷报频传。1977年8月13日，在党的十一大胜利召开的大喜日子里，广州部队第一七九医院二外科传出了一个激动人心的消息：空军某部场务连战士、重症脑挫裂伤员胡兰青伤愈出院了！这消息像长了翅膀，一下子传遍了医院，传到了场务连。人们又惊又喜，在11个月前，谁曾想到濒临死境的小胡能够活着回来啊！

这样一个普普通通的战士，是谁给了他这样无微不至的关怀？是谁给了他极其精心的医治？是谁给了他第二次生命？是党……是毛泽东思想哺育起来的白衣战士！此时此刻，使我们更加深切怀念伟大领袖和导师毛主席……同志们激动的心情，化作一封热情洋溢的感谢信，飞到了医院。

11个多月中，在胡兰青身上治疗4 847次，没有发生一次差错；在胡兰青身上护理操作13 071次，没有出现一次偏差；胡兰青卧床280天（其中昏迷204天），没有发生任何并发症。

胡兰青病历上的这几个简单的数字，凝结着白衣战士多少汗水和心血……

开头几句，是借背景描写来抒发感情，但这种描写已流于俗套，因为它适用于几乎任何一篇报道，而实际上，写一件事并非都一定要从全国形势写起，完全可以删去。“在党的十一大胜利召开的大喜日子里”，也是写背景。但是病人出院与十一大的胜利召开，并无必然的联系。病好了，才出院，而不是因为十一大的召开而出院的。所以，这样写也并不能使“出院”增加什么另外的意义。第二大段，作者借一封信中的话抒发自己的感情。但是因为故事还没有展开，读者对所描述的内容还没有感受，缺乏思想准备，显得比较突然，也就很难感动读者。通讯着重写白衣战士，这一段提出许多“是谁”，也会使文章显得分散。所以见报时，通讯的这两段就被大大压缩了。改为：

1977年8月13日，广州部队第一七九医院二外科传出了一个激动人心的消息：空军某部场务连战士、重症脑挫裂伤员胡兰青伤愈出院了！人们又惊又喜，在11个月前，谁曾想到濒临死境的小胡能够活着出院啊！

11个多月中，在胡兰青身上治疗4 847次，没有发生一次差错；在胡兰青身上护理操作13 071次，没有出现一次偏差；胡兰青卧床280天（其中昏迷204天），没有发生任何并发症。

胡兰青病历上这几个简单的数字，凝结着白衣战士多少汗水和心血？

修改稿突出了事实，而这奇迹般的事实就足以打动读者。最后一句，抒发了感情，水到渠成，恰到好处，而且引起下文，起了过渡作用。

1982年的一天，新华社记者写了一篇叶圣陶的访问记《谆谆长者言》，是写叶圣陶在五届全国人大会上对新宪法草案和推广普通话的意见的。记者写好稿子念给叶老听，刚念了开头一段“初冬的阳光透过墨绿色的纱窗，像清澈的水波泄在猩红色的地毯上……”叶圣陶就一面笑，一面摆手，摇头说：“不行，不行。写这种空话干什么？”记者解释道：“这是气氛描写，就这几句，下面就是正题了。”叶圣陶又耐心听下去。等念完，叶圣陶笑眯眯地对记者说：“我只能给你打70分。”又说：“要是你把开头的空话去掉，我可以给你加分，加到80分。”等稿子见报时，记者发现稿子被编辑压缩了，那段话已被完全删去。此时记者有些后悔，当时没有听叶圣陶的意见，把那段自认为锦上添花的文字删掉。①

（4）删去多余的解释。有些来稿生怕读者看不懂，对所叙述的事实喜欢进行解释。对于一些读者不知道的事进行解释当然是必要的，但是对于一些尽人皆知的事去进行解释，就是多余的了，必须删去。比如，一篇记述大豆之乡决心发挥优势，多种大豆的报道，其中对大豆的作用作了这样的解释：“大豆营养丰富，用途广泛。对人民生活，工业生产和外贸都是宝。”这就不必要，因为大豆是广大群众所熟悉的，这段解释也并没有超出一般人所了解的范围。

（三）学会删字、删句、删段、删意

如果以删节的数量来划分，删节可分为删字、删句、删段、删意四种。有的文字所以要删节，是由于文字不简洁，重复，啰嗦；有的则是由于内容芜杂，写了许多不需要写的东西；当然也有的是由于版面容纳不下，不得不进行删节。

对于文字不简洁引起的冗长，一般可采取删字、删句的方法。比如，“过去的往事”“目前的现状”“凯旋归来”“悬殊很大”“在背上背着”“胜利地战胜了灾荒”“不必要的浪费”“有益的贡献”“活着的幸存者”“意外的车祸”，以及“而且还”“目的是为了”“涉及到”“全部都”“诉诸于”等等，词义重复，都需要删字。可分别改成：“往事”“现状”“凯旋”“悬殊”“背着”“战胜了灾荒”“浪费”“贡献”“幸存者”“车祸”“而且（或：还）”“目的是（或：为了）”“涉及”“全部（或：都）”“诉诸”。这样删节，字去而意留，文字更简洁了。

对于那些由于内容芜杂而造成冗长的稿子，光靠删字甚至删句都不一定能达到简洁的目的。这就必须同时删段、删意。删段就是删去整段文字。前面所举的《204个昼夜》一稿，删节整个第二段就是。删意就是精练全篇的中心思想，前

---

① 参见王锦鹄：《陈言务去与惜墨如金——从叶圣陶改稿和编辑删稿说起》，载《人民日报》社编：《编采业务》，389期。

面所讲的突出主题和摘录精华都属于删意。

对于一些文字上并无毛病，只是篇幅太长，需要作相对性修改的稿子，往往也要侧重采用删段、删意的方法。比如，要将新华社发的近千字的新闻，压缩成一二百字，只是删字、删句，而不从删段、删意上入手，是不可能的。

当然，不能把删字、删句、删段、删意截然分开。它们之间既有区别又有联系。删字、删句、删段，从某一方面看，也是删意；而删意最后也要通过删字、删句、删段来实现。但它们在删节的量上是不完全相同的。编辑就是要根据稿件的具体情况，灵活地运用各种删节方法。

（四）掌握删节量

压缩稿件并无固定的模式。对一篇稿件的删节量是可以有弹性的。删节量的多少虽然受新闻内容的制约，但也受报纸特点、版面容量等的制约，因而对一篇新闻稿可以作不同量的删节。长稿的压缩空间相对比较大，删节就更具有弹性。一篇800字的新闻稿，可以压缩到500字、300字，甚至可以压缩成一句话新闻。

试以下面的新闻为例：

黄河水流入天津

新华社天津10月21日电（记者王立彬）缓缓流动的黄河水，沿着引黄济津输水线路跋涉千里，终于在今天14时到达九宣闸，进入天津境内。引黄济津应急调水初战告捷。

记者看到，位于天津市静海县境内的九宣闸附近，今天一大早就汇集了来自远远近近十里八乡的300多名群众，当引黄水头从河北省青县境内遥遥出现时，等了大半天的群众发出欢呼之声。水流到达闸门时，群众一时雀跃。

此次引黄济津，从源头黄河位山闸10月13日15时开闸引水，至九宣闸共历时7天23小时。据介绍，这次引黄济津的通水时间比预计的要短，主要原因一是沿线广大干部群众发扬团结协作精神，舍小家，顾大局，自觉护水保水；二是输水管理到位，沿线巡查人员昼夜值守，确保输水安全；三是近期引黄沿线地区降雨增加了河道、渠道基流。

天津市市长李盛霖说，天津市今天下午将召开全市节水大会，再次部署引黄济津保水护水工作。要求全市密切配合，团结协作，管好、用好来之不易的黄河水，减少水量损失，确保水质不受污染、大力推进节水工作，以实际行动感谢党中央、国务院的关怀，感谢河北、山东两省及引黄济津沿线的广大干部群众。

为解决天津市的用水危机，今年9月10日国务院决定实施引黄济津应急调水，本次引黄济津线路全长580公里。鲁、冀、津三省市于10月10日前完成了输水线路前期各项工程建设，提前两天从黄河引水，引水源头黄河位山闸流量100立方米每秒。此次引水预计到2001年2月底结束，引黄河水总量约10亿立方米，进入天津九宣闸水量约4亿立方米，同时还为河北省沧州市补水0.7亿立方米。

（《人民日报》2000—10—12）

这篇稿件可以全文发表，也可以进行压缩，并可以根据需要，采用不同的删节量。下面是对这篇稿件采取不同删节量的几种压缩方法。

第一，只保留最有新闻价值的信息，而删节其他。这篇新闻的导语所写的事实最具有新闻价值，且比较完整，能够相对独立，因此，只需保留导语，而删节其他多段。

第二，保留导语以及最后一段的最后一句："此次引水预计到2001年2月底结束，引黄河水总量约10亿立方米，进入天津水量约4亿立方米，同时还为河北省沧州市补水0.7亿立方米。"其余全部删除。这样改，既保留了最重要的新闻信息——"引黄济津"成功，而且具体写了水量，对"引黄济津"作了具体补充。

第三，保留第二种压缩方法所保留的内容，再加上第三段的第一句：

缓缓流动……初战告捷。（原稿导语）

此次引黄济津……7天23小时。（原稿第三段第一句）

引水预计……0.7亿立方米（原稿最后一段的最后一句）

这种改法，比第二种改法又多了一个内容：水流全程所需时间，意在进一步丰富读者对"引黄济津"工程的了解。

第四，在第三种改法基础上，再增加原稿第二段内容：

缓缓流动……初战告捷。（原稿导语）

记者看到……一时雀跃。（原稿第二段）

此次引黄济津……7天23小时。（原稿第三段第一句）

引水预计……0.7亿立方米。（原稿最后一段的最后一句）

这样改，比第三种改法又多保留了一段现场描写。这样改与第三种改法相比，好处在于，新闻有现场感，比较生动，且能反映出群众的欢快情绪。当然不可避免地有相对弱点，即文字更长了。

第五，在第四种改法基础上，再增加原稿第四段内容：

缓缓流动……初战告捷。（原稿导语）

记者看到……一时雀跃。(原稿第二段)

此次引黄济津……7天23小时。(原稿第三段第一句)

天津市市长……广大干部群众。(原稿第四段)

此次引水预计……0.7亿立方米。(原稿最后一段的最后一句)

这种改法比第四种改法不同的是，保留了天津市市长的讲话。讲话说了天津市将如何用水管水，并表示了对中央和有关省市的感激之情。天津是引黄济津的受益者，黄河之水来之不易，因此新闻写上天津市市长上述那段谈话内容也很有意义。当然，它已是引黄济津这件事的延伸，所以前几种修改方法只能将它“割爱”。

以上对《黄河水流入天津》一稿的几种压缩方法，只是举例性质，未必能概括全部。但不论采用哪一种压缩方法，不论删节量多少，都必须保留新闻的相对完整性，即具有必要的新闻要素，消息来源也应有必要的交代。因已作了删节，原电头可改为“据新华社天津10月21日电”，或在文尾注明“据新华社电”。

四、增补

增补即补充原稿需要交代而又遗缺的内容。编辑对原稿进行增补的内容主要有以下三种。

(一)资料

即介绍有关新闻中的人物、事件、地点的历史、背景和知识。在新闻中介绍必要的资料，有助于读者更好地理解内容。记者在采访过程中，由于图书资料缺乏，时间又紧迫，往往难于寻觅到必要的资料，而编辑是在编辑部工作，获得这方面的资料就比较容易，因而编辑作这种增补就是经常的。关于资料，第六章“新闻稿的配置”中将作较详细的论述，可以参阅，这里从略。

(二)回叙

回叙是连续报道中对已发表的报道的简要复述。报纸对一个在不断发展中的重要事物往往要进行连续报道。连续报道中的每一篇报道，主要是反映事物的最新发展，但对已经报道过的重要内容有必要作简要的交代，以便读者承上启下，对事物的整个发展过程和基本面貌有比较全面、清晰的了解。不要以为已经报道过的事情，读者必然完全清楚。读者完全可能只是看到今天的报道，而未看过昨天的报道；即使看过，也可能已经忘却。更不要以为读者应该自己去查阅过去的报道，看报时间有限，大多数读者未必有这种可能。

试看这条新闻：

中国囊括波兰乒乓球公开赛四块金牌

本报华沙11月19日电（记者李增伟）第28届波兰国际乒乓球公开赛今天在此间结束，中国乒乓球队一举夺得男女单打和男女双打4个比赛项目的冠军，从而囊括这次比赛的全部金牌。

在今天首先进行的男子单打决赛中，我国选手刘国正以21∶10、21∶13和21∶18直落3局，轻取克罗地亚选手普里莫拉茨，获得男单金牌。

女子单打的决赛在我国选手张怡宁和罗马尼亚选手博罗斯之间进行，这场比赛最为扣人心弦。张怡宁先以11∶21输掉一局，但她在场上中国观众的助威声中，顽强地以两个22∶20和一个21∶6连扳3局，最终战胜对手。其中，在两局22∶20的比赛中，张怡宁分别是在17∶20和16∶20落后的情况下反败为胜的，显示出极强的心理素质。

男女双打决赛基本上没有悬念。马琳和刘国正以21∶13和21∶18轻松战胜奥地利的施拉格和金德拉克；张怡宁和张莹也以21∶12和21∶13的比分连胜两局，击败罗马尼亚的斯特夫和巴德斯库。

第28届波兰乒乓球公开赛是从本月16日开始的，不设混双比赛项目。共有33个国家和地区的214名选手参加了此次比赛，其中包括瓦尔德内尔、萨姆索诺夫、金泽洙和塞弗等著名乒乓球选手，只是他们都在比赛中先后被淘汰，因而与最后的决赛无缘。

（《人民日报》2000—11—21）

第28届波兰国际乒乓球赛共进行了4天，最后一天决出了4块金牌，上面这篇新闻前4段主要写了这件事。最后一段是回叙，它说明比赛是哪一天开始的，有多少选手参加，其中有哪些著名选手，他们比赛的成绩如何，这些内容在前几天有关比赛的新闻中已有所报道，在这篇新闻中简要地加以回顾，就可以使读者对整个比赛有更清楚的了解。并且免除读者的迷惑：怎么决赛中未见国外的著名乒乓球选手？

（三）新闻事实

其中主要又有两种，一种是必要的新闻要素，如人名、地名、时间等等。缺少必要的新闻要素，新闻就是残缺的，必须进行增补。另一种是读者阅读新闻时可能提出的问题。此种问题是由新闻所引发的，而又未予回答，是新闻的“漏洞”，也应尽可能增补。比如，一篇新闻说，几个歹徒拒捕逃到山里，警方向山上开炮，迫使歹徒束手就擒。读者看了这篇新闻后，难免会提出这样的问题：为什么要开炮？开炮有没有伤及附近群众？新闻对此未作交代。新闻存在此种“漏洞”，就可能使读者迷惑，削弱传播效果。再如，外国一大城市发生大的灾祸，这个城市中又有中国的留学生或驻外使领馆，新闻中仅提到有很多人伤亡，而未提及中国留学生和我国驻当地使领馆人员的情况，也难免使我国有关人员的亲友和读者惦念。也应尽可能增补此方面的信息，如果情况尚不清楚，不可能作具体交代，写明伤亡人员中有无我国留学人员和驻当地使领馆人员尚不清楚亦可，因为这总比似乎无人重视此事，缺乏应有的人文关怀精神要好。

上述第一、二种增补的内容：资料和回叙，都是在编辑部内通过查找有关工具书和已发表的报道就能获得的，因此，此种增补比较方便，可由编辑直接完成。而第三种材料是不可能在编辑部内通过查找现有资料获得，必须通过采访才能得到。因此，此种增补需要编辑提出要求，由记者或作者去补充采访或补写。当然，对于某些不很复杂的事实，也可由编辑通过电话采访获得相关信息。

五、改写

编辑部收到的来稿，往往有这种情况：材料很有意思，但写得不好，或者不符合报道要求。这就需要对原稿进行改写。

我国推行社会主义市场经济后，企业之间的竞争大大加剧，对外树立自己的形象，宣扬自己产品品牌，成为竞争的重要手段。报社经常可以收到大量来自这些单位的宣传部门、公关部门的各种稿件。这些稿件因为大都是立足本单位来写的，虽然有些内容可以选用，但通常都要经过改写才能发表。西方报纸通常把这种来稿称之为“施舍品”。意思是报纸要重视自己记者的采写，不能依赖“施舍”。即使要采用这种稿件，也要进行必要的改写。

改写主要有以下几种。

（一）改写导语

导语在新闻中占有特殊重要地位。好的导语能以简短的文字告知读者新闻中最精彩的内容，并吸引读者阅读新闻全文；而平庸的导语则会赶跑读者，葬送整个新闻。改写导语就是要尽量突显新闻中最新、最重要、最引人的内容，而把相对来说已经陈旧的、次要的、一般性的内容删除或“隐匿”起来。导语要求简洁、生动，过长的、呆板的导语也要删繁就简，进行必要的润色。

（二）改变角度

写作有个角度问题。“横看成岭侧成峰”，同一件事，写的角度不同，突出的重点就不一样，说明的问题也不完全相同。

有的来稿材料很丰富，很动人，只是写作的角度选择得不好，影响了主题的思想意义，或者不适合报纸的需要。这种情况就需要改变角度。改变角度没有固定的公式，因内容和报道要求而定。常见的角度改变有：从领导角度改为群众角度，从介绍经验角度改为报道成果角度，从正面报道角度改为侧面报道角度等。

（三）改变结构

写文章要讲究结构，一要有条理，二要有波澜。有些来稿的毛病就在于结构紊乱，使人不易看清头绪，或者是平铺直叙，过于呆板。遇到这两种情况也需要改写，使之既有条理，又有波澜。有条理，就是要使稿件各部分之间紧密联系起来，或按时间顺序写，或按事情的发展过程来写，或按事物之间的因果关系来写。内容上的这种联系，还要通过一定的文字表达出来，使之相互照应，过渡自然。有波澜，就是要有所起伏，“文似看山不喜平”，一览无余，总觉单调。要有波澜，从内容上讲，就是要有冲突，一波未平，一波又起；有辩证法，正面讲了讲反面。从结构上来说，就是顺叙，倒叙，穿插适当安排。

要注意新闻结构的特殊要求。新闻要求高潮在前，有的甚至要采取倒金字塔式的结构方式，把最重要的放在前面作为导语，接着再展开背景，把次要的内容放在最后面。把通讯或其他体裁改写成消息，都必须改变结构，使之符合消息的特定要求。

（四）改变体裁

一定的体裁适应于一定的内容，并表现为一定的功能。有时为了突现原稿中的某一特定内容，并使其具有相应的功能，往往要求改变原稿的体裁。比如，通讯往往以写人、写场景为主。如果一篇通讯此方面内容并无特色，而其中所讲的某一件事或几件事很有新闻价值，就可以将通讯改为消息。改变体裁都是由信息容量较大的体裁改为信息容量较小的体裁。因为这样，改写才有可能。比如，从通讯、调查报告、经验总结、文章改为消息，从消息改为简讯、花絮等。

编辑对原稿的改写，无论是改写导语、改变角度、结构，还是改变体裁，一个共同的出发点就是充分发挥原稿的潜能。原稿的潜能有两个特点：一是原稿中存在着具有新闻价值和精彩的内容；一是这些新闻价值和精彩内容却是被掩盖着的，尚未得到充分的表现。所以未被充分表现，主要是因为作者本人并未充分意识到其价值和精彩，或是虽意识到了，但由于表现欠佳，以致这些内容未能充分展现出来。因此，编辑改写主要也是从两方面入手：一是发现稿件中具有新闻价值的和精彩的内容，一是将这些内容以适当的方式凸现出来，使之成为稿件的主体或亮点。

有一篇新闻稿，写一个调查组去少数民族地区搜集少数民族文学资料。原稿重点写了调查组的工作过程和调查的各种方法，其中也谈到了工作的成果，是从工作角度写的。从工作角度写并非绝对不可以，问题是新闻所写的工作过程和调查方法都比较一般，并无鲜明的特色；相反，搜集到的少数民族文学资料很有价值，这正是读者感兴趣的。但这一点，新闻只是作为工作成果顺便提到，处于从属的地位。因此，修改这篇稿子就需要从改变角度入手。要着重写搜集到哪些珍贵的少数民族文学资料，而把工作过程、调查方法作为简短的补充介绍。这种改写就不仅是一种文字修饰，而首先是一种价值判断和发现过程。

报社经常会收到大量有关会议以及总结经验性质的稿件，这些稿件不仅篇幅比较长，且往往是按事情的进展程序以及全面的情况来写，其中虽不乏具有新闻价值并很精彩的内容，可惜往往被淹没了、掩盖了。编辑改写这些稿子就需要突破事情的进程的局限和求全求大的思路，按新闻的要求重新改写。

下面是一篇路透社对我国所发的一条消息的改写，可供我们参考。

原稿：

中华人民共和国邮电部7日召开座谈会，畅谈对人大常委会《告台湾人民书》的感想，积极建议与台湾邮电部门尽快进行通邮通电的商谈。

邮电部长王子纲在座谈会上首先讲话，他说："大陆与台湾之间的通信联系已经人为地中断30年了，这种状况应当改变，使大陆人民与台湾人民之间互通信息，互相往来，增强了解，消除隔阂。为此我们邮电部门积极建议与台湾洽谈通邮通电的具体办法，并将为通邮通电提供一切方便。我们衷心希望台湾当局也能出于诚意，早日实现通邮通电，为完成祖国统一大业贡献力量。"

（以下还写了几个人的讲话，约400字）

改写稿：

据新华社今天报道，北京已建议与台湾就恢复台湾与大陆之间的邮电业务问题进行商谈。

这项建议是邮电部长王子纲先生提出来的。他说大陆与台湾之间的通讯联系已经中断30年了。

王先生说："这种情况应当改变，使大陆人民与台湾人民之间互通信息，互相往来，消除隔阂。"

他补充说："我们随时准备与台湾邮电部门洽谈大陆、台湾通邮通电的具体办法，并且为通邮通电提供一切方便。"

王先生的建议是在中国民航总局提出与台湾通航之后提出来的。在北京赢得了华盛顿的承认之后，中国还采取了旨在与台湾联系的其他行动。

以前的建议都为台湾所拒绝。

原稿主要是按会议的进程来写的，而改写稿则突破了会议的进程，侧重写会议所透露的重要内容。角度的这种改变，使邮电部长建议大陆与台湾之间通邮通电这一最具有新闻价值的内容凸现了出来。改写稿最后两段文字还简要介绍了提出这个建议的背景，并删除了相对说来不太重要的其他几个人的发言。这种增补和删节无疑也使新闻的上述主要内容显得更为突出和饱满，并使新闻更适合外国读者的阅读习惯。

编辑改写要凸现原稿中最具有新闻价值和最精彩的内容，但是，其判断标准是不能离开读者的。不同的读者对稿件中何种内容具有新闻价值并比较精彩会有不同的判断。因此，编辑改写时必须依据报纸所面对的主要读者群来进行判断。从这个角度看，编辑发掘和表现原稿潜能的过程，也就是使原稿个性化的过程。

试以下面的新闻为例。

> 在天津郊区付村举行的第二届全国大行政区射击赛的第一天传出捷报。
>
> 在18日进行的男子自选手枪慢射比赛中，代表中南区的25岁河南选手李金豹以674环的优异成绩，超过了著名射手许海峰在亚运会上创造的660环的世界纪录。在女子小口径运动手枪比赛中，八一队19岁年轻选手冯岚以692环的成绩超过了苏联选手多勃兰切娃1986年创造的689环的世界纪录。
>
> 来自北京、上海、河北、山西、辽宁等23个省市自治区及行业体协的157名运动员代表全国6个行政区参加男、女共11个项目的比赛。他们当中，有运动健将100名，并有多名超过世界纪录的优秀射手。
>
> 昨天还进行了另4项比赛。在男子步枪卧射比赛中，中南区的孙健林以693环获第一名，华北一队的李新、华北二队的王旭生和中南区的李金豹分获女子步枪60发卧射、男子自选手枪速射和男子气手枪各项冠军。

这条新闻的导语写得比较概括。各报改写时就可以针对各自读者群的需要和兴趣作不同的改写。比如，河南和中南区的报纸可以考虑在导语中突出李金豹破世界纪录；解放军系统报纸则可以突出另一重要事实：冯岚破世界纪录；而许海峰家乡安徽省的报纸又可以将许海峰所保持的世界纪录被打破作为导语的主要内容。这种不同的改写，都是为了同一个目的：使新闻能更切合读者的需要，吸引读者来阅读新闻全文。

六、分篇

分篇是把一篇稿件经过必要的改写分成几篇稿件发表。编辑部有时会收到这样的稿件，稿件的内容很重要，但方面比较多，篇幅比较长。全文照登，因为主题不突出，且又是大块文章，很可能不能吸引读者的注意。即使引起读者的注意，也未必都有时间去读它。在这种情况下，编辑就可以采用分篇的办法来解决。一篇稿件只谈一件事，重点突出，篇幅短小，可避免上述缺点。

1996 年 3 月 22 日，《人民日报》刊载的水利部长纽茂生的文章《中国的水》（见图 4—1），就是采取分篇的编辑方法发表的。这篇文章很长，占了将近一个版，编辑将它化整为零，分成《盼水》、《忧水》、《怕水》、《节水》、《调水》、《治

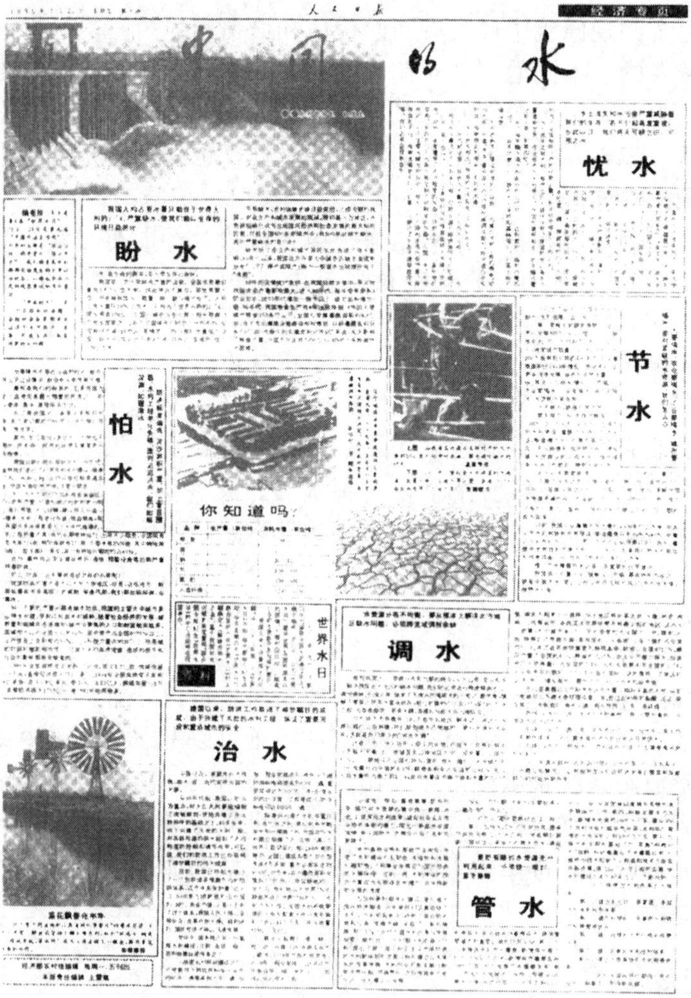
人民日报
经济专页
中国的水
忧水
盼水
节水
怕水
你知道吗
世界水日
调水
治水
管水

图 4—1　1996 年 3 月 22 日《人民日报》

水》和《管水》7 篇短文，再配以图表、资料，整篇文章就显得活泼起来，避免了黑压压的一大片文字可能给读者造成的沉重的心理压力。同时读者阅读起来也

更方便了。读者如果没有时间通读全文，可以根据每篇短文的标题有选择地阅读。就版面来说，也因有了变化，而变得生动了。

七、综合

综合就是把几篇稿件合成一篇统一的稿件。这和分篇正好是反过来。编辑部收到的稿件，有的往往是同一主题的，只是反映的地区、方面不一样。比如，都是讲春耕，但消息来自不同的省份，如有必要可以对它们进行综合。好处是，由于报道面比较广，有利于反映形势，突出经验，且又可省去某些重复。有时同一件事情的连续报道，因篇幅关系不能逐一报道，也可采用综合的方式。正反对照的稿件也可以进行综合，写成对比的综合报道，使矛盾暴露得更加清楚，更引起人们的注意，从而能更有利于矛盾的解决。

要综合，首先要进行分析，分析是综合的第一步。对于要综合的稿件，编辑必须先透彻了解它们的内容，包括主题、具体观点、材料各个方面。然后将每篇稿件的内容分解成几个部分，并弄清各个部分所说明的问题以及在全篇中的地位。恩格斯说："没有分析就没有综合"①，这句话完全适用于编写综合稿。经过对各篇稿件内容的这种分析，编辑就可以从中发掘共同的、本质的东西，从而形成一个统一的主题，这是综合的第二步。这个主题可以是和几篇原稿的主题一样，即重复原稿的主题；有时也可以不一样，即根据几篇稿件所提供的材料，从中提炼出新的主题。所以综合也不是简单的加减，而是一种再创作。综合的第三步，就是在一个主题下，把各篇稿件的内容重新组织起来。这种重新组织，也不是把各篇稿件所写的内容简单罗列，而是根据主题的需要来加以选用，有取有舍，有详有略。

综合最忌随意性，概念加例子就是这种随意性的突出表现。这种概念不是分析稿件的内容得出的科学结论，而是根据主观需要或个别事实得出的片面性结论。根据这种片面性结论，再去摘引个别事实，这是一种最有欺骗性的假报道。

这种随意的综合，就是把想象中的统一性代替客观存在的真正统一性。恩格斯曾讽刺这种随意的综合是"把鞋刷子综合在哺乳动物的统一体中"②。鞋刷和哺乳动物都有毛，但据此把它们列为同类显然是错误的。两个工厂的第二季度生产都比第一季度有较大幅度的提高，但是，两个工厂的第一季度生产情况并不一样。一个是超额完成计划的，而另一个并未完成。把分别写这两个工厂的第二季

---

①② 《马克思恩格斯选集》，中文2版，第3卷，381页，北京，人民出版社，1995。

度生产的报道综合成一篇报道，说两个工厂都实现了第二季度超第一季度，而不提第一季度生产的不同情况，这也是犯了把鞋刷子综合在哺乳动物的统一体中相类似的错误。

第四节　修改的方式和程序

编辑修改一篇稿件，面临着不同的方式和程序的选择。只有选择恰当的方式和程序，才能有助于确保修改稿件的质量，并有利于整个报纸的及时出版。

一、修改的方式

文章是客观实际的反映。既然是反映，其中就存在一个认识是否符合客观实际的问题。即使文章的作者是所反映的实际的直接参加者，也可能由于对实际的全局了解不够和主观认识水平的局限，使文章对实际的反映不很恰当。而就许多文章来说，作者并非是客观实际的直接参加者，以后也没有进行深入的调查，反映就更可能不完全恰当。编辑修改稿件的一个重要任务，就在于使这种认识做到恰当，使之能正确反映客观事物的本来面貌。但是也应该看到，当编辑动手对稿件进行修改的时候，同时已伏下了另一种危险，因为编辑不仅与客观事物的直接参加者是脱离的，与客观实际的反映者也是脱离的，这就可能导致产生新的错误。因此，编辑修改稿件是存在两种可能性的：一种可能性是消除原稿的错误，把稿件修改好了；另一种可能性是在修改中产生错误，把稿件的全部或局部改坏了。编辑修改稿件时，要清醒估计到这两种可能性，尽力争取前一种可能性，避免后一种可能性。

为了做到这一点，编辑修改稿件可以分别情况采用以下几种方式：

第一种方式：编辑修改稿件时，不只是面对稿子，而是直接深入到稿件所反映的客观实际中去，进行调查研究，掌握第一手材料，增加对实际的感受，并和作者一起对原稿进行修改，使查、写、改三者结合起来。这是一种最好的方法，它可以克服上述的那些缺点。对于一些要作比较大的修改、牵涉的问题又比较复杂的重要稿件，可以采用这种方法来进行修改。但是，采用这种方法无疑要花很多时间，一般稿件都这样做是不可能的。

第二种方式：编辑对原稿提出修改意见，由作者斟酌后自己动手修改。这样可使修改者和作者结合，既达到修改的目的，又可避免因二者脱节而产生的错误。要注意的是，编辑提出的修改意见，应该比较具体。过于笼统，作者无法了解编辑的意图,修改就难以进行;此外,意见应该只是一种建议,要使人感到是可以讨论的,而不是非这样改不可。前面说过,编辑与实践者、作者是脱离的,存在着距离的,加上编辑也存在认识上的局限,因此编辑对稿件所提的意见,未必都是恰当的。多听取作者的意见,有助于缩小这种距离,使编辑在讨论中了解到更多的实际情况,或者发现新的报道线索;同时也可以防止另一种弊病的出现,即少数作者不顾事实,只根据编辑的意图来做文章。此外,所以要这样做,还有一个原因就是尊重作者。居高临下的命令式口气,应该如何,必须怎样,都可能使作者产生不愉快的感情,不利于团结作者,不利于全党办报、群众办报的方针的贯彻。

对于一些时间不很紧迫,又需要作较大修改的稿件,往往可以采用这种修改方式。即使时间紧迫的稿件,有时也可以通过电话等方式与作者取得联系,进行必要的讨论,然后对稿件进行修改。

第三种方式:就是直接由编辑动手修改。这种修改比较迅速,能够符合报纸报道及时的要求。此外,有些来稿只需作文字上某些改动就可以利用,这种情况无须再去麻烦作者,而可以由编辑负责修改。因此,编辑修改稿件,采用这种方式是最经常的。但是采用这种方式,也必须注意避免由于改和写的矛盾而带来的毛病。唯一的办法就是对原稿多看几篇,对原稿有透彻了解后,再动手进行修改。鲁迅说:"写完后至少看两遍,竭力将可有可无的字、句、段删去,毫不可惜。"[①]鲁迅说的是修改自己的文章。自己的文章是经过反复酝酿的,尚且要"至少看两遍",修改别人的文章,自然更应该多看几遍。多看几遍才可能缩小改和写之间存在的矛盾,避免主观主义的错误;也只有多看几遍,才能真正找到原稿的毛病,从而有可能去消除这些毛病。

以上三种方式并不是截然分开的。即使是编辑亲自参加调查,或者是由作者自己修改,最后编辑仍需进行必要的修改和润饰。因此,改和写的矛盾是始终存在的,只有正视这种矛盾,采取认真负责的态度,才能防止这种矛盾可能带来的弊病。

二、修改的程序

编辑修改一篇稿件要经过三个步骤:

第一步,通读全文。目的在于认识原稿。这种认识包括两个方面:一是把握稿件的主题、材料、结构、语言各方面的情况;二是发现稿件存在的问题,并设想解决这些问题的方法。这种认识是修改稿件的基础。认识越清楚,下一步修改

① 《鲁迅全集》,第4卷,364页,北京,人民文学出版社,1981。

就越顺利，质量也越有保证。不能急于求成，在未通读全文的情况下，就边看边改。这样，只见树木，不见森林，往往容易改得不得要领，甚至歪曲原意。对于一些内容比较复杂的长稿，即使通读一遍也未必能认识，需要多通读几遍。宁可先多花一些时间，而不要匆匆动手，免得以后返工，更费时间。

第二步，着手修改。就是把第一步所设想的修改方法付诸实施。但第一步的设想只能是一个大致的轮廓，不可能一一都想得很具体，因此，在着手修改时，需要进行更为细致的思考，做到字斟句酌。

修改要用不同于原稿字迹颜色的墨水，如果颜色相同，则用笔要不一样。如原稿是用钢笔写的，修改则要用毛笔。一般编辑和部组负责人的修改所用的笔或墨水也要有所区分，以便以后查对。

在原稿上修改，改正的字可写在行间或四周的空白处。假如原稿改动很大，或几经修改，原稿已改得比较乱，不易辨认，需要重抄。校正小样，要采用标准校对符号①。符号要用引线勾画到四周较近的空白处，引线不宜交叉或重叠。

第三步，检查性阅读。稿件修改完毕，必须从头至尾阅读一遍，重要的稿件还要多看两遍，检查修改是否恰当，修改后的稿件是否已经符合准确、鲜明、生动的要求。

整个修改过程，需要对原稿和修改后的文字进行反复阅读，通过反复阅读来发现问题。阅读一般可以采用两种不同的方式：一种是略读。即着重注意内容，对某些细节，如用词不当、错别字、漏字、标点符号的运用等暂不去推敲；另一种是点读，即逐字逐句地去进行阅读，不仅注意内容，而且不放过任何细节。这两种阅读方式各有长短。略读的长处是可以把注意力集中到主要问题上，能够比较快地掌握全局的中心思想和主要内容；短处是难以发现细节错误。点读的好处是能够发现细微的错误，比如，“中华人民和共国的首都是北京”，人们因受习惯支配，容易造成错觉，在一看到“中华人民”以后，往往会联想到“中华人民共和国”，因此略读容易忽略其中的颠倒；而点读，就能发现其中的错误。当然，点读也有缺点，即对细节注意很多，因而有时对全局的印象反而被冲淡了；另外，速度也比较慢。修改过程中的阅读，应该根据需要灵活地采用这两种阅读方式，把它们很好地结合起来。在开始通读原稿时，可以采用略读的方式；在作最后一遍的检查性阅读时，可以采用点读的方式；而在着手修改时，既要有略读，也要有点读。这样就可以发挥两种阅读方式的长处，提高修改的效率和效果。

---

① 见本书附录：《中华人民共和国专业标准校对符号及其用法》。

应该指出，有时一篇稿件的修改，不是靠通读全文——着手修改——检查性阅读这样一个过程就能完成的，而是要几次反复才能完成。直到排出小样，这种修改往往还不能停止。当然，编辑应该尽量在修改原稿上多下功夫，力争少改动小样。小样改动太多，不仅会增加排字工人的工作量，而且可能延误出报时间。

第五节　修改稿件要注意的问题

修改稿件除了要掌握正确的原则并运用恰当的方式、方法和程序，从事实、思想、辞章几方面对原稿进行推敲、修改之外，还要注意以下几个问题。

一、防止在修改过程中产生差错

如果我们检查一下已经见报的差错，就可以发现这些差错是由三种原因造成的：第一种是，原稿中本已存在差错，编辑修改时没有发现，这种差错我们可以称它为原生差错。第二种是，原稿并不错，由于编辑修改不当或排印错误造成的差错；第三种是，原稿有差错，编辑修改时改得又不正确，以错改错。后两种差错，都是在编印过程中产生的差错，我们可以称它为后生差错。编辑修改稿件的责任，就在于消除稿件中的原生差错，防止后生差错。

从编辑方面看，后生差错的产生主要是以下几种原因：

1. 主观随意性

编辑修改稿件，当然是要把稿件修改好。但所谓好，首要的标准就是对客观实际的反映恰当。因此，修改稿件的过程，应该是稿件的反映和客观实际逐渐统一的过程；而不应该反过来是分离的过程。但是有时编辑在修改稿件的过程中，往往容易把文章字面上的效果当成好的标准，为此不惜违背客观事物的本来面貌。最常见的有两种情况：一种是片面追求生动，添枝加叶，“合理想象”。比如，处理一篇飞机喷洒农药的报道，编辑为了追求生动，要对飞机加以形容，就在“飞机”前加了“银灰色”三字。虽然一般飞机是银灰色的，这架喷农药的飞机却是草绿色的。另一种是，为了拔高思想任意渲染。如一篇报道，说一个生产队长和医生下井救人，英勇牺牲。原稿只是说一个人紧靠在一个人身上，冻僵在井里。编辑想突出人物的崇高精神，就主观改为一个人死后仍“站在水里”不倒，医生还骑在他的肩上。当然，这种用虚构情节突出人物的做法并不是很多的。比较多的做法是，为了突出人物，就让人物讲编辑自己想讲的话。例如，原稿写一个人做出了工作成绩，编辑就加上人们问他为什么能做出这样的成绩，他回答说如何如何。这个如何如何完全因时而异，当时需要突出什么思想就说什么。恩格斯在批判唯心主义先验论时说过，在先验论看来，“不是概念应当和对象相适应，而是对象应当和概念相适应了”①。上述的两种做法，不正是让稿件所反映的对象去适应自己头脑中的概念吗？这是唯心主义先验论在编辑工作中的一种表现，是不真实的重要温床，必须坚决克服。编辑修改稿件要实事求是，尊重客观实际。

2. 缺乏知识

编辑缺乏知识，对稿件所反映的对象不熟悉，修改就必然带有盲目性，差错就很容易产生。例如，一篇报道说烟台香蕉苹果丰收。编辑对水果缺乏知识，以为“香蕉苹果”就是香蕉和苹果，因而想当然地就在“香蕉”和“苹果”之间加了一个顿号。这样就使香蕉苹果这种品种的苹果，变成香蕉和苹果了，而烟台是根本不生产香蕉的。再如，原稿写一个老干部以曹操“烈士暮年，壮心不已”的诗自勉。编辑无知，以为“烈士”就是死去的人，岂可“壮心不已”，提笔改为“壮士暮年，雄心不已”，结果造成错误。当然，编辑要修改各种内容的稿件，对稿件中所写的每一件事都完全懂得是不可能的。不懂可以查阅有关资料，可以向内行的专家请教。这样，不懂就可以转化为懂，无知识就可以转化为有知识，也就不会发生改错的情况了。

3. 粗心大意

修改稿件中的差错，往往是粗心大意的产物。这种粗心大意的表现虽然很多，但主要有以下几种：

第一，没有看清楚原稿，就想当然进行修改。例如，一篇报道写渔民为了迎接渔汛的到来，赶结了31盘网。编辑误将“31”看成“引”字，结果31盘网就变成了引盘网，致使一些渔民以为这是一种新式捕鱼工具。此外，如把“士兵团”错成“七兵团”，把“几个国家”错成“九个国家”，等等。应该指出，来稿字迹潦草的情况是常有的，遇到这种情况，编辑必须细心辨认。以下这些字都是很容易看错的，要特别注意。如：日——月，左——右，王——五，私——和，士——土，设——没，戍——戌，赝——膺，光——先，毫——亳，管——菅，泪——汩，处——外，受——爱，拨——拔，因——困，德——法等等。其他，如标点符号中的间隔号与逗号、顿号也容易混淆，要多加注意；乔治·华盛顿是一个人，如间隔号错成顿号或逗号，读者就会误会为两个人了。

---

① 《马克思恩格斯选集》，2版，第3卷，437页，北京，人民出版社，1995。

第二，对原文不求甚解，任意勾画，以致造成差错。修改稿件，必须对原文有全面了解后才能进行修改。修改稿件的每一局部也都要照应全局，特别要注意上下文的连接，使其能做到通顺流畅，浑然一体。如果对原稿的意思不求甚解，看到一点改一点，任意勾抹，就容易产生歪曲原意或语句不通的毛病。例如，一篇报道接连写了几个人的事迹，编辑觉得太多，随手抹去几行，其中一人的名字已被抹去，但所写的一部分事迹依然保留着，这样就形成张冠李戴，把这个人所做的事也算到另一个人的名下了。

第三，不注意写作的时间和见报的时间、地点的关系，因而造成错误。例如，稿件中经常有“今天”“本月”“上月”一类关于时间的代名词，修改时，去掉了原来带有日期的电头，而又没有将文内的日期改为与原电头相适应的日期，结果造成差错。有的原稿是外地寄来的，作者出于习惯，在报告本地情况时都写了“本省”“本市”等地点代词，编辑改稿时没有将它改为相应的地名，结果也会发生张冠李戴的差错。

二、要尊重作者的风格

编辑既要负责修改作者的稿件，同时又要尊重作者的风格。既要有所改，又要有所不改，这是编辑修改稿件的一个难处，也是编辑修改稿件的一种艺术。

风格是每一篇文章所表现出来的特色。这是文章中可宝贵的东西。任意改动文章的风格，不仅是对作者的不尊重，而且会造成报纸的单调。

马克思说：“给检查官指定一种脾气和给作家指定一种风格一样，都是错误的。”[①] 给一个报纸上的所有文章指定一种风格，更是错误的。报纸应该是各种风格媲美争胜的百花园。玫瑰花和紫罗兰可以放出各自的芳香，牡丹和蔷薇可以呈现各自的异彩。只允许一种风格，即使是一种好的风格，等于只允许一花独放一样，难免使人感到单调。

鲁迅修改别人的文章，就很注意这一点。他认为修改文章不能“窜改”作者的文章，否则“便失去了作者的自性”[②]。风格就是一种“自性”。风格如人，不同的人写稿，往往有不同的风格。譬如有的简约，有的繁丰；有的刚健，有的柔婉；有的平淡，有的绚烂；有的谨严，有的疏放；有的以广博的知识征服读者，有的则以深刻的哲理启人心扉。只要这种风格是健康的、优美的，都应该加以保护。当然，编辑也有“自性”，也有自己的风格。编辑如果自己写稿，尽可以发

① 《马克思恩格斯全集》，中文1版，第1卷，8页，北京，人民出版社。

② 《鲁迅全集》，第11卷，400页，北京，人民文学出版社，1981。

挥自己的风格；但是在修改别人的稿子时，就不能以个人的风格去代替作者的风格。编辑要修改稿件，但不能表现“自我”。

一般说来，作家、学者写的文章，改动不会太多，因此，保留风格就比较容易。而有些通讯员来稿，往往需要作较大的改动，就容易忽视保留风格的问题，或者错误地认为不存在保留风格的问题。其实，有些通讯员来稿，虽然写作上还有一些毛病，但往往语言生动、朴实，富有生活气息。这些都是文章中的光彩，不能随意抹去。克鲁普斯卡娅在《列宁是怎样写作学习的》一书中，曾谈到列宁在创办《火星报》时是怎样对待工人来稿的风格和特点的。克鲁普斯卡娅写道，当时工人通讯中有大量的新词汇和新术语，但是往往用得很特别，不正确，搭配不当。这些工人通讯必须加以修改。而列宁很关心这件事。“很注意保存这些通讯的精神、风格和特点，使它们不失掉本来的色彩，过分知识分子化，而保存其本来的面目。”有时经过加工，通讯中最主要的东西往往都被删掉了，通讯失去了工人的面貌。“弗拉基米尔·伊里奇看到这种情形总是很生气，坚持要同工人建立直接联系”。列宁认真对待工人通讯，注意保存它们的风格，这种态度是值得我们每一个编辑认真学习的。

思考与练习题

1. 联系实际简述绝对性修改与相对性修改的异同。
2. 修改一篇稿件，使其符合真实、准确、科学、统一、清楚的要求。
3. 如何发现稿件中的事实差错?
4. 修改一篇稿件，指出其中存在的思想政治上的差错，并改正之。
5. 简论编辑改稿与作者写稿的不同心理。
6. 采用不同的删节量，压缩一篇新闻稿，并说明原因。
7. 简述增补的种类，并尝试为一篇新闻增补“回叙”。
8. 改变一篇稿件的角度，并说明改写原因。

第五章

新闻标题

新闻标题是用以揭示、评价新闻内容的一段最简短的文字，用大于正文的字号刊于正文之前。它通常被用来指代整篇新闻。

新闻标题是在作者撰写新闻过程中拟就的。从这一点来说，它应属于新闻写作的一部分。但从编辑一张报纸来说，修改和制作标题又是编辑的业务之一。这是因为：第一，从载体来说，报纸是众多稿件的有机组合，一篇新闻不可能脱离这个有机整体而单独存在，因此编辑有必要根据整个报纸的需要对原稿的标题进行修改加工或重写。第二，从眼界和见识来说，作者与编辑处在不同的工作环境，接触信息的范围亦有差别，有时编辑比作者更能把握新闻的要义，因此有必要对原题加以修改。第三，从所处的工作流程来说，作者写作在先，编辑加工在后，从作者交稿到公开见报仍有一段间隔时间，若此时形势发生急剧变化，编辑有条件、也有必要对原题所强调的重点和所提示的内容加以调整。

应该说明的是，修改和制作标题成为报纸编辑的业务，并非从报纸诞生那天起就有的。我国早期的报纸并没有新闻标题，它的出现不过有一百多年的历史。

我国报纸在新闻标题出现之前曾有过一种类题——为若干篇同类新闻所加的总题目。这种题目只在编排上起一种分类的作用。真正的新闻标题大约出现于清朝同治末年。戈公振在《中国报学史》一书中写道："自同治末年，以迄光绪中叶……新闻必要者始有题目；琐屑者则各就其地冠以总名。如北京则‘上林春色’‘禁苑秋声’……武昌则‘鹤楼留韵’……广州则‘羊城夕照’”。这里分作两种情况，有些新闻（所谓“琐屑者”），统统冠以“上林春色”一类的“总名”，即使用类题；有些新闻（所谓“必要者”）则不用“总名”而各拟题目。这种题目就是有别于类题的新闻标题。胡道静在《〈上海新报〉的二十年》一文中指出，从1870年3月24日起，《上海新报》在每条新闻上加有简明的标题（如《刘提督战亡》），就是指上述那样的新闻标题。《刘提督战亡》只适用报道刘提督的那篇新闻，它具体揭示了一篇新闻的内容，与“上林春色”涵盖所有同类新闻的类题显然是不同的。

我国报纸早期的新闻标题多是一行题，其中又以四个字的居多。后来，随着新闻事业的发展，传播内容的扩大和深化，四字一题的单一形式已远远不能满足传播的需要，于是两行题或两行以上的多行题相继出现。随着行数的增多，标题的结构也开始复杂起来，除了有主题之外，还采用了引题和副题。其功能也日益增加，除了提示新闻内容而外，还能评价新闻内容，生动地表现新闻内容。新闻标题对版面的美化作用也日益受到重视。具有这样功能的标题在20世纪初日渐多起来，后来发展成我国现代报纸新闻标题的基本形式。20世纪末到进入21世纪，随着报纸同杂志、广播、电视、网络媒体竞争的加剧，标题的功能、写法和样式又有新的变化。与此同时，标题制作艺术也成为编辑钻研的重要课题。

第一节　新闻标题的功能

新闻标题既来自新闻，又对新闻具有多方面的能动作用。标题作得好，犹如画龙点睛，可以使新闻大为增色。有的时候，读者对新闻的具体内容早已记不清了，但是那些脍炙人口的标题仍留在记忆中，甚至成为生活里的座右铭。

新闻标题的功能，具体说有以下几个方面。

一、提示新闻内容

新闻标题能用最精练的文字将新闻中最重要、最引人注目的事实报告给读者，这就是它的提示功能。我国一位早期的新闻学者说，“标题者，新闻之缩影，事实之骨髓”，指的就是提示功能。

面对当今市场的激烈竞争，西方经济理论提出了“注意力经济”的新概念。它认为能够引人注意的信息才是有价值的，否则是无用的。用这种观念来观察传媒，引起注意力的因素越来越显得重要。报纸是传播信息的载体，它所传播的信息是否为读者所注意，同稿件的正文相比，标题更能显示其重要作用。正文是一片文字的海洋，一个版洋洋数千言，如何能引起读者的注意？而标题字数少，字号大，是读者首先看到的东西。不仅如此，标题还是对新闻内容的提示，它是新闻内容最简洁的载体，所谓“标题者，新闻之缩影，事实之骨髓”正是这个意思。一句话，它是一篇新闻的代表，看了标题就可大体知道新闻写的是什么。它犹如一面橱窗，把一篇篇新闻的扼要内容展示在读者面前，读者可以从中选择自己所需要的东西。标题把选择阅读内容的权利交给了读者，这正符合自主意识强烈的现代读者所要求的。相比之下，我国早期的报纸无新闻标题，读者要从第一个字读到最末一个字方能找到他们所需要的东西，读者选择的权利被漠视了。今日的标题所以能做到这样，完全倚仗它的提示功能。

标题对新闻内容的提示，产生于读者阅读新闻正文之前，因此这种提示是一种事先的预告。国外有学者提出，标题是“向未来的读者‘出卖’报纸内容的重要一环”，就是这样一个意思。这里的“出卖”，是指推销、推荐的意思。这里在读者之前加上“未来”二字，就是强调当读者打开报纸尚未确定读哪一部分内容时，标题已经在开始它的“出卖”活动了：向读者作介绍和推荐。这种介绍和推荐，就是对新闻内容的预告。

其实，报纸是非常重视预告工作的。比如分版（新闻版、专刊、副刊）和分栏，用明显的标志显示出来，就是一种预告：告诉读者阅读哪类内容可以到哪个版、哪个专栏去找。但这仅是报纸内容分类的预告，只解决阅读范围问题，只有标题对每篇新闻具体内容的预告，才解决阅读的实质问题：引导读者直接接触稿件本身。当今媒介竞争十分激烈，重视对媒介内容的预告，已成为吸引受众注意力的重要手段。在这种大背景下，报纸标题对新闻内容的预告，更有特殊价值。

预告犹如阅读的向导。向导的水平高低，直接关系到读者是否阅读这篇新闻，关系到报纸传播信息的任务能否顺利完成。

从标题的产生来看，标题源于新闻，新闻有什么内容，标题才能写什么内容。一句话，新闻决定标题。但是从读者的接受来看，标题写得如何，决定读者看还是不看。这时，标题与新闻的关系恰好倒过来了。如果标题未把新闻中的精华提示出来，或者写法枯燥无味、艰涩难懂，读者就不一定阅读这篇新闻。这时，新闻的命运就操在标题手里。比如有一篇关于高考报名工作结束的新闻，有人标出《全国高考报名工作结束》的标题，很多应届高中生及其家长因为已经报了名，不再关心它是否结束，而从事报名工作的人，刚刚结束了此项工作，也不一定要看这篇新闻。其实新闻中提供的当年全国招生人数与报名人数之间的比例是非常有价值信息，为所有应届高中毕业生及其家长以及从事招生工作的人所关心。仅是因为这条标题从行政事务的角度命题，使很多人同这篇新闻失之交臂。读者读报有这样的心态：认为有价值的信息，编辑一定会写进标题之中，如果这条标题很一般，新闻的内容想来也不会精彩。在这里我们不能责备读者，应该检讨的是编辑是否重视标题的提示功能的发挥。

二、评价新闻内容

读者读新闻，主要是从中了解外界正在发生的变动事实。标题对新闻中变动事实的提示，应是标题各项功能中最主要的。但是新闻中的事实往往不止一个，提示哪个，怎样提示，总是与编辑对事实的认识和态度有关，这就涉及标题的另一个功能：评价新闻事实。

所谓评价功能，就是标题在提示事实的同时，进一步揭示新闻的本质，指导读者了解新闻的意义，分辨新闻价值的大小，借此表示编辑的态度和立场。如果说，标题的提示功能着眼于信息的含量，那么标题的评价功能则着眼于导向的价值。

在编辑实践中，标题的提示与评价是密不可分的。要提示，就要对新闻内容作出选择，要选择就要区分主次，而主次的划分取决于编辑的价值观，这种价值观不能不表现在对新闻的评价上面。

2000 年 3 月间，某国际组织人权总干事访华，与国务院副总理钱其琛会谈。这位总干事指责中国人权状况不佳。钱其琛说目前是中国人权状况最好的时期。香港具有不同政治倾向的报纸，作了三种不同的标题。一种是钱其琛会见总干事，一种是钱其琛说……还有一种是总干事说……三种标题都没有用“称赞”“谴责”这类表示明显倾向的词语，只是单纯叙事，但由于对新闻内容的取舍不同，就表明了编辑的态度和看法。人权问题是中西方争论的焦点之一。第一种标题只标出谁会见谁，至于谁说了什么话，只字未提。实际上想回避这个敏感的话题，对争论的双方不愿表态，这种不表态，也是一种态度。第二和第三种标题突出各自不同的事实，实际上表明编辑各自认为值得向读者推荐的内容，是编辑价值观的体现。透过这种评价，表明了编辑各自不同的态度。

标题的评价功能，表现的形态多种多样。上面的例子是通过对新闻事实的选择来体现的。除此而外，还有以下几种。

（一）通过把新闻事实安排到标题中的不同位置进行评价

标题中有主题和辅题的不同陈列位置，其中主题字号最大，位置最为显著。作题时，编辑总是把他认为最重要的事实放在主题位置上，而那些相对次要的事实则被安排到比较次要的辅题位置上。读者从这种安排中可以体会出编辑对新闻内容的评价。

（二）通过叙述新闻事实时所使用的不同词语进行评价

对于同一事实，编辑选用具有不同感情色彩的词语去描述它，往往表现编辑的不同评价。

当年“九·一八事变”后，日本占领了中国东北，并把特务势力渗透到华北地区。潜入天津的日本特务想把中国军阀吴佩孚（又名吴子玉）抬出来，组成汉奸傀儡政府。吴子玉不从，悄悄离开了天津。消息写的就是吴离津这件事。天津《大公报》编辑作的标题是《吴子玉昨晚南下》，主笔张季鸾看了之后，将“昨晚”删去，添上“飘然”二字。这样一改，妙处在于对吴子玉的行为作了肯定，比原题的纯客观叙事，增加了感情色彩。不管吴的过去如何，此时的行为毕竟是件好事，国难当头，应该予以鼓励，不应采取冷漠的态度。这里的“飘然”二字，似有两种含义：一是吴子玉摆脱日本特务的包围，似有轻松之感；二是赞扬吴子玉采用三十六计中的“走为上”策略，来无影去无踪，比较机智灵活。标题既然要肯定吴子玉，为何不用“拒绝日本特务利诱”的字眼？据史料记载，当时《大公报》还想在天津办下去，不愿受到日本特务的骚扰。同时是否还有这样的考虑：对吴子玉这样的人物评价尚需留有余地。在这样的背景下，用“飘然”二字作适度的肯定，应该说，评价的分寸把握得比较好。这个几十年前的例证，虽然年代久远，但它对新闻标题评价功能的诠释，在今天看来，仍然很典型，有其借鉴意义。

有时由于外界的因素，编辑不能选用褒贬鲜明的词语表明自己的评价，作题时仍有施展的空间。20 世纪 90 年代初苏联解体，这是国际共产主义运动史上一件大事，根据我国的外交政策，不宜公开表示褒贬，因此我国报纸多用《苏联一些事态的发展》作题。“一些事态的发展”，是中性词语，词义上比较模糊，用在这里意思却不言自明。

当年国民党政权在大陆即将崩溃之时，当局限制报纸标题用“特务横行”“物价飞涨”这类色彩鲜明的词语。但是编辑作题仍有巧妙的办法。《棍棒打散群众集会》或《一根油条三千块》，同样表达了编辑的评价。所谓《棍棒打散群众集会》，故意省略了使用棍棒的行为主体（特务），但明眼人一看便知指的是谁。在这里标题的评价功能也得到了巧妙的发挥。

在形势发生急剧变化的时刻，有时读者从新闻标题评价某些重大事件所使用的不同词语中，可以窥见报纸立场的变化。这里举出法国新闻史上一个有趣的例证。

1815 年 2 月 26 日，被流放在厄尔巴岛的拿破仑登陆北上。一个报纸的标题是：

叛逆拿破仑阴谋进攻巴黎

拿破仑攻势顺利的时候，标题立刻改变了腔调：

拿破仑大军势如破竹

当拿破仑逼近巴黎之时，标题是：

拿破仑元帅督师前线

当拿破仑决定称帝时，标题是：

吾皇陛下定日内登基

人们简直可以从标题的词语变化看到报纸对拿破仑的态度的演变。

（三）通过对新闻事实直接发表议论进行评价

通过发表议论，标题可以表达党和政府的主张以及人民意愿，可以批评某种不良现象，可以倡导某种良好的社会风气。

联合国大会有一次通过了关于月球的协定，党中央机关报《人民日报》的标题（主题）中严正指出：《月球属全人类　谁也无权占有》，表明了中国政府的态度。在我国经济转型期间，财政部和劳动部就企业职工社会保险基金投资管理作出了明确规定，《法制日报》的标题（主题）是：《“养命钱”不能乱用》，表达了有关部门的政策主张。目前社会上以考察为名用公费出国旅游的歪风屡禁不止。《中国青年报》在报道某气象局长用贷款赴海外“考察”的消息时，以《你好大的出国瘾》为题提出了批评。北京永定门小学少先队员利用课余时间到天坛公园擦去一些游客在回音壁上留下的不文明的痕迹。《光明日报》以《多可爱的红领巾　多可憎的“留名者”》为题，热情赞扬了少先队员的美德，倡导了文明新风。

标题在发挥评价的功能时，有它自己的特点。首先，它言简意赅，不作铺陈，因此有人称之为“一句话的评论”。其次，就实论虚，紧紧依托标题所陈述的新闻事实，不是抛弃事实，作空泛的理论探讨。再次，发言的方式最灵活，既可以由编辑直接出面发议论，也可以把议论巧妙地蕴藏在所叙述的事实之中，还可以借助别的事实借题发挥，或借他人之口言自己所欲言。日本多届内阁成员多次利用 8 月 15 日的日本战败日到靖国神社参拜第二次世界大战的战犯灵牌，我国历来对这一行为持反对态度。有一次铃木内阁某些成员又去参拜，《人民日报》

在副题中引用了日本社会党等在野党的一句话（“这是违反宪法的行为”），批评了日本内阁成员。这就是借用他人之口，说我们想说的话。

三、吸引读者阅读新闻

一个好的标题，不仅能向读者提示和评价新闻的内容，而且还能以生动优美的形式去吸引读者阅读新闻。当然，吸引读者首先在于新闻的内容重要，在于标题对它作了正确的提示和评价。但是标题的表现形式是否生动优美，也是吸引读者的重要因素。在表现同样内容的情况下，标题字句简单、浅易的，比复杂、艰涩的吸引力强一些；具体形象的，比抽象概括的吸引力强一些；具有广泛兴趣的，比专业性强的吸引力强一些。例如，有一年四川下了场好雪，《人民日报》以《巴山蜀水　瑞雪纷飞》八个字作题，勾勒出一幅具有诗情画意的雪景，这无疑要比只说“四川下雪”更能引起读者阅读新闻的兴趣。20 世纪 80 年代初，我国尚不能制造有声玩具，后来研制成玩具发声器，表明已有能力制造有声玩具。《羊城晚报》为这条消息拟了一个很好的标题，引题是《会哭　会笑　会吹号　会问好》，主题是《我国玩具也会讲话了》，副题才是《玩具发声器昨天通过定型设计》。这里的文字虽不像上一条标题文字上那么优美，但是一连串的几个“会”也把孩子和家长的心说动了，他们会急切地盼望有声玩具的问世。

有些标题因其所表现内容的限制，不大容易写得生动，但是只要用简洁明快、通俗易懂的语言来表达，仍然会有一定的吸引力。有条新闻报道了我国科技人员发现耵聍（耳屎）是一种很好的生物监测材料，用它可以检验有机氯农药在人体中的蓄积量，而这种蓄积量的大小又与某些癌症的发生有关系。对于这样的消息，如果标题写成《科技人员发现：耵聍是一种很好的生物监测材料》，恐怕会有很多读者读不下去。《人民日报》作的标题（主题）是：《耳屎妙用：监测农药污染与癌症》，就可能会引起不少读者的兴味。

四、美化报纸版面

标题是版面的“眼睛”。如果没有标题，整个版面就是黑压压的一片。一大堆稿件堆放在一起，谁与谁相接都很难看清楚。有了标题，就等于给各篇稿件安上了明显的标志，稿件之间的分界也就一目了然。有时，编辑把一组同类性质的新闻安排在一起，置于一个大标题之下，这时标题又成为版面上新闻分类的标志。如果各个标题排列有序，疏密相间，分布合理，就会使版面更加眉清目秀。

标题有不同的形式、种类，有不同的字号和形体，还可以有美术的装饰和处理。如果把它们灵活运用，就可以避免版面的单调、刻板，有助于版面的美化。

这一点将在“版面编辑”一章中将详细加以讨论。

第二节　新闻标题的特点

新闻作为报纸的体裁之一，在标题写作上同其他体裁具有共同之点。例如，都要以正确的指导思想来命题，要具有准确性、鲜明性、生动性，能吸引读者等。但是，新闻标题又有其不同的特点：第一，以新闻中的具体事实为内容来命题；第二，一般有主题和辅题，结构比较复杂；第三，新闻标题是一个表达意思的比较完整的句子。

为了进一步说明新闻标题的特点，下面对报纸上各类体裁的标题，略作一个简单的比较。

2000 年 3 月，全国人大和政协召开两会期间，西部大开发成为一个重要议题。首都报纸发表了一系列相关的报道。请看下列标题。

新闻标题：

省校双方优势互补　推动产学研相结合（引题）

首都高校积极参与西部大开发（主题）

（《人民日报》2000—03—17）

通讯标题：

在大漠中创业

（《人民日报》2000—03—15）

社论：

抓住历史机遇　加快西部开发

（《人民日报》2000—03—18）

杂文：

认识“土豆王”

（《人民日报》2000—03—15）

知识性文章：

“刀郎之乡”麦兰提

（《中华工商时报》2000—03—19）

新闻标题较为完整地叙述了首都高校与西部省份实行双方优势互补、共同推动产学研相结合、积极促进西部大开发的事实、内容具体，叙事呈现出一种动态。标出含有变动的新闻事实，是新闻标题的一个显著特点。

通讯所写的内容是东部地区的人士不怕艰难到宁夏的沙漠地区种植葡萄、发展制酒等实业的事迹。标题虽涉及文中的某些事实（“大漠”“创业”），但都比较笼统含蓄，并未具体指明在哪个沙漠地区，创什么实业。含蓄的提示，就成为这条通讯标题的特点。

社论标题通常是论证一个命题，就这篇社论而言，它论证的命题是：西部大开发是当前难得的历史机遇，必须紧紧抓住。

杂文作为评论的一种，也要阐发某个命题。上述杂文要讲的是，开发西部首先要认识西部。因杂文带有某些文艺色彩，不宜把“开发西部首先要认识西部”作为标题。那样太郑重其事，缺乏杂文的味道。本文以一个公司的外号“土豆王”入题，说明只有认识西部的优势（例如土豆资源），才能开发西部。一般来说，杂文很喜欢用议论的由头或话题作为标题，《认识“土豆王”》就是一例。

知识性文章与新闻不同，它不是报告正在发生的变动事实，而是介绍已被人类认识的处在静态的事物。《“刀郎之乡”麦盖提》是介绍新疆麦盖提县流传的一种名为“刀郎”的歌舞。标题没有动词，是一种静态的展示。

以上各种非新闻标题，可分两类：一是只标出某种论断（如社论），未涉及具体事实，二是虽涉及具体事实，但仅是事实的某个要素，如何地（“麦盖提”）、何物（“刀郎”），有的虽有动作（“在大漠中创业”），但缺少何人（创业的主体），都不能构成对变动事实的完整叙述。在这一点上，同新闻标题有明显的区别。

新闻和通讯都是事实的报道，共同性的地方比较多。下面着重将新闻标题与通讯标题作对比，具体阐述新闻标题的特点。

一、选材：必须标出新闻事实

在选择什么样的材料作题方面，新闻标题必须标出新闻事实，而通讯标题可以标，也可以不标，不作为必备的条件和要求。为什么会有这样的差别？主要是由新闻标题和通讯标题的不同功能决定的。新闻标题要求在读者未读新闻之前，就把主要的新闻事实告诉读者，即使没有时间或不愿读新闻的读者，也能从中获知一些简要信息。从这个意义上说，新闻标题本身也是信息的载体。因此标出新闻事实是必然的要求。

而通讯标题一般来说没有这个功能，它只要求通过某些提示或暗示吸引读者来阅读通讯全文。通讯往往以细致的描述、生动的形象和曲折的情节来感染读者。因此要求它的标题不能太实，而要虚一些；不能太露，而要含蓄一些；不能太直，而要曲折一些。不宜把引人入胜的情节在标题中和盘托出，让读者一览无余；不宜把通讯主题的深刻寓意在标题中全部揭示出来，而要用别具一格的标题吸引读者去阅读全文，给读者留有回味的余地。

为什么不把列出新闻事实作为通讯标题的必要条件呢？具体来说，大致至少有以下几种情况：

第一，有些通讯是描述和补充新闻事件较为零散的细节、场面，无法形成一个完整的事实，或者描写人物在某一特定场合的一种心境，无法用有形的变动事实来表现，所以不必像新闻标题那样作题。例如：2000 年 1 月 1 日《中国青年报》发表的通讯《激动的一刻》，记述的是在山海关老龙头万里长城之首的海边，人们迎接新千年的几个镜头。重点写 1999 年 12 月 31 日 23 时 47 分到 2000 年零时刚过那短暂时间里人们的激动心情。所写的几个细节，构不成完整的事实，所以标题突出了“……的一刻”。这同该报作为事件来报道的新闻标题有所不同：《中华燃圣火　开启新千年（主题）江泽民发表二〇〇〇年贺词　李鹏 朱镕基 李瑞环 胡锦涛 尉建行 李岚清等和首都各界群众共迎新世纪（副题）》。

第二，有些通讯所写的人和事偏重在阐述一种精辟的见解和人生的感悟，缺少某种变动的因素，所以不必像新闻标题那样硬要找出某个新闻事实来作题。例如改革开放初期，为了迎接新时代，需要鼓励青年刻苦自学，《中国青年报》发表了题为《榜上无名　脚下有路——访老作家严文井同志》的通讯，《北京晚报》发表了《榜上无名　脚下有路（主题）京津自学青年代表明起交流经验（副题）》的新闻。两条标题的主题都是阐述一种哲理，但新闻标题在副题中交代了新闻事实。而通讯标题（副题）只是说明记者访问了严文井，并未交代与此相关的新闻事实。

以上是写人的一例。下面请看写事的一例：

正面防守是关键

——写在中日大战之前

（《文汇报》2000—10—26）

这是记者在足球亚洲杯夺冠战前夕写的一篇通讯。记者通过自己接触到的一系列事实，感悟到中国队要取胜，“正面防守是关键”，标题正是突出了这个见解和分析。若把它写成新闻题，需有“某某发表某种见解”的事实。而本文是记者通过自己的见闻所发表的感想，尽管这种感想有一定价值，但标成《本报记者某某发表某种见解》，一来记者不是足球界的权威人士，二来所发表的见解也较零碎，而且是综合了别人的意见，如果作成新闻标题未必妥当。

第三，有些通讯主要是回顾事物发展的历程或为新闻提示某些背景材料，缺乏现实变动的事实，有时不宜像新闻标题那样作题。例如：

新闻标题：

阿什哈巴德举行大会（引题）

热烈欢迎江泽民主席（主题）

通讯标题：

“丝路”又开友谊花

上述两条均选自2000年7月7日《人民日报》。阿什哈巴德是土库曼斯坦的领导人。该国是我国通向欧洲的古丝绸之路的必经之地，自古以来两国人民就结下了传统友谊，如今江主席访问土库曼斯坦，又结下了新的情谊。新闻标题报告的是新闻事实，而通讯标题用《“丝路”又开友谊花》，则形象地展现了这段友谊历程。

2000年7月下旬，八国首脑会议在日本冲绳召开。冲绳是第二次世界大战中美国与日本的激战地，战后美军基地一直设在那里，尽管当地人民反对，仍不肯撤走，日本如今把八国会议设在那里，有意促动美国正视这一现实。23日《人民日报》发表题为《峰会在即话冲绳》的通讯，主要就是介绍上述背景材料，无法作成新闻标题那样，直接提供正在变动的事实。

第四，有些通讯虽然写的是正在变动的事实，但情节跌宕、曲折动人，为了吸引读者，标题故意设置悬念，不把事件和盘托出，因此也不像新闻那样作题。例如：

“韩熙载夜宴图”背后的罪恶

（《法制日报》2000—10—27）

通讯写的是湖北襄樊市公安人员从一版被油污的邮票入手，抓获了抢劫价值29万元邮票的负案犯罪嫌疑人。标题若是直说，就不如含蓄示意更有味。

第五，有些通讯常常采用生动的比喻，以其所具有的象征意义，向读者暗示通讯所写的内容。比如以“春天”命题的通讯就有：《中南海的春天》《冬天里的春天》《科学的春天》《小巷深处春意浓》《春色在这里常驻》等等。其中有的虽然加上副题，也只是交代写作的对象和范围。这同新闻标题不一样。新闻虽然也可以把“春天”“春色”“春意”入题，但同时必须写出新闻事实。

以上列举的五种常见的情况，说明新闻与通讯在是否必须表述新闻事实方面所显示的区别。

二、表述方式：要有确定性，显现动态

第一，新闻标题所写的事实，必须具备足以把事实表达清楚的必要的新闻要素，具有确定性，能给读者一个明确的概念，不可能使其作出其他理解。通讯标题虽然也可以涉及某些新闻事实，但不要求具备必要的新闻要素，就是说，有些足以把事实表达清楚的要素可以略去。因此，它对新闻事实的表达一般来说不具有确定性。例如：

新闻标题：

这位机智人是谁？（主题）

八龄童不慎坠楼命如游丝（副题）

一路人飞身接住化险为夷（副题）

通讯标题：

孩子坠楼以后……

新闻标题交代了谁做了什么，后来结果如何，包括了何人、为何、何事、如何等必要的要素，足以把事情说清楚，因而具有确定性。而通讯标题只写“孩子坠楼以后……”几个字，而这“以后”究竟是什么情况，例如有没有人去救，坠楼人是否还活着，再有坠楼的原因是什么？一时不慎，还是父母打骂难以承受，还是学习成绩太差无脸见人……由于缺少必要的新闻要素的交代而显得扑朔迷离，而这种不确定性，正是通讯标题吸引人的魅力所在。

应该补充说明的是，所谓“必要的新闻要素”，并非要求新闻标题把新闻六要素都要写全，否则标题就会显得冗长，且重点也不突出。新闻标题通常是以把事情说清楚、不会产生歧义为条件。再有，所谓新闻标题的确定性，并非指一条标题中的每一行都是确定的，例如上述标题的主题《这位机智人是谁？》是个提问，就不是确定的，只要标题中的某个部分作了清楚明白的交代，就具有了确定性。

第二，新闻标题要求对事实的表示呈现一种动态，即向读者报告正在发生着什么事，有什么进展，客观外界发生着哪些变化。通讯标题对此没有硬性要求，多数对事实的表述呈现一种静态。例如：

通讯标题：

一举惊人的何灼强

新闻标题：

南疆大力士为中华体坛增辉（引题）

何灼强连破两项世界纪录（主题）

通讯标题用“一举惊人”这个动作来修饰何灼强这个人，意在告诉读者他是一个什么样的人，呈现的是一种静态。新闻标题《何灼强连破两项世界纪录》，告诉读者何灼强的行动及其结果，显现的是一种动态。

“行为主体＋行为＋行为客体（对象）”这种句式，在标题中就显现一种动态。一般的新闻标题就是采用这种写法。“何灼强（行为主体）连破（行为）两项世界纪录（行为客体）”，就是一例。

标题中的静态表示，常用的主要有以下几种：

一是“的”字结构。样式是：《×××的××》。“的”字前面的成分修饰或限制“的”字后面的成分。如《一举惊人的何灼强》《刘兰祥的“人才花名册”》《坑人的“冰镇费”》《追捕罪犯的七昼夜》《酷暑下的北京城》等，这些“的”字结构都是一个词组或短语，强调的都是被修饰或限制的事物，如“何灼强”“人才花名册”“冰镇费”“七昼夜”“北京城”等。前面修饰词语中虽含有动作的成分（如“一举惊人”“坑人”“追捕罪犯”），但它们不是在叙述行为主人正在进行什么动作，而是对上述事物的修饰和限制，从总体上讲呈现一种静态。试比较《何灼强连破两项世界纪录》与《连破两项世界纪录的何灼强》，前者是“行为主体＋动作＋行为客体”的动态显示，后者是“修饰词＋的＋事物（这里是人物）”的静态展示。

二是《××是×××》的形式，这是叙述某种未发生变动的现状，只有《××成为×××》，才是一种动态。

三是《×××和×××》的形式，“和”字两端联结的成分，无论是否含有动态，整个语句是讲两个成分的关系，并未展示某种动态。

四是《为了×××》和《从××到××》，前者讲行为目的，后者讲发展的过程，都没有讲述“谁做了什么”这种动态。

五是《××××……》，这里有删节号，显然不是完整的句子，如《孩子坠楼之后……》，话未说完，不可能完整叙述正在发生的变动，显然缺少新闻标题所要求的那种动态。

六是以名词或名词性词组所写的标题，因缺乏表示动作的动词，显然也是一种静态。

以上列举六种常见的静态展示形式，在通讯标题中是常用的。有时新闻标题也用这种标题，但同时至少必须有一行题是用动态表示方法报告正在发生的变动事实。

这里还应说明的是，新闻标题所显现的动态，仅仅是指它所反映的新闻事件所显现的状态，而不包括记者去调查、访问、观测、记录这类具有动态性的活动，如"……访谈""……巡礼""记……"等，都不是新闻标题，而是通讯标题。

标题这种动与静的差别，主要是由新闻与通讯这两种体裁的不同特点决定的。新闻的特点是用最快的速度把新闻事件传达给读者，所以要求标题具有快捷的动态感。通讯的特点是在新闻事件发生后提供更详尽的细节和背景材料，可以从容地向读者报告相关的情况和事实，节奏感不必像新闻那么强，时间充裕的读者可以慢慢来读，所以标题对事物的描述多显现一种静态，而较少用动态来表示。

三、时态、语态、标点的特殊要求

关于时态问题。新闻中大多数写的是已经发生的事，但标题一般采用现在时态。新闻中"昨日""前日""曾经""已经"等表示过去时的词语，在标题中一般是省略的。这样做，可以使报纸显得鲜活，给读者以强烈的时间感。如果一律改用过去时，翻开报纸就会给人一种陈旧之感。如：《某人视察某企业》，一般不写成《某人昨天视察某企业》，这里是用现在时态，表示过去发生的事情，对此读者读报已有认同感。

少数新闻是报道即将发生的事情，标题则一般采用将来时，以"将"字表示。属于今天发生的事，比较复杂，需要加以说明。对于夜间出版的日报来说，《××代表团今日到达》，《××会议今日开幕》，都是属于将来时。不标"将"字读者也清楚，知道是印报时尚未发生的，所以不会发生误会。但是晚报情况稍有不同。在晚报出版前当天发生的新闻，标题里出现"今晨"这类字眼，就不表示将来时，而是表示已经发生的事。

标题的语态，有主动语态和被动语态两种。主动语态表示主体是动作行为的施事者。被动语态表示主体是动作行为的承受者。新闻通常是报告何人做何事，所以标题一般采用主动语态，容易做到明确、简洁、生动、有力。当然，有些标题不能用主动语态，例如房屋只能被焚，而不能自焚，报道这类消息的标题只能采用被动语态。

标题的引题、主题和副题有时虽然是一个句子，但在一般情况下，不用标点符号。因为标题毕竟不同于文章，结构比较简单，读者可以不借标点符号的帮助，就能正确了解标题的内容。但是，有时不用标点不足以表达强烈的感情，不足以表示重大的疑问，不能够引起人们的注意，也可能使读者难以阅读，甚至产生某些误解，在这类情况下，可酌量用些标点。

近年来，为增加标题的冲击力，有些报纸也试用某些符号以减少文字的用量，这种现象值得重视和研究。

标点符号的使用方法是，引题的末尾（指最后一个字的后面，下同），可用问号、叹号、冒号和破折号；主题的末尾，可用问号和叹号；副题的末尾可用叹号和问号，若文字较长，是一个句群，还可以用句号；副题的开头，不宜用破折号。每行题的中间，特别需要时可用逗号、顿号、冒号、引号、书名号和破折号。标题的句子比较简短整齐，其中的顿号、逗号可以用空白来代替，这样既可收标点之效，又可使版面显得更为清丽。

第三节　新闻标题的类型和结构

新闻标题作为报纸上一种特殊的文字集合体，虽然字数不多，但其样式已比较稳定成熟，自有其自己的类型和结构。现分述于后。

一、新闻标题的类型

（一）单一型标题和复合型标题

新闻标题按不同的标准划分，有许多类别。最常见的有两大类，即单一型标题与复合型标题；实题与虚题。

单一型标准和复合型标题是按标题的构成来划分的。只有主题的标题，即为单一型标题；既有主题又有辅题的标题，即为复合型标题。

主题与辅题以字号大小作为区分的标志。在多行标题中，字号最大的一行即为主题，其余为辅题。主题是标题的主要部分，辅题是标题的次要部分。

单一型标题，包括一行题（即一行主题，无辅题），也包括双行主题（无辅题）。至于三行主题（无辅题），极为少见，且实用意义不大。

复合型标题是由多行题组成，至少为两行。它的辅题，包括引题和副题两种。复合型标题按组合方式划分，可有引题—主题—副题型，引题—主题型和主题—副题型三种。

关于标题的称呼，“主题”因与文章中的主题易混淆，也有称为“主标题”的，余下类推为“引标题”和“副标题”。不过，较为流行的称呼，仍是“主题”“引题”和“副题”。

（二）实题和虚题

根据表现方法和表现重点不同，新闻标题可分为实题和虚题两种。

新闻标题中叙述事实的部分，称为实题。新闻标题中发表议论的部分，称为虚题。实题，着眼于叙述，着重表现具体的人物、动作和事件等等。虚题，着眼于说理，着重说明原则、道理、愿望等。实题和虚题都是表达编辑对新闻内容认识的结果。不同的是，实题是通过个别表达认识的结果；虚题是通过一般表达认识的结果。例如：

廉政不可无监督　监督不可无群众（引题）

贵阳交警支队开门刹风（主题）

（《法制日报》1993—10—19）

引题“廉政不可无监督　监督不可无群众”讲的是原则、道理，主题讲的是个别的具体事例。

虚题，常见的有三种。第一种，阐述一种道理。如上例的引题。第二种，提出一种要求。如：《忘关煤气阀门切忌点明火（主题）本市连续发生煤气起火事故（副题）》。有些标题所阐明的政策原则，本身含有一些要求，也是属于这类的虚题。第三种，直接对新闻事实作出评述。如：《不文明加上不文明（主题）个别商店谩骂在街头纠正错别字的少先队员（副题）》。主题是虚题，直接针对个别商店指出，写错别字加上骂人，是错上加错。这种虚题与前两种不同，必须结合副题中评述的对象方能理解。

虚题在新闻传播中虽然具有很大的作用，但它的特点是对实题具有依附性。它要依附报告新闻事实的实题而存在。一条标题可以没有虚题，但必须有实题；一条标题若只有虚题而无实题，则不能成为新闻标题。而实题则不同，它可以独立存在。

二、新闻标题的结构

所谓标题的结构是指一条新闻标题的组成部分及其相互联系的方式。不同类型的标题，其组成部分及其相互联系方式亦不同。若按实题与虚题来分，其相互联系是虚与实的关系。若按单一型与复合型来分，其相互联系是主与次等多方面的关系。鉴于复合型标题内部结构比较复杂，需要讨论的问题比较多，因此作为本节阐述的重点，至于单一型的双行主题在结构上与此相类似，这里不再赘述。

（一）主题是标题中的核心部分

主题说明新闻中最重要或最引人注意的事实和思想，是标题中最主要部分。主题在整个标题中所用的字号最大，居于最显著的位置。例如：

现代科学研究揭开千古学术悬案（引题）

《夏商周年表》正式公布（主题）

我国历史纪年向前延伸了1200多年（副题）

（《人民日报》2000－11－10）

在这里最引人注目的事实是《夏商周年表》的公布。众所周知，夏、商、周三代是中华文明由兴起到昌盛的时期，但我国历史的确切年代只能上溯到西周晚期（即公元前841年），如今经过多学科多年的联合攻关，终于破解了夏商周断代之谜，将中国历史纪年向前推进了1 229年，填补了中国古代史的一段空白。因此，编辑把年表的公布作为核心事实写入主题，而年表诞生的原因及其价值，都是对年表的补充说明，则写入辅题。

有些消息报道的是某人发表了某种新观点。在这些观点中，最重要或最引人注目的见解，就是标题的核心部分，应写入主题之中。例如：

通过改革进行体制创新（主题）

江泽民指出鼓励支持私营个体企业健康发展（副题）

（《中华工商时报》2000－08－29）

消息写的是江泽民在东北三省党的建设和“十五”期间经济、社会发展座谈会上的讲话内容。为迎接新世纪，我国正制定“十五”经济、社会发展规划，“通过改革进行体制创新”是制定这一规划的重要指导思想，因此编辑把它写入主题，“鼓励支持私营个体企业健康发展”虽是“十五”规划的一项内容，但相比之下不及前者，所以写入副题。

（二）引题引出主题

引题是在复合型标题中导引主题的辅题。它位于主题之前，字号小于主题。引题又称为眉题或肩题。作为新闻标题，其引题只要引出主题即可，文字不可太长，一般以一行为宜，不宜让读者的视线停留过久，影响了对主题的注意力。

引题引出主题，主要有以下几种方式：

第一，通过交代和说明相关的背景、意义、目的、原因、气氛、性状等引出主题。例如：

在出席千年议长大会期间（引题）

李鹏委员长会见六国议长（主题）

（《人民日报》2000—09—02）

这里的“在出席千年议长大会期间”，是对人物活动时间的说明，属于背景的交代。又如：

建材龙头企业（引题）

方大集团订单不断（主题）

（《广东建设报》2000—11—18）

这里的“建材龙头企业”，是对行为主体（方大集团）的身份地位的说明，也属于背景的交代。此外，关于新闻来源、新闻发生地点的说明，以及既往事实的回叙，也都属于背景的交代。例如报道我国某位领导人连续出访，常用这样的标题：圆满结束×××之行赴××访问（引题）×××抵达××（主题）。这里的引题就是对前一段出访过程的回叙，当属背景交代之列。

引题常常用来说明主题的意义，请看例题：

中华民族永载史册的盛事　世界和平正义事业的胜利（引题）

中英香港政权交接仪式在港隆重举行（主题）

（副题略）

（《人民日报》1997—07—01）

外汇市场体系走向规范化（引题）

中国外汇交易中心在沪开业（主题）

（《人民日报》1994—04—19）

彻底告别点油灯历史（引题）

山东省实现户户通电（主题）

（《人民日报》1996—02—19）

在这里，“中英香港政权交接”是永载中华民族史册的盛事，是世界和平正义事业的胜利，引题正是标明了这件大事的意义。“山东省实现户户通电”意味着

“彻底告别点油灯历史”，引题从当地人民发生的历史性变化标明了这一事件的意义。“中国外汇交易中心开业”，意味着“外汇市场体系”开始“走向规范化”，引题是从意义来标的。若在引题前面加上“为使”二字，那么就是从行为的目的来标了。请看下面一例：

为粮食生产上新台阶打基础（引题）

国家杂交水稻工程中心建立（主题）

李鹏从总理基金中拨款支持农业科研（副题）

（《人民日报》1995—05—25）

引题中标明行为的意义和目的，二者比较相近，但也有区别：前者强调已有行为的价值，后者侧重在未来行为的动机。

平庸也是过　违纪不留情（引题）

沈阳四百余名公务员被辞退（主题）

（《经济日报》2000—10—28）

错把强力胶当眼药水眼睛被粘住（引题）

一美妇险变独眼龙（主题）

（《广州日报》2000—11—27）

前一例的引题，叙事中略含议论，交代了主题中公务员被辞退的原因，后一例引题以叙事的手法交代了主题中美国一位妇女险变独眼龙的原因。

高原古城拉萨阳光灿烂　布达拉宫广场欢歌如潮（引题）

西藏隆重集会庆祝自治区三十周年华诞（主题）

（副题太长，略）

（《人民日报》1995—09—02）

举国含悲承遗志　长街恸哭送伟人（引题）

党和国家领导人同首都群众送别邓小平同志（主题）

（副题过长，略）

（《人民日报》1997—02—25）

上述两例的引题都是描述一种气氛，一喜一悲。

引题还有一个作用是对主题所叙述事物性状的描述。回答的是新闻要素中的“如何”，即什么样或怎么样。引题对性状的描述，大体有以下几种。例如：

水车水磨　风车风箱（引题）

郭桥乡农民博物馆风景独好（主题）

（《中国青年报》1996—12—07）

边吃边欣赏　边聊边回味（引题）

晚宴式剧场亮相京城（主题）

（《新民晚报》2000—10—10）

笔触伸向贫困百姓的下一代（引题）

张平力推《对面的孩子》（主题）

（《新民晚报》2000—10—04）

上述三个标题的引题都是对一种事物是什么样的描述。第一题是对农民博物馆的描述，第二题是对晚宴式剧场的描述，第三题是对作品《对面的孩子》所写内容（有关贫困百姓下一代的题材）的描述。

昔日父母打鸳鸯　今日儿女拆连理（引题）

干涉婚姻的主角换了（主题）

（《北京晚报》2000—10—27）

传统百货让位　连锁超市领跑（引题）

零售业重新洗牌（主题）

（《中华工商时报》2000—11—07）

这两例的引题是对主题中所写动作的描述。前者是对主角变换的描述，后者是对重新洗牌的描述。

规定收 5 元　实收 100 元（引题）

武汉订票费真乱（主题）

（《中国消费者报》2000—10—28）

这里的主题是对某种现象的判断或评价（“订票费真乱”），引题则是回答做出判断式评价的依据（“规定收 5 元，实收 100 元”）。实际上，引题还是对怎么乱的展示，也是属于对性状的描述。

最后要说明的是，引题对与主题相关的背景、意义、目的、原因、气氛和性状等项的阐释，是就总体而言的，具体到一条标题中，可以根据需要阐释一项，或两三项。本书选择的例证都是一个引题阐述一项，只是为了叙述的方便。

第二，通过直接叙述主干事实的起始部分引出主题。它同前面的第一种方式显著不同的是：新闻事实中的“何人”（行为主体），不放在主题中，而是放在引题中。引题和主题合写一件比较完整的事实（即“何人”做“何事”）。引题包括“何人”，还包括“何事”一部分；主题则包括“何事”的另一部分。总之，引题叙述的是主干事实的起始部分，主题则是主干事实的后续部分。这样做，至少有两个好处：其一，后续部分若是新闻价值所在，可以在主题中得到突出；其二，引题和主题是一句话，从引题中的“何人”写起，接着叙述何事，在写法上比较顺当。例如：

乡村女教师彭富芬面对行凶者挺身而出（引题）

为保护学生身中十六刀（主题）

（《报刊文摘》2000－04－17）

当然，这种写法也有局限，若“何人”是需要突出的显著人物，放在引题中就会被淡化。

引题从行为主体写起，有以下几种类型：其一是引题和主题共同描述一种连续的动作和过程，如彭富芬护学生的标题就是一例。其二是引题只写行为主体及行为动作，主题是叙述动作的具体内容（行为的对象和客体）。这里的行为动作，包括发现、指出、宣布等等，至于发现了什么，指出了什么，全由主题标出。例如：

国家计委对 78 个项目稽查发现（引题）

招投标：96％失灵（主题）

（《报刊文摘》2000－03－30）

珠海捣毁一非法加工厂，怀疑——（引题）

散装酒加敌敌畏（主题）

（《广州日报》1999－01－17）

其三是引题为行为主体和行为，主题是对这一行为的某一重要部分的详解。例如：

广东503家旅行社明年使用新合同（引题）

未经同意带顾客购物要赔偿（主题）

（《报刊文摘》2000—11—16）

在这里，主题所写的是引题所列新合同中的一部分重要内容，是从一个方面对新合同的解说。

引题从行为主体写起，还有一种特例：引题只写行为主体，主题写行为。例如：

新马泰一百五十四家旅行社（引题）

获准接待中国游客（主题）

（《文摘报》2000—11—12）

这类标题本来可视为一行题，因版面有限硬拆成两行，可称引题的特例。

第三，通过提出疑问和发表议论引出主题。这种方式与前两种不同是，引题不写事实。例如：

即将来临的广州花市，情况如何？（引题）

为君报道春消息

今年花胜去年红（主题）

（《羊城晚报》1981—01—22）

说来令人心痛　听来难以置信（引题）

农民郭元英捐赠的飞机三年无人问（主题）

（《工人日报》1988—02—23）

（三）副题解释和补充主题

副题主要是用事实对主题作出补充和解释。

1. 对主题的补充

主要有以下几种类型：

第一，副题补充同一事实的不同方面。请看以下各例：

通过改革进行体制创新（主题）

江泽民指出鼓励支持私营个体企业健康发展（副题）

（《中华工商时报》2000—08—29）

首都经济运行良好
趋近宏观调控目标（主题）

但物价涨幅较高，国有企业困难加剧，农业仍有隐忧（副题）

（《人民日报》1994—04—19）

李达同志遗体在京火化（主题）

刘华清薄一波张震秦基伟等到医院送灵（副题）

（《人民日报》1993—07—21）

在第一例中，主题和副题中的内容都是江泽民的讲话要点，都是同一事实的不同方面。两方面相比，主题写最重要的，副题写比较重要的，一主一次，以“次”衬“主”。在这条标题中，副题还负有交代行为主体的任务。也是对新闻来源的补充。第二例，主、副题也是写同一事实的不同方面，不过是一喜一忧。“忧”是对“喜”的补充，便于读者全面认识经济形势。第三例中，主题写李达走了，副题写送灵人。这里也是以“送”衬“走”。表现的仍是同一事实的不同方面。

第二，副题补充同一事实发展的结果及产生的影响。例如：

杭州发生当庭殴打律师恶性案件（主题）

当地领导要求排除一切干扰依法查处（副题）

（《中国青年报》1998—06—13）

第三，副题对同一事实的某些方面加以限定。例如：

七类人出国不用邀请信（主题）

拥有新版护照才可以享受此种待遇（副题）

（《中国青年报》2000—06—19）

副题对主题中提到的七类人，加了一个限制：必须拥有新版护照者。

第四，副题补充与主题相关的另类事实。例如：

新修改的《产品质量法》正式实施（主题）

千家企业联合发表新世纪质量宣言（副题）

（《人民日报》2000—09—02）

副题中千家企业的宣言与主题中的《产品质量法》是两码事，只是两者有点相关罢了。

2. 对主题的解释

有些主题未写事实，如一种论断或提问，有些主题虽然写了事实，但比较概括笼统，或是只写一个细节，所有这些情况都需要副题加以详细解释，读者方能理解标题所揭示的内容。

副题对主题的解释，有以下几类：

第一类：主题是一种议论，副题则揭示全部事实。

克隆克隆别乱来（主题）

欧洲国家签署生物道德协定（副题）

（《羊城晚报》1997—04—10）

第二类：主题是一个提问，副题作出释疑或回答。

保健品是否都保健（主题）

陕西发现近七成卫生指标不合格（副题）

（《法制日报》1996—07—15）

第三类：主题写的是概括性事实，副题作出详尽的解释。

天山“瑶池”逐年萎缩（主题）

每年缩小水域二百平方米80年后将消失（副题）

（《北京青年报》2000—07—25）

第四类：主题写一个细节或引人注目的一个个别事实，副题则是写全景或全部事实。

雷管在手中响起（主题）

黄某为争面子竟失三手指（副题）

（《广州日报》2000—01—10）

文中写的是农村青年黄某在修水渠时为争面子竟不顾安全，自己试爆雷管酿成事故。主题写了一个细节，副题则交代了有关此事的全部事实（何人、何故以及结果）。

一头猪可赚三万元（主题）

湖北省农科院研制出转基因猪（副题）

（《新民晚报》2000—10—02）

在我国现有的条件下，农民养猪不大赚钱，甚至亏本，而这里的一头猪竟可赚三万，这是一个引人注目的突出事例，被写入主题，至于这件事的全貌，如何人何地研制的这种猪型，都在副题中作了交代。

以上两例的主题都是表述新闻事件中的某一因素，目的是吸引读者，而新闻事件的全貌则是由副题承载的。

三、安排标题结构应注意的问题

上面对各行题的作用、特点及相互关系的论述，为安排标题的结构提出了基本要求，但是把这些要求运用到每一条标题的制作中，还需要注意以下几点特殊要求。

（一）标题是与正文不同的特殊“文体”

标题在报纸上作为字符的集合体，在表现集合体内部各个成分之间的关系时，不同于正文，具有一定的特殊性，可以说是一种独特的“文体”。其一，表现语意的连接，通常不像正文那样借用明显的外部标志（如关联词），具有隐蔽性；其二，表现语意的转换，不像正文那样行云流水，比较自然，而是通常借用分行来实现，语意比较跳跃；其三，对事物的指代，由于字数的限制，不可能像正文那样说得明白彻底，往往是利用上下行之间的暗示和映衬来显示；其四，短短两三行的标题为增加信息量，常常要求行为主体有所改变，但它不能像正文那样用过多的词语来交代，而只是通过与众不同的动作或其他方式来显示其区别；其五，对相连的各个独立成分，不可能都像正文那样处处用标点符号加以明示，往往是一顺写下来，由读者去意会其中的结构关系。

（二）安排标题结构应注意的问题

1. 要正确体现标题中语意的连接与转换

主题和辅题是意义上相关联的整体，安排结构时必须保持语意上的连贯性。否则，易使人费解。例如：

全国政协、中共中央统战部举行八旬以上老同志春节团聚会（引题）

多活几年　多做些事（主题）

这是 1983 年 2 月 13 日某报的一条新闻标题。这里由引题转接到主题时缺少必要的过渡，显得比较突然，语意上不够连贯。

当然，有连接必有中断，两者是相辅相成的。标题中的分行断句就是一种“中断”。

作标题时为减少字数，常在易混淆之处不作“切割”，该断句的未断句，结果造成误读。例如：

弯身亲吻带路狗头部意外撞桌（引题）

失明十年离奇复明（主题）

这是2000年11月27日某报国际新闻版的一条新闻标题。引题中是“亲吻带路狗”还是“亲吻带路狗头部”？从语句上看，似乎都说得通。但看文中得知，主人公在弯身亲吻带路狗时，自己的头部意外撞到咖啡桌，竟然使失明10年的眼睛复明。情况既是这样，就应在“亲吻带路狗”处断句，否则缺少撞击部位的交代，就很难理解与眼睛复明的联系。

标题的分行表明阅读时有停顿，从某种意义上说也是一种“断句”。它既要顾及与上一行语意的连贯，又要体现在语意上的相对独立性。例如：

中台办、国台办负责人发表谈话——（引题）

坚决反对分裂势力

按“两国论”修宪（主题）

《人民日报》今天发表评论员文章指出祖国统一高于一切（副题）

这是某报1999年7月21日的一条新闻标题。主题的语意是“坚决反对分裂势力按‘两国论’修宪”，意义明确，语意完整，但分作两行来排时，分行处选在“力”字与“按”字之间，结果造成“坚决反对分裂势力”与“按‘两国论’修宪”两个相对独立的语意单位，极易造成误读。为避免出现这种情况，安排标题结构时宜在断行处选择不易拆开的词语，这样硬排作两行，读者就不会把两行题当做各自具有相对独立的语意单位来理解了。

鉴于标题的主题字号大，位置显著，读者一眼就看到，而引题和副题容易被忽略，因此主题在意义上的相对独立性更显得重要。例如下列标题：

联合国秘书长呼吁（引题）

麦加事件有关各方采取克制态度（主题）

这是某报1987年8月5日的一条新闻标题。如果单看主题，一定会以为麦加事件有关各方已经采取克制态度，其实这只不过是联合国秘书长发出的呼吁，并未成为事实。如果在“有关各方”之后加上一个“应”字，就会更好些。

总之，标题的分行既要保持各行之间语意上的连贯，又要使主题在意义上能相对独立，符合分行要自然的要求。

标题叙事时常有行为主体的改变，安排结构时要格外小心，不可眉目不清，使读者摸不着头脑。例如：

河北城乡少儿手拉手（引题）

30 万压岁钱一片童心（主题）

这是某报 1995 年 3 月 4 日的一条新闻标题。引题中的行为主体是“城乡少儿”，那么主题中的 30 万压岁钱应是城乡少儿共同献出的，可是据正文中交代，是城市的少儿赠与乡间小伙伴的，在这里行为主体已经改变，但主题却没有这样的显示。反映出标题在安排结构中的缺陷。

2. 要正确体现辅题与主题之间的逻辑关系

引题、主题、副题既是标题的一部分，它们之间就存在着一种逻辑关系，如因果关系、目的与手段的关系、虚与实关系等等。不能把没有逻辑关系的事硬写在一条标题里，以免产生歧义，造成混乱。例如：

花海飞歌秋意闹（引题）

昆明花卉节昨闭幕（主题）

这是某报 2000 年 10 月 4 日的一条新闻标题。引题“花海飞歌秋意闹”是对花卉节喜庆气氛的描绘，用在花卉节开幕时比较合适，如今已闭幕显然不恰当。一般来说，报道会议开幕的新闻标题，引题中标出会议召开的目的、意义、主要议题和会议的气氛，能够同主题中的会议开幕相互匹配。报道会议闭幕的新闻标题，引题中标出会议的成果和下一步的努力方向，能够同主题中会议的闭幕相互匹配。有些报纸在作题时，不大注意这种区别，导致逻辑关系的混淆，这是一种常见的毛病。

标题的逻辑关系问题，很大一部分出现在引题和主题的关系上。一般来说，引题是说明主题全句的，只有引题用于对主题中何人的身份地位交代时，方可说明主题的开头部分。例如：

世界第一位女总理（引题）

班达拉奈克夫人逝世（主题）

这里的引题只说明主题的开头部分（“何人”），而不是说明主题的全句。前一例中，“花海飞歌秋意闹”，不是属于人物身份地位的交代，所以不能只说明主题的开头部分（“昆明花卉节”），而应说明主题的全句。问题恰恰在于用它来说明主题全句时，造成了逻辑关系的混乱。

第四节　新闻标题的制作（上）

制作新闻标题，同样要解决写什么和怎样写的问题。所谓写什么，就是要确定标题从新闻中提示什么样的事实和观点；所谓怎样写，就是确定标题如何表述这些事实和观点。本节所包括的几个部分，都是围绕第一个问题展开的。

关于写什么，涉及两个问题：一是选材的范围；一是选材的重点。下面将从如何正确处理题与文、主与次的关系来展开。

一、选材范围：题与文

选材的范围，涉及题与文的关系如何处理。总的要求是题文一致。具体说来，包括两个含义。

（一）标题所揭示的事实，要与新闻内容一致

具体说来就是：第一，标题所写的事实，应是新闻中本来就有的，不能选择新闻以外的事实，更不能无中生有，加以虚构。第二，标题可以从新闻中选择某一事实，但是这种选择不能不顾及事物的全貌，不能歪曲整个新闻的基本事实。这里对标题选材范围的限定，就是要求标题要符合事实的原貌。请看下面例题：

长江油驳扑火勇士永垂不朽（主题）

历史不会忘记他们的名字：
张家华、田小林、周建荣、李胜明、程敬发、姜桂新、程
时锦、洪小兵（副题）

这是某报 1989 年 1 月 14 日的一条新闻标题。其中所列的 8 个人名，消息里并未写。

吃在京城　食者惊心（主题）

“桂发祥”大麻花保质期 80 年
“五粮液”被查假酒年前卖到今（副题）

这是某报 1993 年 3 月 26 日的一条新闻标题。副题中说：“‘桂发祥’大麻花保质

期80年”与正文不符。正文只是说“桂发祥”生产大麻花已有80多年历史，从未标明过生产日期。标题用调侃的笔调叙述客观事实，显然会让读者产生误解。

中国柔道队员再试身手（引题）

主队愈战愈勇三胜一平（主题）

这是某报1980年11月10日的一条新闻标题。正文写的是：中国队三胜一平四负，以一分之差负于日本队。标题略去“四负”，就隐去了中国队战败的基本事实。

（二）标题中的论断在新闻中要有充分的依据

英国也过中国年（主题）

查尔斯王子唐人街看舞龙（副题）

这是某报2000年2月9日的一条新闻标题。引题由查尔斯王子看舞龙，作出“英国也过中国年”的论断，缺乏充分的依据。

这里还要说明的是，标题的论断可以针对现实生活中的某种现象，可以“借题发挥”，但在文中必须要有充分的依据。例如在抗战期间，对国民党发动的“皖南事变”，由于当局的控制，在重庆出版的中共《新华日报》无法加以抨击，于是借发表伪军不断反正的消息，在标题中标出“中国人不打中国人”或“枪口对外”的词语，尽管此时标题所发表的议论是针对国民党当局的，但这种议论在文中也有充分的依据（伪军不断反正）。

二、选材重点：主与次

上一部分，只是对命题的范围加以限定（不能超出新闻所提供的内容）。而这个范围还是相当广的，到底应该从中选取什么内容作题？这就涉及选材重点的确定。新闻中最新鲜、最重要、最有特点、最能反映本质的事实，亦即新闻的精华，就是标题所要选择的重点。

撷取精华是标题制作的重要原则，下面将从两方面来阐述。

（一）精华的判断

新闻中的精华与非精华如何判定，从道理上很好讲，但实践中还会遇到种种因素的干扰，比较难以把握。诸如思维定势和求“全”思想的影响，程式化的束缚，以及表面现象的迷惑等等，都可能使标题未能突出新闻中的精华。请比较下面一组标题：

（甲）国家统计局发布月度经济形势报告（引题）

头两月国民经济运行态势良好（主题）

（乙）国家统计局分析今年头两个月国民经济运行态势（引题）

工业生产增 18％　物价涨幅达 20％（主题）

这是 1994 年 3 月 22 日甲乙两家报纸对同一条新华社通稿所拟的标题。1994 年我国国民经济在取得成绩的同时，出现了严重的通货膨胀，甲题未考虑到情况发生的新变化，仍按长期形成的思维定势，只谈形势大好，没有涉及存在的问题。乙题在指出“工业生产增 18％”的同时，大胆标出了“物价涨幅达 20％”。新华社向国人透露物价的涨幅，正是这篇新闻引人注目之点。应该说，乙题真正把握住了新闻的精华。

（甲）陈俊生在农业综合开发联席会上强调（引题）

沿海地区一二三产业要协调发展（主题）

（乙）陈俊生在农业综合开发联席会上强调（引题）

沿海省份农业不能瘸腿（主题）

乙题突出了陈俊生讲话的新鲜内容，抓住了新闻中的精华。甲题由于求“全”，未能突出讲话的重点（农业）。

1996 年 6 月 26 日，农业部和全国人大财经委联合召开了《渔业法》实施 10 周年座谈会，王丙乾副委员长在会上发了言。鉴于会议的发言没有多少精彩的内容，而新闻中背景材料所提供的信息颇有价值，《人民日报》没有按照会议新闻标题模式化的套路，标出会议的召开及领导人发表了讲话等等，而是从会议中透露出引人注目的信息出发，作了这样的标题：

我国水产品产量占世界 1/4（主题）

王丙乾说，《渔业法》提供了强有力保障（副题）

标题这样来标，抓住了新闻的精华，比模式化的标法更有新意。

采撷精华，还要求作题时不能为表面现象所迷惑，应善于抓住反映事物本质的事实。1985 年有一条在全国好新闻评选中受到表扬的标题：《“爱鸟迷”诚心护鸟“知心鸟”至诚爱人（引题）群鸟投奔王老汉（主题）》，它的原题是：《农民王金寿院里一棵树上百窝鸟》。显然，两题的着眼点不同。对于百窝鸟为何云集在王老汉家，原题强调的是他家有一棵能招百窝鸟的树，似乎这棵树有什么神奇之处，着重表现的是鸟与树的关系。而公开见报的标题则着重揭示，树能招鸟的原因在于人爱鸟。着力在人与鸟的关系上做文章，一语道破事物的本质。但是这条标题也有缺陷，只是笼统地说“群鸟投奔王老汉”，没有说明这群鸟不是一般的几只、十几只，而是上百窝。这是很少见的。标题在揭示现象的本质时，忽略了现象的奇异性所具有的吸引力。可见，如何做到现象的奇异性与本质单纯性的统一，确非易事。

采撷精华，还要顾及本报的特点。由于报纸肩负的任务、读者对象、发行地区的不同，命题时对新闻价值的判断和着眼点的选择也不同。例如 1994 年 3 月，我海空军在台湾海峡进行实弹演习，《解放军报》在标题中突出这次演习军事指挥上的特点：《贴近实战　组织周密　协同密切　士气如虹》，而《人民日报》则强调演习的威力：《体现高技术条件作战特点　显示海空强大作战实习》，警告分裂势力，突出的则是政治意义。尽管《解放军报》的读者同全国人民一样都关注演习的政治意义（事实上，军报也在文前提要中作了提示），但是军人们自然很关注演习在军事指挥上的特点，因此《解放军报》在标题中把它加以突出，也是抓住了文中的精华。

（二）精华的展示

在确定了什么是精华之后，接下来的问题便是：如何把它们展示在标题的各行之中。报纸上标题所占有的空间，犹如一块“寸金之地”，特别是其中的主题，尤为珍贵，如何把它经营好，对于能否吸引读者阅读来说，至关重要。

1. 新闻要素的安排

标题所写的事实，从件数来说，有的是一件，有的是两件或两件以上。对于两件或两件以上的事实，要加以比较，将价值最大的一件放入主题之中；若是只写一件事实，也要将它的各个组成部分加以比较，将其中价值最大的部分写入主题之中。因为后者情形比较复杂，下面主要讨论后者。

标题写一件事实包括的组成部分，按照要素来分，就有“何人”“何事”“何时”“何地”“为何”“如何”诸项。这些部分不可能具有同等价值，不必全写入主题之中。一般来说，“何人”“何事”往往写入主题之中，特别是一些反映重大事件的新闻标题，常常采用这种写法。但是在某些情况下，“何人”“何事”以外的其他几个要素可能价值更大，也可以把它们放入主题之中。例如：

今晚：月亮将带蚀而出（主题）

我国东部地区均可看到（副题）

（《人民日报》1988—08—27）

麻风病人可在家治疗（主题）

治结缔组织病银屑病也有良药（副题）

（《人民日报》1986－11－28）

前者把“何时”写入主题，是因为这里报告的是稍纵即逝的天象变化，时间这个要素极为重要，而且也需要在主题中提醒读者莫失良机；后者把“何地”（“在家”）写入主题，因这正是新闻价值所在。又如：

房地产证 12 天搞掂（主题）

增城市国土房管局“办证服务中心”方便群众（副题）

（《广东建设报》2000－04－05）

这条标题把“何人”“何事”都放到副题中，而把介绍这个中心是“如何”方便群众的，放入主题之中。因为在当时房地产开发业尚未完全走向正规的情况下，能做到“房地产证 12 天搞掂”，正是与众不同之处，所以在主题中突出了“如何”这个要素。

在新闻的几个要素中，对于“何人”的表现，有时会比较棘手。当“何人”比较长（例如单位名称）或不太重要时，若居于主题之首，往往干扰了读者对其他要素的注意。解决的办法是：一是改变称呼，在可能的情况下用简称或以新闻发生地比较简洁的地名代替，仍放在主题之中；二是改变位置，置入副题之中；三是改变语态，去掉“何人”，如“××××表彰×××”换成“×××受表彰”，将主动语态变为被动语态；四是改变形态，掐头留尾，某些新闻（如科学珍闻、社会新闻）的内容比较吸引人，而“何人”并非很重要，也可以干脆省略“何人”。

2. 词序的调整

对读者视线的吸引，标题优于正文，标题中主题优于辅题，主题中前半部分优于后半部分。正是基于这种接受心理，编辑制作标题时往往需要对叙述顺序作出调整。

标题一般采用顺叙（正叙）的写法，即“何人”做“何事”，它的好处是：符合认识程序和语言习惯，眉目清晰，一目了然。但是当“何事”成为关注的焦点，而“何人”居其次时，能否用倒叙的手法作题？请看下列例题。

中国最惠待遇
布什宣布继续（主题）

（香港《文汇报》1991—05—16）

这种倒叙的特点是客体（“中国最惠待遇”）在前，行为主体（“布什”）及行为（“宣布继续”）在后。它之所以要这样做，是因为此前的每年五六月份，美国对是否给予中国最惠待遇都要审议一次，因此香港人对此十分关注。标题用倒叙法，先把“中国最惠待遇”这个公众关注的话题摆出来，然后再回答怎么了，这样一种传播方法符合此时受众的心理。这样做可以把主题前半部（在这里是双行主题的第一行）所蕴含吸引读者的能量充分显示出来，有效地利用了这块寸金之地。

用倒叙法，不一定都用双行主题。前一题是因为布什总统代表美国宣布的，身份地位都很重要，才这样做。请看下一例：

两岸直接通航事（主题）

台“立委”促批准
并要求以金门作为中继港（副题）

（香港《文汇报》1991—06—25）

这个标题的主题是行为客体（“两岸直接通航事”），也是人们关注的热门话题，副题“台‘立委’”是行为主体，“促批准”是行为，也是一种倒叙的写法。因人物的身份不像布什那样重要，所以放到副题中。

这种倒叙的写法，香港报纸用得较多，但并非是香港报纸首创，而是中国报纸的传统写法。只是新中国成立以后，大陆较少采用罢了。请看1942年5月30日党中央机关报《解放日报》的一条标题：

胡须　鸡毛　老鼠（主题）

雁北敌强迫民众缴纳（副题）

这里将日寇强迫民众缴纳的物件（客体）作为主题，由于其非常奇特，彼此又风马牛不相及，颇能引起读者的注意。这时人们一定想了解这是谁（行为主体）用来干什么（行为）的，副题便作了回答。这样一种标法，可以有力地表现出日寇为残害中国百姓是如何挖空心思，花样百出，无所不用其极的。

用倒叙法作题，不仅适用于标题中“主题—副题”这种类型，而且还适用其他类型。请看下例：

大陆人至西沙（引题）

早至秦汉时代（主题）

考古学家获结论（副题）

（香港《文汇报》1991—06—25）

这条新闻的精华在于大陆人至西沙的时间，这里把它突出地写在主题位置上，借助引题的辅助说明，把考古的结论先呈现在读者的面前。而这个结论（客体）是谁（行为主体）作出的（行为），则被置入副题之中。这样引主题联合表现所要叙述的客体，仍是在前面，而行为主体及行为则在后面，依然是一种倒叙的写法。如果用顺序的写法则会变成：

考古学家获结论（引题）

大陆人至西沙早至秦汉时代（主题）

在这里，新闻中的精华（“早至秦汉时代”）被推到主题的后半部分。长期以来，西沙的归属问题是个热门话题，某些国家一直坚持西沙是他们的领土，考古学家的这一新结论，再次证明西沙是我国的领土。这条标题把结论摆在最前面，正显示了倒叙法的长处。

倒叙法尽管优点多多，但在使用上仍需有一定的限制。因为中国人习惯于顺叙写法，除非客体引人注目需要加以强调之外，一般不宜多用。尤其是在客体比较长又有不确定成分的情况下，宜慎用。例如：

美国卫星公司助中国改造导弹系统（引题）

北京指纯属无稽谎言（主题）

这是某报1998年5月23日的一条新闻标题。引题叙述的情况是个谎言，字数很多，若没有耐心的读者读下去，可能误以为是事实，及至看了主题之后才知道是假的。这样一种阅读效果，就未必是好的。

第五节　新闻标题的制作（下）

在确定了写什么之后，接下来的问题就是怎样写。这里面涉及新闻事实的概括、编辑意向的显示、文字表达的通俗、文字承载的容量和美学意蕴的追求等多方面的问题。下面准备从如何正确处理虚与实、藏与露、远与近、繁与简、形与神等多种关系来进行讨论。

一、事实概括：虚与实

前面在讲标题分类时，用到了“虚题”和“实题”的概念。那里的“虚”，特指理论、原则、愿望，“实”则特指事实。这里在讲述标题的写法时，又用到“虚”与“实”，是指对事实的抽象概括程度。这里把作较高程度的概括，称为“虚”；把作较低程度的概括，称为“实”。例如，平时常说这个题太“虚”，应该“实”一点。就是指标题的抽象概括程度（即抽绎水平）不要太高。

标题对事实的抽象概括，可分为两个等级。第一个等级，是在事实范畴内的抽象概括。即由消息所写的某个具体事实（简称“这一个”）概括为与它具有共同性的某一类事实（简称“这类”）。第二个等级，是由事实进入理论范畴内的抽象概括。即由这一类事实出发，提炼出一般的道理、原则和要求。经过这个等级，标题已成为虚题。

下面先讲第一个等级的抽象概括。“这一类”与“这一个”的特点是什么，用在什么地方，先从下列两题的比较谈起。

（甲）**“养命钱”禁止高风险投资（主题）**

有关部门强调：企业职工社会养老保险基金

只能购买国家债券（副题）

（乙）财政部劳动部作出规定（引题）

加强企业职工社会保险基金投资管理（主题）

这是 1994 年 11 月 29 日两家报纸的标题。甲题写的就是“这一个”，即禁止用企业职工社会养老保险基金从事高风险投资；乙题则将其概括为企业职工社会保险基金（不得乱用）要加强管理，就是“这一类”。因为这里包括了各种保险基金。

“这一类”的特点，一是涵盖面广；二是与新闻中所写的具体事物有了一定的距离；三是舍弃了行为条件如时间、地点、对象等带有个性的因素。总之，概括性强，易于揭示普遍意义和事物的本质；具体性较弱，容易缺乏新颖性和感染力。

“这一个”的特点，具体、形象、有个性，易于显示新颖性，富有感染力，但缺乏概括力，较难体现普遍意义和事物的本质。

“这一类”和“这一个”都是作题时所需要的。由于新闻标题主要是简要报告所发生的具体新闻事件，在一般情况下，应突出新闻中所写的“这一个”。例如上一例中，甲题所写的禁止用养老保险基金作高风险投资，是文件的新规定，因而具有新颖性和个性化，为广大读者所关注。乙题将其概括为加强社会保险基金管理，远离了新闻所写的具体事实，读者想要直接了解这项新规定，还必须剥去乙题所设“这一类”这层皮。由于“这一类”未接近新闻所写的实体，似乎有一种隔靴搔痒的感觉。

行为赖以存在的条件，是体现事物个性的重要因素，标题如过分突出“这一类”，就易抹煞其个性。如：

（甲）践踏人权　手段残忍　隐瞒真相（引题）

美曾对活人进行核辐射试验（主题）

争取核辐射受害者权益组织要求严加追究（副题）

（乙）美一组织要求（引题）

调查政府进行核辐射试验事件（主题）

这是1996年3月14日两家报纸的标题。甲题写的是“这一个”：对活人进行核辐射试验，乙题写的是“这一类”，将试验对象是人还是动物还是周围环境，若是人，是活人还是死人，一律舍弃，笼统概括为“核辐射事件”，涵盖面相当宽，尽管文字简洁，但令人气愤的事实（用活人试验）却不见了。这里说的核辐射与同类事件相比，就是它的试验对象不同。乙题忽略了这一点，就使事物的个性不能凸现。

同样，事物存在的时间、地点，同样是不可忽视的个性要素。请看下列标题：

（甲）国务院召开电话会议强调（引题）

把稳定物价抓紧抓实抓好（主题）

李鹏发表重要讲话　朱镕基主持会议（副题）

（乙）**宏观调控首攻通货膨胀（主题）**

李鹏要求：稳定物价力争今年四季度见成效，明年一季度有显著成效（副题）

这是1994年9月7日两家报纸的不同标题。关于物价工作，政府历来很重视，要求抓紧抓实抓好，保持物价的稳定。但是在1994年的中国大陆（这样的时间地点）出现了通货膨胀，此时已把抑制通货膨胀列为宏观调控的首要任务，这同非通货膨胀期间也要抓好物价工作，其意义和力度大不相同。甲题就没有突出此时此地的特点，仍是笼统地说把物价抓紧抓实抓好。这样的标题适用于任何时间，缺乏特点。而乙题《宏观调控首攻通货膨胀》是针对特定时间而提出的，个性就很鲜明。

标题除它所传播的某些口号具有长久的生命力（如“振兴中华”）外，其余所陈述的新闻事实都是“易碎品”，即便如此，标题对于那些具有长久生命力的口号也不能总是同语重复，也要寻找新的表达方式。比如“领导干部某某深入基层”，这是一个不朽的命题，为使标题中不再重复同样的词语，就应与新闻中的具体事实结合起来。有条消息写的是信访工作领导干部深入基层解决群众上访工作中的难题，标题的主题是《变上访为下访》，这里的“访”字紧紧扣住信访工作的特点，这里的“上”与“下”，表示了领导干部与群众的流动方向：过去是等待申诉者“上门”，现在是领导干部下去“登门”，有力地显示了消息中所描述的变动。这个事例可以说明，不朽的命题，借助新闻中具体事实的“外壳”，可以生发出新意来。

上面的分析，总的说明作题时不宜热衷于“这一类”，漠视了“这一个”。但是“这一个”因为具体，有时难免琐碎，而不易显示其普遍意义。而“这一类”在这方面又有其长处，是“这一个”不可代替的。

试看下列标题：

民企大额国际融资起步（主题）

东方集团财务公司在无政府担保情况下将获3 000万美元10年期低息贷款标志着国际金融界开始进入中国的非国有资本市场（副题）

（《中华工商时报》1998—03—30）

这里的东方集团财务公司在无政府担保下将获3 000万美元10年期低息贷款，是写的“这一个”。但为什么不在主题中加以突出，是因为它过于具体，它所蕴含的意义不易为读者所了解。主题对它作了进一步概括：“民企”，指出了企业的性质；“国际融资”是指在无政府担保下获得10年期低息贷款；“大额”是指3 000万美元。通过这样的概括，向人们展示：民企在国际上进行大额融资，现已有了良好的开端。这里所显示的是“这一类”，它揭示了事物的本质和发展的趋向。

标题的概括抽象的第二个等级，是由事实抽象为道理、原则和要求，写成虚题。有两点特别值得注意：

第一，从新闻事实中抽象出来的道理，一定要言之成理，符合科学原理，经得住实践的检验。有家报纸赞扬上海皮鞋厂在处理同兄弟厂的关系上能发扬高尚的风格，标题（主题）是《国内市场——让　国际市场——争》，似乎同行之间在国内市场相见只有“让”，不能“争”，很显然是片面的。

第二，虚题既要对新闻内容进行抽象与概括，又要保持新闻的个性。例如有条新闻写工厂的负责人把自己的严重违反厂纪的女儿除名，如果作成虚题《党性高于一切》，就不如《党性高于父女情》好。因为“党性高于一切”，到处可用，成了“万能标题”，特点不鲜明。而《党性高于父女情》，把范围限定在如何用党性原则处理父女之间的矛盾，隐约地显示这件事发生的某些具体环境，更能体现这篇新闻的个性。

二、意向传达：藏与露

标题所要写的事实是多种多样的，有的是美好的，有的是丑恶的；有的是令人喜悦的，有的是令人悲哀的；有的是令人气愤的，有的是令人感叹的。要表现这些事实，编者首先就要确定自己对这些事实所持的态度。归纳起来编者的态度有三种，即：肯定的态度（如歌颂、赞扬、支持、同情），否定的态度（如怒斥、揭露、嘲笑、讥讽），和既不赞成也不否定的第三种态度。编辑作每个标题时，都面临着这三种态度的选择。这就涉及了编辑意向传达的藏与露的问题。

所谓“藏”与“露”有三种状态。第一种是全部把态度隐藏起来，即所谓全“藏”，也就是用中性词语客观叙事，不作任何褒贬。其实这种全“藏”也是一种不表态的“表态”。第二种是把态度公开直接地显示出来，运用褒贬十分鲜明的词语，表达编者的态度看法。第三种是半“藏”半“露”，即用褒贬色彩不十分鲜明的较温和的字句，稍微显示一点态度。例如，当年在上海办《文汇报》的徐铸成，有次收到一篇消息，称国民党政府行政院院长孙科突然离职，他考虑到若用《孙蒋发生矛盾》或《孙科拂袖而去》，恐难通过当局的新闻检查，同时也太武断，最后用了《孙科何事消极》这样的标题。[①] 在这里，“何事消极”比“拂袖而去”，词语的感情色彩比较温和，含蓄地表达了编者的态度和看法。

那么，作题时，编者的态度如何显示呢？

（一）藏与露的制约因素

1. 认知因素的制约

新闻标题所要表达的事实有政治的、经济的、文化的、历史的以及自然界的

① 参见王知伊等主编：《编辑记者一百人》，327页，上海，学林出版社，1985。

种种现象，其中有些事实的真相尚未充分暴露出来，有些是历史之谜，有些是科学上的大胆设想，未知的成分相当大而又要加以报道，由于人类认知上的原因，作标题只能“藏”一些。例如，1980年初“两伊战争”期间，中国作为第三国，对双方的战况不十分清楚，加上外交上的原因，中国报纸在报道双方战况时，只能援引双方各自的说法，作成如下面这种标题：

伊拉克总统说伊朗的进攻被击退

伊朗说收复三百多平方公里失地（主题）

（《人民日报》1981—11—04）

很多科学之谜（如飞碟是否真有）的报道也是如此。请看这个标题：

莫非飞碟来遨游（主题）

大港上空出现不明飞行物，目击者向本报记者介绍所见经过（副题）

（《天津日报》1980—10—15）

这里的主题特别用了“莫非”两个字，表示编者的存疑既无法肯定，也无法否定。

总之，对所表述的客体情况是否明确，是决定“藏”与“露”的重要条件。情况不明，只能“藏”，这是任何负责任的报纸都要采取的态度。

2. 环境因素的制约

时机成熟不成熟，是客观环境制约的一个因素。有时由于时机不成熟，不宜公开表态，只能采取“藏”的方式，客观叙事。

外界的压力，是客观环境制约的又一个因素。外界压力大，不允许标题直接公开表示鲜明的态度，需要标题写得比较含蓄，“藏”一些比较有利。例如1941年皖南事变之后，国民党逼迫重庆各报采用中央社颠倒黑白的消息和标题，要标出“新四军违抗军令被解散”，《新蜀报》不愿原样刊出，但虑及报社的生存又不能不登，于是将标题改成《新四军被解散》，有意回避了“解散”的原因。标题的这种“藏”完全是由外界的压力造成的。前一例，徐铸成选用温和的字眼，也是同外界的压力有关。

考虑到与外界的关系，也是环境的制约因素。比如纯属别的国家的内部事物，我们的标题不宜说三道四。如《扎米亚京在电视台谈谢胡之死》（1982年3月8日《人民日报》），谢胡是阿尔巴尼亚的前领导人，对于他究竟是在什么情况之下死亡的，不宜作简单的表态。在一个国家之内，一个政党的机关报报道其他政党时，标题是“露”还是“藏”，也要受到与其他政党关系的制约。2000年底，已失去执政地位的国民党派代表来北京会见钱其琛，我们的报纸在标题中就是客观叙事，未鲜明表示倾向。这就是考虑当时海峡两岸的形势和当时的两党关系。

3. 读者心理状态的制约

标题的“藏”与“露”还受读者接受心理的制约。第一，标题所述事实清楚明白、易于理解，读者对此已了然在胸，不喜欢编辑画蛇添足，这时需要“藏”而不需要“露”。第二，读者可能因编辑直接表露意向而产生反感或不必要的顾虑，这时就需要“藏”。第三，尊重读者自己的判断力，给其留出思考空间，这时也需“藏”不需“露”。第四，当读者正处于困惑之中，需要编者表明自己的意向，而又有条件这样做的时候，标题自然应该“露”一些。

4. 编辑主观愿望的制约

标题的“藏”与“露”，还要受到编辑意愿的制约。编辑所承担的职责、所扮演的社会角色和职业的操守都直接决定着编辑的意愿。一旦条件成熟，这种意愿便会表达出来。本章开头时所举《新华日报》的标题就是一个例证。皖南事变后，编辑对当局的恶行十分愤慨。但处在国民党势力控制下的重庆，这种情绪不能在标题中充分表达。恰好遇到两条伪军反正的消息，于是借题发挥，在标题中点出《中国人不打中国人》和《枪口对外》，矛头指向国民党当局。本来在抗战期间，伪军反正的消息连续不断，不必在每篇消息的标题中都标出上述字样，但此时编辑愤怒的情绪无法扼制，不能不借机表达出来。

面对大是大非问题，如事关中国领土主权完整、民族的尊严、国家的安全、人民的根本利益的时候，编辑在作题时都应鲜明表达自己的态度，对于大力倡导的东西，标题需要“露”一些，对于引而不发的东西，标题应该“藏”一些，给人留有思考的余地。

（二）藏与露的方法

标题的“藏”与“露”，可以采用内容的取舍、词义感情色彩的选择、背景的衬托、新闻来源的交代以及句式的不同等多种方式。鉴于前面对内容的取舍和词义感情色彩的选择，已有多处论述，这里不再赘述。下面仅就其他几项，略作补充。

1. 背景的映衬

例如：

欧洲苦战　纽约狂欢

（《新华日报》1940—01—03）

这是第二次世界大战期间的一则标题。1939 年欧洲一些国家的人民相继参加抵抗德国法西斯的战斗，苦战之中迎来了 1940 年元旦。消息写的是在尚未宣战的美国，纽约正在欢度新年的情景。标题用“欧洲苦战”作为映衬，表达了编者的感慨。

2. 新闻来源和事情起因的显示

例如：

世界现存最古老的报纸是什么报？（主题）

方汉奇认为是唐朝的《进奏院状》（副题）

这是1982年10月16日一家报纸的标题。标题在陈述世界现存最古老的报纸这一事实时，特意指明这是一位专家（方汉奇）的见解。这一方面说明，这一见解是专家的结论，是有根据的，另一方面也表明对这类可能有不同见解的学术问题，编辑所持态度是客观的。有时对新闻事实起因的交代也有助于表达编者的态度。例如：

钱其琛应约会见苏联驻华大使（主题）

表示中国政府一贯主张并始终认为，苏联的内部事务应由苏联人民自己来处理。相信戈尔巴乔夫总统恢复履行职责后，中苏睦邻友好关系将继续得到发展（副题）

（《光明日报》1991—08—23）

1991年苏联政局发生急剧变化，在“8·19事件”中，戈尔巴乔夫被剥夺了总统权力，旋即又恢复履行职责。钱其琛对此事发表的见解，是应约会见苏联驻华大使时说的。没有应约，就没有这篇消息，这可以说是新闻事实的起因。一般来说，起因并不太重要，但在特殊时期这种起因不可等闲视之。对于围绕“8·19事件”所发生的政局变化，我国政府从不愿意迅速作出反应，标题中突出“应约”二字，表明不是我们积极主动，体现了我国政府的上述立场。

3. 句式的选择

在表态时，标题所使用的句式不同，抒发的感情强弱亦有不同。相比之下，陈述句不及疑问句、祈使句和感叹句表达的感情强烈。例如：

出了事故，“官官相护”行吗？
谎报军情，是“由于骄傲”吗？（主题）

首都学术界对“渤二”事故反应强烈（副题）

（《羊城晚报》1980—08—30）

这个标题使用了疑问句，以质问的口气，表达了激愤的感情。如果用陈述句来表示，就可能是这样：

首都学术界对“渤二”事故反应强烈（引题）

批评某些人隐瞒真情互相包庇（主题）

所表达的感情自然不如原题强烈。

疑问句、祈使句和感叹句虽然在表达感情方面比较强烈，但是新闻标题的主要任务是向读者报告新闻中的重要事实，使用的主要手段是叙事，常用的句式仍为陈述句。编辑要善于运用这种句式巧妙地表达感情。例如，《朔县十一个医疗单位开出许多奇怪处方（引题）用药是：电热褥、热水袋等（主题）》，这里除了“奇怪”二字略显贬义外，全句是靠对事实的陈述来表示编者的批评态度的。

（三）藏与露的要求

标题用“藏”与“露”的方法是为了表达编者的态度与感情。作这种表达，要注意把握以下两点：

1. 界限要分明

对新闻事实所持的肯定态度和否定态度，表示截然相反的两种倾向性，应该分别用在表现不同的事实上，作题时不能混淆。如果对于应该肯定的事物，标题采取否定的态度，或是对于应该否定的事物采取了肯定的态度，都是褒贬失当，会对读者产生不良的影响。1982 年，台湾著名射箭手张康寅访问日本，因所住的饭店失火而遭不幸。有家新闻单位为这条消息拟的标题是：《台湾著名射箭手张康寅命丧火窟》。“命丧火窟”四字用语轻佻，对自己同胞的不幸未能表示应有的同情，显然不妥。

标题中的褒贬混淆，原因是多方面的，有的是表现方法不当（如错用了词语），有的是指导思想不对头（如哗众取宠，有意取悦某些人），有的则是根本立场态度问题。

2. 分寸要得当

标题中表示态度感情，除了在性质上（是褒还是贬）不能混淆外，在程度上亦应有所区别。例如同样持有肯定（或否定）的态度，有时需要强烈一些，有时需要弱一些。不能到处是一个调子，一个面孔。又如在抒发感情方面，要表现“怒”，就有不快、轻微的不满、愠、忿、激愤、大怒等不同程度。所谓表态的分寸要得当，就是要针对不同的对象，把握与之相适应的度。如果不得当，无论是“过”还是“不及”，都会引起读者的不快和反感。有条新闻写的是第三世界某国对某超级大国的侵略行径未加谴责，甚至还替它开脱。这种态度恰与第三世界多数国家的态度相反。标题没有以金刚怒目式的态度去斥责，而是以“与众不同”四个字加以提醒和暗示，用语不多，点到为止。度的把握就比较适当。

三、视角选择：雅与俗

标题所要表述的事实，从哪种角度切入，也是关系到标题怎么写的问题。角度有多种多样，这里仅从选择专门工作者角度还是群众角度来阐述。所谓视角选择的“雅”与“俗”，就是就这个意思来说的。

这里所谓的专业工作者包括某一行业、企业的专门管理人士、专业技术人士等等。涉及他们的新闻事实很多是群众所要了解的。但有时标题对于这些事实的表述，专业性、技术性太强，使读者感到十分陌生，只能离它而去。如何缩短它与读者的距离，如何做到专业性与群众性亦即社会性的统一，这是标题制作中需要认真解决的问题。试比较以下两题：

（甲）牡丹江市仪器仪表二厂（引题）

试制成酒敏反应器（主题）

（乙）**司机喝过酒　汽车开不走（主题）**

酒敏反应器试制成功（副题）

这是1983年3月8日两个新闻单位所作的不同标题。甲题是从某个专业工厂试制某种产品的角度命题的，其中提到的酒敏反应器，对专业人士来说，并不陌生，但是由于未作解释，对广大读者来说，就比较难懂。总之，这条标题专业性有余，社会性不足。乙题则不同，是从广大的读者角度命题的，虽然也提到酒敏反应器，但在主题中已作了通俗的解说，做到了专业性和社会性的有机结合，因而是一个较好的视角。

如何做到专业性与社会性的结合呢？

（一）利用已知的东西作桥梁，当好“翻译”

读者关心的专业内容，有很多是未知的东西，这是作题时无法避免的内容。关键的问题是，编者能否以读者已知的东西作桥梁，将其由已知部分引入到未知的领域。这也就是要求对文中关键性的专业技术词语，作一点通俗解释的工作，亦即“翻译”的工作。“翻译”的文字即是已知的部分，其目标是引向未知。试比较下列各题：

（甲）**我国航海仿真技术进入新阶段（主题）**

微电脑控制的彩色操船仿真系统通过技术鉴定（副题）

（乙）航船训练不出海　电脑仿真临其境（引题）

我国彩色操船仿真系统通过鉴定（主题）

（丙）**身在室内能"漂洋过海"**

无实船可操练真本领（主题）

我国首次将微电型电脑成功应用于舰船训练（副题）

这些标题作于20世纪80年代，当时电脑尚未普及，仿真技术更是少为人知，所写内容对读者来说很多是未知的。甲题对此未作解释，有缺陷。乙丙两题虽有不足，但对关键词语"操船仿真系统"都作了通俗的解释，与读者的贴近性就更强一些。

（二）避开技术过程，突出功能和效益

有些专业技术词语，在十几个字的标题中，无论如何"翻译"，也不大容易说清楚。可以索性不去"翻译"它，而采用其他表述方法来使其通俗化。

专业技术是以其工作成果服务于人类的，一般人享用的是它的功能与效益。因此这些内容对广大读者来说，最具有接近性，而且读者比较容易懂。例如：

查询电话只需三秒钟（主题）

电表厂制成磁盘存贮器（副题）

（《文汇报》1979—12—16）

这里没有必要对磁盘存贮器作什么"翻译"工作，只要把它的效能标出来，读者一看便清楚了。

技术过程是专业人员关心的东西，作为大众媒体在字数有限的标题中避开它也无妨碍。

（三）放下架子，露出笑脸

有些专业内容，是有关管理部门制定的规章条例、管理办法，有一定的权威性和严肃性。但有关这类内容新闻的标题也应尽可能放下架子，多从读者的角度切入，写得生动一些、通俗一些。请看例题：

（甲）拓宽券商融资渠道　促进资本市场发展（引题）

《证券公司股票质押贷款管理办法》昨日发布（主题）

（乙）**可用股票贷款了（主题）**

《证券公司股票质押贷款管理办法》昨日
发布允许符合条件的证券公司以自营股票证券
投资基金券作质押向商业银行借款（副题）

这是2000年2月14日两家报纸的标题。内容都是关于金融业务的，具有一定的专业性，甲题从管理者的角度命题，对一般读者缺乏贴近性。乙题的副题很长，也有较强的专业性。但主题《可用股票贷款了》，一般读者都能看得懂，想要贷款的读者则可能会更感兴趣。

1996年4月1日《固体废物污染环境防治法》在我国实施。有家报纸的标题是：

“垃圾包围城市”状况可望缓解（主题）

《固体废物污染环境防治法》今日实施（副题）

垃圾包围城市，是普通老百姓都看到和讨厌的，主题从此点切入来写，就容易引发广大读者的注意和兴趣。

另一家报纸的标题是这样写的：

公开技术　减免税收（引题）

国家请你发垃圾财（主题）

这个标题虽然是从经营角度写的，但直接对话的是“你”，笑容可掬，使读者感到很亲切，且通俗易懂，也是一个不错的标题。

四、承载容量：繁与简

新闻中的精华，能否在标题中得到突出，与文字是否简洁有很大关系。冗长的文字，只能将新闻中的精华埋没，削弱读者的注意力。

心理实验证明，人的眼球转动是在移动视线，只有眼球停止转动方能看清文字。按照通常阅读距离计算，人的最佳视野是20多度。据统计，六七个字的标题可以在眼珠不动的情况下，一目了然。因此，标题越长，眼球移动次数越多，阅读越不方便。因兼顾承载容量的要求，当然不可能要求每条标题都很短，但至少标题中的主题应力求很短，十个字以内最好。因此人们把标题称作是“一瞥的艺术”。

标题的简洁是个比较概念，有两层含义：一层是同标题所应担负的功能相比。向读者提供简要信息是标题的应有功能。如果标题所提供的内容超过这个“简要”的界限，提示了不该在标题中交代的内容，就是“功能过剩”。若是标题所提供的内容大大低于“简要”的界限，以至读者看不明白，未发挥其应有的作用，就是“功能不足”。无论是“功能过剩”或“功能不足”，都不是我们所要求的“简洁”。

简洁的另一层含义是，标题的字数同所要表达的信息量相比较。在信息量相同的情况下，标题的字数越少越好。下面就标题如何做到简洁明快作一些阐释。

（一）善于省略

对于标题中繁冗的部分要敢于大胆删节，具体做法是：

1. 只保留事实的核心部分，省略其他部分

例如：

我国“九五”重点科技攻关项目“夏商周断代工程”
在京公布《夏商周年表》（引题）

古代确切纪年前推 1200 多年（主题）

2000 位多学科专家经五年努力，用现代科学揭开了千古谜团（副题）

这是某报 2000 年 11 月 10 日的一条新闻标题，主要写了下列四方面内容：

A.《夏商周年表》公布，古代历史纪年前推 1200 多年；

B. 方法、意义：用现代科学揭开千古谜团；

C. 工程名称：中国“九五”重点科技攻关项目“夏商周断代工程”；

D. 参与者、经历时间：2000 位多学科专家，经五年努力。

A 为标题中必须提示的内容，是新闻中的核心部分。B 是接近新闻的核心部分，是标题可以提示的内容。C 和 D 是可以省略的部分，若原样标出来，标题所发挥的功能就有些“过剩”。

同上条标题相比，下列两条标题较好：

（甲）《夏商周年表》廓清千古之谜（引题）

中国历史纪年上推 1200 多年（主题）

（乙）现代科学研究揭开千古学术悬案（引题）

《夏商周年表》正式公布（主题）

我国历史纪年向前延伸了 1200 多年（副题）

在这里确定核心事实的标准是广大读者普遍需要从标题中获知的内容。上面所列的4项中，C、D两项显然不是。关注B项者也少于A项。C、D两项在新闻中是必不可少的，但并不是标题中不可少的，两者不可混淆。所谓标题提示功能“剩余不剩余”，界限就在这里。

2. 只保留事情发展的结果，省略那些不必要的过程及细节

例如，《××铁路胜利接轨通车》，既是能通车，必是已经接轨，标题中的“接轨”就可省。又如：

经哈尔滨市第一商业局机关党支部讨论、上级党委批准（引题）

贪生怕死的姜世友被开除党籍（主题）

（1980—04—03）

引题的内容也是属于不必要交代的过程。

3. 省略消息来源

例如：

国务院批准关于整顿招待所的报告规定（引题）

全国所有行政企事业部门招待所一两年内
都要逐步实行企业经营独立核算自负盈亏（主题）

（1980—03—24）

引题中交代的消息来源可以删掉。主题可改为：

全国各行政企事业部门招待所将自负盈亏

4. 省略不必要的议论

如，一篇关于北京市建立高等教育自学考核制度的新闻，标出《调动群众学习积极性　加速培养四化人才》的引题，就属于人所共知、无需强调的议论。

5. 连续报道中的新闻，其标题可以承前省略

1998年上半年连续几次调低利率，7月1日公布再次调息。有的报纸的主题只标四个字：《利率又降》。连续报道的标题可以承前省略，须是像调息这样引人注目的新闻，而且前后间接的时间又不太长。否则也不能轻易省略。

（二）善于提炼与浓缩

经过删除，标题的内容已经不能再削减了，但是表达这些内容的文字能不能更精练一些，这就要看编辑在使用语言时是否富有概括力，能否做到“以少胜多”。

1. 锤炼字句

（甲）**原有八大名酒保持特色**

新增十种名酒各有千秋（主题）

全国第二次评酒会议评出十八种名酒（副题）

（乙）全国评酒会议细心品定（引题）

八大名酒喜添十名佳侣（主题）

这是1964年2月22日两家报纸的标题。（乙）题用“八大名酒喜添十名佳侣”概括了两个方面的内容：第一，“喜添”两字表明八大名酒仍保持盛誉，第二，新增十种名酒既然堪称“八大名酒”的“佳侣”，必定也是上品。在这里，用10个字表达了20个字的内容，足见锤炼字句的功力。

2. 适当采用简称

标题由于受到字数的限制，遇到较长的词组，可以把它加以压缩简化。方法很多。有的还可以把一个词组分成几节，在每节里选择一两个字组成简称，如“中华全国青年联合会第五届第一次会议”可简称为“全国青联五届一次会议”；有的可把两个并列的附加语简化，合用一个附加语组成简称；有的可用数字概括并列的几个词组来组成简称；有的还可以用一个极富有特征的字来代替。例如：

港警扫除黄、赌、毒（主题）

扣留人数已逾二千（副题）

（《新民晚报》1987—10—08）

这里的“黄”“赌”“毒”三字并用，分别代表贩卖淫秽品、赌博、吸食和贩卖毒品。

国外人名很长，有的报纸按中国习惯将名字的第一个字加上一个“氏”字。如勃列日涅夫，简称“勃氏”。有的将名字的第一个字加上职位的简称。如美国前国务卿奥尔布赖特称为“奥卿”。

有时新闻中使用的名称很长，但又无法采用人们能接受的简称，制作标题时只好避开，采用一种变通的办法。有条新闻报道：1987年第二届外国友人唱中国歌大赛，上海赛区15名歌手将进行决赛，并由上海电视台实况转播。《新民晚报》的标题是：

外国人唱中国歌（主题）

明日荧屏决名次（副题）

这里有意避开比赛的名称，用活动的内容（外国人唱中国歌）和进程（决名次）

来代替，反倒简洁而明快。

（三）善于利用标题各行之间的关联性

组成标题的各部分之间，存在着一种有机的联系，做题时如能巧妙利用这一点，可以使标题更加简练。

各行标题，均需简洁，主题尤为重要。下面将讨论如何利用各行题之间的关联性，做到主题简洁明快。

1. 长行截短，短行突出关键词

为减轻读者心理负担，可将长句组成的一行题，断开分作两行或三行，由于利用各行之间的关联性，仍可保持原句中应有的内部联系。长行截短后，各个短行若能只保留一个是主题，其余为辅题，这是最佳的选择。例如：

上海口岸出口（引题）

首破 500 亿美元（主题）

（《中华工商时报》2000－11－23）

海信转型（主题）

20 亿投向信息产业（副题）

（《中华工商时报》2000－07－31）

这里若不截短，长行都在 12 字以上。读起来不如短行轻松。而且截短后“首破 500 亿美元”和“海信转型”还得到了突出。再如：

应对入世（主题）

专家建议适当组建金融集团（副题）

（《中华工商时报》2000－12－18）

这条标题要拉成长行便是：《专家建议应对入世要适当组建金融集团》。这里要将长行截短，便从中抽出“应对入世”作主题，其余部分作副题，两个短行仍具有紧密的关联性。

在原本短行的标题中，仍可截短，这时的主题只有一个关键词，整个标题更加简洁明快。例如：

手机（主题）

单向收费（副题）

岳阳先行（副题）

（《中华工商时报》2000－11－24）

在当时收打手机都是双向收费时，岳阳电信部门先行单向收费。这里的主题（“手机”）是陈述对象，副题是陈述行为。标题分作三行，每行的阅读数量很少，极为鲜明。又如：

闽利用外资（引题）

下滑（主题）

（《中华工商时报》2000－11－21）

主题是个动词，表示行为的趋向，正是这条标题所要强调的关键词。

以上两题，每行字数都很少，安排在短栏宽的版面极为适宜。

2. 慎用双行主题

对它的使用不可过多过滥。可利用标题内各行之间的关联性，将使用过多的双行主题改为一主（题）一辅（题）的样式，或干脆将主题改为一行，另一行则删除。

主题是标题中最引人注目的“黄金”地段。它有一个特点：字数、行数与吸引力成反比。字数越多、行数越多，吸引力越弱。因此在这个意义上，双行主题不如一行主题。但是双行主题又有其突出的优点：容量大、易于表现对等、对比意义，作题时又不能完全不用。例如：

（甲）**乔伊纳姑嫂同领风骚**

女飞人两破世界纪录

（乙）**鸡鸣三省应**

人行三省难

甲题表现姑嫂共在奥运会创佳绩，用双行主题表达对等意义；乙题表现贵州与两个邻省的某一处交通之不便，用双行主题表达对比的意义，都是完全必要的。

但是在利用双行主题容量大的特点时，切莫走入误区。下面几题都是利用双行主题叙述事情的经过，有的用得好，有的就差一些。

（甲）**失爱子强忍悲痛**

捐器官连救八人

（乙）**看广告千里迢迢进京**

上一当吸脂差点送命

（丙）**拯救工程接近尾声**

比萨斜塔有望延年

三条标题都是利用双行主题容量大的特点，写事物的一段发展过程。甲题写阿根廷一对夫妇先失去爱子，后又将其器官慷慨捐赠助人，这里用双行主题作对比，显示其高尚的情操，很有意义。乙题写一女子为减肥误信广告而上当。“千里迢迢进京”，表示对广告十分信服，用以同“吸脂差点送命”作对比。其实对“千里迢迢进京”不必在主题中过分强调，因为无论女士身在何处，“吸脂差点送命”都会引起注意的。标题用一行主题“看广告吸脂差点送命”即可。丙题可以把第一行主题“拯救工程接近尾声”改作引题，因“比萨斜塔有望延年”才是人们最关注的新闻。

双行主题使用过多，除了表现在过程叙述方面，还表现在行为主体和行为评价方面。例如：

借用“人工椎体”无须剜肉补疮

北京老年病院治脊椎病有新术

行为主体“北京老年病院”等项内容并非是主题中应强调的内容，可置入副题之中。

保暖内衣广告言过其实

消费者购买应慎重选择

其实，读者不是三岁小孩，只要知道广告言过其实，便会采取相应的对策。所以第二行主题的劝告完全可以删去。若想再引起消费者注意，不如将广告言过其实的事例举出一两个，写入辅题之中。

有些文件通知改作新闻发表，对文件中的长标题“关于……通知”原样搬入新闻的主题之中，一行排不下，排成两行，读者阅读极为不便。这是双行主题中最为常见的现象。解决的办法是，把文件精神概括成一句话作一行主题，把“关于”“通知”之类词语放入辅题之中。

3. 借用符号，节省文字

中国报纸标题历来很少用标点符号，除非十分必要，才偶尔用之。可是近年来，这种状况开始改变，不仅常用标点符号，而且还用数学符号。主要是因为现代的读者接触信息的渠道很多，迫切要求报纸以更为便捷的方式将信息传递给他们。于是编辑作题想到了各种符号，借以节省文字，做到更为简洁明快。

在各种符号中，算式符号人人皆知，通用性强，因此常被用来作题。全国人大常委副委员长王光英有次谈到对外贸工作的见解，新闻的标题是：

王光英列出三个“不等式”（主题）

投资方式≠独资、合资、合作（副题）

三资企业≠出口企业（副题）

投资环境≠减免税金（副题）

这里用算式表达了富有辨析性的思考。下面再看用符号来叙事的例子：

脏水＋咸盐＋色素＝酱油（引题）

慈溪市一厂长心忒黑（主题）

广东大学生吃香了！（主题）

供：需＝1：4（副题）

用符号来叙事，清楚明白，可以节省不少文字。

标点符号，过去作题也偶尔用过。现在有一种标点，大行其道。这就是冒号。请看下例：

（甲）**聚友：100 亿打造网络巨人**

（乙）**波黑：常谈停火　屡见硝烟**

（丙）歹徒持刀　砍人砍包　遇上追兵　插翼难逃（引题）

抓劫匪：150 比 1！（主题）

（丁）**煤：山西积压　上海缺口**

甲题冒号前是行为主体，冒号后是行为。若不加冒号，至少需在“聚友”（集团）与“100 亿”之间应加上“投资”二字。乙题冒号前是地域或国家，冒号后是行为。文意表现十分清晰、鲜明。丙题冒号前是行为，冒号后是解释。若不用冒号，则会写成：《一个劫匪逃窜　150 人奋力追击》，不如现在的写法。丁题冒号前是共同要素，冒号后是分别叙述。若不用冒号，则会写成：《山西煤炭积压　上海燃料短缺》，用冒号则可省三个字，对比也更加鲜明。

五、美学追求：形与神

标题在传播新闻中最新鲜、最重要、最引人注目的事实时，在文字上除了要简洁、通俗外，还应力求生动。文字要优美，修辞要讲究，力求形神兼备，尽可能给人以较多的联想和美的享受。下面从修辞方面作一些阐述。

（一）巧用富有表现力的事物表现标题的内容

巧用现实生活中富有表现力的事物来表现标题的内容，可以使标题不仅更为明白易懂，而且也更生动、活脱。在这方面常用的修辞方法有比喻、比拟和借代等。

1. 比喻

作题时用现实生活中具体的、浅显的、熟知的事物去说明和描写那些抽象的、深奥的、生疏的内容，就是比喻的方法。标题中常用的比喻有明喻（形式是：甲如乙，甲即本体，乙即喻体，比喻词是“如”或“似”），暗喻（甲是乙）和借喻（甲不出现，由乙代替）。例如：

世界杯赛如同高等学府

山姆大叔只配上学前班（主题）

捷队5比1狂胜美国（副题）

（《今晚报》1990—06—07）

会计王玉凤是个“铁大门”（主题）

截住一张面额313 000元的非法支票（副题）

（《北京晚报》1988—06—30）

第一例，比喻词是“如同”，为明喻；第二例，比喻词是“是”，为暗喻。

广东海龟有“护身符”（主题）

捕杀一只罚款千元（副题）

（《新民晚报》1988—07—17）

主题只有喻体“护身符”，没有本体（“法律”）和比喻词，是借喻。但联系副题所写罚款事实，可以想象到“护身符”是指保护海龟的有关法律。

在各种修辞方式中，比喻是标题中最常用的一种。运用好比喻，选择喻体最重要。有些喻体本身就很难懂，应避免。如《不唱“仰天曲”不走“水面漂”不敲“空锣鼓”（主题）英山县领导成员学风端正（副题）》。有些标题中的喻体是很清楚的，但是喻体与本体的关系让人看不懂，也失去了比喻的意义。如《纠正商业服务网点建设上的形式主义（引题）哈尔滨市开“窗”放“鸟”群众称便

（主题）》。原来这个市把数以百计的商贩、匠人集中在一条街，作为搞活经济的“窗口”，因此才提出“开‘窗’放‘鸟’”。用意或许很好，可是标题让人看不懂。

2. 比拟

就是把人当做物，把物当做人或把甲物当做乙物来描写。采用这种修辞手段，可以抒发强烈的感情，给人以鲜明的印象和具体感受。例如：

浙江大学生今年成“俏货”（主题）

省内可供1.7万人，目前需求量突破4万（副题）

（《中华工商时报》1993—02—01）

这里把人（“大学生”）当做物（“俏货”）来描写，是拟物的写法。用以生动地反映大学生分配中的市场意识。再如：

洪峰俯首过三门（主题）

黄河大洪峰被三门峡工程截住四分之一（副题）

（《人民日报》1959—08—24）

这里把物（“洪峰”）当做人（“俯首”）来描写，是拟人的写法。用以表现人类征服自然的气概：迫使桀骜不驯的洪峰“俯首称臣”。再看甲物拟乙物一例：

闽个体私营经济多云转晴（主题）

生产型私营企业呈现上升趋势

外向型个体私营经济稳步发展（副题）

（《中华工商时报》1991—03—16）

这里是用物（“多云转晴”）来描写物（“个体私营经济”），是以物拟物的写法。从天气的阴晴反映事物发展的态势，比较生动简练。

从上面的例子中可以看出比拟与比喻不同，比喻要求甲、乙之间有相似点；比拟则是用甲的动作、形态描写乙，特点在于“拟”（模仿）。

3. 借代

就是改换名称，不直接把人或事物的名称说出来，而用一个跟它有密切关系的名称或事物来代替。运用这种修辞手法，可以显示事物的特征，表达特定的感情，引起读者联想，增加标题的生动性。例如：

市长接待日　红领巾登门

童稚抒己见　诸领导知心（主题）

（《中国青年报》1985—05—29）

这里的海滩“黄如金软如苔”（引题）

浙江也有一个“北戴河”（主题）

（《羊城晚报》1987—08—05）

羊城寿星多（主题）

（《工人日报》1980—06—19）

第一条是以事物的特征、标志来代替事物本身。“红领巾”在这里代少先队员。第二条是以特称代替泛称。“北戴河”是特称，这里借代海滨浴场。第三条以别称代替事物的本称。“羊城”是广州的别称，“寿星”是长寿老人的别称。

以局部代整体，也是替代的一种。如国际政治新闻标题中以“北京”代“中国”，以“巴黎”代“法国”都是常见的。第二次世界大战中，1945 年春苏联红军反攻，打到易北河，即将与美英军在德国的心脏地区会师，中国桂林一家报纸作的标题是：

哥萨克骑兵　饮马易北河（主题）

这里用军队的一部分——军马的动作借代整个军旅的行踪。“饮马易北河”以正义之师的悠闲平静，显示志在必得的信心。这比《苏联骑兵师抵达易北河》更为有声有色。

借代，不能随心所欲。有一篇新闻写一个老鼠把一张可以买一条牛的存款单叼走了，标题写成《老鼠叼走了一条牛》，这里用“牛”来借代存款单，却又未做任何说明，就有耸人听闻之嫌。

（二）巧用诗词佳句或模仿现成句式表现标题的内容

1. 引用

就是把现成的诗词佳句、成语俗语直接入题，用来叙事、抒情或议论、使标题更精练生动，富有文采和感染力。

引用分直接引用和间接引用。一字不差地引用原话是直接引用。由于标题字数的限制，常常需要将原话的文字加以缩减，保留其主要意思的是间接引用。在标题中采用间接引用的较多。例如，1964 年，处在幽禁期间的张学良和赵四小姐结婚，7 月 4 日台湾《联合报》的标题是：

卅载冷暖岁月　当代冰霜爱情（引题）

少帅赵四　正式结婚　红粉知己　白首缔盟（主题）

夜雨秋灯，梨花海棠相伴老

小楼东风，往事不堪回首了（副题）

副题的最末一句是引自李煜的词。将原词“小楼昨夜又东风，故国不堪回首月明中”略加压缩和改动，属间接引用。

2. 仿拟

仿拟不是简单的引用，而是要模仿现成的句式，临时创造一种新的说法。因过去仿拟唐诗较多，所以一些旧时的老编辑将这种写法叫“改唐”或“仿唐”。其实这种手法早已不限唐诗，也不只是古今诗词佳句，而且包括现时流行的句式或人们熟知的一些现成的说法。使用这种写法，可以把标题写得妙趣横生。抗战胜利后，有家报纸对频繁打内战不满，刊登一篇小品文，题目是：《摩登论语：战而时习之，不亦乐乎?》，它就是仿拟《论语》中的一句名言（“学而时习之，不亦乐乎?”）。文章发表后，该报被罚一周停刊两次。另家报纸为此发了消息，标题（主题）是：《报而时停之，不亦怪乎!》。《论语》中的原话，是劝勉人们勤奋学习，并没有任何讥讽的意味，这里把它套用在热衷于打内战、停罚报纸上面，便产生了讽刺的效果。

仿拟，广泛应用于讥讽、感叹、赞扬、辩理以及意境描写等多个方面。既可以与原句的主旨、意境、格调相同，亦可反其道而用之。既可以表现标题说古道今的书卷气，亦可表现标题追逐潮流的时尚感。总之，为编辑作题提供了一个很大的创造空间。请看下面一些例题：

来的都是客　全凭嘴一张（引题）

皮口镇被吃穷了（主题）

（《大连日报》1988—09—05）

引题是套用现代京剧《沙家浜》阿庆嫂的一句台词。面对刁德一的盘查，阿庆嫂要表明自己同新四军无特殊关系：无论谁来茶馆，都当做客人，有什么要求“全凭嘴一张”去应对。标题套用这句台词，主旨意境全变：上面来的人不得不当做客人招待，他们大吃大喝，全凭嘴一张，分文不交。这里把茶馆待客之道用在上面来人的吃喝上，表现出镇干部的苦涩与无奈，极富讽刺意味。

（甲）**春风熏得远客醉，直把店家当自家（主题）**

镇江饮食店热情待客名不虚传（副题）

（《文汇报》1982—12—10）

（乙）春风熏得新人醉

直把公车作花车（引题）

冰城人问：婚礼攀比几时休？（主题）

（《中国青年报》1993—09—23）

甲题和乙题都套用宋代诗人“暖风熏得游人醉，直把杭州作汴州”的诗句。诗意是批评南宋统治者被从北方汴州赶到杭州，立刻为江南美景迷住，不再想收复失地。甲题略加改动，用于赞扬；乙题略加改动，用作批评。两题套用同一句式，写出了色彩各异的佳作。

欧元，爱你要商量（主题）

德国只有一成人对它信心十足

英国过半数人仍拒之于千里外（副题）

（《羊城晚报》2000—10—01）

主题是仿拟当时流行的一个电视剧的剧名（《爱你没商量》），同仿拟古诗不同，没有书卷气，而有追逐潮流的时尚感。正当2000年欧洲推出欧元之际，它未能受到大多数人的青睐，标题用“爱你有商量”，富有幽默感。不过，套用这种流行的句式，要贵在出新，不可落入俗套。例如，毛泽东有篇著名论文《将革命进行到底》，近来有人套用这种句式，写了一部电视剧，名为《将爱情进行到底》，接着报纸也频频出现“将网络进行到底”“将5元票价进行到底”之类的标题，作题人追逐潮流无可厚非，但是要有度，让人感到厌烦，就不是一件好事。

（三）利用词语、语句之间的各种联系表现标题的内容

在这方面的修辞手段有对比、对偶、排比、拈连、反复、联珠、回文等。

1. 对比

又称对照。是将两个事物或一个事物的相反、相对的两个因素放在一起加以叙述，突出标题中对比的内容，使其更具有鲜明性。例如：

（甲）新邱青年采煤二队奖勤惩懒立见高低（引题）

铁汉——每月收入八百

懒汉——难保基本工资（主题）

（《辽宁日报》1984—06—30）

（乙）**三十年宿愿一日偿（主题）**

一批台湾同胞抵沪昨与故土亲人同聚（副题）

（《文汇报》1987—11—06）

甲是两行题之间的对比，乙是一行题中两个词语对比（“三十年”与“一日”）。这里构成对比的两个部分，主要是在内容上具有相反、相对的意义，形式上不要求结构相同、字数相等。

对比，有时需要借用语词的多义性。如：

广东人穿着更讲究了（引题）

秋冬西装“热”（主题）

（《羊城晚报》1984—09—10）

这里的“热”，实指热潮。但从字面来讲，“热”代表炎热，“秋冬”代表寒冷，自然形成对比。这里利用了词的多义性，构成了对比。

2. 对偶

就是在标题中把结构相同、意义相对或相关的两个语句对称地排在一起。因为形式整齐，语调谐和，就比一般的陈述更富有感染力。

（甲）**扬广播之长　出戏曲之新（主题）**

第四次全国戏曲广播工作座谈会在汉召开（副题）

（《湖北日报》1984—03—25）

（乙）**榜上无名　脚下有路（主题）**

京津自学青年代表明起交流经验（副题）

（《北京晚报》1981—05—14）

（丙）**初见天山风华茂　今照天池两鬓霜（主题）**

新疆军区3900名在疆工作30年以上的老同志获奖章和证书（副题）

（《解放军报》1985—09—22）

三条标题（主题）都是使用对偶方法，甲题上句与下句的意思相近，是对偶中的“正对”。乙题上句与下句的意思相反，是对偶中的“反对”。丙题上句与下句表示先后承接的关系，是对偶中的“串对”。

对偶中有严式和宽式两种。前者要求上下句字数相等，结构相同，词性相对，平仄相对，不能重复用字。宽式只是达到严式的部分要求，不那么严格。标题由于所表达内容的限制，采用严式较少，宽式较多。甲乙两题就是属于宽式。

运用对偶可以使标题更富有文采，但是用得过滥也未必好。有些新闻的内容作一行题足以表达，硬作两行则显得冗长，重点也不突出。有时为了追求对偶而以词害义，更不可取。

3. 排比

就是把三个或三个以上的结构相似的词句排在一起，表达同一性质同一范围的内容，使整个标题铿锵有力，气势贯通。下面两个标题采用的就是排比的修辞方式。

（甲）兴民主空气　搭理解之桥　扬改革风帆（引题）

湖南省长与个体劳动者对话（主题）

（副题略）

（《中国法制报》1987—10—15）

（乙）**惊险　优美　娴熟　准确（主题）**

中国女子体操队的高难动作获得好评（副题）

（《解放军报》1981—11—28）

甲题构成排比的是三个词组，乙题是四个词。它们的结构都是相同的。

4. 拈连

就是在接连表达两项事物时，用对这一项适用的词语来表现另一项事物，叫拈连。特点是信手拈来，借题发挥，形式新颖而生动。例如：

（甲）**北约“炸”了欧元（主题）**

科索沃战事再次导致欧洲市场波动（副题）

（《中华工商时报》1999—04—15）

（乙）**牢房关不住自由的意志（主题）**

亚拉巴马州黑人在牢房内外示威表示斗争到底的决心（副题）

（《人民日报》1963—08—09）

1999年北约轰炸南斯拉夫是世界上一件大事。甲题用拈连手法揭示北约轰炸对欧元所造成的影响。标题在用“炸”来描述北约行为的同时，顺势讲到对欧元的影响，表明受损的绝不限于南斯拉夫，也包括使用欧元的各国，真可谓搬起石头也砸了自己的脚。乙题“关不住”原是适用于表达“牢房”的，现在顺势关连到“自由的意志”，表示黑人斗争到底的决心。

5. 反复

又称复叠。就是有意地把相同词语反复陈述，突出内容，加强语气。词语虽多但不啰嗦，具有审美意义。

反复，意在言其多，表现事物的多样性。例如：

赞助费存车费公物损失保险费

补习费转校费订阅附加读物费（引题）

费！费！难为学生，苦煞家长（主题）

（《中国青年报》1988—09—09）

这里八个“费”字的重复，言其收费之多，令人厌烦。但这种重复是有节奏的，引题两行都是间隔二、二、四字的重复，主题头两个字连连重复，语气沉重。一一罗列同类项目，本是作题的一大忌讳，本题却做了富于技巧的展示，全仗运用修辞手段的功力。

龙舞　龙筝　龙舟　龙灯　龙餐（引题）

我国明年举办龙年大型旅游活动（主题）

（《人民日报》1987—11—08）

这里运用反复手法，也是言其多，但并不令人厌烦，而且令人喜悦，表现事物的多样性和丰富性。

反复，意在强调气势。例如：

一些个体三轮车主何以能放肆地敲诈乘客？却原来——（引题）

牌出多门：红牌，黄牌，见钱发牌

管无章法：你管？他管？谁都不管（主题）

（《长江日报》1986—08—29）

第一行主题用“牌”字的重复，第二行主题用“管”字的重复，表达出对管理部门见钱发牌、管无章法的愤懑，富有气势。

反复，意在表现事物的奇巧。例如，台湾一对热爱马术的青年男女，从相识到结成伴侣均与马有关。当地报纸就以“马”字的重复，表达了这件事的奇趣。标题是：

爱马男女马场恋
马年马上行嘉礼（主题）

反复，也可用于表示事物的渊源。例如：

大陆满街三毛书
三毛拿不到“三毛钱”（主题）

（《中国青年报》1989—06—19）

这里批评了社会上的盗版现象。标题循着作品（“三毛书”）→作者（“三毛”）→报酬（拿不到“三毛钱”）的线索，表示了其间的渊源关系。

要反复，就要选择重复的词语。但有时它并没有摆在明面上，需要用心去找。比如《“牛大户”聘请“牛大夫”》，原来是养牛大户聘请了兽医，为造成反复的效果，标题有意改换说法，将“兽医”换成了“牛大夫”。又如，《大悟县两个灾年两秋愁（引题）头年愁救灾　二年愁仓少（主题）》，本来应是“二年喜丰收”，但为取得反复的效果，标题变换了角度，从“愁”字切入，用“愁仓少”来表现，别有一番意境。

6. 联珠

又称顶真。就是前一句末尾的词语作为后一句的开头。其特点是首尾串连，语言贯通，有利于突出事物之间环环相扣的关系。例如：

（甲）**镇无闲户　户无闲人（主题）**

簰洲镇居民安居乐业（副题）

（《湖北日报》1987—09—25）

（乙）**放则活　活则多　多则廉（主题）**

《人民日报》发表署名文章《蔬菜三议》（副题）

（《羊城晚报》1984—07—18）

甲题表示行为的彻底性，乙题表示事物之间的连锁关系。

7. 回环

又称回文。就是将上句的结尾作为下句的开头，将上句的开头，作为下句的结尾。通过回环往复的形式，生动地表示两个事物之间的关系。

回环，用在标题中虽然有重复，但不是说车轱辘话，不是文字游戏，上下两句都有各自不同的意义。例如，《官出数字　数字出官》，上句是说，关于发展状况的统计数字，不是根据实际统计出来的，而是当地官员捏合出来的；下句是说，由于虚报数字，夸大了业绩，官员被提升。这里运用回环，表现了两件事情的因果关系，而不是简单的同义反复。

北京在走向世界　世界在走向北京（引题）

本市今年外贸出口达八亿五千万美元（主题）

（《北京日报》1987－12－25）

引题的回环，表示了北京同世界的双向联系。上下两句都是讲走向，但方位不同，表达的是两种含义。

标题采用回环的手法，有时需要穿插个别字。例如：

学好知识带徒工　带领徒工学知识（引题）

女工熊莲芝带的四个徒工都成了大学生（主题）

（《光明日报》1983－08－10）

引题分别插入了“好”和“领”两字。

回环与联珠不同之处在于，多了一层要求：上句的开头，即是下句的末尾。

（四）巧用词语的多重含义来表现标题的内容

1. 双关

就是用同一词语关顾两种不同的事物，产生“表”和“里”两重意思。即言在此，意在彼，使标题生动而富有幽默感。例如：

活见鬼（主题）

多米尼加独裁者黔驴技穷

竟用“见神显灵”愚弄人民（副题）

（《人民日报》1959－04－19）

“活见鬼”，好像是说人活着真的见了鬼，实际上是指独裁者愚弄人民，真是荒诞无稽，“活见鬼”！以此揭露、讽刺“见神显灵”的可笑。

上述一例是寓意双关。下面一例则是谐音双关：

京剧舞台的“洋”贵妃（主题）

美国留学生魏莉沙在南京大学文艺晚会上演出

《贵妃醉酒》受热烈欢迎（副题）

（《天津日报》1980－03－23）

“洋贵妃”是指洋人扮演的贵妃，也是指杨贵妃，这里利用“洋”与“杨”的谐音，使标题更有情趣。

2. 反语

就是说反话。编者实际要表达的意思跟字面的意思相反。它具有强烈的讽刺、揭露的作用。例如：

平顶山卫校领导掉进钱眼（引题）

生财有道：卖文凭（主题）

（《中国青年报》1987－11－06）

“生财有道”是褒义词，但编者所要表达的是贬义。联系上下文，更可看出其含义。

3. 顾名

就是利用人或物的名字在字面上的意义来做文章。所谓顾其名思其义也。顾名，也是修辞的手段之一。

名字，作为一种符号，具有指代某人某物的指示意义。名字，作为字符的集合体，又有字面意义。作题时利用这种特征，可使标题增强表现。例如：

（甲）刘海粟：是沧海？是一粟？（主题）

南京有人公开发难，上海方面愤而反击（副题）

（《羊城晚报》1996－06－28）

（乙）百色学生集邮呈百色（主题）

（《中国青年报》1993－02－12）

（丙）　《围城》被盗版本围困（引题）

钱钟书欲依法突围（主题）

（《法制日报》1993－05－28）

上述三例分别在人名、地名、书名的字面意义上做文章。甲题写的是南京有人公开贬低著名绘画大师的成就，标题借用“刘海粟”这个名字，提出“是沧海？是一粟?”的疑问。乙题写的是百色学生集邮活动丰富多彩，标题借用“百色”地名，顺势写成“呈百色”，既贴切又富有特色。丙题借用书名《围城》的“围”字，围绕版权纠纷如何被“围”和突“围”，也很生动形象。

抗战期间，张学良被秘密囚在湖南沅陵市附近的凤凰山。夫人于凤至获准前往探望。当地一家报纸发了一篇隐隐约约、让人揣摩的新闻，标题是：

凤凰山有凤来仪

“于凤至”，顾名思义是有凤而至。那么，凤凰山有凤而至，不就是“凤凰山有凤来仪”吗?（注：“有凤来仪”是成语，谓凤凰来舞而有容仪）既然于凤至到达此偏僻之地，当然张学良也在了。消息发表后不久，蒋介石恐有不测，又将张学良移往他处。

当时所处的政治环境十分恶劣，作题人不可能在标题中把于凤至的名字公开亮出，因而使用顾名的修辞手段受到了限制。不过，作了上述的背景介绍，标题的寓意和编者的苦心是可以体会到的。

（五）巧用提问和呼唤的方式表现标题的内容

1\. 设问

就是在行文中故作无疑之问，有的作答，有的不作答。这样可以使标题的语势波澜起伏，更易引起读者的注意。例如：

（甲）**邮局为何退回你寄的信？（主题）**

广州不少单位仍然使用非标准信封（副题）

（《羊城晚报》1990—01—05）

（乙）**如何使“阳春白雪”有更多知音（主题）**

本市音乐舞蹈沙龙别开生面，部分文艺界人士就如何
扶植交响乐与芭蕾等问题，进行无拘束的交谈（副题）

（《文汇报》1985—05—19）

甲题有提问，有回答，乙题有提问，未作答。都是从正面提问，所以叫正问。

设问的另一种叫反问，又称反诘。它是用反问的句式表示肯定的意思，答案就在所问句子的反面。例如，《谁说江南无煤田（主题）》，答案就是肯定江南有煤田。用这种形式作题，表示语气更肯定。文章中用反问，一般不需回答。可是新闻标题负有提示新闻事实的任务，用反问的形式也是为了更好地提示新闻内

容。例如上述标题就在副题中提示：《勘探证实：江南十省区煤田多、储量大、煤层厚、煤种全》。

2. 呼告

呼告，就是用撇开读者，直接对新闻中人或物说话的方法，来表达激动的心情，加强词语的感染力。例如：

（甲）**彭加木，你在哪里？（主题）**

全国各地群众对彭加木失踪深表关注（副题）

（《福建日报》1980—07—05）

（乙）**化肥，化肥，您在哪里？（主题）**

农民：空等几天无半两

贩子：运了一车又一车

干部：送人一包又一包（副题）

（《鹰潭报》1986—08—25）

（甲）是呼人，（乙）是呼物。通过声声呼唤，表达编者的强烈感情。

呼告，不只是“×××，您在哪里？”的一种形式。请看下例：

欠税你就别出国（主题）

沈阳一厂长起飞前被拦截（副题）

（《中国青年报》1997—11—19）

这里没有用疑问式而用叙述式的方法，直接同新闻中的人物对话，意在批评有类似行为的人。因是直接对话，语气尖锐，直截了当，感情表现得更为强烈。

第六节　插题、提要题和大标题

以上讲的新闻标题，指的就是一篇新闻的题目。至于新闻里面的插题，新闻前面的提要题，或一组新闻所共有的大标题，都不能叫做新闻标题。这些题目比新闻标题简单，也不经常用，这里只作简略讨论。

一、插题

是嵌在新闻中的小标题。它能概括介绍文中每一大部分（或段落）的内容，具有分段或分类的作用，所以又叫分题。在长篇新闻中加入插题，既能吸引和便利读者阅读，又能活跃和美化版面。时间匆忙的读者，也可以挑选一段最感兴趣的内容来读，这时的插题便成为“分割”新闻内容供读者选择的手段。

在写作上，对于插题的要求不如新闻标题那么严格。只求能够说明段落的主要之点即可。插题大都采用叙事的手法，力求简单、醒目，不能太复杂。

插题与新闻标题的关系一般来说是属与种的关系。几个插题都是从不同方面共同阐明同一新闻标题。特殊的情况是，有的重要新闻为揭示其中的某一部分所提供的重要信息，只为它列出一个插题，而且以新闻标题的样式刊出，这个插题的重要性仅次于新闻标题，可视为“第二标题”，香港的报纸对重要新闻很喜欢用这种办法处理。

一篇新闻中几个插题在内容上既要互相联系，又要有相对独立，不能互相重复。几个插题可以采取统一的格式，优点是整齐、醒目。但若写不好，会失之于呆板、单调。几个插题亦可采用不统一的格式，优点是有利于充分体现内容，而且样式富于变化，但有时也可能显得凌乱，眉目不够清楚。总之，两种写法各有所长，最好根据具体情况来处理。总的原则是，统一与变化兼顾。请看下列例题：

怪　死火工厂竟产出化肥（主题）

韶关截获60吨“出口转内销”的假冒炭氨化肥（副题）

（《广州日报》2000—01—10）

文中的插题是：

造假　农民吃尽苦头

举报　发现可疑化肥

追踪　死火工厂“复活”

查封　假冒化肥落网

这几个插题采用的是统一格式，循着事物发展过程（造假—举报—追踪—查封）命题，思路清晰。

中外公司岁末劲吹“炒鱿”风（主题）

（《广州日报》2000—12—21）

文中的插题是：

搜狐重组架构裁员逾两成

香港两大网站裁员

美大公司盈利过低大举裁员

公司裁员背后隐藏危机

几个插题按地域（中国大陆、香港特区和美国）不同命题，适当兼顾裁员的原因（重组架构、盈利过低），以及裁员所造成的影响。由于这些兼顾的内容并不是每个部分都有，因此命题的思路，稍嫌有点乱。但是由于新闻中某些材料欠缺（有时是难以避免的），只能这样做插题。

既然是长新闻，一般的插题多在三个或三个以上。不过，要根据文内的情况而定。下面一例就是只有两个插题：

“四大家族”遗老陈立夫病危（主题）

年轻时纵横中国政坛，如今102岁高龄面对台湾的混乱有心无力（副题）

（《广州日报》2000—12—20）

文中的插题是：

由权倾天下沦落到异国农夫

远离政治但反对“台独”

插题突出了读者关注的两项内容，比较有特点。若按插题必须是三个或三个以上的做法，这样的内容就无缘在插题中同读者见面。

二、提要题

一篇重要的长新闻，有时还需要将其中的主要事实、做法、经验、问题等摘要提示出来，放在标题之后、新闻之前，这就是提要题。它比标题的内容稍详细，有了提要题，标题的文字就可以简略。2000年1月8日各报都刊登了教育部要求减轻中小学生课业负担的消息。这次“减负”同以往相比，规定比较具体，按年级不同提出了不同的要求。以学生读者为主要对象之一的《中国青年报》考虑到各项“减负”要求，都是广大学生读者十分关心的内容，写在标题里又容不下，于是将其作为提要以醒目的位置刊出。

三、大标题

是一组新闻稿件共用的一个总标题，各篇稿件仍保留了各自的标题。两者之间的关系，是前者统领后者。

大标题常居于一个版或一个专栏的显著位置，字大醒目，引人注意。利用大标题，可以表达党和政府的主张，反映人民群众的要求，传播振奋人心的口号，倡导令人钦佩的精神，推荐值得推广的做法，形成有益于社会的舆论。总之，显著性、鼓动性是大标题的重要特点。

制作大标题一定要抓住当前带有普遍性的重要问题，不宜把一些琐碎问题作成大标题，以免分散读者的注意力。大标题一定要正确全面，不得乱提口号，数量也要从严控制，不宜用得过多，否则容易助长虚夸和形式主义。

思考与练习题

1. 结合实例说明标题的作用。
2. 新闻标题与通讯标题相比，有何特点？试举例说明。
3. 分析几个新闻标题的结构，说明其优劣。
4. 实题与虚题有何异同？
5. 制作几个新闻标题，并说明制作理由。
6. 根据标题制作要求，评析报纸上的几个标题。

第六章

新闻稿的配置

一篇新闻稿经过选择、修改和制作标题之后，就完成了单篇稿件本身的编辑工作，但是围绕这一稿件的编辑工作并未结束。编辑还需要思考如何将这些单稿组织成不同形式的稿群，并通过版面呈现给读者。从单稿到稿群，是一个稿件配置的过程。

第一节　配置的意义和特点

一、配置的意义

将单稿配置成稿群，不只是简单的稿件量的增加，而是对稿件潜能的进一步挖掘，是稿件意义的进一步扩展和深化。稿件所以需要配置，具体说有以下多种原因。

(一) 消除单稿的局限

一篇稿件经过修改以后，从事实、思想、辞章等方面来看，应该是合乎见报的要求了；但是从某些方面看，它又有一定的局限，因而仍有待进一步编辑。

首先，它是不充分的。一篇稿件经过修改，从它要说明的事物来看，可说充分了；但是因为受内容、体裁、篇幅等方面的限制，只能侧重说明事物的一个方面，只能采取一种表现形式和方法，从这个意义上说，它又是不充分的。

读者对某些重要的或感兴趣的问题，往往希望能获得多方面的、比较充分的了解。稿件容量的局限性和读者的多种要求就不能不是一种矛盾。比如，就一篇新闻来说，它主要是报道事实，没有理论上的论证；是侧重报道现状，很少讲历史；主要是从思想角度写的，很少谈其中的技术问题；是文字报道，不能提供可视的图像。因此，从论证、历史、技术、图像等几方面看，它是不充分的。而读者对有些新闻，不仅希望从中了解事实、事实的现状以及新闻的思想意义，而且也希望了解事实的意义、事实的历史以及新闻中的有关技术问题；不仅要看到文字报道，也想看到有关的图像。新闻反映现实生活的有限容量与读者的这些多种要求就会形成矛盾。

其次，它是分散的。报纸收到的来稿来自四面八方，它们是生活各方面的记录。就每一篇稿件来说，它们都只是在各自的视野范围内，摄取生活的个别镜头。所以就稿件反映现实生活的方式来看，它是分散的；而客观世界是相互联系的，生活是一幅统一的画卷，稿件与稿件之间往往存在着各种各样的联系。一篇篇分散的稿件如果孤立发表，往往就可能割断稿件之间存在的内在的联系，不能反映出生活画卷的统一性。因此，稿件反映现实生活方式的分散性与稿件之间可能存在的内在联系就不能不是一个矛盾。比如，《上海×菜场买卖公平》和《天津一些商店短斤缺两克扣群众》两稿，一来自上海、一来自天津，一是表扬、一是批评，似乎各不相干；但是它们之间有着内在的联系，它们所要强调的，都是严格执行物价政策，维护消费者利益这个共同的主题。将它们二者分散加以报道未尝不可，但它们之间的这种内在联系，就无法得到鲜明的表现。因此，变不充分的为比较充分的，变分散的为相互联系的，就不能不是编辑中所要解决的问题之一。

当然，不可能也不必要让一篇新闻既去谈事实，又进行论证；既谈现状，又谈历史；既谈思想，又谈技术；既进行文字报道，又提供图像。新闻，以及其他任何报道形式，都有其特长，也有其局限。人们只能充分发挥其特长，而不能完全打破这种局限，否则，打破这种局限的同时，也就扼杀了它的特长。当然也不可能让每篇新闻都去表现事物的各种联系，一篇新闻只能摄取生活中的一个镜头后立即予以报道。如果一定要把这种镜头构成画卷以后再进行报道，新闻也可能已成为历史。这就需要对稿件进行配置，也就是通过若干稿件的复合，使报道从不充分的变为比较充分的，从分散的变为相互联系的。当然，并不是说每一篇稿件都需要进行配置，这对版面来说是不可能的，对读者来说也是不需要的。因为读者并不是对任何一件事的各个方面都希望了解、都感兴趣的，而只是对那些重要的或者感兴趣的事情才会产生这种要求。因此，一般稿件如果已经提供了读者所需要的东西，稿件就可以单独发表，无需其他稿件的配合。

（二）适应读者的阅读心理

报纸的传播并非是单一的传播，而是集合传播。报纸每日以一定的版面将多种内容和形式集合在一起形成自己的传播角色。这也反过来影响读者的阅读心理。

读者在阅读报纸时，也会习惯于从“集合”这一角度来阅读、思考和理解报纸的传播。也就是说，会将自己的阅读单元从单稿扩大到稿群。

读者阅读报纸，通常都是以一篇篇的稿件为单位的。虽然有的是通读全文，有的仅是阅读其中的一部分，如标题、导语等，但不会是将若干篇新闻混杂起来阅读。如看了这篇的一句，接着去看另一篇的一句，又再去看其他稿件的一句。所以一篇稿件即是读者的一个阅读单元。但是，读者在面对具有集合传播特点的报纸时，并非只是把自己的阅读和理解仅仅局限于单稿这样一个比较小的阅读单元，而会在单稿这个阅读单元的基础上进一步扩大，即把若干相关的稿件作为一个更大的阅读单元来阅读和理解。这种比单稿更大的阅读单元，可以是一组稿件、一个专栏、一个版。这种阅读单元都是以内容上相关（或形式上相同）、空间上接近等原因被读者自觉或不自觉地作为一种集合传播形式而联系起来阅读和理解的。因而编辑在处理、安排稿件时，就不能只是进行单稿编辑，而需要适应读者的阅读心理，在编辑单稿的基础上进一步对稿件进行配置，将它们组织成不同的稿群。

（三）提高传播效率

系统科学向人们昭示了一个重要原理：整体大于孤立部分之总和。报纸是集合传播，读者又有将报纸上的相关内容联系起来阅读和理解的心理需求，因此，报纸理应充分发挥集合传播的优势，取得单稿孤立相加所不可能具有的传播效果。

但是，随意把若干篇稿件拼凑在一起，并不能产生整体的优势。组织不当，还可能使原本单稿所具有的效果减弱或消失，甚至产生负面效果。因此，报纸要发挥集合传播的优势，使单稿组织成稿群后能产生更好的传播效果，就需要重视集合传播的艺术。编辑讲究稿件的配置，也正是这个目的。

二、配置的特点

稿件配置主要是编辑针对稿件所进行的编辑工作。它与新闻报道策划相比较，既有相同点，也有区别。

共同点在于：二者都不是局限于追求单稿的质量，而讲求稿件间的关系，通过稿件间的相互配合来创造更好的整体传播效果。

区别在于：第一，稿件配置主要是针对已有的稿件所作的扩展、丰富和深化。主要依赖编辑部的内勤工作来完成，在条件许可时，也进行必要的电话采访、查询等，但这是辅助性的。而新闻报道策划则是需要通过采访、调查再加上编辑工作才能实现。所以新闻报道的策划要依靠记者、编辑的通力合作来进行。第二，稿件配置的着眼点主要在于将若干稿件组成稿群，它通过占据一定的版面空间表现出来，而新闻报道策划的着眼点是比较大的系统报道，它不仅要占据一定的版面空间，而且在时间上也有连续性。第三，稿件配置是单稿编辑的后续工作，而新闻报道策划则贯穿于整个报道过程。因此，新闻报道策划更强调新闻报道前的调查、思考与筹划，而稿件配置则主要是在看到稿件后才作出安排。虽然也要经过构思，但一般不可能像新闻报道策划那样从容。

但是，在实际工作中，稿件配置与新闻报道策划也很难截然分开。因为新闻报道策划要通过包括稿件配置在内的编辑方法来实现；而稿件配置也要在相关新闻策划所确定的指导思想下进行。

新闻稿件的配置有两个主要方面：一是组织，一是配合。下面分别进行讨论。

第二节　稿件的组织

稿件的组织，就是指根据稿件之间的相互联系，将稿件组成统一的稿群。稿件的组织有以下几种方法。

一、同题集中

同题集中就是把内容有关联的新闻稿件放在一个标题之下集中发表。若干篇稿件集中在一个标题之下，稿件之间的凝聚力就大大增强了。有的时候，竟可以把它们看成是一篇稿件，或者是一篇稿件的扩大和延长。标题将它们之间相互联系的一面清楚地揭示出来，读者对报道之间的关系就容易一目了然。同题集中并非只是稿件量的增加，数学中的加法不能完全表现它的结果。同题集中可以通过稿件的巧妙组合，以及标题的点睛，而使稿件的表现力得到升华。同题集中的另一个好处是，它可以大大减少单独发表时标题的相互重复，既节约了版面，又使报道显得更为精练。

同题集中是以稿件间存在着相互联系为其条件的。这种联系是多方面的。不同的联系形成不同的结构关系，常见的结构关系有以下几个方面：

1. 联合

即稿件虽不同，但存在相同的一面。如相同的内容、相同的报道对象、相同的特点等。将这样的稿件集中在一个标题下发表，目的是为了突出其中同一的方面。如几条分别报道几个省的春耕的消息，就可以集中在一个标题下发表。这样，读者看到的就不只是个别省的春耕情景，而是范围更为广阔的春耕图。

2. 连续

即报道同一事件的连续发展过程的几篇稿件，集中在一个标题下发表，可以使事件的来龙去脉显得更加清楚。比如，2000 年 10 月 18 日《人民日报》登载朱镕基总理结束日本之行到韩国进行正式访问的消息，就是在一个标题下集纳了两条消息：一条发自汉城，报道朱镕基总理到达汉城；一条发自大阪，报道朱镕基总理结束对日本的访问，离开大阪前往韩国。标题主题突出“抵达汉城”这个最新的事实，“结束日本之行”则在引题中提示出来。这样，读者对整个事件的进程就了解得很清楚。如果这两条消息分别刊登也未尝不可，但所占的版面会比较多，且不能把事件的进程连贯地表现出来。

3. 对比

即把内容有矛盾性质的稿件集中在一个标题之下，通过标题的对比，把事物的矛盾性质揭示出来。鲜明的对比具有评论的性质，它比之稿件单独编发能引发读者更多的联想和思考，因而不仅有说服力，而且也有可读性。2000 年 3 月 8 日，《北京青年报》刊登了两条关于美国国务卿奥尔布赖特到捷克访问的消息。其中一条消息说，奥尔布赖特出席捷克国父马萨里克诞生 150 周年的纪念活动时，遭到了当地反美示威者的“鸡蛋欢迎”。另一条是说，捷克总统哈韦尔表示希望奥尔布赖特在她卸任后能接任他的总统一职。《北京青年报》就采用同题集中的形式刊载了两条消息。标题是《奥卿故里行（引题）有人请她“吃”鸡蛋 有人邀她当总统（主题）》。由于采用了同题集中的形式，使两条新闻的对比显得分外鲜明，发人深思。

4. 参照

即几篇新闻的内容相同，而消息来源不同。将这样的新闻置于一个标题之下，相互参照，将有利于读者全面了解新闻内容并进行正确的判断。在发生国际冲突时，消息来源不同，说法往往完全不同。如一方指责对方“入侵”，另一方则完全否认；一方宣布胜利，另一方也宣称获得重大战果，如此等等。有时不宜介入事件中去，因此采用同题集中的形式发表不同消息来源的消息，多方参照，让读者去思考和判断，是一种比较适宜的处理方法。

同题集中还可以有其他不同的结构关系，如呼应关系、述评关系、因果关系等等。总之，只要几篇稿件之间存在着关联，就可以采用同题集中的形式来表现。

同题集中的稿件一般按这样的次序排列：重要的在前，次要的在后；最新发生的在前，早发生的在后；表扬的在前，批评的在后。

前面我们讲了同题集中的长处以及同题集中的几种结构关系。但并不是内容有关联的稿件都要同题集中。事物总是一分为二的，同题集中作为一种编排方法，既有它的长处，也有它的短处。它的短处是：

第一，同题集中后，标题虽然要照顾各条新闻的内容，但只能突出其中最重要的内容。因此，几条都非常重要的稿件合编在一起，其中有的稿件的内容就可能被别的更重要的稿件的内容所掩盖，无法在标题中突出出来。因此，几条同样十分重要的稿件就不宜合编在一起，而宜单发。

第二，几条新闻集中在一条标题下发表，所占版面必然比较多，容易形成大块块，使版面变得臃肿；同时，标题相应少了，版面也会因缺少变化而显得呆板。如果是几条比较长的新闻合编在一起，这个短处就表现得更为明显。

所以，是否采取同题集中的形式，要根据具体情况来决定。可以充分显示长处，而短处又不显现时，就可以采用；相反，就不宜采用。

二、集纳性专栏

在讲集纳性专栏之前，先要对专栏作一界说。

（一）专栏

对于专栏，有两种界说。第一种说法：专栏是由若干具有共同性稿件所组成的自成格局的局部版面。第二种说法：专栏是一组具有共同性的稿件，通常占据局部版面且自成格局。两种界说只是主要着眼点不同，一在版面，一在稿件。但不论哪种界说，构成专栏的因素是相同的。

组成专栏的稿件，必定要有某一方面的共同性。这种共同性，可以是同一主题、同一内容、同一特征或同一体裁。以 2001 年 1 月的《人民日报》为例，如《今日谈》刊登的是小言论，是以体裁为其特征的；《科技短波》是科技方面短新闻的集纳，是以内容和体裁为其共同特征的；《图文广角》是以图文配置的形式反映某一社会现象为其特征的；《社会多棱镜》则是以短新闻加点评的形式为专栏的共同特征的。

专栏在整个版面中自成格局。它有栏目或栏题，很多是单独编排，四周围框或勾线，是版面中的一块小天地。不自成格局，即使是一组有共同性的稿件，也不能称其为专栏。

从版面来说，专栏只是版面中的若干栏，是版面的一个局部。如果一组有共同性的稿件占据的不是局部版面，而是整个版面或绝大部分版面，这就是专版，而不是专栏。

专栏按其构成来看，有单一性的和集纳性的两种。单一性的专栏每期只发一两篇稿件，它是连续性的，专栏的共同性是在连续中表现出来的，如《人民日报》的《今日谈》就是。集纳性专栏则是多篇稿件集合而成的。集纳性专栏有连续的和非连续的两种。非连续的集纳性专栏，它的共同性是在集纳中表现出来的。非连续的集纳性专栏都是一次性的。如 2001 年 1 月 2 日《人民日报》所刊登的两个以迎接新世纪为内容的专栏：国内要闻版的《新世纪第一天》和国际版的《环球喜迎新世纪》就都只是在这一天出现一次。连续的集纳性专栏，它的共同性则是通过集纳和连续两个方面表现出来的。上述的《社会多棱镜》《图文广角》等就是。

单一的专栏，因为稿件的共同性要在连续中才能表现出来，栏目的设置就必须相对稳定，需要对专栏的主旨、内容、特点、名称等进行策划，从长计议，不能临时设置；而集纳性专栏，特别是非连续的集纳性专栏，可以根据稿件的具体情况临时组织。因此，集纳性专栏就成为日常组织稿件的一种很重要的形式。下面着重对集纳性专栏进行讨论。

(二) 集纳性专栏的特点和优势

集纳性专栏有自身的特点和优势，正确认识这些特点和优势，才能扬长避短，把集纳性专栏办好。集纳性专栏的特点和优势如下：

1. 变分散为集中

集纳性专栏把原本分散的单稿组织在一起，使之成为一个统一的稿群，反映面扩大了，主题意义加深了，又可以配上比较醒目的总标题，这就比单稿分散发表有更大的分量和更强的视觉冲击力，更能引起读者的注意和思考。

有时孤立一篇单稿，由于其内涵的局限性只能在版面上聊备一格，充任配角，甚至很难在版面上有容身之地；但是与其他稿件集合成稿群后，作为一个整体显示出优势，就可以在版面上占一席之地，甚至担当主角。

比如，1993 年 1 月 25 日，《人民日报》将 5 篇新闻组成集纳性专栏：《政通人和百业兴　团结奋进迎新春》（见图 6—1）。这 5 篇新闻是：《宁波市招才进宝》《椰城海口景色新》《三峡移民讲大局》《渤海平台唱新歌》《龙王村民颂盛世》。这 5 篇新闻，从单篇看，虽具有一定新闻价值，但因为反映的新面貌、新气象都只是局限于一个不大的地区，因而即使刊登，也不能在版面上占据重要位置。《人民日报》编辑将这5篇新闻集纳为专栏，因它们分别报道的是我国东、西、南、北、中五个区域的情况，具有代表性，人们从这个专栏中看到的就不仅是5个地区，而是全国的缩影。它的意义就是其中任何一个单篇稿件所不能比拟的。因而《人民日报》可以让它担当这天报纸的主角，在头版头条位置刊出。

人民日报

RENMIN RIBAO

政通人和百业兴　团结奋进迎新春

东　宁波市招才进宝

西　三峡移民讲大局

中　龙王村民颂盛世

南　椰城海口景色新

北　渤海平台唱新歌

图6—1　集纳性专栏　1993年1月25日《人民日报》

有时在组版时会发生这种情况：一个版上准备登载的稿件都不很重要，要作为头条都很难撑起来。此时，将一些具有意义而单发又难以充任头条的稿件集合组成专栏作为头条，也就成了编辑应急的方法。

2. 寓多样性于统一

集纳性专栏以一个总标题或栏题显示出整个专栏的共性，而所集纳的稿件的内容、角度、形式又多种多样，各有特点，这就比单独一篇稿件更为丰富、生动，因而具有更强的可读性。

例如，1958 年 6 月 19 日《山西日报》的集纳性专栏《蜜蜂》（见图 6—2），整个专栏讲的都是蜜蜂，但其中所收的稿件的内容、角度和形式又不拘一格。既有新闻，如《灵石县大养蜜蜂》《东张后村养蜂有经验》，又有经验谈，如《写给养蜂的人》；既有知识小品，如《蜂舞》，又有诗歌，如《蜂为媒》；既有照片，又有漫画。这个专栏既有单篇稿件中心突出的优势，又无单篇稿件表现比较单一的弱点。

蜜蜂

写给饲养蜜蜂的人

灵石县大养蜜蜂

蜂 舞

蜂为媒

图 6—2　集纳性专栏　1958 年 6 月 19 日《山西日报》

3. 显独特于整体

集纳性专栏是一个版中的一个部分，但专栏中各篇稿件组合在一起，有总标题或栏题，且都以线条作边界，自成格局。这就使整个版面更显出变化。读者在阅读版上其他内容后，进入专栏这一个相对独立的小天地时，又可领略其独特风光。因而可以调节读者的阅读趣味，增加全版对读者的吸引力。中国园林建筑讲究园中有园，因而往往使游客游兴不减，流连忘返。集纳性专栏可以说就是版中之版，与中国古典园林建筑艺术相比，有异曲同工之妙。

2001年1月7日，《北京日报》第1版上半版刊登了几条新闻，分别报道北京市金融企业在2000年所取得的成就，以及北京市残疾人受教育、市领导观看评剧《贫嘴张大民的幸福生活》、京郊培训乡村干部等新闻。下半版刊登一个专栏《瑞雪飞　银装裹》（见图6—3），内含两条新闻：《雪天路滑注意安全》和《700余公交线　雪天运行正常》，还有照片4幅。其中1幅为压题照片，其余3幅分别为：《及时扫雪》、《踏雪欢歌》和《雪中送报》。专栏在版中自成格局，构成了版面中的另一道风景。使读者在了解了北京市的一些重要新闻后，又能领略京华瑞雪的风情画。使读者赏心悦目，平添几分阅读兴味。

瑞雪飞　银装裹

本报提醒广大市民
雪天路滑注意安全

放置防滑垫　设立安全员
700余公交线　雪天运行有序

及时清扫

踏雪欢歌

雪中送报

图6—3　集纳性专栏　2001年1月7日《北京日报》

上面分析了集纳性专栏的特点和优势。毋庸讳言，集纳性专栏也有其弱点。集纳性专栏是集若干单稿于一体的，它能显示整体的优势，但每篇单稿不可能都得到突出的表现，因而十分重要的几篇稿件不宜同时在一个集纳性专栏中发表。此外，为了配齐专栏所需稿件，不能不费更多的时间，因此，有时就难免会影响到新闻的时效性。

（三）集纳性专栏的编辑要领

编辑集纳性专栏的总要求，就是要充分发挥集纳性专栏的特点和优势，而力争避免其劣势。具体说，有以下要领：

1. 提炼主题

主题是集纳性专栏的中心思想，编辑集纳性专栏务必要在提炼主题上下功夫。这种提炼包括两方面：一是要善于发掘稿件中富有意义和新颖的内容，并将其凝聚为整个专栏的统一主题。二是专栏的主题要切合读者需要。应该看到，集纳性专栏作为一种形式是比较自由的。只要若干稿件具有某一共同的因素，就可以结合在一起，组成集纳性专栏。因此，随意抓住一个共同的因素，组织一个集纳性专栏并非难事，但如此组织的专栏就可能一般化，缺少生命力。只有善于提炼主题，编辑集纳性专栏才能取得成功。

《新华日报》在 1962 年曾收到以下稿件：《运输工人送煤忙》《工厂热菜热饭送到车间》《试制热水袋成功》《生活服务组服务周到》《幼儿园里温暖如春》以及速写《弹棉被》。这些稿件写的都是很细小的事，写的又是不同单位、不同方面的事，似乎相互毫无联系，敏锐的编辑却从中发掘出有意义的主题。1 月 4 日《新华日报》以一个“暖”字为题，将它们组成专栏（见图 6—4），数九寒天，这个“暖”是多么使人感到亲切！这些平凡岗位上的劳动在这里汇成了一股强烈

一暖
南京见闻
送煤人
热菜热饭暖心头
热水袋
幼儿园里温暖如春
服务周到的生活服务组
弹棉被

图 6—4　集纳性专栏　1962 年 1 月 4 日《新华日报》

的暖流，流向千万读者的心田。这些稿件是散见于千百篇内容各异的稿件之中的，不采用集纳性专栏这种形式，很难一一采用这些稿件，但是，即使采用了集纳性专栏形式发表了这些稿件，编辑如果不去精心提炼主题，只是随意以一个诸

如“各行各业”“为人民服务”的栏题来概括，就难免索然寡味，流于一般化。上面所举的1993年1月25日《人民日报》的集纳性专栏，如果不是突出“迎新春”的特点，也不免减色，并难以担当头条的重任。上述集纳性专栏《蜜蜂》，是带有知识性的，但以养蜂为题也并非是信手拈来的，而是因为当时养蜂是农村一个重要副业，并有待推广，如此才使专栏具有意义。

2. 精编文字

这里所说的精编，不仅是指单篇的稿件的文字要符合见报要求，而且还指要符合集纳性专栏的特殊要求。集纳性专栏是若干篇稿件组织在一起的，因此各篇稿件要各有特点，标题和文字不能重复。且要注意相互的呼应、配合，不宜孤立地追求每一篇稿件的所谓完整。求大求全是写稿的大忌，更是编辑集纳性专栏的大忌。以上述《人民日报》的《政通人和百业兴　团结奋进迎新春》专栏为例，每篇稿件都是写新春新气象，但写法各不相同。如《椰城海口景色新》开头写道：“岁末悄然南袭的寒流，挡不住椰城海口的迎春花市、神仙灯会汇成的盎然春意……”《宁波市招才进宝》的开头却是这样写：“腊月二十八。在宁波，这一天另有一番‘热点’，一月一次的人才集市不仅没有因年关已近而被人们忘却，相反还招来一批特殊主顾——回宁波探亲过年的外地人。”两篇不仅内容各有特点，而且写法也不相同。第二篇“另有一番‘热点’”一句，就省去了关于新年其他景象的描述，使整个专栏显得紧凑。

3. 讲求整合

集纳性专栏中的各篇稿件既要有同，也要有异。做到同中有异、异中有同。且要注意各篇稿件间的配合，使之能发挥整体的优势，达到比单稿简单相加更好的传播效果。例如，上述《人民日报》的集纳性专栏，5篇报道各来自东、南、西、北、中5个地区，因而才可以涵盖全国各地，具有较大的信息量。可以设想，如果5篇报道分别来自东、西、西、西、北，或东、东、南、南、中，每篇报道虽仍可独立存在，但整个专栏因缺少稿件之间的相互配合，涵盖力削弱，信息量就减少了。

三、集纳

（一）集纳的特点

集纳是稿群的另一种形式。特点是将几篇有联系的稿件组合在一起，使之或相互补充，或相互映衬、比较，从而在整体上取得更好的传播效果，读者阅读起来也比较方便。

集纳与同题集中不同。并非是集于一个标题之下，各篇稿件依然相对独立，有各自的标题。与集纳性专栏也有所不同。没有栏题，总标题可以有也可以没有。版面上也不一定自成格局，比较自由。

集纳占据的版面可大可小。可以只是版面中的一个小的组成部分，也可以是占据整个版面。如果占据整个版面，就是版，包括专版、综合版。

应该说明的是，集纳是集合、组合的意思，因此，同题集中、集纳性专栏都是一种集纳。但因为它们又各有自身的特点，所以单列一类讨论。

（二）集纳的编辑要领

集纳这种形式虽然比较自由，但也要精心编辑。特别需注意的是以下两个方面：

1. 要善于发掘稿件间具有意义的相同因素

要将分散的稿件组成集纳，稿件间必须有相同的因素。相同因素是稿件得以组织在一起的黏合剂。

稿件间的相同因素既可以是内容，也可以是形式。但更多的集纳是以内容方面的相同因素作为黏合剂的。

稿件间的相同因素有不同的表现形态。有的是浅层的。此种共同因素容易捕捉。比如，体育新闻、国际新闻、读者来信，这些稿件的内容涉及体育、国际，或形式是来信，共同因素是外露的，很容易觉察到。而有的稿件间的共同因素是隐含的。这些稿件表面看来说的是完全不同的事，相互之间毫无关系，就需仔细剖析，才能发掘其相同因素。而以此种相同因素来组成集纳，有时可以产生很好的传播效果。编辑组织集纳这种形式，虽然不能忽视前一种共同因素，但更重要的是要善于发掘后一种共同因素。

1999 年 3 月 28 日，《北京晨报》在头版刊出两条新闻：一条是说以美国为首的北约对南联盟进行大规模空袭，南联盟人民陷于水深火热之中；另一条是说北京举行足球赛，绿茵场上生龙活虎。这两条新闻一说的是国际，一说的是国内；一说的是军事，一说的是体育，似乎风马牛不相及。编辑却从中看到一种共同因素："热"。而这又是两种不同的"热"：一是因被侵略而陷于水深火热，一是体育比赛热火朝天。编辑特别在两条新闻前分别标上"战争"及"和平"的字样（见图 6—5）。这二者之间的对比是何等的鲜明。这不能不激起人们对侵略者的痛恨和对和平的热爱与珍视。这就使读者从一条普普通通的球赛新闻中感悟到更多的社会含义。新闻的这种社会含义并非是明显的表露于新闻之中的，而是编辑从两条新闻的对照中发掘出来的。

2001 年 2 月 1 日，《北京晚报》第 1 版将这样几篇稿件集纳编排：新闻：《北京人均期望寿命接近 75 岁》《听信邪教的最终结果　就是残害生命》《自焚者家

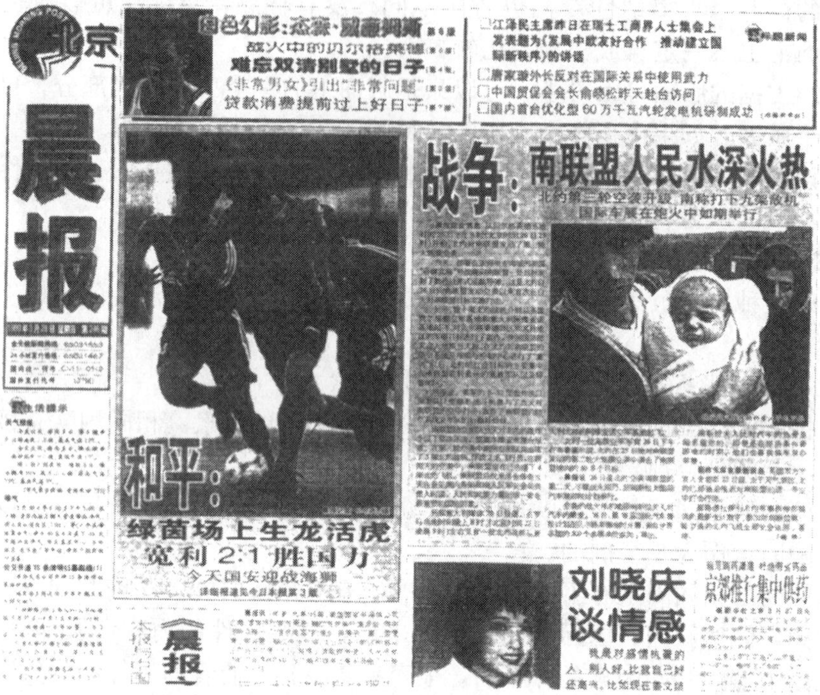

北京晨报

战火中的贝尔格莱德
难忘双清别墅的日子
《非常男女》引出"非常问题"
贷款消费提前过上好日子

江泽民主席昨日在瑞士工商界人士集会上发表题为《发展中欧友好合作 推动建立国际新秩序》的讲话
唐家璇外长反对在国际关系中使用武力
中国贸促会会长俞晓松昨天赴台访问
国内首台优化型60万千瓦汽轮发电机研制成功

战争：南联盟人民水深火热
北约第三轮空袭升级 南称打下九架敌机
国际车展在炮火中如期举行

和平：
绿茵场上生龙活虎
宽利2:1胜国力
今天国安迎战海狮

刘晓庆谈情感

京城推行集中供药

图 6—5 集纳 1999 年 3 月 28 日《北京晨报》

属的控诉》以及图片《天灾后的幸存人 求活》（见图 6—6）。第一篇稿件讲的是北京人的人均寿命更长了；第二、三篇稿件是针对法轮功痴迷者在天安门广场自焚事件，对法轮功的揭露和控诉；图片则表现了印度大地震后，人们对幸存者的抢救。4 篇稿件分别讲的是三件事，但是，细心的读者不难从中看到其中的联系，它们涉及的都是人的生命。第一篇是对生命的讴歌，第四篇图片表现了对生命的珍视和关怀，而第二、三篇稿件则无情地揭露了法轮功对生命的残害。4 篇稿件对比鲜明，奏响了一曲极具震撼力的生命多重奏。它以对生命的钟爱，鲜明反衬出法轮功的愚蠢和邪恶。对法轮功参与者则是一种很有说服力的忠告。显然，此种传播效果也是由于发掘了稿件间的有意义相同因素并将它们进行集纳编排而取得的。

徐铸成曾谈起过一个生动的编稿实例①：有一次《大公报》收到通讯社发来的一条公祭戴笠的消息。戴笠生前是国民党的特务头子。按当时《文汇报》的政

① 参见徐铸成：《新闻艺术》，81 页，上海，知识出版社，1985。

北京晚报

2001年2月1日

健康水平指标达到国际大都市水准

北京人均期望寿命接近75岁

就是残害生命

自焚者家属的控诉

天灾后的幸存人

求活

海天酱油

300个电话"炸"了热线

有奖新闻热线

中复 全球通基本月租费

图6—6 集纳 2001年2月1日《北京晚报》

治态度来看，这条消息是不会采用的。但徐铸成却将这条消息与其他几条报道国民党特务横行、学生被捕的消息集纳在一起发表，还为公祭的消息制作了如下一个标题：《戴笠音容宛在》。意在说明，戴笠虽死，但特务横行未已。消息原本是纪念特务头子的，现在却成了对特务的嘲讽和揭露。此中的奥妙全在于将几条消息集纳在一起，发掘出了其中的共同因素：即国民党特务横行。当然，标题精彩，语义双关，也是化腐朽为神奇的重要因素。

2. 要善于配置稿件，使稿件间形成相补

编辑集纳不仅要善于发掘稿件间的相同因素，更要善于突出稿件的不同特点，并进行适当的配置，使稿件同中有异，产生互补的效果。所谓互补，即一篇稿件的不足可以在另一篇稿件中得到弥补。正如集纳中的稿件间的相同因素可以是多种多样一样，稿件间的相补因素也可以是多方面的，如内容的相补、角度的相补、趣味的相补以及形式的相补，等等。如果说，稿件间的“同”是集纳的黏合剂，稿件间的“异”特别是有意义的“异”就是使集纳丰富起来的强化剂。

前面所举的两个集纳实例也可以说明相补的重要。如果一场球赛的新闻只是与另一场球赛或其他体育赛事新闻组成集纳，虽然稿件间也有共同因素，但就难以产生热爱和平、痛恨侵略的集纳效果。同样，如果将上述公祭戴笠的消息与其他悼念性质的消息进行合编，虽然也存在相同因素，但不可能产生揭露国民党特务横行不已的传播效果。

对于一个篇幅比较长、容纳稿件较多的集纳，更应该注意稿件间的相补。因为篇幅长、稿件多而缺乏互补，就必然陷于单调、沉闷。因此，组织一个版，包括综合版、专版，就要十分重视内容和形式的多样化，并使之相互补充。

2000 年岁末，成都市电影界爆发出一则新闻：四川省峨影公司规定，从 11 月 3 日开始，该公司在成都市所属 15 家影院放映的影片，不论是国产片还是进口大片，票价一律 5 元。此事在北京也引起了极大反响。11 月 9 日，《北京青年报》以一个版（除约五分之一版广告）篇幅刊登了一组报道，总标题是：《四川电影票价暴降引发京城舆论哗然，试问：（引题）成都五元北京几何（主题）》（见图 6—7）。其中刊登了 6 篇报道：《电影创作者　乐观》《电影经营者　悲观》《投资制片方　担忧》《电影发行者　恼火》《普通老百姓　高兴》《电影管理者　支持》。这 6 篇报道就反映了不同角色对 5 元票价这件事的不同反应。稿件间就有很强的相补性。正是通过这种互补，不仅有助于避免单一视角可能带来的片面性，也可促使读者去比较和思考，从而也更引发读者的阅读兴趣。此外，这个集纳还刊登了两篇背景资料和 6 幅中外电影招贴画，也与报道起了互补的作用，使整个集纳显得生动、丰富。

在实际工作中，由于稿源、版面等客观因素的制约，一个集纳比如一个版要做到稿件间能够互补，并非易事。这首先需要有此种意识，并能去积极争取和创造。范敬宜在任《人民日报》总编辑时曾向编辑提出要求：“不论要闻、会议新闻、外事活动新闻有多少，一个版上至少要保持一块‘绿地’，即可读性较强的短新闻、短言论、短特写。”[①] 在版上保持一块“绿地”，就是要求一个版的内容、形式能够互补。因为“要闻、会议新闻、外事活动新闻”通常是比较严肃的，而“可读性较强的短新闻、短言论、短特写”则比较活泼。二者兼顾，互为补充，

① 范敬宜：《总编辑手记》，341 页，北京，人民日报出版社，1997。

第12版 2000年11月9日 北京青年报 文化新闻

四川电影票价暴降引发京城舆论哗然，试问：

成都五元 北京几何

DENZEL WASHINGTON ANGELINA JOLIE

THE BONE COLLECTOR

电影创作者
乐观

影院经营者
悲观

投资制片方
担忧

电影发行者
恼怒

普通老百姓
高兴

电影管理者
支持

图 6—7　集纳　2000 年 11 月 9 日《北京青年报》

传播效果才会更好。

可以以 1993 年 10 月 23 日《人民日报》的头版为例，说明《人民日报》对此种“绿地”的重视。这一天，《人民日报》头版原准备刊登的重要新闻有：《中共中央国务院作出决定（引题）反腐败斗争近期要抓好三项工作（主题）》《八届全国人大第四次会议开幕》《江苏开展专项检查　制止公费出国旅游》《江泽民会见希思》《李鹏总理会见日本经济新闻社长》《中日和平友好条约缔结 15 周年　李鹏总理细川首相互致贺电》《工业污染防治工作会议在沪召开》《世界粮食计划署卅华诞》等。这些新闻内容是比较重要的国事、外事，基调都是比较严肃的。但是，《人民日报》编辑硬是设法从这些新闻中“挤”进了一条新闻：《中国百岁寿星座次排定（主题）131 岁的贵州龚来发为“中国长寿之王”122 岁的广东孔英为“中国长寿王后”（副题）》。并配发了寿王和寿后的头像（见图 6—8）。使读者在严肃之余也可轻松一笑。这个编法受到了读者的赞扬。有的读者打电话给

人民日报

RENMIN RIBAO

八届全国人大第四次会议开幕

乔石主持听取了关于消费者权益保护法草案等报告和说明

中共中央国务院作出决定

反腐败斗争近期要抓好三项工作

●党政机关领导干部要带头廉洁自律

●查办一批大案要案

●狠刹几股群众反映强烈的不正之风

江苏开展专项检查 制止公费出国旅游

江泽民会见希思

李鹏总理会见日本经济新闻社社长

就中国经济、中美关系、香港问题发表见解

中日和平友好条约缔结15周年 李鹏总理细川首相互致贺电

工业污染防治工作会议在沪召开

李鹏总理给大会发贺信

中国百岁寿星座次排定

131岁的贵州龚来发为“中国长寿之王”

122岁的广东孔英为“中国长寿王后”

世界粮食计划署卅华诞

李鹏总理致电热烈祝贺

公款点歌早日休

“跨国兵团”的覆灭

图 6—8　集纳　1993 年 10 月 23 日《人民日报》

《人民日报》编辑说，人生百岁太不易了，你我都未必活得到，但读到这样的消息高兴，版面花得值得。寿王、王后都是普通百姓，也说明《人民日报》的群众观念强。[①]

报纸需要刊登的稿件很多，而版面容量有限，为了使稿件能互补而增强传播效果，往往需要上面所说的“挤”的功夫。而“挤”不仅要善于运用编辑方法，如对原稿进行删节、综合、转版等，使一些稿件能“挤”到版面中去，而且更需要编辑心中有读者，有精编意识，不满足于平庸，不甘于凑合了事。

第三节　稿件的配合

稿件的配合，就是根据稿件内容和实际需要，增发各种新材料，对原有稿件中的内容进行论证、补充和解释。

配合稿件的目的在于以下几点：

第一，增加说服力和感染力。如果说一篇稿件告诉人们的只是事实的一个点的话，那么，对这个事实的论证、补充和解释就从几个侧面丰富了它，它就不再是点，而是立体化的了。立体化的认识无疑要比点的认识更为深刻、更为全面，也更为清晰。比如，就一个先进典型来说，新闻只能报道它的主要事迹，而评论可以揭示产生这个先进典型的历史必然性，以及它的巨大社会意义。资料则可为读者提供其人其事的某些历史材料。如果再配以图片，先进典型的形象就会立刻呈现在读者面前，使读者既了解其事，又见其人。因此，这个先进典型给人的印象就远比一篇报道所给人的印象深刻了。

第二，增加易读性。稿件中的某些内容，往往需要借助于解释、补充，读者才能完全理解。一个陌生的地名、一个难懂的名词、一个不熟悉的事件，都可能成为读者读报的一种障碍。且不说一般读者在遇到这种障碍时不会有耐心、有时间去查阅有关资料，因而不能不影响阅读的效果；即使会去查阅有关资料，也不能不是阅读的一个极大负担。在查阅资料上，如果一个读者哪怕只花了五分钟时间，几十万、几百万读者所花的时间加起来，就是一个很惊人的数字。编辑如果设想到读者这种困难，提供各种资料帮助读者消除这种疑难，读者就能比较容易地把报纸阅读下去，在较短的阅读时间里获得较多的东西。

稿件的配合，有以下几种基本方式。

---

① 参见江畅：《工夫深处独心知》，载《新闻战线》，1993（12）。

一、配评论

评论包括社论、短评、署名评论等。并不是所有评论都要与具体的报道相配合才能发表，有的评论也可以单发。但是，评论配合具体的报道发表，有具体的依托，就实论虚就更能做到理论与实际的紧密结合，更容易为读者所接受。所以，配合具体报道发表评论，已成为报纸发表评论的一种基本形式。

评论与理论文章、一般论说文不完全相同。评论与它们相比，有两个鲜明的特点：第一，评论具有更鲜明的政治性，是“政论”。新闻评论主要是针砭现实，所论及的是当前社会最需要解决的问题。第二，评论具有更强烈的时效性，是“时评”。①

评论是意见的直陈，事理的剖析，对现实具有极大的指导作用。短评，特别是社论，是代表报纸编辑部就某一重大问题发表的评论，具有鲜明的针对性、政策性和指导性，因此，配评论既要积极主动，又要慎重。

所谓积极主动，就是对重大的问题应该发表评论，表明报纸的观点和态度。也就是说，对于重大问题，报纸不应该保持沉默，应该让广大群众及时听到报纸的声音。不应沉默的沉默，就会和暧昧失去界限。

慎重，就是写评论从选题到论述都要再三斟酌。对于一些暂时没有把握的事，譬如情况不明的事，还刚刚开始讨论的事，正在试行中的事，对于它们的是非曲直，就不宜轻率发表评论。

配哪一种形式的评论，根据具体情况决定，很难规定一个固定的模式。但是，一般说来，社论主要是评论带有方向性、根本性的重大问题；短评主要是就一些重大事件、重大典型发表评论；署名评论（包括本报评论员评论）可以就重大问题发表评论，也可就一个比较具体的问题发表意见：这是从选题上说的。从身份来说，社论是评论中的元帅，最引人注目。因此，配合社论，就不能不比配合短评、署名评论更显得对问题的重视。但是，这绝不能由此得出结论，短评、署名评论的作用一定不如社论。它们有自身的长处。它们一般比较短小，比之社论有更多的用武之地。署名评论特别是个人署名的署名评论，可以各抒己见，在某些时候用它来配合报道发表意见，比之社论、短评更为灵活，更为有利。

评论与它所配合的报道应该是一种什么关系呢？即评论应该怎样与报道相配合呢？如果用一句话来回答，就是评论既要依托报道，又要深化报道。

（一）评论要依托报道

配发的评论要根据报道的内容来立论，评论的分析说理要以报道中的事实作

---

① 参见丁法章：《我当晚报老总》，272～273页，上海，复旦大学出版社，1999。

为根据或例证。即评论需要从报道中借题。当然，借题并不意味着要就报道中的所有内容发表评论，而应该只是去评论其中最重要的问题。比如，一个先进典型，它值得推崇的方面是很多的，一个重大事件的发生，它值得人们去注意的问题也是很多的。评论，特别是短评，一般不宜对这个典型和事件的各个方面去进行全面的评论，而应该抓住其中最重要、最具有针对性的方面进行评论。写作中的“全面出击”往往不如“奇兵突破”更为有效。因此，评论特别是短评的题目不宜过大。题目过大，就容易流于空泛。

借题最重要也是最难之点在于要知道从何立论。即要知道借稿件中的哪一个问题来提出看法，展开论述。借题是一种议题设置，也就是一种引导。善于借题是编辑发挥能动性的重要方面。

借题需要有大局意识。即能以与稿件内容相关事物的全局、社会的全局作为参考系来考察、判断事物的性质和意义。没有大局意识，目光局限于稿件本身，判断缺少依据，就难免失准。

2000年4月28日，《人民日报》刊登了一条新闻：《中国空间技术研究院培养高级技工》。新闻说，中国空间技术研究院建立高级技术工人培训体系，10年间共举办各类高级技术工人培训班16期，有438人取得了航天科技集团颁发的结业证书，为提高卫星产品质量，加速卫星研制步伐打下了基础。报纸配发了编余短论：《关注人才结构》。短论写道：

> 我国目前的科技实力和经济发展水平与发达国家之间尚有一定距离。但在许多领域，科研水平相对于经济发展程度来讲并不落后，导致产品质量问题的主要原因是对技术工人培训的力度不够，使得水平较高的成果无法形成高质量的产品。因此早就有人说，中国不缺一流的科研人员和技术专家，缺的是能在生产过程中实践科学创意的高级技工人才。在我们的产业发展中，只有将人才结构分出层次来，才能环环相扣。将培养一支高级技术工人队伍作为产业发展的重要基础，在工作环境、生活待遇、未来发展上为他们创造条件，激励更多的青年工人加入其间，才能最终产生高质量的产品和可观的经济效益。

短论正是从我国科技人才的大局来考察，才能从空间技术研究院培养高级技工这一个别事实中看到它的普遍意义，提出关注人才结构这一重要问题。如果缺乏大局的关照和分析，评论的借题就可能不准确，新闻事实的意义也难以借评论而升华。

（二）评论要深化报道

评论依托报道，但不能局限于报道；评论的题目可以小些、具体些，但论述不能止于小、止于具体，而要有所深化。评论对于报道，不仅要善于借题，更要善于发挥。

评论的特点在于说理，说理离不开分析。善于发挥，也就是要善于分析。要通过历史的、逻辑的分析，揭示事实的性质、地位、意义，说明事物的因果关系，指明人们应该采取的态度，从而使人们不仅知道这一事实，而且认识这一事实。

这种分析一般要从几个方面入手：

1. 从全局的角度来分析、评价报道中的事实

报道所反映的往往是社会中的个别事物。它反映这个个别事物虽然也是从全局来认识的，但是，报道主要是反映事实，它只能通过题材、角度的选择，叙述、描写的态度来表现这种认识，而不可能把这种认识直接表现出来。因此，事实和全局的关系，在报道中是隐蔽着的。而评论则可以通过摆事实和讲道理的方法把这种关系直接地、清楚地揭示出来，说明这种个别事物在全局中到底具有什么地位和意义，并且指出它的对立面是什么，矛盾的性质是什么，从而使人们对报道的事实有更全面、更深刻的认识。

2. 从历史的角度来分析事物的现状

报道一般只是反映事物的现状，但任何事物都有其历史发展的必然性。现状和历史，现状和未来都是紧密相连的。回顾过去，探讨未来，可以使人们对现状有个历史的了解，更清楚地认识这种现状产生的历史根源，它在历史中的地位，以及可能的发展趋势，从而认识应该怎样来正确对待这种现状。

3. 从理论的角度来分析事实的本质

在报道中，事实的本质是隐藏在现象的背后的。读者直接看到的往往是五光十色的现象。这些现象的本质是什么，正确的还是错误的，进步的还是落后的，产生这种现象的根本原因是什么，报道往往不可能给予直接的回答；而评论则需要根据马克思主义和党的路线、政策给予直接的明确的回答。对正确的、进步的东西给予支持和鼓励，对错误的、落后的东西给予批评和鞭挞。

2000 年 11 月 21 日，《人民日报》刊登新闻：《神农架：人给野生动物腾地盘》。新闻说，由于多年禁猎，神农架野生动物的种群和数量迅速增加，行为也越来越“猖獗”，有时竟跑到农民的庄稼地里甚至家里搞破坏。散居在神农架林区的数千名山民已陆续告别祖祖辈辈居住的家园迁移至其他地区安家。《人民日报》为这条新闻加了一则编余短论：

可贵的“退让”

鼎　鸣

记得20多年前，神农架林区有一位19岁的少女陈传香，赤手空拳打死一只金钱豹，一时被传为美谈；20多年后的今天，神农架人主动搬迁，把家园让给野生动物。前后对比，让人感慨良多。

长期以来，在人与自然、人与动物的关系上，人类往往过分强调自己的主宰地位，生杀予夺皆从我欲。可自然规律总给人类上课：对野生动物的无度捕杀，导致生态链条断裂，生态系统失去平衡，将会使人类付出沉重的代价。

保护野生动物，就是保护人类的明天。作为大自然的一部分，人类对自然多一分敬畏，对动物多一分关爱和“退让”，明天会赢得更大的主动。

短论进行了历史的对比，让人看到了人的生态环境意识的增强。短论还从生态链的全局简要论证了人与自然、人与动物的关系。并且鲜明地指出：人对动物的“退让”的实质，就是为了明天“赢得更大的主动”。短论虽不长，但因为从历史、全局、理论几个方面展开了简明的分析和论述，补充、深化了新闻，使读者有可能对新闻事实获得更多、更深的理解。

正因为评论要深化报道，因此，对于评论就不能不提出这样的要求：它应该比新闻报道站得更高一些，看得更远一些。

评论的写作问题，因为有“报纸评论”课进行专门讲授，这里不作详细论述。

二、加按语

按语是报纸编辑对发表的文章所加的简要批注和说明。按语有评论性的、说明性的、解释性的三种。其中评论性按语是最主要的。

评论性按语通常没有标题，寥寥数语，是一种最简短的评论。评论性按语可以就一组报道或一篇文章加按语，也可以就文章中的一段甚至一句一字加按语。有的写于题下，有的附于文后，有的穿插在文中，所以也是一种很灵活的评论。

《晋绥日报》在运用按语方面曾取得巨大成功。1947年，解放区实行土地改革时期，《晋绥日报》发表了大量按语，大都是评论性的。它阐发党的有关政策，批判某些错误倾向，有力地指导了这一场轰轰烈烈的革命运动。毛泽东在《对晋绥日报编辑人员的谈话》中，特别提到《晋绥日报》用按语的形式来批评错误观点和材料的“认真精神”，同时又指出了其中“左”的偏向。

片言居要，褒贬鲜明，是评论性按语的鲜明特色。

评论性按语成败的关键在于能否真正居要，即是否能真正抓住文章中的重要问题。按语如匕首、投枪，只有真正击中要害，才能显示它的威力。按语所抓取的问题，可以是文章中的主题，略加评点，使主题更为鲜明，更为深刻；也可以是文章中的某一局部，这个局部可能是读者看文章时不注意的，甚至连作者也不一定充分意识到它的意义，但它是一个具有重要意义的问题，按语烛幽洞微，特别将它提出来，从而引人注目。毛泽东为《中国农村的社会主义高潮》中的104篇文章写过按语。其中有的就是就文章中的主题发表评论的。譬如《妇女走上了劳动战线》一文，说的是天津庄子乡一个社发动妇女参加生产的经过和收获，按语抓住妇女参加劳动这件事发表了简短的评论，指出，“为了建设伟大的社会主义社会，发动广大的妇女群众参加生产活动，具有极大的意义。在生产中，必须实现男女同工同酬。真正的男女平等，只有在整个社会的社会主义改造过程中才能实现。”也有很多按语是就文章中的某一局部内容发表意见的。比如，《在一个乡里进行合作化规划的经验》一文，主要是讲河南郏县大李庄乡党组织领导全乡农民进行全面规划的经验。文章提到这个乡在建设过程中，曾发生了一些社争骨干、争识字的人的情况。在规划时，他们就把7个没在上学的中学生和25个小学生分别分配到各个社，以便解决会计和记工人员不够的困难。在这篇4 000多字的经验介绍中，这件事只是写了百把字，不容易引起人们的特别注意，而毛泽东同志在按语中着重谈的正是这件事。按语写道：“这也是一篇好文章，可作各地参考。其中提到组织中学生和高小毕业生参加合作化的工作，值得特别注意。一切可以到农村中去工作的这样的知识分子，应当高兴地到那里去。农村是一个广阔的天地，在那里是可以大有作为的。”可见，所谓“要”，不一定就是文章中谈得最多的东西，也就是说，不一定是文章之“要”，而是实际生活中之“要”。只有高瞻远瞩，真正了解实际生活中的“要”在哪里，才能敏锐地抓住文章中真正重要的东西。

按语的“要”大都是对新闻事实的性质、意义的揭示，但也有的是对新闻中的某种不足、某种偏向的警示。有的新闻就其主要内容来说是积极的，但也可能包含某些消极的因素，或掩盖着某一种倾向。因此，在刊登此类新闻时，就需要加按语，除阐发其积极意义外，对它所包含的某些消极因素或掩盖着的某种倾向，也要有所述评，以引起读者和有关方面的注意。这也是报纸防止传播中的片面性的一个重要方面。

1987年5月13日，《人民日报》刊登了一条消息《射洪县连续干旱缺水缺电

缺资金　水电局长竟率百人出省公费旅游》。新闻最后写道，射洪县对这件事很重视，在四川省计经委、审计局及遂宁市有关部门的支持协助下，查清了这次会议的各种收支账项，经遂宁市、射洪县纪律检查委员会批准，决定给这次年会活动的主持者、县水电局长兼水电学会会长刘成基以党内严重警告处分，责令参加这项活动的有关领导干部退出用于观光的全部费用，并且决定万余元摊派款由县水电学会负责收回，上缴当地财政。《人民日报》为这篇新闻配发了如下编者按：

正当射洪农村连续干旱，缺水缺电缺资金的关键时刻，身为县水电局长兼水电学会会长的刘成基，竟然借召开“年会”之机，动用公款万余元，带着100多会议参加者跑出县外、省外，千里迢迢去旅游观光。这是明目张胆违抗党中央不准“公费旅游”的指令，应当受到严肃处理。但是，人们不禁要问：只给主要责任者以党内严重警告处分和要求有关领导干部只退出全部费用，是否就能算是“严肃处理”呢？这样的“严肃处理”是否就能挽回在群众中造成的恶劣影响呢？

编者按不仅对这位水电局长的错误提出批评，而且对有关方面对这位水电局长的错误的“严肃处理”提出质疑，促使人们去思考这一“严肃处理”可能掩盖着的另一面，即不够“严肃”之处。这就可能防止新闻报道的片面性，并更好地发挥报纸的舆论引导作用。

按语不仅要善于居要，而且要善于用最精练的语言来表达。“片言居要”就是这个意思。按语篇幅短小，多方面的铺陈、洋洋洒洒的议论，都是不可能的，也是不必要的。它需要开门见山，三言两语就点出问题的实质，做到言简意赅。

评论性按语的第二个特点是褒贬鲜明。

评论性按语不应该只是提出问题，而应该对所提的问题有鲜明的态度。它应该有所褒扬，有所贬抑。文虽短，而爱憎分明；语虽少，而锋芒毕露。吞吞吐吐，模棱两可，就等于否定按语存在的理由。

以上说的是评论性按语。除此之外，还有说明性按语和注释性按语两种。

说明性按语，主要是向读者交代某些必要的情况，如作者的情况、刊载的目的等。

2000年12月13日，《人民日报》刊登通讯：《几何人生：一个世纪的归程——访美籍华人、著名数学家陈省身》。编者为通讯加了编者按，指出：“今天，我们载文介绍陈省身教授的‘几何人生’，不仅是为了介绍他在世界数学领域作出的伟大成就和在中国数学学科的发展方面发挥的重要作用，更多的是为了探究他追求真理的科学精神、淡泊宁静的人生态度和热爱祖国的赤子情怀。”并指出陈省身的科学精神和道德情操，“是一笔巨大的精神财富，这笔精神财富不仅属于20世纪，更属于即将来临的新世纪。”编者按主要是介绍陈省身和说明刊登通讯的目的。

注释性按语，主要是为稿件中读者不太熟悉的某些事情作简略的注释。如注释某些难懂的名词，注释文中提到的其他资料的情况等。

三、配资料

资料是发展新闻的重要手段。当一个重大的事件发生以后，人们对事件的关注和兴趣，往往就不限于事件本身，而会扩展到与事件有关的各个方面。但是，新闻在报道这个事件时，往往只是着重报道事件本身，对其他有关的方面介绍很少，甚至不作介绍。如果新闻对这些方面也要详加介绍，势必冗长并影响时效；何况记者外出采访，限于条件，有时也难于获得有关的材料。因此，就需要编辑对新闻加以发展。

编辑对新闻加以发展，主要的方法之一就是配合资料。资料对新闻的发展，包括两个方面：一是纵的发展，即追根溯源，对新闻中的人物、事件的历史作必要的介绍；一是横的发展，即对新闻中的人、地、事的概况作补充的交代。资料作为发展新闻的手段是不单独存在的，它总是因新闻而为读者所需要，依托新闻而存在；同时，新闻也因资料而得到补充，有赖于资料才能为读者所进一步理解。所以，资料和新闻可以说是相得而益彰。

美国《新闻周刊》发行人摩尔曾提出杂志的三度编辑公式。即一项新闻报道除了要报道事实本身之外，还需兼及广度、深度，注意到新闻的背景与新闻意义的解释。对于报纸刊登的许多新闻来说，这个公式也是适用的。为新闻配发资料就是三度编辑的一个重要方面。

资料也是报纸传播知识的重要手段。传播知识是报纸的任务之一，全党工作着重点转移到现代化建设上来以后，这个任务显得尤为突出。报纸依靠什么来传播知识呢？资料就是它的手段之一。当然，资料不同于教科书，它不可能系统地来传播每门学科的专门知识。资料是结合新闻发表的，具有新闻性。这种新闻性就使它在传播知识方面具有以下特点：第一，对象是广大读者，而不是少数人，因此深入浅出，通俗易懂；第二，它是对读者阅读新闻时可能产生的疑难的回答，因此具有针对性；第三，它的内容虽然可以是谈远古的历史，可以是说其他星球的生命，但无不是直接解释、说明现实生活中正在发生的人与事，它和实际是紧密联系的。一句话，资料传播的是活的知识。

报纸上经常采用的资料，有以下几种：

（一）新闻背景

新闻是新近发生的，有许多还是突然发生的，但新闻绝不是无源之水，无本之木，它有一个历史的发展过程。新闻往往在历史的映照下方显得分明、清晰和有意义。“新闻背景”就是交代新闻的历史，用历史来说明新闻，从昨天来看今天，从而使读者了解事件的来龙去脉，更理解新闻的内涵。

新闻背景有两类。一类是介绍事件本身的历史。例如，2001 年 1 月 7 日，《北京日报》刊登新闻：正在进行的巴黎—达喀尔汽车拉力赛按预定路线将要穿过主权归属上有争议的西撒哈拉地区。因事先未征得主张独立的西撒哈拉人民解放阵线(简称西撒人阵)的同意，该组织表示强烈不满，并威胁用武力阻止赛事。读者在阅读此条新闻时，很可能会提出这样的问题：西撒哈拉地区主权归属怎么会产生争议的？此种争议的双方是谁？争议是何时形成的？等等。此种问题在新闻中均无交代。《北京日报》在刊登此条新闻时，配发了背景资料。背景资料写道：“西撒地区位于北非西部，面积约 26 万平方公里。1975 年西班牙结束其殖民统治后，摩洛哥接管了西撒部分地区，此后该国与受阿尔及利亚支持、要求独立的西撒人阵武装进行了长达十几年的战争。1991 年，双方在联合国的调停下达成停火协议，并同意通过公民投票决定西撒前途。但是，由于双方在投票人的资格等问题上分歧严重，投票始终未能举行。”对读者可能提出的上述问题作了简要的回答，起了释疑解惑的作用，不仅增加了新闻的可读性，也依托新闻传播了知识。

另一类是介绍同类事件的历史。有一类事件的发生，孤立地从事件本身看似乎是偶然的，但如果从历史上来考察，就会发现类似事件也曾发生过。当一个新闻发生时，特别是重要的新闻发生时，读者往往不仅要了解事件本身的历史，而且要了解同类事件的历史。介绍同类事件的历史可以满足读者这种要求，并帮助读者更全面、更深入地理解事件的性质。例如，1981 年 3 月 30 日，里根总统遇刺左胸负伤，4 月 1 日，《人民日报》登载这一消息的同时，配发资料《美国已有 9 位总统遇刺》。资料指出：“美国总统里根这次遇刺是美国历史上第 9 位总统，第 10 次暗杀总统事件，其中遇刺身亡的有林肯、加菲尔德、麦金莱、肯尼迪。”资料的这种说明，丰富了读者的历史知识，有助于读者对里根总统遇刺事件的历史思考。

大事记是新闻背景资料中经常采用的一种形式。它通常将涉及新闻背景的重要事件按时间（如日或月、年）加以记叙。特点是条理清晰，便于阅读。1998 年 9 月 6 日，《北京晚报》刊登新闻《江泽民总书记指出（引题）抗洪取得决定胜利（主题）》。同时刊登了几篇介绍新闻背景的大事记。其中一篇是《1998 年全国军民抗洪大事记》。记载了 1998 年 5 月 29 日至 9 月 5 日期间的抗洪中的重要事件。另一篇是《本世纪中国三次特大水灾》，记载了我国1931、1954、1991三年中的特大洪水，包括受灾面积、受灾人数以及经济损失等。还有一篇是《70年代以来世界特大水灾》。介绍了1970年到1982年间发生在欧洲、亚洲、北美、南美的9次大洪灾的情况。在报道我国1998年抗洪取得决定性胜利的同时，发表上述3篇资料，回顾一下洪水肆虐和人民抗洪的历史，可以让人们更理解胜利得来之不易，并警示人们：人类历史上水灾连绵不断，绝不能因一次抗洪胜利而放松对水灾的警惕。

（二）新闻人物

新闻人物即对新闻中新出现的重要人物的生平作简要的介绍。一个新的政治领导人的就职，一个重要的国际友人的来访，一个崭露头角的科学家的获奖，往往都是重要的新闻。但新闻只能着重报道他们的就职、来访、获奖，不可能对他们个人作很多介绍。而广大读者对他们个人的情况也是关切的、感兴趣的，特别是对那些过去不太熟悉的人的情况更希望有所了解。对这些人的生平作简要的介绍，可以帮助读者认识这位新领导人今后可能施行什么政策，这位来访的友人是怎样一位可尊敬的朋友，这位科学家在取得成功之前曾走过一条什么样的道路，从而丰富和发展新闻所给予读者的认识。1998年9月2日，《人民日报》刊登新闻《朱镕基会见林业老英雄马永顺时说（引题）要下决心把砍树人变成种树人（主题）》。同时配发人物资料《马永顺：从伐木模范到造林模范》。对马永顺的年龄、籍贯以及工作简历、工作业绩和历次的获奖情况一一作了介绍。使读者对新闻中记叙的朱镕基总理对马永顺的评价有了更具体的理解："你这一辈子干了两件好事。当国家建设需要木材的时候，你是砍树劳模；当国家需要保护生态环境的时候，你是栽树英雄。我们都要向你学习。"

（三）新闻地理

新闻地理是对与新闻有关的地方的自然地理、经济地理、政治情况所作的简要介绍。介绍新闻地理的意义有二：首先，"何地"是新闻的要素之一，新闻发生在何地往往影响新闻价值。因此，新闻地理的介绍能够帮助读者理解新闻的意义；其次，新闻发生地有些并非是一般读者都熟悉的，而对于一个不熟悉的地方的新闻，读者的兴趣是要低于他所熟悉的地方的新闻的。配发"新闻地理"，就可以帮助读者了解这些地方，从而增加阅读的兴趣。例如，1980年6月24日，《人民日报》刊登新闻《著名科学家彭加木在罗布泊考察时失踪》。新闻记叙了失踪的经过以及有关方面组织力量寻找的情况，但对罗布泊这个新闻发生地并无介绍。《人民日报》在刊登新闻的同时配发了新闻地理资料《罗布泊地区》。资料介绍了罗布泊地区的地理位置、气候、地形特点以及自然、人文景观。其中写道：

“罗布泊地区气候异常干旱，地形复杂，戈壁沙漠望不到边，沙山起伏，沙谷密布……这里每年刮风时间约五个月。大风一起，往往天昏地暗，日月无光。尽管罗布泊地区自然条件恶劣，但在地理学家和考古学家眼中却是一块‘宝地’。这里蕴藏着盐类，生长着野骆驼、黄羊、大头羊、罗布麻等野生动植物；有着许多古城、古遗址；地面、地下分布着大量的文物。”这段地理资料介绍，不仅有助于读者理解科学家为什么要到罗布泊地区去考察，而且对读者分析彭加木失踪的可能原因，也不失为是一种参考。

（四）科学知识

新闻往往涉及自然科学、社会科学中的某些专门知识，一般读者很难完全了解，而新闻也不可能做详细解释，因此，有时就需要配发知识性资料进行补充介绍和通俗讲解。对一些自然现象的发生，一项科学成果的创造，一个学术争论的展开，往往需要配合新闻作通俗的简介。1999 年 5 月 7 日晚，北约轰炸中国驻南斯拉夫大使馆，造成我馆舍严重毁坏，人员伤亡。5 月 9 日，《人民日报》刊登了我国政府就此事发表的严正声明，以及相关的大量消息。《人民日报》还特意配发了资料《〈联合国宪章〉和国际关系公约有关条款》，摘录了《联合国宪章》和国际关系公约有关条款的原文。《联合国宪章》中规定：“各会员国在其国际关系上不得使用威胁或武力。”《维也纳外交关系公约》则规定：“使馆馆舍不得侵犯”，“外交代表人身不得侵犯”。相关新闻中虽然也提到，北约轰炸我使馆是对维也纳外交关系公约和国际关系基本准则的肆意践踏，但语焉不详，这个资料起到了对新闻的补充和解释的作用。1998 年，我国长江、嫩江、松花江发生洪灾。8 月 24 日，《人民日报》刊登新闻《确保大灾之后无大疫》。为此配发知识性资料《灾区防病防疫小常识》，共 4 篇小常识：《防止传染脚病蔓延》《切莫忽视红眼病》《把好食品关》《搞好环境卫生》。对灾区可能发生的几种疾病和疫情及防治之法作了简介。既是配合和补充了新闻，也传播了有关的科学知识。

（五）词语解释

新闻报道中常会涉及历史典故、古典诗词以及名人语录、成语、术语等。对于其中一些不太为人所熟知或不易了解的，编辑应该加以解释和说明。比如说明它们的出处，介绍它们的全文，解释它们的含义等。

2001 年 1 月 2 日，《人民日报》刊登新闻《金税工程在五省四市开通》。因为金税工程在我国刚开通，不为广大读者所熟知。新闻对此又语焉不详。因此《人民日报》为新闻配发了资料《金税工程》，说明“‘金税工程’全称是全国增值税专用发票计算机稽核网络系统，是利用覆盖全国税务机关的计算机网络对增值税专用发票和企业纳税状况进行严密监控的一个体系，包括‘一个网络、四个系统’。”资料接着还对“一个网络、四个系统”作了解释。

另如，1998年9月2日，《人民日报》刊登朱镕基总理会见林业老英雄马永顺的新闻，其中朱镕基总理曾说到江泽民总书记不久前曾引用恩格斯在《自然辩证法》中的话告诫人们：不要过分陶醉于我们对自然界的胜利。对于每一次这样的胜利，自然界都在对我们进行报复。次日，《人民日报》应读者的要求，刊登了恩格斯这段话的全文，并详细注明了出处。

编辑不应要求读者自己去查阅工具书去解决读报中遇到的类似的引文、典故、成语等难题。报纸留给读者的困难越多，可读性就越差，报纸离读者的距离就越远。

资料的写作，要注意以下两个要点：

第一，要与新闻密切配合，既要有所呼应，又不要很多重复；既要有所补充，又不要离题太远。

资料是配合新闻发表的，从这个意义上可以说，新闻是红花，资料是绿叶。资料主要应该写读者阅读新闻时引发出来的欲知内容，而不需要去写其他。当然，这并不意味着资料所占篇幅只能比新闻小。有时重要的新闻由于种种原因只能写成短短的几行，但或因意义重大，或因趣味隽永，会激起读者对新闻内容的极大探索需求，通过资料来发展新闻，此时就有了巨大空间，围绕新闻配发的资料就可以比新闻写得更详尽、更充分，因而占据更多的篇幅。

第二，重在记叙，文字要简洁朴实。资料主要是客观介绍情况，是新闻的补充，要用事实说话，不宜有很多的议论、抒情，更不宜采用文学的夸饰、想象等表现手法。因此，新闻人物资料有别于人物特写，自然更不同于纪实小说。新闻地理资料也有别于巡礼和游记。资料虽有作者，但作者的主观态度不是外露的，而是内隐于记叙之中的，从这个意义上可以说新闻资料的写作是述而不作。

除了上述配评论、加按语、配资料等配合方式之外，另一项重要的配合就是配图片，这个问题将在“图片编辑”一章中进行讨论，这里从略。

思考与练习题

1. 联系实际，简述新闻稿配置的意义。
2. 试将若干稿件组成集纳性专栏。
3. 从集纳角度对一个版进行述评。
4. 试为一新闻配发按语。
5. 试为几篇新闻配资料，并说明原因。

第七章

版面编辑

报纸收到各类稿件，经过筛选、修改、拟标题和配置以后，就要通过版面与读者见面。版面是报纸一个版的整体表现形式。安排版面是报纸编辑工作的重要的、不可或缺的工序。

现代报纸每日有若干版。少的4个版，多的几百个版。每个报纸的版面各不相同。即使同一个报纸的版面也不会重复。但是在这些不同的版面中，又可看到许多相同的东西：它们所运用的材料是大体相同的。运用这些材料时所采用的结构规则也是大体相同的。版面所运用的材料和结构规则构成版面表现内容的特殊语言——版面语言。

版面语言是相对稳定的。一些早期报纸的版面安排的材料和结构规则，如字符、线条以及栏的转接等，现在依然存在并被运用。但版面语言又是发展的。随着科技的发展以及编辑经验的积累，现代报纸版面语言比之过去更为丰富了。比如，色彩已成为现代报纸版面传情表意的重要材料，而在早期报纸是不可能具有的；现代报纸版面的结构规则，由于版面的扩大、栏的增多以及对版面认识的深化，也有了不少变化。随着版面语言的丰富和发展，现代报纸对版面语言的认识和运用也更趋于多样化。版面语言及其运用的变化和发展是报纸演变和发展的重要标志之一。研究版面实际上就是研究版面语言以及如何运用版面语言来进行传播。

第一节 版面的功能

版面作为一种表现形式与内容是紧密相连不可分割的。因此，当第一张报纸诞生的时候，也就有了版面。版面的历史与报纸的历史同样的悠久。但是，版面这种表现形式对内容的能动作用真正被报纸工作者所认识，版面工作真正开始成为报纸工作的一项不可或缺的重要组成部分，是并不久远的事情。

我国报纸的编排形式长期受书籍的影响。古代的报纸在幅面大小、编排形式上与书籍并没有什么两样。即使是近代报纸，虽然报纸的幅面增大，但是在初期，它的编排形式依然没有脱离书籍的窠臼。版面只是简单地排列新闻，既无字号、字体的区别，也无栏的变化，报纸版面只不过是书籍的版式的放大。在这个时候，版面的能动作用是有限的，它只是求得编排的秩序，使人阅读不至于发生技术上的困难，不费目力而已，人们还不能从版面的编排上了解内容。这样的版面排印工人就能顺带完成，版面还没有成为报纸的一种具有独立性的工作。这种情况一直到 20 世纪初才有所突破。版面开始不只是以求得秩序为满足了，而讲求显醒。字号、字体和栏都增加了变化。这时，重要的新闻和一般的新闻，在版面编排上才有了明显的区别。版面开始成为传达内容的一种手段。版面的能动作用才真正开始显示出来。也就在这种情况下，版面工作才可能成为报纸工作中一个不可或缺的组成部分。

随着报纸工作者经验的积累，版面对报纸内容的能动作用越来越被人们所认识了。物质条件上的改进，在客观上也为改进版面提供了可能性。现在，版面工作已经成为报纸工作的重要部分和新闻学研究的重要课题。毛泽东在 1958 年 1 月 12 日给刘建勋、韦国清的信中，就把版面列为省报问题的一项重要内容，要省委书记和报社编辑们一道，“钻进去，想了又想，分析又分析，同各省报纸比较又比较”。

那么，版面到底具有什么功能呢？报纸的内容和版面形式是矛盾的两个方面。在报纸内容和版面形式这对矛盾中，报纸内容是矛盾的主导方面。它对版面形式起支配和制约作用。版面形式必须适合内容的要求并为内容服务。但是，版面这种形式对于报纸的内容来说，绝不是消极的。版面一方面受内容的制约，但反过来又对内容发生很大的影响。一个完美地表现内容的版面，能极大地增强内容的表现力；反之，一个不适宜表现内容的版面，就能使本来精彩的内容为之减色，甚至受到歪曲。具体说，版面的功能如下。

一、版面语言是报纸引导舆论的重要方式

一篇稿件从写作、取舍、修改到拟标题，无不包含作者和报纸对稿件中所反映的客观事实的评价，无不表现出作者和报纸的倾向性。版面是这种评价的继续。

版面在安排各类稿件时，绝不是不顾内容、随心所欲地进行拼凑，而是对各类稿件的内容作出确切的评价，然后赋予它们最恰当的形式。因此，在版面编排中，客观的内容和主观的认识是结合在一起的。读者透过版面，可以感受到报纸对各类事件的态度和感情，并自觉或不自觉地受着这种态度和感情的牵引。这是报纸影响读者引导舆论的一个重要方面。

如果我们探讨一下报纸影响读者引导舆论的全过程，版面的意义就会更清楚地呈现出来。

报纸对读者的影响和对舆论的引导是通过几种途径传达给读者的。第一，通过稿件（包括文稿与图片）的内容、标题把意思直接表达出来。这是表达意思的主要方法。第二，通过稿件在版面中的不同地位来表达稿件的不同意义。版面中的不同地位是由标题的大小、位置的主次、与其他稿件的不同组合等来显示的。同一篇稿件，由于版面中的地位不同，给人的印象就很不一样，甚至截然相反。第三，通过各种编排手段的运用，来强调某种特定的意义或表达特定的感情，以增强稿件内容的表现力和感染力。如运用花线、装饰、套红来渲染、烘托节日报道的欢快感情等。

这第二、第三种途径，都属于版面。由此可见，版面对于刊载的内容绝不是消极被动的。版面不只是向读者介绍内容，而是向读者评介内容。因此，版面也是一种传播语言。

如果拿版面对内容的评价与稿件的写作、稿件的取舍、稿件的修改、拟标题等几个过程的评价相比，我们还可以看到以下几个特点：

第一，是一次总的评价。一天的报纸有许多篇稿件，一个版往往也有若干篇稿件。编辑在安排它们的时候，不是把它们作为孤立的稿件来权衡其轻重的，而是把每一篇稿件放到稿件的总体中，通过相互比较来权衡其轻重。每篇稿件都是版面全局中的一个局部，每篇稿件在版面中的地位都是和版面的全局相联系的。

版面的这种总的评价可以体现或改变前几个过程对稿件所作出的评价。

正因为版面的评价是一种总的评价，因此与报纸上单篇稿件所作的评价就不尽相同。后者可能只是代表作者个人，而前者则是代表报纸编辑部。因此合理安排报纸版面，充分发挥报纸版面引导舆论的功能，对于报纸来说尤为重要。

第二，是报纸出版前的最后一次评价。前几个过程的评价可以通过版面的评价来加以改变。而版面的这种评价一经确定，就与读者见面，再没有机会加以改变了。版面评价的不妥，只能设法通过以后的版面来纠正。更正，对于版面是不适用的。

第三，最先对读者产生作用。从评价的过程来看，版面的评价是最后的，但是这种评价最先被读者所感知。它形成读者阅读时的最初印象。读者看报纸虽然想看的是报纸内容，但引导读者去选择内容的首先是版面。因为报纸登载的主要是以文字符号组成的新闻和其他各类文章，而文字符号具有线条性，一行一行依次阅读才能了解它所包含的意思，需要有时间的推移过程。因而读者在用相当的时间进行一行一行阅读之前，对报纸内容是不清楚的，不可能根据内容去进行选择。而版面是展开的，一览无余，可以迅速让读者了解什么是最重要的，什么是比较次要的，从而帮助他作出阅读的选择。一条在编排上很突出的稿件，往往容易先引起读者的注意。然后才是通过标题的提示，阅读新闻的正文。版面——→标题——→正文是阅读阶梯。如果版面、标题都能吸引读者，读者才可能真正去阅读新闻的具体内容。一条即使内容很重要，写得很精彩的新闻，如果版面处理不当，就可能因一开始未能引起读者注意而被埋没。

第四，是一种借助特殊手段进行的评价。前面几次评价很多是靠文字来实现的，而版面的评价虽然也不排除文字，但主要不是文字，而是借助于版面的特有手段——版面语言，即版面空间、编排手段和版面的布局结构来实现的。

版面语言是具象的，诉诸视觉。读者在感知版面的位置、形状、色彩等时，就能同时理解它们的含义。版面语言又是象征性的，它与语言不同，它所传递的含义不是实指的，而是以象征方法来表示的。因此，版面所进行的评价是比较含蓄的。而且因为很难进行抽象层面的分析、说理，评价也难免会缺乏深度。

充分认识版面评价内容上的上述特点十分重要。因为只有认识这些特点，才能扬长避短，使版面与报纸其他传播手段相协调、相配合，最大限度地发挥整个报纸的舆论引导功能。

二、版面是帮助和吸引读者阅读的重要手段

报纸是给广大读者看的，报纸的一切作用都要在读者阅读之后才能产生，没有读者的报纸是无效的报纸。因此，怎样帮助和吸引读者来阅读报纸，使他们打开报纸就乐意去读，并且一直很有兴味地读下去，是报纸工作的一个重要课题。这自然需要报纸工作的各个环节的努力，需要完善各种新闻手段，而版面就是其中的一个重要方面。

报纸的内容纷纭繁复，包罗万象，其新闻价值各不相同。有的需要突出，有的则需淡化处理。报纸的体裁、形式也多种多样：有报告事实的新闻，有说理的论文，有刻画人物的文学；有文字，有图片；有三言两语，有鸿篇巨制；有逐日的连载，有成组的集纳。各篇稿件以其内容和形式上的不同特点而相互区别，又以其在内容和形式上的某种共同的东西而相互联系。一般报纸至少有四个版，一个版又有若干栏。如果不分内容、形式，不管轻重主次，将这些稿件任意堆放在某一版、某一栏，稿件间的不同特点就可能因此而被淹没，稿件间的相互联系也可能因此而被分割。报纸就会显得混乱芜杂，阅读就会发生困难，更谈不上引起读者的兴趣；相反，如果按照稿件间的相互联系，分门别类，分别主次地将有关稿件相对固定在一个版，并恰当地安排在版上的一定位置，使稿件间的特点和联系都清晰地表现出来，做到主次分明，眉目清楚，就会使读者找起来容易，读起来方便，而且能更好地认识稿件的内容和意义。

一个好的版面不仅能使读者很顺利地读下去，而且能根据文章的不同特点，创造优美的形式，形成特定的气氛，从而激发读者的美感情绪，使读者饶有兴味地去阅读内容。

我国实行社会主义市场经济后，报纸开始面向市场，市场成了报纸为读者服务的中介。读者购买、阅读报纸有了更大的选择空间。报纸之间，报纸与其他媒体之间的竞争加剧了。因此，近年来我国报纸在积极改进报纸内容的同时，都十分重视报纸的版面，讲求版面的视觉冲击力，使读者在接触报纸的第一瞥中，就能立刻引起读者的注意，激发起购买和阅读的兴趣。

三、版面是形成报纸个性的重要组成部分

每个报纸都应该有自己的个性，有个性才能使自己的报纸和其他报纸区别开来，才能满足读者多方面的要求。个性不仅表现为内容的独特性，也表现为形式的独特性。因此，读者拿到报纸，即使不看报头，只要一瞥版面，也可以毫不犹豫地识别这是哪家报纸。正如遇到朋友，不需要通名，从面孔就能毫不犹豫地认出他一样。然而，版面显示给读者的不仅仅是形式的独特性。形式的独特性不是无源之水，无本之木。形式的独特性是受内容的独特性制约的。版面的个性正是报纸内在个性的外在表现。人们浏览报纸版面，在看到形式上的独特性的同时，也感受到内容的独特性。当人们感受到《人民日报》版面的庄重、《光明日报》版面的平实、《中国青年报》版面的活泼、《中国少年报》版面的绚烂的时候，难道不也同时感受到各报内在的一些特征吗？因此，通过版面，读者不仅可以认出报纸，而且可以了解报纸。

第二节　版面的编排思想

一、编排思想是版面的灵魂

我们在论述版面的作用时已经说过，版面对于稿件的内容来说，绝不是消极的，它不是各篇稿件的随意拼凑，而是根据内容的特点，按照一定的意图，赋予它们一定的表现形式。版面编排包含着对稿件所反映的客观事实的评价，评价所依据的基本思想就是编排思想。编排思想是版面的灵魂，体现什么编排思想，是组版工作的首要问题。

编排思想和报纸的报道思想是一致的。编排思想是报道思想通过版面编排的具体表现，是报道思想的一个组成部分。每个报纸总是竭力通过编排思想来体现它的整个报道思想，并以此来影响舆论。没有编排思想的报纸是没有的，问题只是在于表现什么思想。

“四人帮”控制下的报纸，宣扬的是“四人帮”的纲领、路线和政策。“老干部＝民主派＝走资派”的反动政治纲领，就是当时这些报纸的报道思想的核心。与此相一致，版面编排也为这种反动政治纲领张目。凡是为他们呐喊的帮文，在版面上总是充当主角，予以突出处理。但是对于那些不利于他们的新闻和文章却完全是另一种态度。能压就压，不能压也尽量通过各种编排手法来缩小它们的影响。1976 年 1 月 8 日，周总理逝世，神州飞泪，举国哀痛。1 月 14 日，举行追悼大会的前一天，群众的悼念活动达到了高潮。就是这一天，被“四人帮”控制的一个报纸，第 1 版、第 2 版、第 3 版竟然只字不提周总理；而在第 1 版却抛出了为“四人帮”张目的《大辩论带来大变化》一文，并且占用头条位置、用大字标题予以突出。版面编排上的这种扬与抑、褒与贬，最清楚不过地表明当时这个报纸的编排思想是为“四人帮”的政治纲领服务的。

编排思想是体现版面的政治态度和思想倾向的。因此，编排思想与编排技巧相比，不能不占第一位。编排技巧是为编排思想服务的。技巧再高，编排思想不正确，版面也是失败的。因此，编排思想要正确，应该是组版的首要要求。

二、树立正确的编排思想

正确的编排思想当然不是编辑头脑里所固有的，也不是编辑一时的灵感的产物，而是编辑用马克思主义和党的路线、方针、政策结合报纸特点对稿件所反映的内容进行分析的结果。马克思主义和党的路线、方针和政策是我们的指导思想，离开了它们就会在稿件所反映的纷纭繁复的客观事物面前迷失方向，失去分辨问题的能力。但是，报纸所接触的事物无所不包，而且又往往是新近发生的，因而编辑不可能到马克思主义和党的路线、方针、政策中去找各种新发生的问题的现成答案，而要善于运用马克思主义的基本立场、观点和方法去进行具体的分析，透过纷繁的现象去抓住事物的本质，确定或褒或贬，或扬或抑的鲜明态度。

马克思主义和党的路线、方针、政策是报纸的指导思想，但是各报的读者对象、特定任务、发行地区是不相同的。因此，确定编排思想，必须善于把统一的指导思想与报纸的特点结合起来，这样的编排思想才有针对性，才能真正做到既有大方向又生动活泼。以为要正确宣传党的路线、方针、政策，对于同一新闻，各报的编排就应该相同的看法是片面的。脱离了读者，脱离了报纸所担负的特定任务，脱离了发行地区等方面的具体情况，千报一面，读者生厌，不可能正确宣传党的路线、方针、政策。如果说这种编排思想也是“正确”的话，这种“正确”也只有字面上的意义，它实际上是苍白的、缺乏生命力的。因为这样的编排思想很难为读者所接受，很难真正转化为读者的自觉行动。因此，不考虑报纸的特点，与其他报纸对版面的做法是不可取的。

确定编排思想必须对稿件进行认真的分析。需要指出的是，一般稿件往往只是反映整个事实全局中的一个局部、整个事实发展过程中的一个环节，如果编辑不了解事实的全局和事实的整个发展过程，就不可能把稿件所反映的事实放到一定的位置，就很难对事实的意义做出正确、全面的分析和判断。因此，确定正确的编排思想总是以对国际国内形势的深入了解为基础的。对稿件内容的分析应该包括以下几个方面：

1. 稿件的重要性

应该对每一篇稿件的重要性作出判断，如果是新闻，就要对它的新闻价值和社会意义作出估量。有了这种准确的判断，安排稿件才能各得其所。版面是一个整体，因此，还需要把每一篇稿件放到版面的全局中来进行比较，权衡主次轻重，从而确定其在全局中的地位。

2. 稿件的性质

要明确稿件是进行正面教育的、讨论的还是供批判的，不同性质的稿件，在版面上应予不同的处理。

3. 稿件的感情色彩

要根据稿件的内容和报纸的态度，确定稿件在版面上应该具有什么感情色彩：喜的还是怒的，哀的还是乐的。

4. 稿件间的相互关系

要分析稿件之间是否存在着关系，是存在相同的关系还是相异的关系。要从这种相同或相异的关系中提炼出应该强调的思想。由此可见，编排思想不是赤裸裸的抽象的观念和政策条文的本身，而是以马克思主义和党的路线、方针、政策结合实际情况，对版面所表现的具体内容，进行分析所产生的基本认识。

1972 年 2 月 19 日，《人民日报》登载了美国总统尼克松启程来我国访问的消息。消息登在头版的右上区和右下区之间，用的是直题直文，标题大小相当于四栏。从位置来看，放在头版，又采用与众不同的直题直文的排法，是比较显著的；但是在全版，另有通栏题的头条，其他所有新闻标题的字号也都大于这条新闻，从这两方面看，又不是很显著的。从位置看，不如头条，但又比其他新闻醒目。因此，对于尼克松访华这件事，从版面的处理看，给人一种既不卑又不亢的感觉，这样的处理显然不是编辑随意作出的，而是编辑根据党的路线、方针、政策对尼克松访华这件事进行具体分析的结果。尼克松来我国访问，是新中国成立以来美国政府最高领导人对我国的第一次访问，这无疑是中美关系史上的一件大事，举世瞩目，意义深远。但是当时美国与我国毕竟没有建交，历史上形成的许多问题有待解决，因此，对于尼克松访华这件事，不予重视或过分宣扬显然都是不恰当的。《人民日报》版面处理不卑不亢，可以说恰到好处。

1978 年 5 月 11 日，《光明日报》发表了“本报特约评论员”文章《实践是检验真理的唯一标准》，由此在我国引发了关于真理标准问题的讨论。它冲破了长期来“左”的思想对我国人民思想的禁锢，张扬了马克思主义实事求是的革命精神，为党的十一届三中全会的召开作了理论上和思想上的准备。

此文所以能产生如此巨大的作用，当然最主要的是它对当时束缚人们思想的“两个凡是”① 发起了冲击，为各条战线的拨乱反正指明了方向，提供了思想理论武器。但《光明日报》对此文的版面处理也是使此文产生巨大社会反响的一个重要原因。原来《光明日报》只是准备将此文以作者个人名义，并作为学术类文章发表在《哲学》专刊上的，后来才改为以“本报特约评论员”名义发表在第 1 版上，从而大大提高了此文章的权威性和影响力。参与编发此文的《光明日报》编辑王强华在回忆和总结编辑经验的文章中说，此文所以能形成广泛的社会影响，“除了文章内容这个主要因素之外，还有两个原因”，一是此文发表后，配合全国范围的讨论，组织了连续宣传；还有一个原因就是“文章发表的形式和位置”。此文“开始时是要以个人署名的学术文章形式发表在专刊上，而且已经拼在了 1978 年 4 月 11 日的《哲学》版大样上准备刊出。这样的效果当然不会大。后来

① 指 1977 年 2 月 7 日，三家报纸联名发表的社论《学好文件抓住纲领》中提出的“凡是毛主席作出的决策，我们都坚决维护，凡是毛主席的指示，我们都始终不渝地遵循。”

改用'本报特约评论员'的名义，而且放在第1版的通栏大字标题发表，文章的'身价'就大大提高，取得了良好的社会效果"[①]。而《光明日报》所以能对此文进行此种版面处理，主要是《光明日报》的编辑对当时我国的形势有清醒、正确的认识，以此为基础，充分认识此文的巨大现实意义，并敢于坚持真理，敢于突破常规。正是在此种编辑思想的指导下，才能将一篇理论性的文章在版面上进行如此突出的处理。

1994年5月21日，《人民日报》第1版刊登了一封读者来信，内容是谈自己看了话剧《旮旯胡同》的感想。第1版是要闻版，可谓是寸金之地，何况是《人民日报》的要闻版，要刊登的国内国际重要新闻很多，一位读者谈观后感的来信，似无重要性可言，不可能登在要闻版。《人民日报》编辑却看到这封来信的意义。当时中宣部"五个一工程"[②]刚刚出台，而这位读者的观后感，正好比较生动地体现了中央"精神文明重在建设"和"用优秀作品鼓舞人"的精神，因此，《人民日报》编辑"破格"将这封来信登在了第1版，且加了编者按，点出了弘扬此种精神的重要性。这种"破格"正是以对稿件的意义的准确判断为基础的。而准确的判断，就在于不是孤立地来分析稿件本身，而是将稿件放到有关精神文明建设的方针政策和社会环境中来考察，因而才使这封来信的社会意义凸显出来。[③]

编排思想对于版面具有决定意义。编排思想不同，版面的编排就不相同，就可能存在正确与错误、好与差的区别。

1981年10月18日，世界杯足球赛亚太区决赛第四场比赛，中国队与亚洲冠军科威特队交锋，踢得积极、主动、活跃，以三比〇的压倒优势获胜，使中国足球队在进军西班牙，参加世界杯足球赛决赛的征途上又迈出了一步。这自然是一条很有新闻价值的新闻。当晚电视、广播传出喜讯时，全国人民为之振奋。次日《人民日报》在第1版以上半版位置刊出这条新闻，采用3栏题，并配有我队员劲射破门的新闻照片，版面处理相当醒目。但就整个版面来看，它并非是头条，其他两条新闻——《国务院作出加强旅游工作的决定》和《纪念人民教育家陶行知先生九十诞辰》都相当于四栏题，也比这条新闻的处理更为突出。由此看来，

① 王强华：《报纸评论要抓普遍性、迫切性、根本性的问题——参加编发〈实践是检验真理的唯一标准〉的体会》，载《新闻战线》，1998（6）。

② 1991年中央宣传部作出组织实施精神文明建设"五个一工程"的决定，要求各省、自治区、直辖市党委宣传部像抓物质生产重点建设工程那样，有计划、有重点地组织生产思想文化精品的工程，力争每年度推出一本好书、一台好戏、一部优秀影片和一部优秀电视剧（电视片）、一篇或几篇有创见、有说服力的文章，即"五个一工程"。

③ 参见范敬宜：《总编辑手记》，351页，北京，人民日报出版社，1997。

对这条新闻的处理又表现为一定的克制，并非着意宣扬。这自然是有道理的。因为这场球赛虽然取得了胜利，但毕竟还不是祝捷的时候，以后还有几场比赛要进行，能否出线尚难预料，过分宣扬这场球赛的胜利未必恰当。可见，《人民日报》这样的处理正是编辑本着实事求是的精神对新闻价值和实际情况进行正确分析的结果。而有的地方报纸，却在头条位置以大标题刊出这条新闻，同时发表评论，并配发赛场观众欢呼胜利的巨幅照片和运动员头像，整个报道占了大半版并饰以花框。编排上如此渲染，未免失之于过，不仅与新闻价值不相适应，而且可能助长盲目乐观的情绪，而无助于以后的比赛。版面处理上的这种夸饰，说明编辑对新闻价值和实际情况的分析是不准确的。

1995 年 12 月 18 日，《人民日报》在头版头条位置刊出新华社电稿《一位母亲强烈呼吁　扫黄打非不可手软》（图 7—1，新闻内容已在“新闻稿的选择”一

人民日报
RENMIN RIBAO
吉林着眼大
确保本世纪末
一位母亲强烈呼吁
扫黄打非不可手软
京九线
警惕“电脑犯罪”
苏州宝碟公司“制黄”盗版被停业
涉案人员已收审
铁路铺轨到老区

图 7—1　1995 年 12 月 18 日《人民日报》

章中作简介，这里从略），引起了中央的重视和社会的巨大反响，取得良好的传

播效果。此种传播效果的取得，原因是多方面的。《人民日报》对它的突出编排是重要原因之一。而此种突出编排主要是因为编辑具有大局意识，能准确判断报道的社会意义。同时刊登此篇报道的还有其他报纸。由于对报道的意义缺乏准确的估量，有的仅将它放在第2版，且是非重要的版位，因而未能引起人们的充分注意。

对稿件的内容经过正确的分析与判断，从而形成正确的编排思想以后，接着的问题就是如何通过版面语言把这种思想具体地表现出来。编排思想明确了，但怎样将它化为具体的版面，还要经过一番创造性的劳动。有时由于表现不当，正确的编排思想未能确切表现出来，甚至受到歪曲，这样的事也是常有的。即使表现出来，也有高低粗细之分。因此，除了编排思想之外，还要讲求版面语言的运用技巧，这将在下面进行讨论。

第三节　版面空间

报纸的版面编排是借一定大小的纸张幅面所提供的空间来进行的。从单纯的印刷角度看，这种一定大小的纸张所提供的空间只是一种印刷的物质材料，并没有别的意义，它的各局部之间并没有什么差别。但是，从编排的角度看，这种一定大小纸张所提供的空间可以表现一定的编排思想。这种表现报纸编排思想的一定大小的纸张所提供的空间，我们就叫它版面空间。只有认识版面空间，编辑才能充分利用它来为版面思想服务，才能在这个天地里取得自由。

版面空间所以能够表现一定的编排思想，主要是因为版面空间存在着强势上的差异。所谓强势，就是版面吸引读者注意的特性。一个读者阅读报纸的时候，对每个版面及每个版面上的各个局部的注意程度是不相同的，因而就形成不同的强势。充分认识和正确运用版面空间的强势，是组织版面的重要问题。

一、自然版序和版序

现代报纸的幅面大小基本有两种：一种是对开，一种是四开。不论对开报纸或四开报纸，每张报纸一般都分为4个版，少数的分为两个版，每种报纸由于张数不同，版有多有少，少则4个甚至两个版，多则几百个版。表示各个版的先后次序的是自然版序。报纸表现自然版序有3种形式。一种形式是报纸每一张单独折叠，独立安排自然版序，报纸各张的自然版序相接。以日出两张的报纸为例：第一张报纸的外页为第1、4版，内页为第2、3版；第二张报纸的外页为第5、8

版，内页为第 6、7 版。另一种形式是各张报纸重合折叠，依次安排自然版序。仍以日出两张的报纸为例：第一张报纸的外页为第 1、8 版，内页为第 2、7 版，第二张报纸的外页为第 3、6 版，内页为第 4、5 版。日出两张以上的报纸的版序以此排法类推。我国《人民日报》和《北京日报》采用的是第一种形式，《北京晨报》和《大河报》采用的是第二种形式。第三种形式是，将报纸分成若干版组，每一个版组重合折叠，自然版序以版组为单位进行编排。如一个报纸分成 A、B、C、D 4 个版组，A 版组共 12 个版，自然版序为 A1—A12；B 版组如有 16 个版，自然版序则为 B1—B16，其余版组依次类推。各个版组的自然版序可以按第一或第二种形式排列。这种自然版序的安排适合于版面很多的报纸。如北京的《精品购物指南》就是分版组编排。各版组的自然版序则按第二种方式排列。

自然版序并不是重要程度上的序列。表示各个版的重要程度的是版序。在报纸的若干版中，必有一个版是最重要的，用以刊登要闻，一般称为要闻版。读者看报的一般习惯，第一版总是先进入眼帘，看了第一版接着才去翻阅其他版，这样也比较方便。第一版与其他版相比，就不能不更具有强势。因此，报纸一般都将第一版作为要闻版。但是，正因为版序主要是根据阅读的习惯来确定的，因而也不是绝对不能改变的。比如，英国《泰晤士报》，在相当长时期内，就因为考虑到伦敦多雾，报纸在报摊上出售时容易受到损坏，故而不是把要闻版放在第 1 版，而是放在中间页。第 1 版则用来刊登广告。1966 年 5 月 3 日，《泰晤士报》进行改革，才将第一版用来刊登新闻。

除了要闻版外，其他各版哪个比较重要，如果一个报纸只有 4 个版，这个问题并不显得很重要；如果有几十个版，甚至几百个版，读者看报的选择余地很大，很多读者往往不可能浏览每一版，因此，里页的版序也就显得比较重要。据美国新闻学者认为，右边的版要优于左边的版。按第一种自然版序形式来说，即第 3 版优于第 2 版，第 5 版优于第 4 版，以此类推。理由是读者看完第 1 版，翻页之后，视线自然首先落在第 3 版，其次是第 2 版。因此，他们把转版的材料都放在第 2 版、第 4 版这些相对来说强势较弱的版。这种意见也是值得我们安排版面时参考的。

要闻版的地位既然优于其他版，因此，怎样充分利用要闻版，是一个十分重要的问题。一般来说，最重要的新闻应该放在要闻版。当然这并不是说，放在要闻版的一定就比放在其他版的重要。因为版序只是表现强势的一个因素，表现强势的还有其他因素。但这一点是应该肯定的：同一版位，在要闻版要比在其他版重要。如果标题大小等其他情况不变，放在其他版上的头条地位，也不如放在要闻版的一般位置更为突出。但是，要闻版毕竟只有一个，如果需要放在要闻版的重要稿件很多，稿件的数量和版面的容量就会发生矛盾。在这种情况下，就需要采取以下几种办法来解决。

1. 要闻版刊登“导读”

即将刊登在非要闻版上的重要报道或文章的主要内容，用最简短的文字编成一组“导读”刊登在要闻版。可以只有文字简介，也可以给每篇报道或文章配上图片。

2. 文转其他版

即标题和文的一部分刊于第 1 版，文的后续部分转其他版。这样做的好处是，既突出了稿件的重要性，又可少占要闻版的篇幅；缺点是阅读一条新闻需要翻页，不太方便。因此，十分重要的稿件最好不转版。另外，同一个版上转版的稿件不宜很多。英美等一些西方国家报纸的第 1 版（要闻版）经常大量采用转版的形式。他们把第 1 版称为报纸的“陈列橱窗”，重要的稿件都挤到第 1 版，版面容纳不下，只好借助于转版的方法，以此来招徕顾客，与其他报纸进行竞争。读者在阅读第 1 版时，有时几乎很难看到一条完整的新闻，需要不断地翻页，很不方便。对于这种情况，英美等国新闻界也啧有烦言，我国报纸显然是不宜完全仿效的。

3. 题在要闻版，文在其他版

采用这种方法，文章在要闻版占据的版面更少，但阅读不方便，编排上也不容易处理，通常都需要加框，以避免与其他稿件相混淆。如 2000 年 11 月 16 日，《人民日报》在要闻版集纳并加框刊登了 4 条标题：《江主席会见金大中总统》《江主席会见普京总统》《江主席会见拉戈斯总统》《江主席会见马哈蒂尔总理》，未刊新闻内容。注明详见第 6 版。第 6 版全文刊登了上述 4 条新闻，并配有照片。

4. 概要登要闻版，详情登其他版

这有两种方式：一种是消息登要闻版，而相关的通讯或调查报告等则登其他版。在消息末尾注明“详见第×版”，这样也可起到导读的作用。比如，2001 年 2 月 27 日《大河报》，要闻版刊登消息《几年厅长　百万入囊（主题）省交通厅原厅长张昆桐今日受审（副题）》，相关的通讯《交通厅长的“仕途经济”——河南省交通厅原厅长张昆桐蜕变的人生轨迹》则刊登于第 10 版，采用的就是此种方式。还有一种方式是将比较长的文章的原文登其他版，在要闻版则发一简短的消息，说明本报今日在第几版刊登重要文章，并对文章内容作简要介绍。此种方式的好处是，既强调了此文的重要性，又能帮助读者理解文章的要点。当然，这种处理方式也有短处，就是行文上有某些重复，版面不太经济。此外，需要有一定的编写时间，如果时间紧迫，比较难以实行。

要闻版在各版中最具有强势，是寸金之地。现代报纸编辑都十分珍惜要闻版的版面，尽量充分利用它，让它多刊登一些重要的稿件。上述几种编辑方法就都是为这个目的服务的。但是，这仅仅是事情的一个方面，另一方面是，对于特别重大的新闻，现代报纸编辑又总是不惜这块寸金之地，用很大篇幅甚至全版来突出这一重要新闻，以引起读者的最大注意。这是充分利用要闻版的另一种重要方式。

在我国报纸开始面向市场、报纸篇幅增多的今天，对要闻版后一种方式的运用也日渐增多。当新千年、新世纪到来之际，我国很多报纸就都以要闻版整版篇幅刊登相关新闻。图 7—2 是 2000 年 1 月 1 日《广州日报》的要闻版。它以全版篇幅（除广告）刊登了有关新千年来临的消息。其中包括新闻《人类进入新千年》《基里巴斯共和国最先跨进 2000 年》以及巨幅照片：新千年第一缕阳光普照大地。

这种方式在国外报纸报道重大新闻时也经常采用。1997 年 8 月 31 日英国戴安娜王妃遇车祸身亡，英美报纸连续以要闻版巨大篇幅刊登相关新闻。图 7—3 为 9 月 4 日的英国《欧洲人》报，它以要闻版整版的篇幅刊登了有关报道《谁杀死了戴安娜?》和戴安娜的遗像。

二、区序

就一个版而言，版面可划分为若干区，各个区在版面中所占的位置叫版位。不同的版位具有不同的强势。

如果我们将一个版横截分为两半，版面则分为两个区：上半版和下半版（见图 7—4），从强势来看上半版要优于下半版，这是阅读心理所决定的，因为人们一般看东西习惯于自上而下。因此，不论横排报纸还是直排报纸，上半版都要比下半版更能引起读者的注意。特别是横排报纸，字行的连接是自上而下的，上半版优于下半版就更为明显。如果将一个版垂直平均分开，则全版就分为左半版和右半版两个区（见图 7—5）。左半版与右半版相比，哪个更具有强势呢？这决定于报纸是横排还是直排。如果是直排，因为字行的连接是自右至左的，读者在阅读时自然先注意的是右面，右半版就具有较大的强势。横排报纸则不相同。横排的文字是自左至右的，因此，左半版就要比右半版更容易引起读者的注意，从而具有更大的强势。如果再将上述两种版面的划分重合在一起，则版面就可分为上左、上右、下左、下右四个区（见图 7—6）。对于横排报纸来说，“上左”因为是上半版和左半版的重合，因此，是最具有强势的版位，其次是上右。下左和下

追求最出色的新闻

廣州日報

新千年200版纪念特刊

人类今晨进入新千年

基里巴斯共和国最先跨进2000年

七喜电脑

21世纪IT业挑战者　来自华南的种子选手

广州日报社出版

以全版来突出一重要新闻

图 7—2　2000 年 1 月 1 日《广州日报》要闻版

右相比，区别就没有上述几区那么明显。如果我们仍然按照自左至右的阅读习惯来分析，则下左显然要优于下右。但是，根据一般读者读报时视线的自然移动来看，都是看了上左，再看上右，然后自然下滑至下右，这要比把视线移动至下左

以全版来突出一重要新闻

图 7—3　1997 年 9 月 4 日《欧洲人》报要闻版

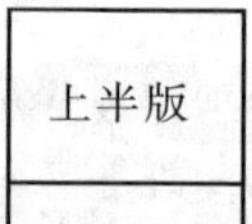

图 7—4

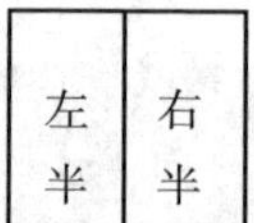

图 7—5

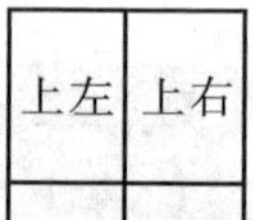

图 7—6

较为省力，而且因为下左与上左毗邻，为了突出上左，一般也很难再对它作突出的处理。因此，一般说来，下右要优于下左。

在进行了上述的分析以后，我们就可以将横排报纸的版面的各个区，按其在版面空间中的不同强势，排列如下：上区优于下区，左区优于右区，上左优于上右，下右优于下左。版面各个局部的这种强势大小所排列的次序，就是区序。

当然，区序是相对而言的，不能使它成为死板的模式。另外，认识区序只是为了更有效地利用版面，而绝不应该导致对一部分版面的忽视。比如，认识到在强势上，下半版不如上半版，右半版不如左半版，如果因此就忽视下半版、右半版，那就完全错误了。正确的态度应该是积极利用这种区序的规律来为编排思想服务。比如，不太重要的稿件就可有意识地放在下半版、右半版。相反，如果要在下半版、右半版放比较重要的稿件，则可以有意识地利用其他方式来增强它的强势，如加大标题等，这样同样可以收到突出的效果。

三、栏和栏序

版面上区的划分是无形的，即不直接表现出来的，它只是读者阅读心理上的一种划分。直接表现于版面上的划分是栏。

报纸的每个版面都划分为若干栏。横排报纸的栏是自上而下垂直划分的，每一栏的宽度相等。一个版面按几栏分版是相对固定的。这种相对固定的、宽度相同的栏称为基本栏。每一个报纸都确定有相对固定的分栏制。分栏制是一个报纸对版面划分为多少个基本栏的规定。一个报纸采用何种分栏制，依据是否有利于读者的阅读，是否有利于表现报纸的特点来确定。

从阅读心理看，分栏过多，基本栏过窄，阅读时视线移动频繁，容易造成眼睛的疲劳；分栏太少，基本栏过宽，则阅读时容易产生错行的现象，影响阅读的效率，甚至影响对原文的理解。一般说来，对开横排报纸的版面采用 6 至 8 栏是比较合适的。至于到底是采用 6 栏、7 栏还是 8 栏，还要看报纸的内容和特点而定。如果报纸的短小新闻较多，版面以活泼为其风格的基调，则采用 8 栏比较合适，因为 8 栏制的版面要比 7 栏或 6 栏制的版面更富于变化，短小新闻处理起来比较容易，也显得比较活泼。如果报纸的长稿较多，报纸版面以庄重为其风格的基调，则采用六栏或七栏比较合适。

版面除了采用基本栏之外，有时还采用变栏。所谓变栏就是以基本栏为基础而生化出来的栏。变栏有两种，一是长栏，即宽度是整倍数于基本栏的栏，如两栏、三栏等；另一种是破栏，即宽度是非整倍数于基本栏的栏。破栏可以大于基本栏，如 3 破 2，5 破 2 等；也可以小于基本栏，如 2 破 3 等。目前我国对开报纸采用的都是 8 栏制，基本栏已经比较小，所以小于基本栏的破栏用得很少。采用变栏的意义在于：

1. 变栏不同于基本栏，因此，在基本栏的基础上采用变栏，就比较醒目

为了突出某一篇稿件，采用变栏，可以收到比较好的效果。

2. 变栏的大小可以根据稿件的特点来决定，这样可以增加内容的表现力

比如，内容比较严肃而又比较长的稿件，采用长栏（如两栏）的排法则显得比较庄重，视线的移动也较少，比较节省目力。

3. 可以“量体裁衣”，更有效地利用版面

比如诗歌，由于表现形式不同，诗行有长有短，诗行比较长的，如果采用短栏，句子就容易被分割，不仅不便于阅读，而且会影响诗歌的节奏；相反，如果诗歌用的都是短行，而基本栏又是比较宽的话，则会出现过多的空白，既浪费版面，又影响美观。采用变栏，就可以根据诗行的长短来确定栏的长短，做到既便于阅读，又节约版面。

4. 适当采用变栏，可以使版面更富于变化，从而增加形式美

这将在“版面的美化”一节中来加以讨论。

报纸版面的基本栏确定以后，就有一个自然栏序。横排报纸的自然栏序都是自左至右。如以八栏制版面为例，最左边的一栏为第 1 栏，最右边的一栏则为第 8 栏。自然栏序只是栏的一般序列，并没有意义上的区别。但是每一栏在强势上是不完全相同的。这种以强势来划分的栏的次序，叫做栏序。我国报纸的栏序是左边的栏要优于右边的栏。由于我国报纸重要新闻的题与文很少排一栏的，因此比较注重区序，不太注重栏序。国外有些报纸的重要新闻的题与文往往排成一栏，因此比较注重栏序。美国报纸第 1 版的栏序与我国不同，最重要的不是第 1 栏而是第 8 栏，其次为第 2 栏，再次为第 6 栏，以下依次为第 3 栏、第 4 栏、第 5 栏、第 7 栏、第 2 栏(见图 7—7)。第 7 栏和第 2 栏所以不重要，因为紧靠着最重要的第 8 栏和第 1 栏，为了防止喧宾夺主，是不宜进行突出处理的。美国还有些报纸的栏序与此不同。它们重在第 8 栏和第 6 栏，其次为第 5 栏(见图 7—8)。理由是，报纸折叠后

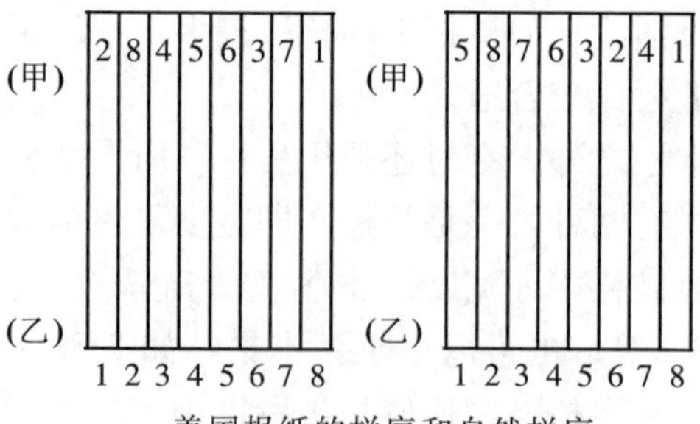

美国报纸的栏序和自然栏序

(甲)为栏序,(乙)为自然栏序

图 7—7　　　　图 7—8

在报摊上出售，能显露出来的就是第5、6、7、8这四栏。除了第7栏紧靠着第8栏，不能突出以外，最重要的自然就是第8、第6和第5栏了。

四、版面空间的大小

在运用版面空间时，除了要注意空间的次序如版序、区序、栏序之外，还要注意版面空间的大小。版面空间大小不同，所显示的强势也不相同。占据的空间越大，给读者视觉上的刺激就越强烈，就越容易引起读者的注意；占据的空间越小，给读者视觉上的刺激就越弱，就越不容易引起读者的注意。因此，赋予不同大小的空间，就是体现报纸对稿件的不同评价的重要编排手段之一。

但是，文稿与图片在利用版面空间大小来显示不同强势方面是各有其特点的。文稿特别是新闻，看它们所占据的空间的大小，主要不是看正文所占空间的大小，而是看标题所占空间的大小。就标题所占的空间来说，主要是指两个方面：一是指标题的长度，一是指标题的厚度。我国报纸主要是通过标题的长度，即标题所占的栏数来显示强势；美国一些习惯采用短栏题的报纸，则主要是通过标题的厚度来显示强势。图片与文稿不同，图片一般没有标题，它的重要性就是靠图片本身所占版面空间的大小来显示的。图片越大则强势越大，显示内容越重要。当然，有的时候从视觉效果考虑，人物众多的图片虽然不很重要，也要适当做大一点。但在这种情况下，也应该兼顾强势的要求。

五、版面空间的形状和距离

字符、线条等都具有形状，如字符的不同字体、线条的不同种类都表现为不同的形状。这里单列出的版面空间形状，是指版面中每一篇稿件或每一个稿群所呈现的外形。每一篇文稿和每一个稿群在版面中都以一定的形状出现，如正方形、矩形、不规则多边形（如六边形、八边形等）。每一幅图片，则可表现为矩形、圆形和剪影形等。不同的形状会给读者不同的心理感受。如方形、矩形比较端庄，而不规则多边形、圆形、剪影形则比较生动。

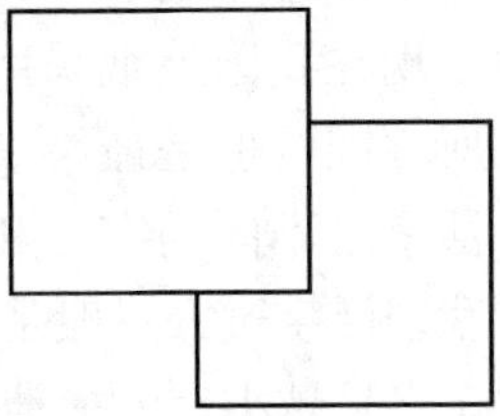
图 7—9

此外，两个形状部分重叠，则在视觉心理上，会觉得完整的外形要比不完整的外形更靠前，因而也会优先受到注意（见图 7—9）。因此，对于重要的稿件就要尽量避免被其他具有完整外形的稿件所部分覆盖。

形状还表示版面中局部之间的关系，这一点将在“版面的布局结构”中讨论。

距离也是版面空间的一个重要因素。版面中各组成部分，如文、标题、图片等由于所处的位置不同，相互之间就出现不同的距离。距离远近反映了版面各组成部分内容之间的疏密关系，因此，在安排版面的布局结构时，距离是一个重要的表现手段。距离还是版面形式美的重要构成因素。这些都将在后面进行讨论。

第四节 版面的编排手段

报纸版面的编排手段，包括字符、图像、线条、色彩等，它们构成版面空间的实体。如果说版面空间是一个舞台，它们则是活跃在舞台上的不同角色。不同的字符、图像、线条和色彩作为编排手段具有不同的特点，会使读者产生不同的阅读心理。因此，正确认识它们的特点，对于安排版面来说是十分重要的。

一、字符

报纸传播的主要符号是文字。汉语的每个字是一个字符。字符是形、音、义的统一体（少数汉字只有字形、字音而没有字义）。汉字的每个字符的“形”，是由点、横、竖、撇、捺等构成。每个字符是用“形”通过“音”来表达“义”的。字符的形可以具有不同的外部特征，如不同的大小和字体。形的这种外部特征与字音并无联系，因而不同外部特征的字符在字义上并无任何区别。但它是文字符号的伴生符，在传播中也具有一定意义。在报纸的版面编排中，字符的形的不同外部特征就可以给予读者不同的心理感受，因而也是表现编排思想的重要编排手段。

在报纸排印过程中，字符可以有不同的物质载体。过去我国报纸是活字排版印刷。现在我国报纸采用先进的计算机激光照排系统，虽然排印过程中的物质载体有所不同，但是最终表现在报纸上的字符都是相同的。

活字有不同的字号和字体。

我国活字过去一般是采用号数制，以不同的号数来表示字号的不同大小。号数越大，字号越小，但标准并不统一。1958 年 6 月 10 日，文化部出版事业管理局统一了活字的标准，规定我国活字采用点数制。1 点（俗称“磅”或“标”）为 0.35 毫米。我国报纸采用活字排版时正文一般采用 9 点或 10.5 点的活字，即号数制的新五号和老五号字。常用的标题字号最大的是 72 点，即号数制的八行字。

计算机激光照排系统的字号采用级数制。级数制将1厘米分为40级，1级的长度为0.025厘米，即0.25毫米。

我国报纸活字排版时一般常用的字体有：宋体（老宋体、普体、白体）、楷体（手写体、活体、正体）、仿宋体（真宋体）、黑体（方头体、粗体）等。有时为了美化版面，根据稿件内容的特点，标题字还采用一些其他字体，如伞体、黑变体、隶书体等。计算机激光照排系统的汉字库所存字体，除上述活字的字体外，还有细圆体、琥珀体、舒同体、综艺体、彩云体等。

字符除有字号、字体之别外，还有字型的差异。字型指字符的不同长宽比例所形成的外形特征。通常的字符的长宽是相等的，即为方形。除方形外，尚有长形、扁形。在活字排版时，只有部分活字有长形和扁形。激光照排系统则可以将不同字号、字体的字符变形，除长形、扁形外，还可以有斜形等。

各种字号、字体具有不同的特点：

首先，它们所具有的强势不同。一般说来，大号字要比小号字醒目。同一字号中，黑体字要比其他字体醒目。因此，大号字要比小号字更具有强势，黑体字要比其他字体更具有强势。版面上稿件的重要性往往就是通过标题字号、字体的不同强势来表现的。有时特别重要的稿件的正文也可采用较大的字号，以强调其重要性。比如，正文通常是用新五号字，特别重要的稿件可改用老五号字甚至小四号字。但这样做，所占的篇幅就比较多，因此一般不宜常用。

其次，各种字体所具有的风格色彩不完全相同。宋体字端方正直，比较庄重；黑体字粗犷厚实，比较雄浑；楷体字流动自然，比较活泼；仿宋和长仿宋纤细秀丽，比较轻巧；隶书体古朴飘逸，比较典雅。在运用标题的字体时，就需要根据稿件内容的特点相应采用不同风格色彩的字体。

二、图像

图像不仅可以传递信息，而且由于它是展开的、形象的，读者翻开报纸就能直接、迅速地感知它，因而图像是构成报纸外貌的重要组成部分。图像与字符相比，在吸引读者注意，增强版面强势，以及美化、活泼版面方面具有更大的优势。图像，特别是具有动态的、大幅面的图像，往往是版面的视觉中心。重视图像已经成为当今报纸改革版面的一个趋势。图像的具体形式有：照片、绘画、刊头、题花、题饰等。

三、线条

线条是除字符、图像以外用得最多的版面编排手段之一。线条有水线、花线、花边几种。水线又可分为正线（细线）、反线（粗线）；双正线（两行细线）、双反线（两行粗线）；正反线（两行线，一粗一细）、导点、点线、曲线等。花线是具有各种花纹的线条。花边与花线在式样上并无什么不同，只是过去活字排版时，花边是铸在活字上，可任意组合。有时也把花线、花边统称为花边。

线条在版面中可以显示不同的作用，归纳起来有以下几个方面：

1. 强势作用

重要的稿件可以借助线条使其突出。比如，给整篇稿件加框、天地线，或在文内的行间加水线，则稿件就会因与其他稿件在版面处理上的不同，而显得突出，从而更引起读者的注意。

2. 区分作用

在稿件与稿件之间加以线条，就能使稿件更清楚地区分开来。这种区分，不仅可以用来表示稿件与稿件之间的分界，避免错觉，以便于阅读；而且可以用来表示稿件与稿件之间内容上的区分。

3. 结合作用

几篇稿件如果给它们围边、勾线，这几篇稿件的关系就会显得更紧密，同时与其他稿件更清楚地区分开来。因此，读它们时，就会自然把这几篇稿件结合在一起，看成一个统一的、区别于其他稿件的整体。专栏所以要围边、勾线就是这个原因。

4. 表情作用

各种线条由于形状不同，风格色彩也不相同。一般说来，花线、花边比较生动，水线则比较朴实。各种水线的风格色彩也不相同，如曲线比较活泼，而反线（黑边）则比较深沉。因此可以利用不同的线条来表达稿件的不同的感情色彩。比如，喜讯、好人好事的报道，比较谐趣的报道，饰以花线、花边；讣告性的新闻饰以黑边，这样能使内容的特征通过编排形式生动地表现出来，更好地感染读者。应该注意的是，正因为各种线条有一定的风格色彩，因此运用线条必须根据稿件的内容来决定，不能滥用。比如，一般性报道、批判或揭露性的报道、反映困难情况的报道、能引起人们哀痛情绪的报道，就不宜加花线、花边。

5. 美化作用

版面适当运用线条，可以使整个版面增加变化，显得比较生动。花线、花边具有一定的造型美，对于版面也能产生装饰的审美效果。

线条运用得最多的是加框和勾线。加框和勾线虽然都有上述几方面作用，但情况不完全一样。一般说来，加框所起的以上几方面的作用要比勾线更强些，因此对内容的要求也就更严格。

四、色彩

版面的另一种编排手段就是色彩。报纸通常是采用黑色。随着科学技术的进步，报纸版面的色彩增加了，不仅有了套色，而且进行了彩色印刷。在版面上运用色彩具有以下作用：

1. 可以传情

不同的色彩可以给予读者不同的心理感受。如暖色调的红、橙、黄，可以使人感受到欢快、活泼、温暖；冷色调的绿、青、蓝，则会使人感到冷峻、清朗、深沉。在我国传统的审美心理中，红色更是喜庆的象征，黑色则是哀痛的标志。所有此种色彩的感受，都可以在阅读报纸的一瞥中生成。因此，运用色彩对于诉诸视觉的版面来说就显得十分重要。

2. 可以表现强势

当一个版上的一个局部套色时，这个局部就可以因与其他局部在色彩上的对比而显得分外醒目。因此，套色是增强强势、突出重要稿件的一个重要方法。

3. 可以生成美感

一个版上运用色彩，可以使版面更富于变化，避免单一。如果多种色彩运用得和谐，更能使版面在整体上获得审美的效果。马克思说过："色彩的感觉是一般美感中最大众化的形式。"① 因此，作为面向大众的报纸，在版面上重视色彩的运用是很自然的。

4. 可以表意

当版面以相应的色彩差来表现新闻的内容所涉及的客观事物的色彩时，新闻内容的特征和意义可以借此获得更形象、鲜明的展现。譬如，北京的清河曾因河水的清澈而得名，但后来遭受严重污染，治理清河成为北京市广大市民的强烈呼声。于是，北京市有关部门将治理清河一事提上了议事日程。《精品购物指南》在2000年3月21日刊载了有关新闻。标题是：《一条河的命运（引题）清河何日成清河（主题）》，主题不仅突出了第二个"清"字，而且将它印成绿色（见图7—10），就形象地表现了清河的原有风采和人们对清澈的河水的期盼。

这里还需要特别强调空白的作用。对于版面来说，空白可以说是一种不着色

---

① 《马克思恩格斯全集》，中文1版，第13卷，145页，北京，人民出版社，1962。

精品购物指南 · 新闻 焦点 2000年3月21日 星期二

写在世界水日之前

3月22日是世界水日。这些年来这个日子一直都不轻松，"水危机"的字眼频繁出现在我们眼前。这并不是危言耸听，也不是远不可及，我们身边就有这样的例子。清河，这条因清而得名的河流，它现在的样子让人痛心。清河又是北京很多河流遭遇的一个缩影。不管问题是怎样形成的，治理水系成了这一代北京人的使命，因为拯救一条河就等于拯救了一个希望。

23.7公里的河岸遍布183个排水口

一条河的命运

清河何日成清河

治标更要治本

我知道的和我不知道的

本版文字采写 高烨 摄影 徐安

图 7—10　以色彩表意

的色彩。在标题的四周或文、图的四周留有适当空白，可以形成鲜明的黑白对比，从而增加文与图的强势，引人注意。那种把空白看做是版面中多余的东西，是版面的浪费，是不正确的；认为要突出一篇稿件，就需要把版面空间塞得满满的才能引起读者的注意，也是片面的。版面中的文与图是实，空白是虚，实与虚既是相互对立又是相互依存的。没有虚，就无以显实，有虚才可以衬实。因此，空白不是真正的一无所有，而是实的另一种表现形式，是编排的一种强有力的手段。

第五节　版面的布局结构

版面的布局结构是版面的全局与局部、局部与局部之间的联系的表现方式。

版面空间和编排手段是构成版面的要素。每一种要素进入版面后，它就不再是孤立的，而成为版面全局中的一个局部。这个局部就与版面的全局和版面中的其他局部发生了相互关系，紧密联系在一起。读者认识一个版面，不取决于版面的各个局部的特点，而取决于版面各个局部之间的关系。版面的布局结构的任务就是要安排好版面的整体与局部、局部与局部之间的关系，使之做到合理、适当，即能够符合读者的阅读习惯，并有助于读者的理解。

版面的布局结构是否合理、适当，涉及两方面的问题：一是技术层面的，一是意义层面的。前者包括题文关系、转接关系等问题；后者包括主次、组合、分立等问题。分述如下。

一、题文关系

报纸上的每篇新闻和文章都有标题。标题与正文是一个整体，但出现在版面上时，题处于文的哪个部位可以不尽相同。它构成不同的题文布局结构关系，是整个版面布局结构的一个重要组成部分。在对版面进行布局结构时，就面临这种不同题文关系的抉择。

题文关系的安排应服从于一个基本原则：易读。具体说有两个要求：

第一，题对文具有明确的统领关系。即要让读者在阅读中能清楚而方便地认识到题与文的统领与从属的关系。

第二，阅读省力。即看到标题后，能便捷地去阅读正文，而无需视线作过长的或反向的移动。

从上述两个要求来审视，可以看到题与文的不同关系，其易读性是有强弱之分的。

我国报纸常用的标题编排形式有横标题、竖标题两大类。仅就题对文的统领关系来说，前者要优于后者。因为横标题（仅指用得最多的、居于文前的横标题而言），可以居高临下，覆盖全文，题对文的统领关系有清晰的表现（见图 7—11）；而后者因为题仅居于文的一侧，题对文的统领关系就稍弱。文越长，转栏越多，题对文的统领关系就越弱（见图 7—12）。因此，我国报纸在刊登重要的长文时，更多采用覆盖全文的横标题。

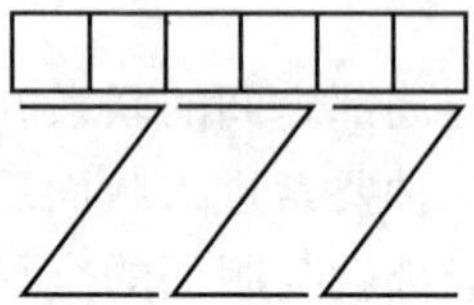

图 7—11

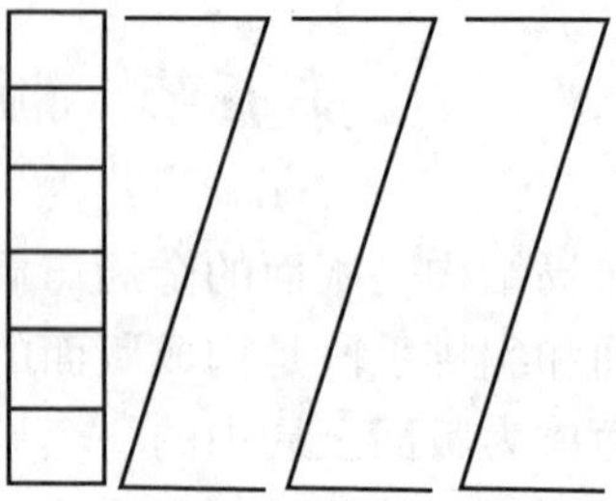

图 7—12

我国报纸的横标题、竖标题与文的关系有多种表现形式。每一种形式的易读性是不完全相同的。

1. 易读性最强的标题形式

盖文题（见图 7—11）：即横标题完全盖住正文。

眉心题（见图 7—13）：横标题不完全盖住正文，标题的两端各有相等宽的整栏文字。

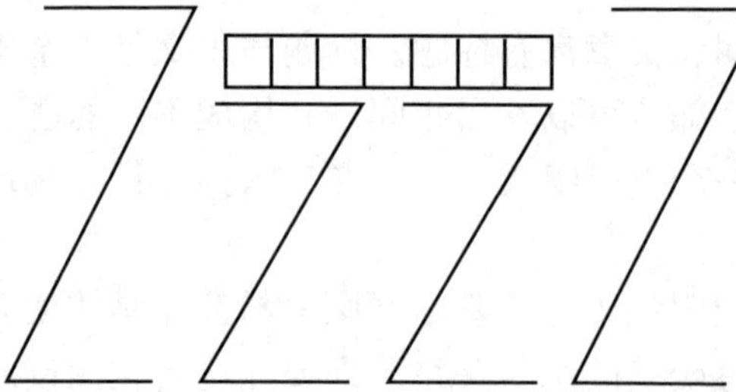

图 7—13　眉心题

串文题（见图 7—14、图 7—15）：横标题两端或右端有非整栏的文字。

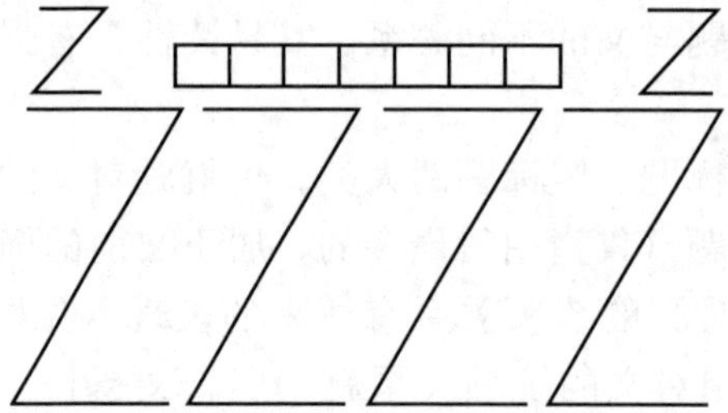

图 7—14　串文题(一)

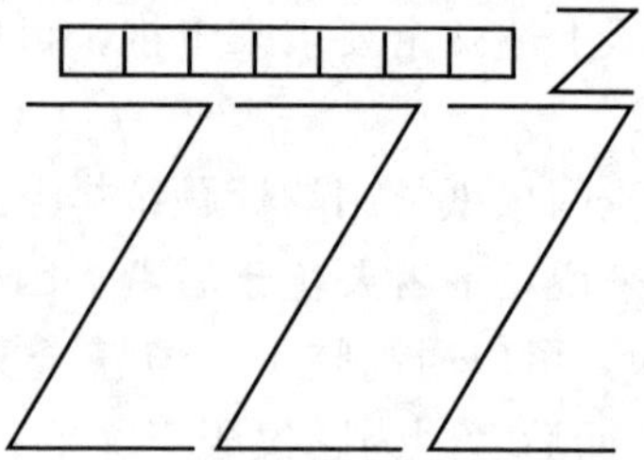

图 7—15　串文题(二)

上左题（见图 7—16）：横标题的下方与右侧均排有整栏的文字。

旗式题（见图 7—17）：横标题只有一部分盖住文，另一部分盖住其他稿件。

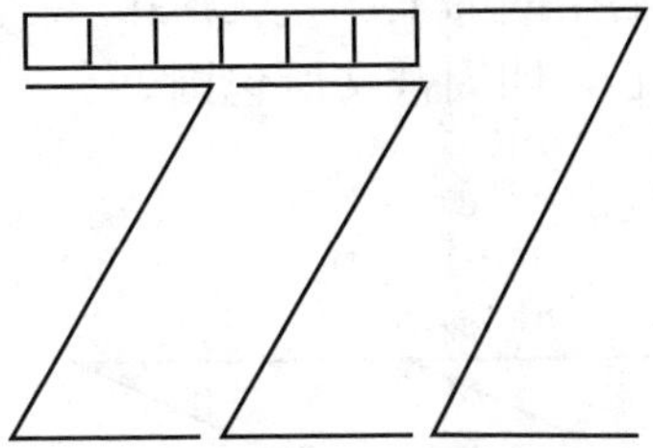

图 7—16　上左题

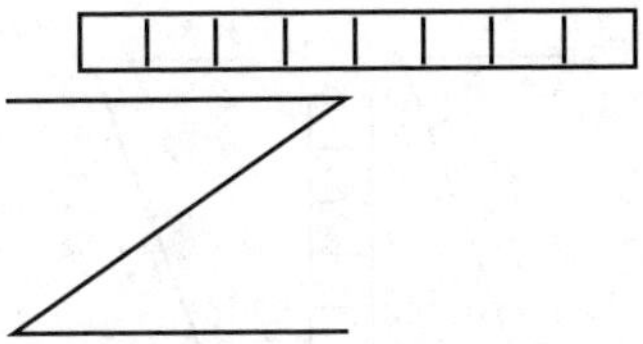

图 7—17　旗式题

左竖题（见图 7—18）：竖标题在文的左侧，文为横排。

串文左竖题（见图 7—19）：竖标题在文的左侧，文为横排，题下排有若干行文字。

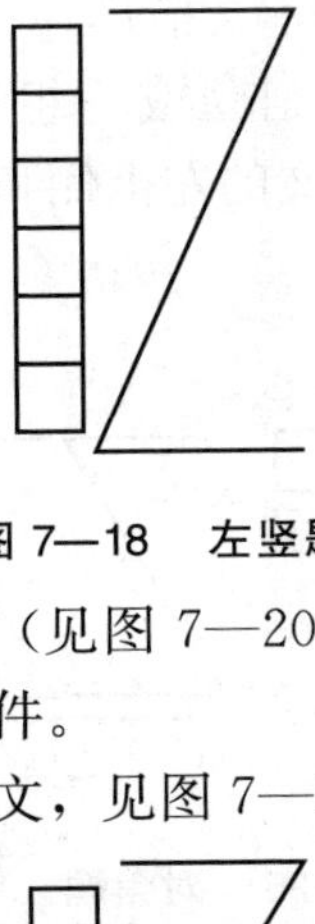

图 7—18　左竖题

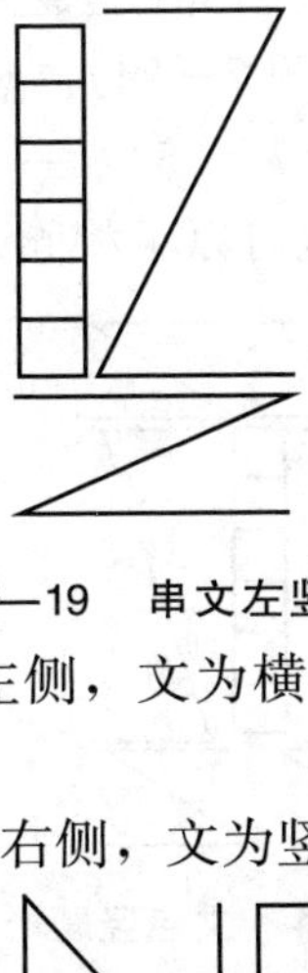

图 7—19　串文左竖题

旗式左竖题（见图 7—20）：竖标题在文的左侧，文为横排。但标题的右下侧还排有其他稿件。

右竖题（竖文，见图 7—21）：竖标题在文的右侧，文为竖排。

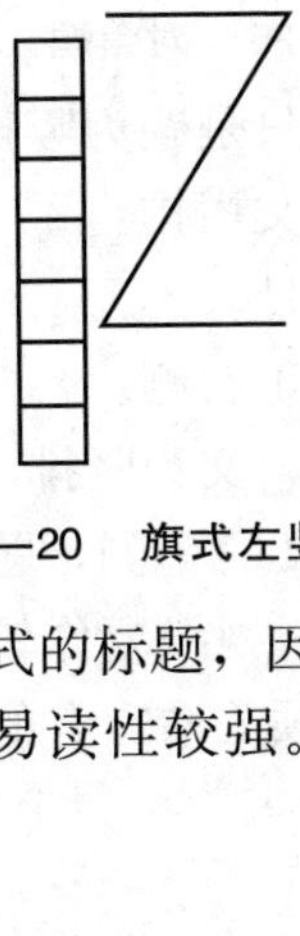

图 7—20　旗式左竖题

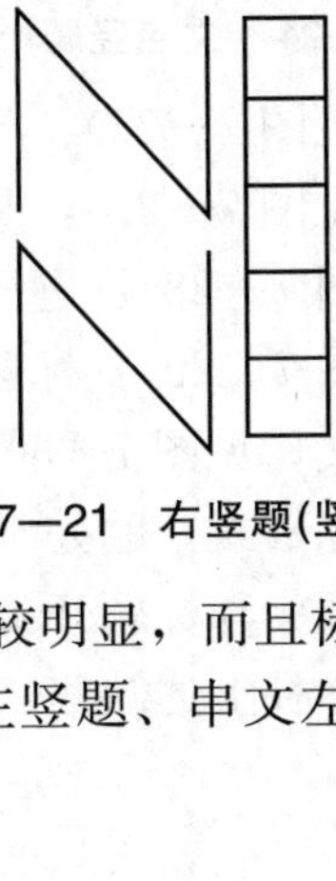

图 7—21　右竖题(竖文)

以上几种形式的标题，因对文的统题关系比较明显，而且标题的开头与正文的开头很接近，易读性较强。需要说明的是，左竖题、串文左竖题、旗式左竖题、右竖题的文都不宜太宽，否则题对文的统领关系就会削弱。

2. 易读性较弱的标题形式

上中心竖题（见图 7—22）：竖题插于文的中间的上端，文横排。

文包题（见图 7—23）：标题居于文的中心，四周被文所包围。

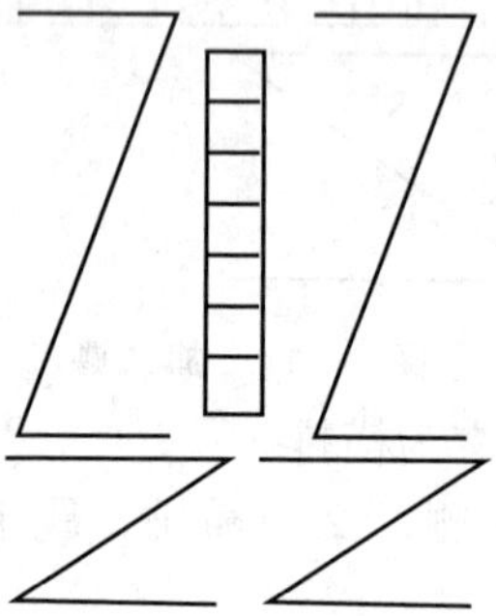

图 7—22 上中心竖题

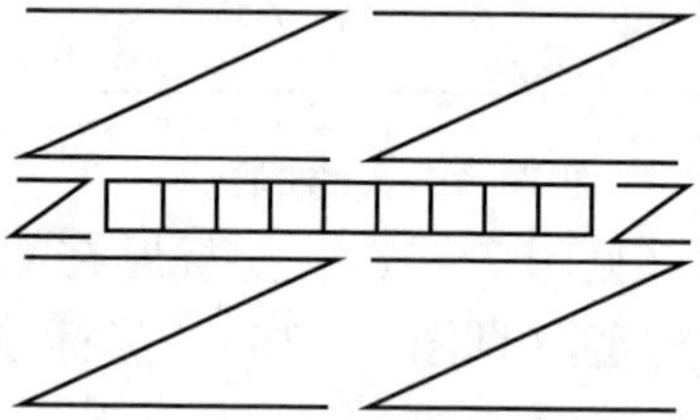

图 7—23 文包题

文包竖题（见图 7—24）：竖标题居于文的中心，文横排。

对角题（见图 7—25）：一篇新闻的主标题和副题或一组新闻的两个标题（大小可以相同，也可以不相同），以对角形式排于文的左上侧和右下侧。

图 7—24 文包竖题

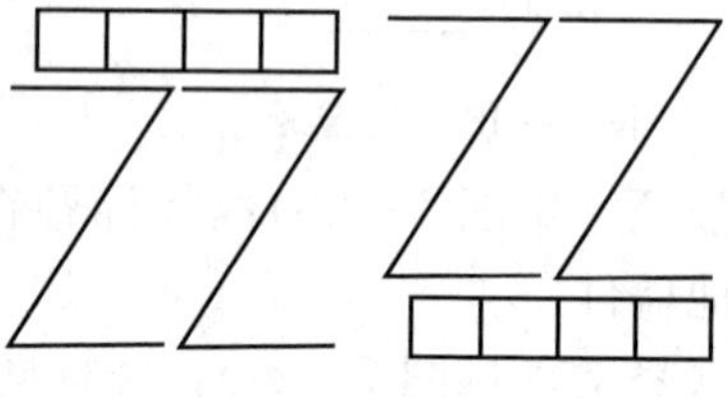

图 7—25 对角题

对角竖题（见图 7—26）：与对角题形式相同，只是题为竖排。

碑式竖题（见图 7—27）：竖题立于文的上端，文横排。

腰带题（见图 7—28）：题居于的中部，状似腰带。

左侧题（见图 7—29）：标题居于左侧，文则居于右侧。

盖文题（竖文，见图 7—30）：横题居于文上端，文为竖排。

以上几种标题形式，题处于文的中部，或处于文的一侧，题对文的统领关系较弱。有的文的开头与标题开头的距离较远，阅读时视线要作较大移动，因此易读性较弱。为了弥补上述缺陷，强化标题对文的统领关系，有的通常需要将标题

图 7—26　对角竖题

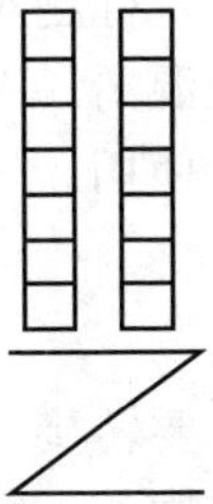

图 7—27　碑式竖题

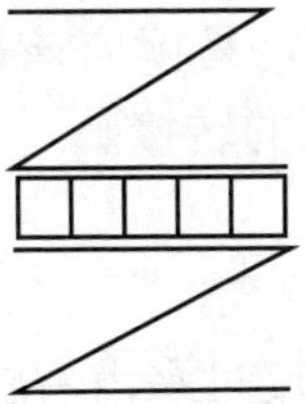

图 7—28　腰带题

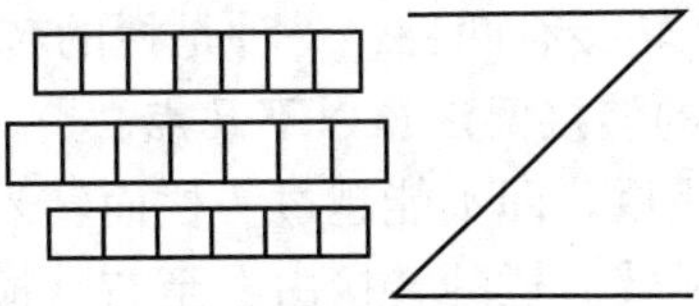

图 7—29　左侧题

与文作为一个整体，以线条加以界定，如围框或加天地线等。

3. 易读性更弱的标题形式

上右题（见图 7—31）：题居于文的上右方。

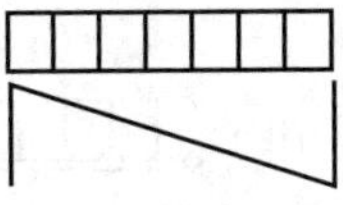

图 7—30 盖文题(竖文)

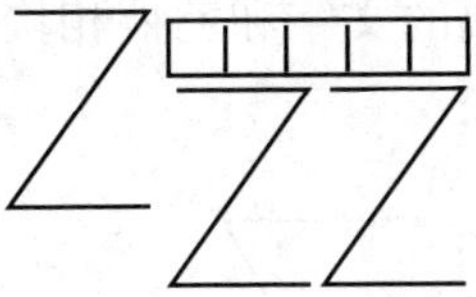

图 7—31　上右题

中右题（见图 7—32）：题居于文的右侧的中部。

右竖题（横文，见图 7—33）：竖题居于文的右侧，文横排。

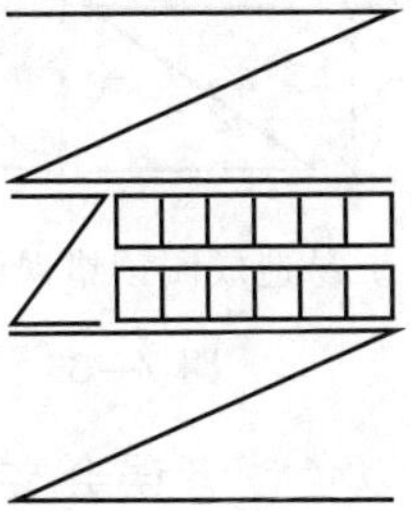

图 7—32　中右题

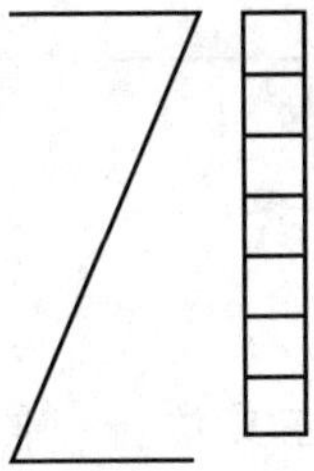

图 7—33　右竖题(横文)

以上几种标题形式，标题对文的统领关系比之前几种更弱。其中一部分文字易与其他文稿的文字相混淆，而且正文的开头与标题的开头的距离也远。因此易读性更差。通常应避免使用。

二、转接关系

文在版面中经常需要转接。这与题文关系一样，也是稿件内部的布局结构关系，是整个版面布局结构的一个重要组成部分。

转接要自然，合乎阅读习惯，这样才能便利读者去阅读内容；相反，就会使读者在阅读过程中产生困难，甚至“迷途而返”。所以，易读应该是转接要遵守的基本原则。转接有两种：一种是栏的转接，一种是版的转接。

（一）栏的转接要注意以下几点：

1. 不能跳栏。即不能越过一栏而转入另一栏。

2. 不能逆转。栏的转接由左至右（横排），而不能反过来由右转到左。

如下面图 7—34，文的后部分从右面一栏转入左面一栏，是逆转，不便于阅读，应该力求避免。

3. 同一栏中不要同时转入两条不带标题的文字。否则容易造成错读。如图 7—35，甲稿和乙稿同时转入下一栏，而转入的文都不带标题，读者阅读时，就可能将转入的甲稿的文字和乙稿相接；将转入的乙稿文字和甲稿相接，而造成阅读的错误。

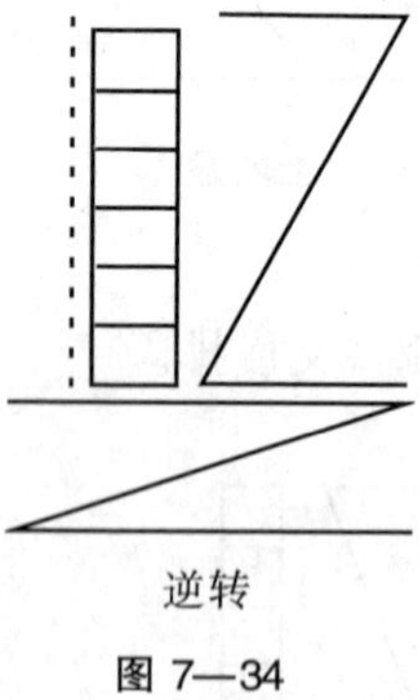

逆转

图 7—34

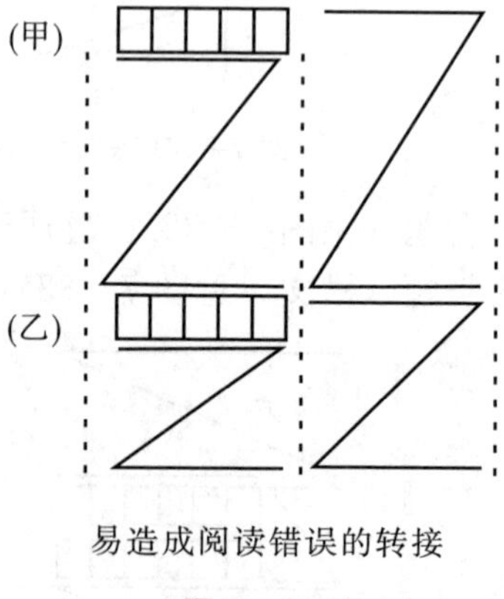

易造成阅读错误的转接

图 7—35

4. 要尽量避免在文章告一段落的地方转栏，以免读者误会文已结束，而不再去读下一栏的文字。

5. 转入另一栏应尽量避免文碰文的情况，如果难以避免，要用线条或星花隔开两栏文字，以免读者把两段文字连接起来阅读。

6. 从上一栏转到下一栏，下一栏接的地方不要低于上一栏转的地方（见图7—36），也不要高于标题（见图7—37）。因为读者一般阅读的习惯是，遇到文字转接的时候，往往是在标题和转文之间这个距离之内来寻找下一栏转入的文字。因此，在这个距离内的转接是合乎阅读习惯的（见图7—38），低于转的地方或高于标题，都不合乎阅读习惯，因而是不便于阅读的。

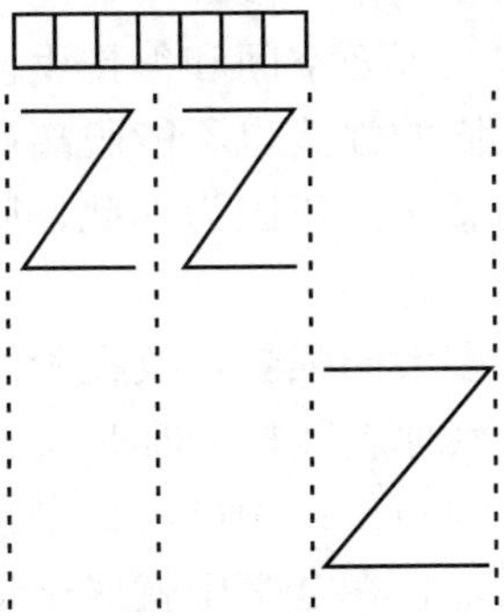

不合乎阅读习惯的转接之一

图 7—36

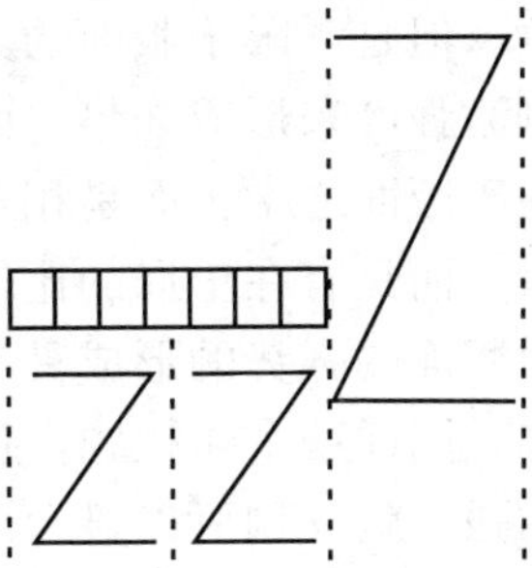

不合乎阅读习惯的转接之二

图 7—37

（二）版的转接要注意以下几点：

1. 在转的地方要注明“下转第×版”，在接的地方要注明“上接第×版”。

2. 转到另一版的文字，要尽可能写标题。如果一个版上同时有两篇文章转入，标题更不能省。标题要用原题，但可省略辅题只写主题；所占栏数可少于原题，字号也要小点。

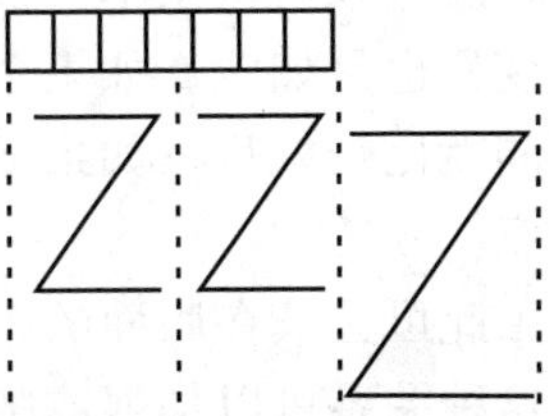

合乎阅读习惯的转接

图 7—38

3. 转到另一版的文字不宜太短，太短不易找寻。

4. 转的地方最好是文章告一段落的地方。这样读者正好利用这个自然的停顿去翻页，接着阅读就比较顺当。如果这样做有困难，至少应该在一句话完了以后转，而不要一句话还没有完中途进行转接，以避免因翻页割断文意。

5. 不能逆转。要闻版是最重要的版面，其他版的文章不能转入要闻版。

三、主次

版面上的各种稿件，就其内容和所蕴含的意义来说是不相同的，有重要一些的，也有次要一些的。把这些稿件分别主次表现出来，是版面布局结构的一个重要任务。在讲述版面空间和编排手段时，我们曾讲过，它们主要是通过不同的强势来表现稿件的重要程度。版面空间和编排手段中的许多因素，都可以通过增强自身的刺激强度以引起读者充分注意，从而使自身具有更大的强势，比如将字号改大、所占空间增大等。当发生重大新闻时，许多报纸都采用这种方法来引起读者的注意。但是，限于版面的具体条件，版面空间和编排手段都不可能一味增强自身的刺激强度来形成强势。而且版面是一个整体，版面空间和编排手段不可能孤立存在于版面之中，而是相互联系的。因此，它们的强势也不能脱离版面的全局来衡量，而只有在全局的比较中才能获得确切的意义。正因为如此，版面的布局结构对版面的强势的形成具有重要意义。

例如，同样一个4栏题，孤立看很难说它具有多大的强势，放在版面的全局中，它的强势就立刻可以显示出来。如果这一版的其他新闻标题都是1栏或两栏题，则它就因具有相对的强势，在全版中居最突出的地位；相反，如果这一版的其他标题都是5栏以上的标题，那么结果正好相反，它在全版中就居于最弱的地位。同样，如果全版所有新闻都没有加框，只有一条新闻加框，则这条新闻就能比较引人注意；相反，如果全版有几条新闻加框，则这条新闻对人们的吸引力就会大为削弱。如果全版大部分新闻都加框，而只有一条新闻不加框，那么，结果就正好反过来，这条不加框的新闻反而会引人注目。

变栏也是如此。如果全版都是按基本栏编排，而只有一条新闻采用变栏，这条新闻就比较醒目；如果变栏很多，因为失去背景的烘托，就很难引起读者的特别注意。

由此可见，在版面的布局结构中，局部与局部之间存在着一种相互映衬的关系。这种关系可以加强或削弱版面局部的强势。版面的布局结构往往就是利用这种映衬关系来区别稿件的主与次的。

例如，一篇新闻很重要，就应尽量不和其他更重要的新闻放在一起，以免屈居第二，影响报道效果。如果时间上允许的话，宁可晚些时候，等没有更重要的新闻时再发。又如，为了要突出一条新闻，有时可以采用加强这条新闻在编排上的强势的方法，有时也可以采用相对缩小其他稿件的强势的方法，这样也能达到同样的效果。如果要削弱一篇稿件在版面中的地位，则采取相反的方法。

此外，可以利用背景的烘托来突出版面的某一局部。比如全版排基本栏，局部排变栏；全版正文排宋体，局部排楷体；全版黑白，局部套红，等等。

四、组合

版面中的许多稿件在内容上是紧密联系的。这一点在“新闻稿的配置”一章中已经讲过。组版的一个重要任务，就是要通过恰当的布局结构使这种联系通过可视的形象具体展现出来。版面的布局结构如果不当，稿件之间的这种联系就可能被割断，版面就会出现紊乱，从而削弱应有的阅读效果。

表现稿件之间联系的方法是多种多样的，“新闻稿的配置”一章中所说的同题集中和集纳性专栏都是常用的方法，此外还可采用围框、勾线、加天地线的方法。就版面布局结构来说，最主要的方法则是空间组合。心理学告诉我们，人们要清晰地感知某一对象，就要善于把这个对象从背景中分出来。要读者把几篇稿件当做相互联系的一组稿件来接受，就要使读者能很容易地把这几篇稿件从其他稿件的背景中分出来。对象从背景中分出来有许多条件，空间组合就是条件之一。在视觉中，形状、颜色类似、距离接近的客体往往容易被结合在一起，从背景中被分出来，成为统一的知觉对象。比如，同样的几根线条（见图 7—39），人们很容易把它们分为甲、乙、丙三组。因为这三组在距离上彼此比较接近。再如，若干圆形、四方形相间排列在一起（见图 7—40），它们彼此是等距离的，但因为形状的相同和差异，人们也很容易分别把圆形和正方形的直行看做一组。

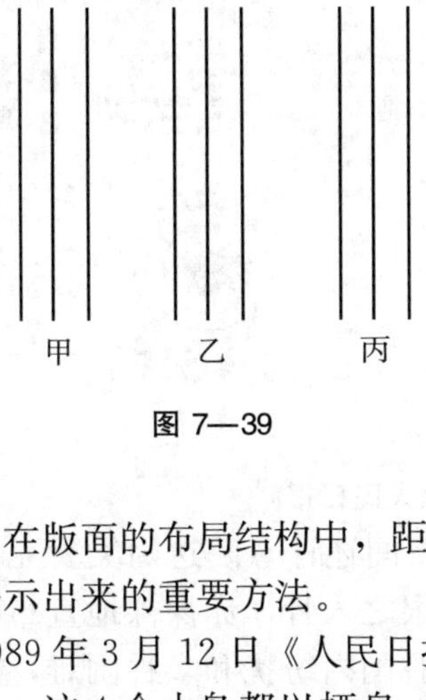

图 7—39

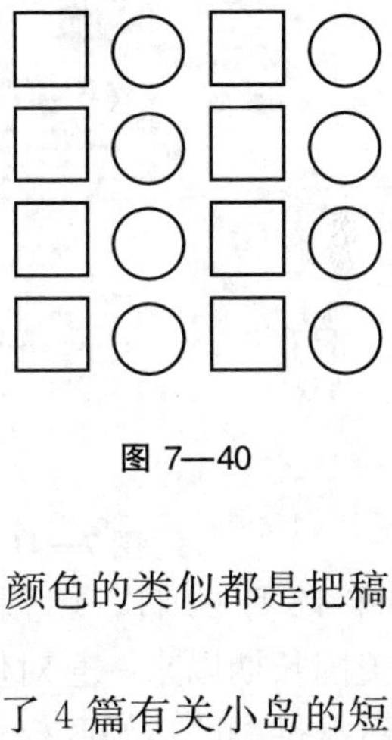

图 7—40

因此，在版面的布局结构中，距离的接近，形状、颜色的类似都是把稿件的相互联系揭示出来的重要方法。

1989 年 3 月 12 日《人民日报》第 7 版，发表了 4 篇有关小岛的短文（见图 7—41）。这 4 个小岛都以栖息一种小动物而闻名。《人民日报》分别冠以《龟岛》、《燕岛》、《红鹤岛》和《蜘蛛岛》的标题。因为标题都突出了“岛”字，每一个岛又都冠之以动物的名称，这就凸现了 4 篇短文的同一性，使它们相互得以联结起来。这是借助于对内容的理解而取得的效果。但值得注意的是，这 4 篇短文都用的是短标题，仅二三个字。且采用了同样的编排形式：加框，所占用的版面空间也相仿。因此，也加强了短文之间的凝聚力，产生了组合效应。这 4 篇短文虽分别刊于版面的第 1 栏、第 3 栏、第 5、6 栏间以及第 8 栏，版位并不接近，但因上述理解上的组合和因形状相似而形成的空间组合，使读者在阅读这 4 篇分散的短文时，会将它们作为一组稿件来阅读和理解，这无疑不仅有助于读者的分析和比较，而且也可增加阅读的兴味。

柳霞的中国情

布隆迪印象

燕岛

龟岛

红鹳岛

伦敦人的人情味

南斯拉夫漫画

蜘蛛岛

国际副刊

图 7—41　1989 年 3 月 12 日《人民日报》

1998 年 12 月 24 日，《北京晚报》刊登一篇新闻述评《萨达姆笑看克林顿》。述评说，美国长期以来一直对伊拉克总统萨达姆恨之入骨，赤裸裸地宣布要支持伊拉克反对派推翻萨达姆政权。最近克林顿为摆脱国内纷扰和多种困难，迫不及待地把伊拉克当做出气筒，向伊拉克倾泻了大量炸弹。但是军事打击显然没有动摇萨达姆政权，美国的如意算盘落空了。评述配登了萨达姆和克林顿的人头像，两人目光相向，似在对视。而萨达姆是面带讥笑，克林顿则是面有愠色。因两张头像在同一水平线上各居版面的一侧，图像的形状又完全相同，因此更加强了

“笑看”的效果（见图 7—42）。此种效果显然完全是依赖空间组合和图像中的表情取得的。

其实，“新闻稿的配置”一章中所说的同题集中、集纳性专栏、集纳也都往往要借助空间组合此种方式来实现。比如距离的接近就是它们进行组合的共同特点。

域外传真　北京晚报　1998 年 12 月 24 日 · 3 1 ·

萨达姆笑看克林顿

空间组合

图 7—42　1998 年 12 月 24 日《北京晚报》

五、分立

上面讲到组合及组合可能产生的积极效应，但是，应该看到，组合所产生的效应并非一定都是积极的，也可能是消极的。版面布局结构讲求分立，正是为了避免不正确的组合所产生的消极效应。

报纸上所刊载的内容是极其纷纭繁杂的，对于这一类稿件需要进行组合，而对另一类稿件却要反其道而行之，进行反组合，以防止读者因受空间组合的引导，产生错误的联想，从而得出错误的结论，或产生不愉快的感情。下述两类稿件往往需要分立：

第一类，几篇稿件在感情色彩和风格色彩上存在矛盾和不谐调的情况，如喜的与怒的、哀的与乐的、庄严的与谐趣的等等。例如，一条讣告新闻和一篇关于谈恋爱、婚姻的稿件，一条报道某友好国家总统就职的新闻和一条关于对罪犯执行死刑的新闻，它们之间存在着感情色彩和风格色彩上的不协调，就不能进行组合，而要分立。

第二类，几篇稿件在内容上容易产生纠葛的。

例如，一家报纸曾刊出反映阿尔及利亚青年反对殖民主义斗争的专栏《倔强的阿尔及利亚青年》（见图 7—43），其中一篇报道的标题是《铁棒捶不断的硬骨头》；另一篇报道的标题是《处决叛徒》。两篇报道各有一插图。前者的插图刻画的是一烈士从容就义的神态；后者的插图则是画一战士正持枪射击。结合后一篇文字报道的内容，读者不难理解这一战士射击的目标是叛徒。但是在版面编排上，这两幅插图不仅比较接近，而且战士射击的枪口正指向从容就义的烈士。这就造成了版面语言的混乱，难免使人产生误解。

倔强的阿尔及利亚青年战士

铁棒捶不断的硬骨头

图 7—43　易产生误解的组合（之一）

1999 年 2 月 27 日，一家报纸将如下 3 条新闻合编在一起：《太空景观：三星聚一线》《俄堪察加：火山大爆发》《阿之南部：森林起大火》（见图 7—44）。三星聚一线此种天文现象的发生很可能引起一些人的担心，如担心人类会因此遭受灾变等。这在过去类似天文现象发生时就出现过，而其实是并无根据的。就在《太空景观：三星聚一线》的新闻中也写得清楚：“科学家指出：此天象对地球不会产生不利影响。”但报纸将上述 3 条新闻组合在一起，难免会增加一些人的疑虑：俄堪察加的火山爆发、阿根廷南部的森林大火是否是三星聚一线的结果。因此，这三条新闻就不宜组合在一起。

对于上述两类稿件，编排时都要注意分立，以避免内容之间的矛盾和纠葛。分立可以通过缓冲和隔断两种方法来取得。缓冲的方法，即将感情色彩为中性或感情色彩不太强烈的稿件穿插在感情色彩和风格色彩具有矛盾或不谐调的稿件之间作为过渡。比如，在讣告新闻和关于谈恋爱、婚姻的两篇稿件之间插入一篇感

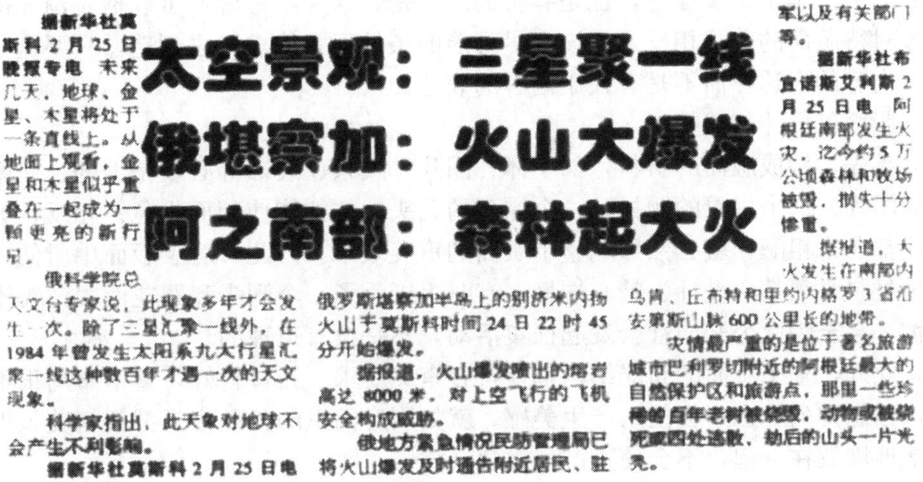

太空景观：三星聚一线

据新华社莫斯科2月25日晚报专电　未来几天，地球、金星、木星将处于一条直线上。从地面上观看，金星和木星似乎重叠在一起成为一颗更亮的新行星。

俄科学院总天文台专家说，此现象多年才会发生一次。除了三星汇聚一线外，在1984年曾发生太阳系九大行星汇聚一线这种数百年才遇一次的天文现象。

科学家指出，此天象对地球不会产生不利影响。

俄堪察加：火山大爆发

据新华社莫斯科2月25日电　俄罗斯堪察加半岛上的别济米内扬火山于莫斯科时间24日22时45分开始爆发。

据报道，火山爆发喷出的熔岩高达8000米，对上空飞行的飞机安全构成威胁。

俄地方紧急情况民防管理局已将火山爆发及时通告附近居民、驻军以及有关部门等。

阿之南部：森林起大火

据新华社布宜诺斯艾利斯2月25日电　阿根廷南部发生火灾，迄今约5万公顷森林和牧场被毁，损失十分惨重。

据报道，大火发生在南部内乌肯、丘布特和里约内格罗3省沿安第斯山脉600公里长的地带。

灾情最严重的是位于著名旅游城市巴利罗切附近的阿根廷最大的自然保护区和旅游点，那里一些珍稀的百年老树被烧毁，动物或被烧死或四处逃散，劫后的山头一片光秃。

图 7—44　易产生误解的组合（之二）

情色彩为中性的工农业生产新闻，就能起到缓冲的作用。隔断的方法，即利用版面空间、编排手段将内容不谐调或容易产生纠葛的报道或文章分开。用线条将易产生纠葛的报道或文章隔开，或将它们之间的距离加大，是最常用的分立方法。比如，将上述两个例子中的每幅插图、每一篇报道分别排在不同的版区，就可能避免或减少误会的产生。

第六节　版面的美化

版面要讲求美，美化版面是组版工作中的一个重要方面。

人们读报主要是为了阅读新闻和其他各类文章，因而阅读的效果主要是由新闻和其他各类文章的内容决定的，内容虽是决定的因素，但并非是唯一的因素。人们展开报纸，首先映入眼帘的是版面。一个美的版面，使读者赏心悦目，从而吸引读者去阅读内容，并且更好地接受内容。一个面目可憎的版面，会使读者在阅读之前就产生不愉快甚至厌恶的情绪，从而不愿去读它，即使勉强去读，效果也大为减弱。

因此，美并不是版面可有可无的装饰，而是构成一个内容与形式统一的版面的重要因素。但是，版面毕竟不是艺术创作，因此不能把版面的美放到一个不恰当的位置。有时报纸的内容和编排要求很难符合一个美的版面的要求，在这种情况下，不能不让美服从内容的要求。因此，对于报纸来说，不顾具体情况，强求版面的美，是不切实际的，也是有害的。但是，这并不是说，可以抱着消极的态度去对待版面的美；相反，应该在尽可能的条件下去追求，去创造，只要这是有利于内容的表达，而不是有损于内容的表达。

版面怎样才能美呢?

首先，构成版面的材料，如字体、图片、线条、装饰等必须是美的。一幅优美的图片、一个好看的题衬、一个漂亮的刊头，往往能使版面生色；相反，如果这些都非常粗陋，就必然影响整个版面的审美效果。因此，对于版面中所使用的各种材料必须精心设计、精心选择。有时报纸为了一个刊头和题花而去请美术家帮忙，甚至为此公开向社会发起征集活动，不是没有道理的。

此外，整个版面的布局结构都要符合审美要求。光材料好，整个布局很不讲究，任意排列，也不会使人产生美感。就如同房间里的各种家具都很精美，但乱糟糟地堆放在一起，不会使人产生美感一样。

版面的布局结构要美，必须做到变化与统一相结合。版面有变化，才有生气，才能避免呆板、老套；同时又要注意统一，即要有相同一致的方面。没有统一，变化就会与杂乱失去界限。因此对于一个美的版面来说，变化和统一是紧密相连的。在变化中贯穿着统一，在统一中包含着变化。

下面为了叙述的方便，分两方面进行讨论。

一、版面的变化

版面要有变化，先决条件是版面容纳的稿件要多。整个版面只有两三篇稿件，就很难有什么变化。所以，长风也是版面美的大敌。版面的变化包括以下方面：

（一）体裁的变化

一个版面最好有几种体裁，这样版面可以显得比较丰富。特别重要的是，要有文有图，图文并茂。一个版上没有图片，黑压压的一大片文字，就难免单调。版面上如果能配合几张精美的图片，既可以增加版面的变化，而且能使读者从图片的视觉形象中得到美的享受。运用图片最好还要注意品种的搭配。如果既有照片，又有绘画（如速写、漫画、宣传画等），不仅能使版面更加丰富多彩，而且由于各种图片的构图、色调不一样，有浓有淡，也能使版面更富于变化。

（二）栏的变化

正文除了排基本栏之外，可以适当采用变栏的形式，如排成长栏、破栏、长转短等。

（三）标题的变化

标题是版面的眼睛，最引人注意。因此，注意标题的变化对于创造版面的美有特别重要的意义。标题的变化包括以下几个方面：

1. 大小的变化

一个版上的标题最好大中小相结合。都是大标题，版面会显得臃肿、窘迫；都是小标题，又会显得琐碎、平淡。大中小标题相间错落，大珠小珠落玉盘，版面才显得好看。

2. 字号、字体的变化

就一个标题来说，主题和辅题的字号、字体不应完全相同。就一个版来说，标题的字号、字体应该注意有一定的变化。

3. 题式的变化

标题行数、每行排列的位置以及横竖方向所呈现的形式称题式。我国报纸标题的基本题式有以下几种：单行式，即一行横题；均列式，即多行的两端对称的标题；斜列式，即多行的阶梯式标题；左（或右）齐式，即左端（或右端）排齐的多行标题；低格式：即副题比主题低若干字的多行标题。以上是横题，是基本的。另外还有少量的竖题。竖题有：单行式，即一行竖标题；斜列式，即多行的阶梯式竖标题；低格式，即副题低于主题一格；半斜列式，即只注意头部的斜列，底部长短不拘（见图 7—45）。

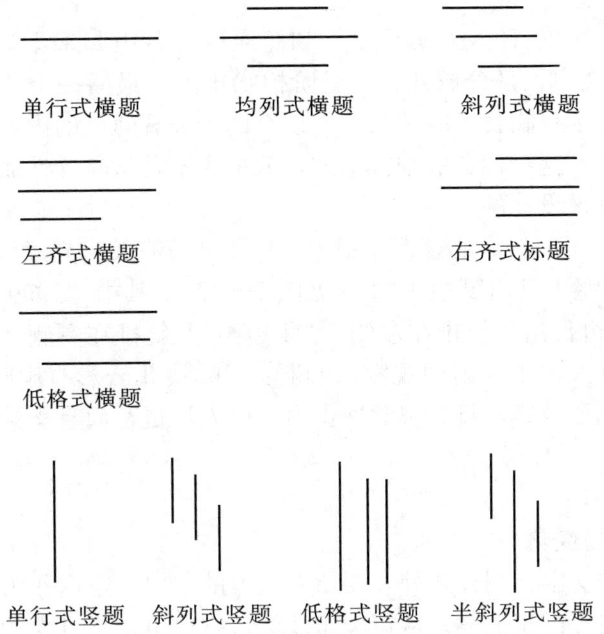

图 7—45

4. 位置的变化

标题必须与文连在一起，这是固定的，但题目在文中的位置可以灵活安排。在前一节“版面的布局结构”中已作了介绍，这里从略。

上面列举了标题的大小、字号、字体以及题式、位置等方面的变化。这是为了叙述得更清楚，才分开来说的。实际操作时，往往将它们结合起来运用，以取得更多的变化。上面所列举的是基本的，也很难概括全部。高明的编辑往往可以以此为基础，创造出更多的变化。

在讲“版面的布局结构”时，曾经说过标题在文中有几种基本的布局结构形式。各种布局形式的标题的易读性是不相同的。因此，从易读性角度考虑，一个版上应尽量多采用易读性较强的标题布局形式。但是，安排版面不可能仅仅考虑易读性问题，而要顾及其他多种因素。版面的形式美就是其中的重要因素之一。有时为了达到整个版面的审美效果，在运用题文的布局形式以及题式、字体等时，适当采用一些相对来说易读性较弱，而审美效果较好的标题形式，也是需要的。

现在我国一些报纸就经常将标题与图像结合在一起编排，除了常用的压题照片这种编排形式外，还用漫画或图案来装饰标题，使标题不仅能形象地表现内容，而且具有美感。

1993 年 11 月 20 日《人民日报》刊登通讯《黄山归来不谈山》（见图 7—46）。标题居于文中，且分成几行，呈阶梯状排列，最后一个“山”字，画成山状。形象地表现了登临黄山的情景。不仅有助于表现通讯的内容，而且也增加了整个版面的美感。这个标题的编排形式，就主要不是从易读性而是从内容的表现和审美效果出发来设计的。

1999 年 1 月 12 日，《北京青年报》刊登了一篇有关世界经济走势的深度报道《1999 世界经济哪边日出哪边雨?》（见图 7—47）。其中“1999 世界经济”横排冠于上方。“哪边日出”斜排在左侧，“哪边雨?”斜排在右侧。标题中部配以漫画，画的是一群人在正在雨中观察、判断：“哪块儿云彩有雨呀?”标题不仅直观、形象地展现了内容，具有视觉冲击力，引人注目，而且幽默、风趣，给读者以审美的享受。

（四）空间的变化

版面除了排文字、图片之外，要留有适当的空白。空白作为背景，能使文章或图片增加强势，已于上述。从审美角度看，空白也是不可少的。适当的空白能使版面显得开朗而不闭塞，清秀而不臃肿。

经济生活

人民日报

游踪札记

本报记者 艾丰

黄山归来不谈

老街的氛围

民宅的内涵

牌坊的启示

标题图像化

图 7—46　1993 年 11 月 20 日《人民日报》

对于副刊版面来说，留有适当的空白尤为重要。因为副刊较侧重于休闲，留有适当空白，给读者一份轻松、舒畅，更能创造出阅读的好心情。此外，绘画(包括速写、漫画等)，讲求虚实结合、计白为黑的创作方法，而绘画是报刊特别是文艺性副刊的主角之一，因而多一些空白也是必然的。

空白主要留在标题、文和图片的四周。文内除了固定的行间外，不应留更多的空白；行间空白太大，版面会显得松散。文排得比较紧，标题或文的四周留有适当的空白，有密有疏，疏密相间，版面就比较悦目。

（五）布局结构的变化

我国报纸版面的布局结构基本形式有两种：一种是穿插，一种是排列。这将在“版面的类型”一节中详细加以讨论。这里需要强调的是，每一种形式都可以

第3版 1999年1月12日

每日焦点 北京青年报 BEIJING YOUTH DAILY

今日关注：世界经济走势

文/本报记者 震力综编

1999 世界经济 哪边日出 哪边雨？

1998：世界经济风雨交加

知识经济：对未来世界意味着什么？

俄罗斯：还是"政治年"？

标题与图像相结合

图 7—47　1999 年 1 月 12 日《北京青年报》

生化出多种变化。如穿插的布局结构可以采取一次性穿插，也可采取多次性穿插；可以采取单层穿插，也可采取多层穿插。排列的布局结构也可以不同的几何形构图，使版面呈现多种变化。

（六）色彩的变化

版面上色彩的变化有两类：一类是客观性色彩。这主要来自彩色照片以及绘画。彩色照片和绘画的色彩大都反映了客观事物的原有色彩。报纸选用这类照片和绘画，其色彩是不能由编辑决定的，因此这种色彩是一种客观性色彩。报纸版面上的色彩的生成应主要依赖于此种色彩，因为它不仅具有美感，且有纪实的性质，很符合报纸传播信息的特点。另一类色彩是主观色彩。这主要表现于标题、线条等。这种色彩的运用虽然也要适合稿件的内容和读者的心理，但是是由编辑所选定的。因而与前一类色彩不同，具有一定的主观性。此类色彩对于版面来说是一种辅助性色彩。版面上色彩的变化应讲求此两类色彩的配合，应以前一类色彩为主。

此外，还有线条的变化、装饰的变化等。

总之，版面应该力求富于变化，使整个版面有大有小，有长有短，有浓有淡，有起有伏，有虚有实。有了这种变化，版面才能谈得上去创造美，死板、单调的版面和美是无缘的。

二、版面的统一

一个有变化的版面并不等于就是美的版面。横七竖八、杂乱无章的版面，虽然有变化，丝毫谈不上美。只有变化与统一相结合，变而不乱，乱中见整，才可能使人产生美感。要做到变化中有统一，就要求变化必须讲求和谐、比例、秩序和均衡。

（一）和谐

和谐包括两层意思：

首先，版面的各种变化必须和内容一致。版面的美是受内容制约并为内容服务的。因此不论怎样变化，应该做到万变不离其宗，即不离开内容的特定要求。只有当版面的变化有助于表现内容的特定要求时，才能给人以和谐的美。

比如，党和政府的重要文告、声明，重要的社论，要求严肃端庄，在标题、排文、布局等方面就不能不从这个特定要求出发：标题字号不宜太小，字体宜采用比较端庄的宋体字或黑体字，而不宜采用楷体、仿宋或美术字；文的栏宽可以适当加大，如排成2栏或5破3、8破5等；布局宜采用排列的方法，而不宜和其他稿件相穿插；采用题花、花哨的线条未必合适。而内容比较生动、谐趣的通讯、报告文学或小说，则可以采取另外的相应的编排形式：标题字号不宜太大，字体可采用比较生动的楷体、仿宋体以及美术字等；布局也可采取穿插的方法，文的栏也不宜太宽，采用短栏或长栏转短可能比较合适；另外还可适当运用一些装饰。可见，将文告、声明、社论的编排形式和通讯、报告文学、小说的编排形式互易，都会因脱离内容的特定要求而失去和谐的美。再如，报喜的和志哀的，表扬的和批评的，由于内容不同，版面的形式也应该不同。套红、装饰、比较花的线条、生动的字体，对于表现报喜的和表扬的内容可能是美的，而用来表现志哀的、批评的内容就只能产生适得其反的效果。

第二，就一个版面来说，版面的局部和版面的整体也应该和谐。版面的审美效果不是在版面的各个孤立的局部中取得的，而是在版面的整体的和谐中取得的。脱离了整体，局部的美也很难存在。因此，注意整个版面的和谐是十分重要的。

首先要注意版面局部和整体在表现特点上的统一。一个版面如果整体是很严肃的，局部版面很花哨，即使这个局部可能是美的，但因为这个局部破坏了整体的统一，使版面失去了和谐，也是不宜取的。

此外，要注意局部和整体在构图上的统一。版面虽不是绘画，但毕竟是一个统一的整体，保持它在构图上的统一是必要的，我国报纸为保持版面的统一，历来强调避免通线。通线也称通栏，即栏线从版面顶端直通底部。因为通线把版面分割为几个部分，破坏了版面的统一，影响版面的美观。通线如出现在版面的一侧，版面的划分尚不是等同的，依然表现出变化，且仍能保持版面的统一，因而不会影响版面的美观；通线如出现在版面中部，使版面均分为两个等同或大体等同的部分，版面的统一感就会被破坏，因此应尽量避免。避免通线一般采用两种方法：一种是采用穿插的布局结构方法，用标题、图片等来切断栏线。另一种是利用下辟栏来横截版面，避免栏线从头直通到底。为了避免版面的割裂，还应尽可能避免并题。所谓并题（又称对题），就是两个标题特别是两个大标题连接排列。并题不仅使大标题相互影响，不能突出，而且形成一字长蛇，也会破坏版面整体的和谐。避免并题的办法是将标题交错排列，使标题不连接于同一水平线上。如果连接于同一水平线上，要尽量设法用文或图把它们隔开，使之不相连接。如果由于各种原因，并题难以避免，也要尽量不要让两个大标题相并，而可以让一个大标题和一个小标题相并，以便把并题的不利因素降到最低程度。

（二）比例

比例是事物相互制约、相互映衬的一定关系。超出一定的比例，变化就可能导致畸形，使人感到不快。对于一个版面来说，特别要注意以下几方面的比例关系：

标题的主题和辅题的字号大小要适当。主题的字号要大于辅题，但是相差悬殊，就会因失去比例而不协调。一般说，主题字比辅题字大二、三号比较恰当。这里也要注意不同的情况。如果辅题很长，要排若干行，则字号又可以相应再缩小一些。因为行多，就可缩小与主题的字号上的差距。

标题的厚度与文的厚度也要适当。有时因为新闻内容很重要，标题的字号较大，行数又比较多，而新闻的字数又比较少，就会出现标题很厚，而文很薄的情况，这样就会使人产生压抑的感觉。如果可能，配合一张图片，文图合编于标题之下，就会使标题的厚度和文的厚度比较合于比例，从而更符合审美要求。

框的边长要合于一定的比例。有的美学家认为，最美的长方形它的长边的长度如果是 34，短边最合适的长度应该是 21，并称此为黄金分割。版面中的框当然很难按照这种比例来设计。但是，框的长边与短边合于一定的比例是需要的。

竖边过长，横边过短，会使人感到摇摇欲坠，很不稳定；长边和短边相差甚微，又会使人感到呆板。因此这两种情况最好都要避免。

框、辟栏的大小与整个版面也要相称。框和辟栏太大，会使版面失去比例，显得不统一。一般说来，框最大不宜超过版面的三分之一。下辟栏的高度最好也不超过版面高度的三分之一。

（三）秩序

版面的变化还要讲求秩序。变而有序才能避免混乱而浑然一体。秩序主要表现在重复上，没有重复就没有秩序。版面中的重复就是指同一形式的反复出现。变化中的适当重复，能增加版面的节奏感。

在版面中，标题的变化最多，因此更应该有适当的重复。标题应以横题为主，竖题要力争少用。横横竖竖，会破坏版面的秩序。竖标题特别是比较大的竖标题，一般只宜放在版面的左右两侧，不宜放在版面的中部，否则版面更会显得凌乱。标题的字体也不宜太多。字体变化太多，使人眼花缭乱，既不易阅读，也破坏版面的统一。

此外，正文应以排基本栏为主。变栏不宜太多，特别是同一版上不宜采取多种变栏形式。变栏太多，基本栏没有一定的重复，不仅变栏因没有映衬而会失去强势作用，而且影响整个版面的和谐。

（四）均衡

均衡是版面形式美的重要因素。一个版面如果畸轻畸重，就会使人产生不安定的感觉，从而达不到审美的要求。

均衡就是要版面的上与下、左与右取得重量上的平衡。这种重量不是物理上的重量，而是心理上的重量。这种心理上的重量，是人们根据长期的实际生活经验所形成的一种联觉。人们在实际生活中，无数次感觉到往往大的东西要比小的东西重，浓的东西要比淡的东西重。密的东西要比稀的东西重，活动的东西要比不活动的东西重。因此，当看到大的、浓的、密的、活动的东西和小的、淡的、疏的、不运动的东西，虽然并没有触摸它们，也会立刻产生一种联觉，似乎前者比后者要重。由于这种心理作用，读者在阅读报纸时，会感到黑体字重于宋体字、楷体字，大号字重于小号字，大标题重于小标题，图片重于文字，有线重于无线，文或图片重于空白。在设计版面时，就要考虑并利用读者的这种心理，均衡地安排各种材料，把版面的上下、左右的重量安排得大体相当；而不要把大标题、图片、加框新闻、装饰等都集中在一个部位，以避免版面的轻重不均。

当然，版面上下、左右要取得均衡，并不是意味着上与下、左与右在重量上要完全相等。从区序上说，报纸的上半版优于下半版，左半版优于右半版，由于长期读报的习惯，这也已经成为读者的一种阅读心理。因此，上重于下，左重于右，是正常的。

第七节　版　式

每一种报纸的每一个版面，由于表现的内容不同和对内容的评价不同，因而在运用版面空间、编排手段和版面的布局结构时，变化多端，互不雷同。正是版面形式的这种变化，才有可能使读者对内容有新鲜的直感，才可能使读者在一瞥中把今天的报纸和昨天的报纸区别开来。但是，这并不是意味着版面形式根本不存在共同的特征。形式受内容的制约，但形式有其相对的独立性。版面这种表现内容的形式，在漫长的发展过程中，呈现出多样性。正是在这种多样性中，在表现形式上有共同特征的因素逐渐凝聚在一起，形成了相对独立的版面类型。版面类型也称为版式。每一种版式都有它自身的特点。掌握这些特点，在组织版面时，面对特定的内容，就可以考虑应该采取哪一种版面形式较为适宜，并且在运用这种版面形式时，知道怎样才能使它具有最大的表现力。

一、垂直式和水平式

在讲述我国报纸版式型之前，我们不妨先来看看美国新闻界对版式的分类。美国新闻界一般把版面分为两种基本类型①：一是垂直式版式（Vertical Make-up），另一种是水平式版式（Horizontal Make-up）。

垂直式版面曾经长期统治美国的报纸。这一种类型的版面的特点是，大量采用短栏题，文往往由上端直排到底部。标题因为比较短，所以新闻的重要性往往不是用标题的长度来显示，而是借助于标题的多层来显示。这种类型的版面只重视版面的上半部，大标题都集中于上半部，版面越往下，标题越小。在结构上，往往采用左右对称的形式。由于对称的具体形式不同，垂直式版面又有完全对称、不完全对称等几种。图 7—48 所显示的《纽约时报》是对称的垂直式版式。图 7—49 则是非对称的垂直式版式。

垂直式版式虽然也有它的优点，比如，比较整齐、严肃，编排比较容易，在报摊上折叠出售，大部分标题都能显露等。但在长期的实践中，这种类型的版面的弱点已暴露得越来越清楚，第一，标题放在短栏里，分行就必然多，一句完整

---

① 美国报纸的第一页是要闻版，里页的大部分篇幅是广告，新闻只是填空，很难作全版的通盘考虑，因此版面类型的确定都是以第一版为对象的。

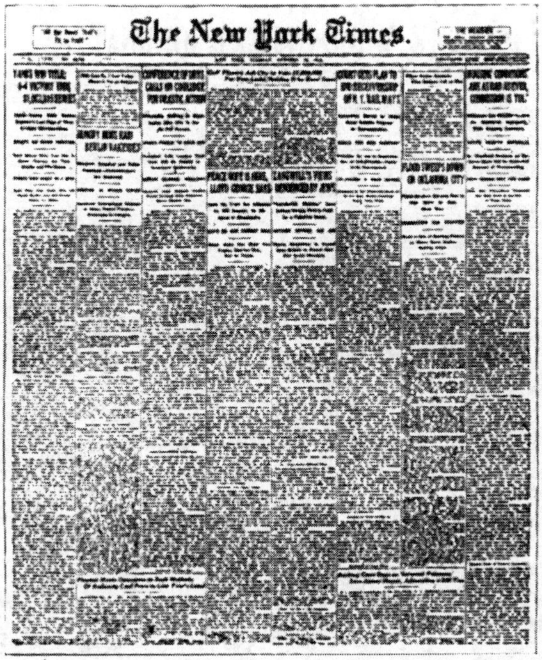
The New York Times.

垂直式版式

图 7—48　1923 年 10 月 16 日美国《纽约时报》

的话要受到多次分割，阅读很不方便。有时为了避免这个毛病，不得不把标题字号缩小，但是这样又会使标题不突出。第二，长标题用得少，版面就缺乏吸引力，要与别的报纸在销路上展开竞争比较困难。第三，版面左右完全对称，要求对称的稿件具有同样的长短，同样大小的标题，为此，有时不得不让内容去服从形式。第四，由于一篇新闻往往要从版面的上端看到底部，阅读不很方便。第五，由于大标题都集中在上半版，版面头重脚轻，显得不匀称。

现在美国采用垂直式版式的报纸还有，如《华尔街日报》就还采用此种版式（见图 7—49），但总的看，已经比较少了，代之而起的就是水平式版式。

水平式版式的主要特征是，大部分新闻采用长栏题，短栏题用得较少。标题简化了，一般以一行题居多，多层标题用得少了。文不是一栏垂直排到底，而是通过转栏的方式，自左至右向水平方向扩展。2000 年 10 月 30 日的《今日美国报》就是以水平式为主的版式（见图 7—50）。

水平式版式的最大优点是，标题更加醒目了，而且可以用长短不同的标题来显示新闻价值的大小。其次，由于文字的编排是自左至右的水平方向扩展，比较

THE WALL STREET JOURNAL.

What's News—

The Outlook

垂直式版式

图 7—49　2000 年 10 月 30 日美国《华尔街日报》

便于阅读。因为，人们的视线自左至右移动要较比上下移动省力。除此，大标题和图片一般都放在版面的四角，从而打破了垂直式版面的左右对称并只注意上半版的局限，使整个版面有可能做到比较匀称。

当然，美国报纸在采用水平式版式时，也并非完全排斥垂直式版式的编排方式，而是常常兼容的，只是以水平式版式的编排方式为主罢了。图 7—51 是 2000 年 10 月 17 日的《纽约时报》，就是兼容水平式和垂直式两种编排方式而以前者为主的。

垂直式版式和水平式版式这两种版面类型，是美国新闻界根据本国报纸版面

PGA veteran Duffy Waldorf wins at Disney

USA TODAY

Pop, hip-hop. Can U2 revive rock?

Newsline

The undefeated fall

Nader defies Democrats

He's helping Bush, Lieberman warns

Some states just matter more

Almost half the states are shunned by presidential candidates because their voters are so predictable (Sorry, Kansas)

Flag high, Cole begins journey home

Attack was 'insult,' not a defeat, diplomat says

DALLAS TO PARIS IN 17 MINUTES

水平式版式

图 7—50　2000 年 10 月 30 日美国《今日美国》

发展的实际情况对版面所作出的一种分类。所谓垂直、水平，都是就横排报纸来说的。我国报纸自从改为横排以后，很少出现过像美国报纸所采用的以短栏题为基础的垂直式版面，因而美国报纸版式对于我国报纸来说，可以作为组版的参考，但作为分类标准就未必有实际意义。

从不同角度去进行分类，版面就有不同的类型。美国新闻学者将美国报纸版式分为垂直式和水平式两种，主要是从版面编排的走向着眼的。如果从内容的编排和结构形式等不同方面着眼，我们也可以将我国报纸版面分为若干类。

二、综合式、重点式和集中式

根据内容编排上的不同特征，我们认为可以将我国报纸版式分为三个基本类

"All the News That's Fit to Print"

The New York Times

NEW YORK, TUESDAY, OCTOBER 17, 2000

YEMENIS NOW SAY THAT SHIP BLAST WAS CRIMINAL ACT

CEASE-FIRE ELUDES MIDEAST LEADERS IN A DAY OF TALKS

INQUIRY ON FEES AT A CONSULATE

Mets Surge Into the Series By Routing St. Louis, 7-0

Can Arafat Turn It Off?

U.S. Officials Debate Degree of His Control

Campaigns Set a Brisk, Focused TV Pace

Churches Are Wary Of Government Aid To Assist the Needy

垂直式和水平式兼容的版式

图 7—51　2000 年 10 月 17 日美国《纽约时报》

型：综合式、重点式、集中式。

（一）综合式

这种版面的特征是，整个版面所包含的稿件比较多，它们之间虽然也有主次之分，但并不特别强调这种区分。也就是说，在强势的运用上，稿件之间的差别并不很大。它不是着意引导读者去特别注意版面上某一特定的内容，而是以版面内容的丰富多彩去吸引读者，让读者根据自己的兴趣去判断、去选择。当版面的内容比较多，比较分散，而且并没有特别重要的内容需要强调时，一般采用这种版式。这种版式的运用是经常的。图 7—54 所显示的《人民日报》第 1 版和图 7—58 所显示的《中国青年报》第 1 版，都是综合式版式。

采用此种版式，在具体安排上，要注意不能只重视版面的“上左”或“下右”这两个最重要的版区，而且也要重视其他各个版区的安排。在“下右”和“下左”两个版区，可以借助于比较大的标题来取得相对的强势，以求得整个版面的匀称。此外，正因为这种版面的内容比较多，比较分散，因此要特别注意版面的组合，要尽量把内容接近的稿件编排在一起，使版面虽散而不乱。

（二）重点式

这种版式的特征是，特别强调版面的某一局部，把这一局部作为版面的重点。一般全版只有一个重点，有时也有两个重点。读者看这种版面，首先会被这些重点所吸引，而后再去注意其他部分。当版面有一两篇或一两组稿件特别重要，需要在版面上予以强调时，往往采用这种版式。这种版式的运用也是比较经常的。运用重点式版式时，在版面编排上要特别注意以下几个方面：

1. 要赋予重点稿件相对的强势

根据版面的特点，“上左”或“上半部”是最具有强势的版区，是首先受到读者注意的部分。作为重点的稿件就应该安排在这些位置。此外，标题不仅要写得生动，而且要醒目，如排长栏、采用比较大的字号等。图片最引人注目，因此要尽量注意文图的配合。还可以适当采用栏的变化和线条的运用来突出重点。

2. 要注意版面其他部分对重点的烘托

要突出版面的重点，不仅要注意加强重点本身的强势，而且也要适当减弱版面其他部分的强势，如缩小标题，不采用或少采用变栏、线条等。有抑才有扬，有烘托才有重点。如果版面其他部分处理得也很突出，甚至喧宾夺主，重点就必然被淹没，甚至被转移。

3. 如果全版只有一个重点，可以利用上半版；如果有两个重点，可以采取对称的方法来进行安排

如把一个重点安排在“上左”，则另一个重点安排在“下右”；一个重点安排在上半版，则另一个重点安排在下半版，等等。

1999 年 11 月 21 日《人民日报》第 1 版（见图 7—52），采用的就是重点式版式。这一版刊登了一则重要新闻《我国载人航天工程试验飞船飞行成功》。《人民日报》将它与江泽民主席给飞船的题名和飞船升空的照片组织在一起在头条位置刊出，标题采用大字号且超六栏宽，江泽民主席的题名采用的是手迹，照片幅面较大，占四栏，因而在版面上显得很有气势，分外突出。其他新闻的标题都要

人民日报

RENMIN RIBAO

我国载人航天工程第一次飞行试验成功

中共中央国务院中央军委致电热烈祝贺

我航天史上又一里程碑

我国载人航天工程试验飞船飞行成功

江泽民为飞船题名 中共中央国务院中央军委致电热烈祝贺

神舟

江泽民

李鹏离开普敦抵比勒陀利亚

新的跨越

载人航天

重点式版式

图 7—52　1999 年 11 月 21 日《人民日报》

比此条新闻小，因此在整个版面中占有很大的相对强势。通讯《新的跨越——我国载人航天工程首次飞行试验侧记》和新闻资料《载人航天》，不仅在内容上为新闻作了补充，在版面处理上也为新闻作了衬托，使整个版面显得重点突出，主次分明，浑然一体。

（三）集中式

这种版式的特征是，用一个版或一个版的主要篇幅来刊登一个主题或某一方面的内容。

集中式版式更多采用于专版，因专版刊登的内容范围较小，更有可能以一个版的篇幅来刊登某一特定主题或内容。图 6—7 所显示的 2000 年 11 月 9 日《北京青年报》第 12 版是文化新闻专版，采用的就是集中式版式。

集中式版式也用于综合版（如要闻版），这往往用以表现重大事件、重大典型等。这种版面内容集中，引人注目；但因主题或内容单一，只能在十分必要时采用。如果用得太滥，不仅会造成报道面的狭窄，而且读者司空见惯，也就失去了它应有的吸引力。

运用集中式版式，在具体编排上要注意以下几个方面：

1. 求多样

集中式版面的主题或内容可以单一，但所包含的具体内容、形式应力求多样。单一中有多样，版面才能生动，更具有可读性。各种专版尤要注意这一点。

2. 求气势

有的版面如要闻版有时所刊稿件不多，但十分重要，如采用集中式版式很难多样，对于这种版式则可以以气势见长，如采用较大的标题和图片以及套色等。

3. 求统一

主题或内容是单一的，如版面分散、无序，统一不起来，就会使主题或内容得不到充分的表现。要使全版统一起来，常用的编辑方法有：采用大标题来统率全版；利用各篇稿件的相互呼应来取得内在的联结；重要新闻采用旗式题，把相关新闻或图片放在此标题下。此外，也可采用空间组合的方法来使相关稿件结合在一起。

三、穿插式和排列式

按版面的布局结构分类，我国报纸版式有三种基本形式：一是穿插式；二是排列式；三是穿插与排列混合式。

（一）穿插式

穿插的布局结构方法，就是稿件的整体在版面中呈四边形以上的多边形，稿件与稿件不是重叠的，而是穿插的，即稿件与稿件是相互咬合在一起的。它的长处是，稿件与稿件错落相间，版面有较多的曲折，比较生动。另外，稿件经过几次穿插，露头藏尾，长稿可以化短，避免臃肿。短处是，由于转折较多，组版比较困难，阅读也不如排列式方便。例如，1997 年 10 月 15 日《人民日报》第 10 版（见图 7—53），头条通讯《探寻人文山水的内涵》篇幅比较长，从第 1 栏一直排到第 8 栏，其间穿插编排了两幅照片和三篇文章：《玉文化在光电磁上熠熠发光》《与党和人民同冷暖》《空间与档次》。几经转折，文章虽然比较长，也不显得臃肿，减轻了读者阅读长文时可能带来的心理上的沉重感。

采用穿插的布局结构方法，稿件有穿插与被穿插之分。一篇稿件可以只被一

玉文化在光电磁上熠熠发光

探寻人文山水的内涵

与党和人民同冷暖共休戚

报答祖国和人民的厚爱

书名不能追求怪诞

穿插式版式

图 7—53　1997 年 10 月 15 日《人民日报》

篇稿件所穿插，也可以被多篇稿件所穿插。前者是一次性穿插，后者是多次性穿插。一篇稿件如果穿插在另一篇稿件之中而自身不被其他稿件所穿插，是单层穿插；如果自身也被其他稿件所穿插，则是多层穿插。例如，图 7—51 中的《探寻人文山水内涵》被几篇稿件所穿插，就是多次性穿插，而穿插的稿件自身未被其他稿件所穿插，所以又是单层穿插。例如，图 7—54 1994 年 3 月 11 日《今晚报》第 7 版。这一版采用的也是穿插式布局结构方法。头条《如何做聪明的消费者》被《关于骨灰植树葬的答问》所穿插，后者又被《两种危险的小儿服药法》所穿插，而此文又被《天津市劳力市场 3 月 14 日至 18 日用人信息（摘要）》一文所

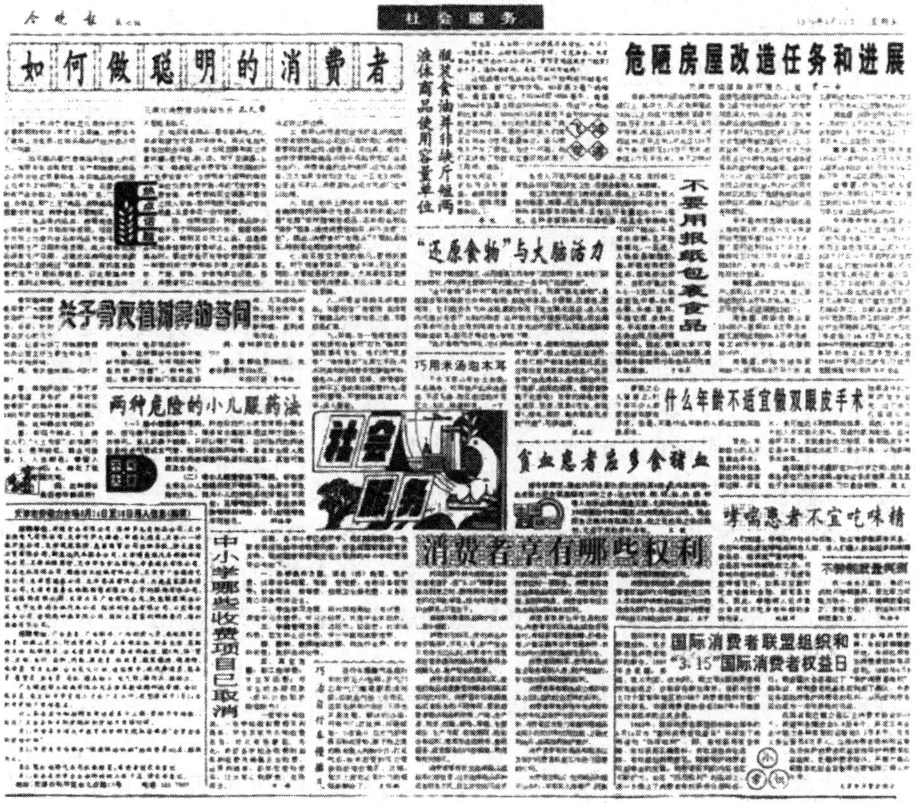

今晚报

社会服务

如何做聪明的消费者

瓶装食油并非缺斤短两 液体商品使用容量单位

危陋房屋改造任务和进展

不要用报纸包裹食品

“还原食物”与大脑活力

巧用米汤泡木耳

两种危险的小儿服药法

什么年龄不适宜做双眼皮手术

社会服务

贫血患者应多食猪血

哮喘患者不宜吃味精

消费者享有哪些权利

中小学哪些收费项目已取消

国际消费者联盟组织和“3.15”国际消费者权益日

穿插式版式

图 7—54　1994 年 3 月 11 日《今晚报》

穿插。这就形成多层穿插。这一版的《危陋房屋改造任务和进展》、《不要用报纸包裹食品》和《“还原食物”与大脑活力》、《巧用米汤泡木耳》也是多层次穿插。而同版的《消费者享有哪些权利》被《国际消费者联盟组织和“3.15”国际消费者权益日》所穿插，而后者未被其他稿件穿插，所以是单层次穿插。上面所列举的这一版大部分稿件都只是被一篇稿件穿插，所以是一次性穿插。唯一例外的是，《危陋房屋改造任务和进展》一文同时被《不要用报纸包裹食品》和《瓶装食油并非缺斤短两》两篇文章所穿插，所以是多次性穿插。

穿插的稿件与被穿插的稿件，在内容上可以是同一的，也可以不是同一的。前者是同类稿穿插，后者则是异类稿穿插。同类稿穿插比较自由，可以穿插在文的边缘或中间，而异类稿穿插，一般只能穿插在文的边缘，而不能穿插在文的中间，否则会破坏版面的统一，并造成阅读的困难。

（二）排列式

排列式的布局结构方法，就是整篇稿件排得比较整齐，稿件的整体在版面中呈规则的四边形，稿件与稿件相互重叠。它的长处是端正、自然，组版的阅读比较方便；短处是容易形成版面的块块。排列的稿件过多，如果缺少必要的变化，版面会显得呆板。

我国报纸长时期更多采用的是穿插式的布局结构方法。改革开放以后，报纸进行新闻改革，一些报纸寻求版式的突破，开始采用排列式的布局结构方法。《解放军报》在1986年8月1日改版，采用了排列式布局结构方法，是我国最早采用此种布局结构方法的报纸之一。采用此种布局结构方法，版面显得整齐、统一、有序，与解放军军风军纪颇为吻合，因而很适合《解放军报》的特点。

自此以后，我国报纸采用排列式版面的报纸越来越多，因此被认为是一种现代版式。此种版式被广泛运用，除了上述它自身的长处外，还有一些原因：它以四边形的形状排列稿件，更适合于电脑的操作；它讲求稿件间整体的错落，而不是讲求曲折多变，也比较适合现代人特别是青年的审美取向。此外，我国报纸长期采用的是穿插式版式，求变求新也是此种版式成为一种现代版式的不可忽视的重要心理因素。

排列式版式可以有多种表现形式，最基本的有两类：

1. 齐列式

齐列式版式的特点是版面划分成若干栏。栏线不隔断或基本不隔断。稿件上下完全重叠，整齐排列。此种排列方式，因标题的大小相等，或大部分相等，排列整齐有序，多用在版面内容具有共同性，强调阅读方便，而又不需要或不应当强调强势上的差别时采用。

例如，2001年2月1日《北京晚报》的《五色土副刊》版（见图7—55），采用的就是齐列式版式。全版分成3栏，标题完全重叠，多数标题所占栏宽相等，显得十分整齐。由于其中有一栏的宽度要小于其他两栏，又显出变化，避免了单调。

此种版式的最大特点是整齐、统一，易于阅读。但相对说来变化较少，并且难以突出重点，所以采用得较少。

2. 整体错落式

整体错落式版式的特点是，版面的栏线被隔断，稿件呈大小不同的矩形，错落相间。整齐而有变化是此种版式的重要审美特征。

2022年1月7日《人民日报》第1版（见图7—56）就是一个具有代表性的整体错落式的排列式版面。其中每一篇稿件都是矩形，而稿件又错落相间。全版

北京晚报　五色土副刊　29版

张雪梅南极行（八）

礁石缝里"掏"鱼

——在南极观国际钓鱼比赛

文史哲

卞先生译诗

北京夜话

大吃活人

人与人

写信是一种享受

笑林幽默

脑筋快转弯

齐列式版式

图 7—55　2001 年 2 月 1 日《北京晚报》

版显得整齐而又有起伏。

如果版面采用整体错落式版式，而大小不等的每篇稿件又围以线条作为轮廓，整个版面不仅显得更有秩序，且会显示出一种几何形结构美。我国一些报纸副刊就常采用此种版面形式。2001 年 2 月 3 日《人民日报》第 8 版《大地·作品》（见图 7—57）就是一例。

人民日报

RENMIN RIBAO

2022年1月 7

习近平同土库曼斯坦总统别尔德穆哈梅多夫就中土建交30周年互致贺电

中共中央政治局常务委员会召开会议

听取全国人大常委会、国务院、全国政协、最高人民法院、最高人民检察院党组工作汇报 听取中央书记处工作报告

中共中央总书记习近平主持会议

『历史会镌刻下这一笔』

——记习近平总书记考察北京冬奥筹备工作

国办印发

要素市场化配置综合改革试点总体方案

国家电投

氢能客车投运 服务绿色冬奥

冬奥列车正式上线

导读

能源的饭碗必须端在自己手里

整体错落式版式

图 7—56　2022 年 1 月 7 日《人民日报》

（三）穿插与排列混合式

即一块版既采用穿插式又采用排列式。采用混合式的长处是，组版比较灵活，可以依据稿件的内容和体裁以及版面的具体情况，在版面上赋予稿件一定的形式。此外，还可利用穿插和排列二者的长处。如对长稿进行穿插，使长稿化短；而在同版又将几则简明的短稿依次排列，使版面变得更为有序等。当然，混合式也不可避免地有它的短处，这就是版面的统一感相对说来较弱。目前我国采用穿插与排列混合式的报纸版面较多。

龙隐洞纪游

由村看人

草木有本心

追求大写的“绿”字

整体错落式版式

图 7—57　2001 年 2 月 3 日《人民日报》

四、规则对称式和非规则对称式

如果根据版面的均衡特征进行分类，我国报纸版式可分为两种基本类型，即：规则对称式、非规则对称式。

（一）规则对称式

规则对称式版式的主要特征是讲求版面的左右对称。对称的形式是工整的、完全的，是一种同形的、等量的对称。这种版式以版面的垂直的均分线为中轴线，左右两侧安排对称的稿件，稿件的长短和标题的大小完全或大体相同。

1999 年 11 月 15 日，中国政府和美国政府达成中国加入世界贸易组织双边协议。次日，《北京青年报》第 2 版以一个版的篇幅刊登了相关报道（见图 7—58）。版面就采取了规则对称形式。横贯全版的大标题是《签了，这是一个双赢的结果》。版面中部是中外记者聚焦中美签署中国入世问题双边协议的新闻照片和中

WTO 特辑

1999 年 11 月 16 日 第 2 版

签了，这是一个双赢的结果

石广生：中美达成双方都满意的协议

巴尔舍夫斯基：这是一个历史性的时刻

中国政府和美国政府关于签署中国加入世界贸易组织问题双边协议的新闻公报

入世，对谁都是一件大好事

规则对称式版式

图 7—58　1999 年 11 月 16 日《北京青年报》

美签订协议的新闻公报。左右两侧分别为中国外经贸部部长石广生和美国贸易代表巴尔舍夫斯基的讲话及照片。版面下方集合了 5 条国际上有关方面对此事反应的新闻。版面不仅突出了这一重要事件，而且由于采取左右对称的形式，巧妙而形象地表现了这一事件的“双赢”的特点。

我国的对联都是采取左右对称的形式。因此，有时在采用对联形式来表现某一内容时，版面也常以左右规则的形式出现。2001 年 1 月 24 日是蛇年正月初一，《人民日报》第 2 版以集纳专栏形式报道了我国多地迎新春的景象（见图 7—59）。专栏是挂着一副春联。上联是“欢欢喜喜贺新岁”，下联是“平平安安过大年”。横批是“世纪新春”。专栏的底部是一个倒写的“福”字，与横批相对应。中间为一图片《请祖国人民放心》和 6 篇新闻：《杭州　名菜名点家中尝》《合肥　买台电脑“充电”忙》《成都　飞出盐地过春节》《拱北　北上团圆成时尚》《深圳　一路花红香袭人》《厦门　五彩焰火映金门》。读这个专栏，宛如进入一个正在迎春的庭院，喜气扑面。专栏采用左右规则对称的形式很好地表现了这一特点。

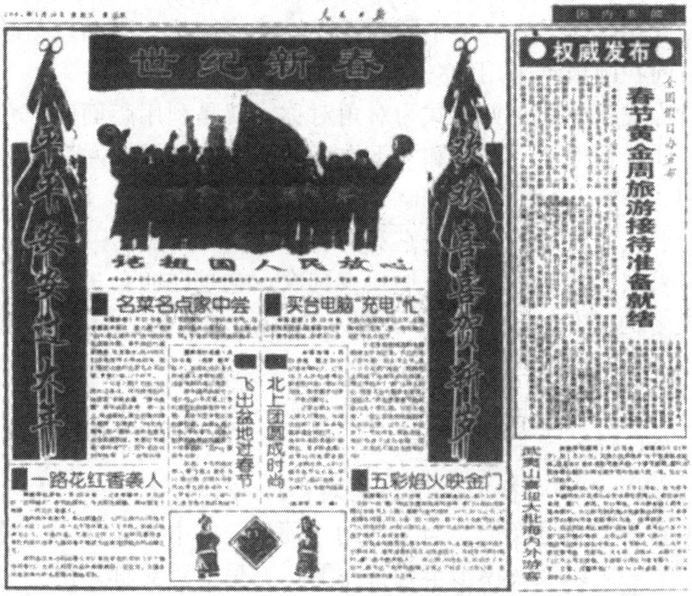
世纪新春

请祖国人民放心

名菜名点家中尝

买台电脑“充电”忙

飞出盐地过春节

北上团圆成时尚

一路花红香袭人

五彩焰火映金门

权威发布

春节黄金周旅游接待准备就绪

规则对称式专栏

图 7—59　2001 年 1 月 24 日《人民日报》

规则对称式版面的优点是匀称、整齐。一组内容上有关联的稿件，采用规则对称的编排方法，也有助于揭示稿件之间的内在联系，取得比较好的效果。上面所举的两个版面就是如此。规则对称的缺点是形式对内容的限制较大。报纸的稿件在内容和意义上是不可能相同的，因而篇幅的长短、标题的大小往往很难完全一致，而规则对称却要求对称的双方是同形的、等量的。为了符合这种要求，有时就不得不削足适履，让内容去迁就形式。比如，不适当的删削或不适当的拉长稿子，把重要性不完全相同的稿子采取同样大小的标题等。此外，由于要对称，左右两边都不可能容纳3栏以上的横标题，而直标题又不能求得对称（右边的直题要放在文的右边，才能和左边的直题对称，而这是不便于阅读的），这样就较难表现重大的新闻。所以，规则对称一般都在里页采用，在要闻版采用较少。规则对称的另一个缺点是缺少变化，容易失之于呆板。因此，规则对称不宜滥用。

（二）非规则对称式

非规则对称式版式的主要特征不是讲求版面的左右对称，而是讲求整个版面的对称。对称的形式是不工整、不完全的，是一种异形、不等量的对称。非规则对称由于不拘泥于左右对称，不拘泥于对称的同形、等量，在对称中有变化，变化形成对比，对称和对比相结合，因而匀称而生动。这种版式适应性也较强，它能使不同的稿件在版面上表现出不同的强势，又能使整个版面取得均衡。因而非规则对称是目前我国报纸采用的一种主要编排方法。

非规则对称式版面的常见形式为对角对称。就是利用版面四个角的对应关系来进行对称。如分别把“上左”和“下右”、“上右”和“下左”对称起来，或者把“上左”和“下右”、“上右”和“下左”同时对称起来，以求得版面的均衡。对角对称这种形式比较灵活，首先它对内容没有很多限制，一般情况下，各种内容的稿件都可采取对角对称的版面形式。其次，它是在四角进行对称，比之左右对称可以有较多的变化。因而在非规则对称中，对角对称又是采用得最多的一种。

2000年12月9日《中国青年报》第1版（见图7—60）就是一个比较有代表性的对角对称版面。左上的《纪念“一二·九”运动六十五周年座谈会在京召开》和右下的专栏《2000视窗》呈对角对称；右上的《可喜：农村青年的创业梦》以及《民营企业鸟枪换炮》与左下的《福州一些中学恢复周六补课学生家长说长道短看法不一》以及《模拟审判日军罪行》呈对角对称。由于采用了对角对称的形式，几个采用大标题的新闻都得到了较好的表现，整个版面显得均衡、有序。

除对角对称外，非规则对称还有上下对称形式。上下对称即是利用上半版与下半版的对应关系来进行对称。例如，上半版、下半版均放通栏题，或上半版放通栏题，下半版辟专栏，等等。上面所介绍的图7—58中1999年11月16日《北京青年报》关于表现中美签订中国加入世贸组织的双边协议的版面，既是左右对称，又是上下对称。只是左右对称是规则的，而上下对称是非规则的。

由于采用通栏题的情况不很多，因此，上下对称的形式用得较少。

中国青年报

CHINA YOUTH DAILY

2000 12月9日

从沿街叫卖到一飞冲天

民营企业鸟枪换炮

可喜：农村青年的创业梦

共话中华民族振兴大业

重温爱国青年学生运动

纪念一二·九运动六十五周年座谈会在京召开

中国蛙人神速出击

黎城医院从患者身上生财

侵犯女性权利国际战犯法庭

模拟审判日军罪行

福州一些中学恢复周六补课

学生家长说长道短看法不一

对角对称式版式

图 7—60　2000 年 12 月 9 日《中国青年报》

第八节　版面的设计

上面我们论述了组织版面的基本原则和方法，这些原则和方法，都是通过每一个版面的具体设计表现出来的。那么，一个版面的设计过程是怎样的呢？

一、版面设计的准备工作

(一) 通读全部稿件

因为版面是一个整体，在设计版面之前，对全版要用的全部稿件需要进行通读，以便进行通盘的考虑。在只看到部分稿件的情况下，是很难设计整个版面的。但有的时候，通讯社或报社还在继续发稿，等稿齐后再动手设计版面，又可能因最后所剩时间不多而考虑不周，甚至因此延误出版时间。在这种情况下，不能等全部稿齐后再来动手设计版面。但是即使这样，也要力争对将要发来的稿件的大致情况有所了解。如果是文稿，要了解基本内容、字数，如果是图片，则要了解基本内容、图幅形状等，以便做到对全局心中有数，并给未收到的稿件留出合适的位置。

（二）确定或调整标题的内容和形式

每篇稿件在发稿时，通常对标题的内容和形式都已经作了规定。但由于发稿时主要是立足于单稿来进行的，不可能完全估计到它在版面中的确切地位，以及与其他稿件的关系，因此，在设计版面前，结合整个版面的设想，还需要对它们作某些必要的调整。如果有临时收到的来稿，还需制作标题，并对标题的形式包括字号、字体等作出规定。

（三）确定或调整题文的栏宽

标题与正文是排在一起的，题对文要有明确的统领关系，这已于上述。除此之外，在设计版面时还要注意题的栏宽与文的栏宽的关系。标题受内容的制约，占有一定的栏数，如 3 栏、4 栏、5 栏等。正文是分栏编排的，每一栏可以根据需要设定，如排成 1 栏（即基本栏)、2 栏、3 破 2 等。需要注意的是，一定栏宽的标题和一定栏宽的正文的结合存在着一个难易问题。因此，在设计版面时，需要估计到这种情况，对它们作出适合的规定，或进行必要的调整。

容易结合的题文栏宽关系，就横题来说有三种情况：一种是题文的栏宽是一致的，如题 1 文 1(见图 7—61)、题 2 文 2(见图 7—62)等；一种是题文的栏宽是成整倍数的，如题 2 文 1(见图 7—63)等；另一种是文是破栏，但题的栏宽与文的原栏宽是一致的，如题 3 文 3 破 2(见图 7—64)，题 4 文 4 破 3(见图 7—65)等。

不容易结合的题文栏宽关系就横题来说，一种是题文的栏宽不是成整倍数的，如题 3 文 2、题 5 文 3 等；一种是文破栏，而题的栏宽与文的原栏宽又不一致，如题 4 文 3 破 2、题 5 文 4 破 3 等。为什么这两种题文关系是比较难于结合的呢？因为将文垂直编排于题下，标题下面就会出现空白（见图 7—66)；如果将文进行水平编排又没有可能，就难以处理。当然，这种题文关系并非完全不能结合。如果将两篇相互联系的稿件合编在一个标题之下，题文就可能结合。例如图 7—66，如果在文的右侧配发一篇一栏长的短文或一幅一栏宽的图片，那么，版面就能组织起来了。但是在一个标题下合编两篇稿件，必须在内容上是相互联系的，这需要事前安排好，如果临到组版时现找就比较困难。

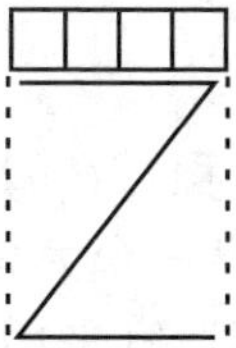

图 7—61　题 1 文 1

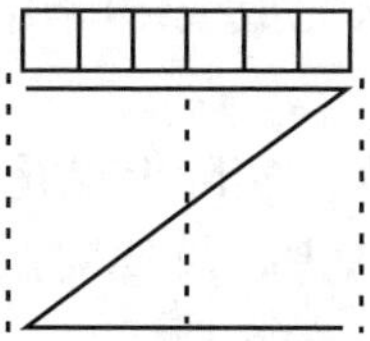

图 7—62　题 2 文 2

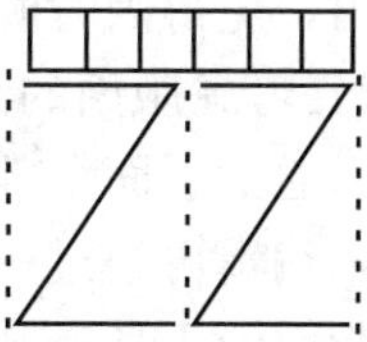

图 7—63　题 2 文 1

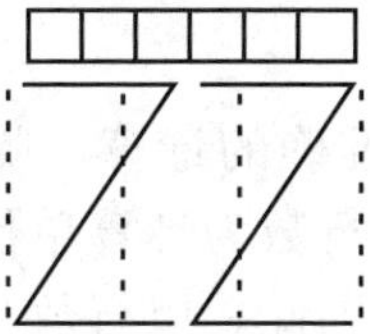

图 7—64　题 3 文 3 破 2

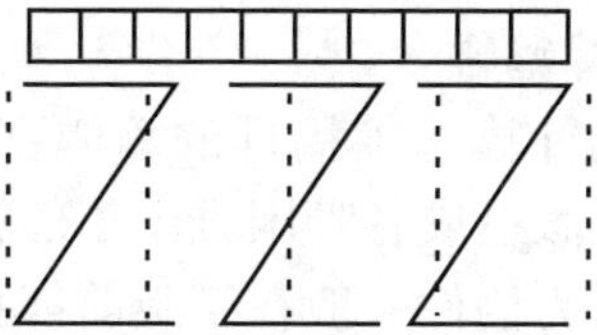

图 7—65　题 4 文 4 破 3

就竖题来说，由于标题是在文的左侧，而不是像横标题那样是在文的上端，因此，它不存在题文的栏宽关系问题。竖标题要注意的是另一种题文关系，即题文的长度关系问题。竖标题如果比较长，而文比较短，即使是排成一栏文，也可能题文长度不相当，而在文下出现空白（见图 7—67）。当然，如果在文下配发相关的图片或新闻，那么这种题文关系也是可以采用的。如果文比较长，在版面上要超过标题的长度，那么，就需要排成题串文的形式，否则，标题的下端会出现难以处理的空白（见图 7—68）。

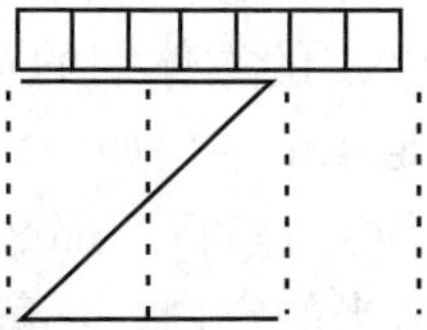

图 7—66　题 3 文 2

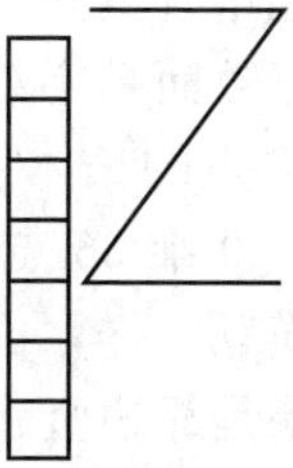

图 7—67

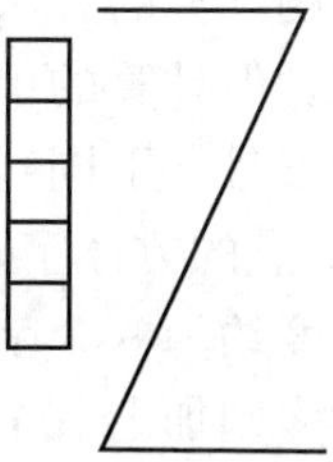

图 7—68

（四）考虑是否临时需要其他稿件的配合

一般说来，各种配合的稿件，在组版之前已经确定，但编辑在设计版面的时候，还需要根据版面全局的情况和临时发生的新情况，考虑一下是否还需要配合发表其他各类稿件，如图片、资料等。此外，根据版面的内容，对版面是否需要进行美术处理也要一并考虑。这些工作都需要请别的有关部门来完成，因此都要及时提出，免得因时间急迫而无法完成或影响出报时间。

（五）考虑版面的大致轮廓

编辑通读版面全部稿件的过程，实际上也是版面的构思过程。在阅读全部稿件之后，编辑再经过一番通盘的考虑，就要对版面的轮廓做出一个大体的安排。包括：版面的头条是什么，二条、三条是什么；根据版面内容适宜采用哪一种版面类型；版面有哪些内容是紧密相关的，需要集中编排；版面中有没有稿件需要转版（如有，需要通知其他版），等等。

（六）计算篇幅

必须准确计算每篇稿件的篇幅。没有这种准确的计算，版样就不可能画准确，就会给拼版造成各种困难。稿件篇幅一般以行数为计算单位，而不以字数为计算单位。因为稿件一般在组版前都打成小样，因此，以行数为单位计算比较方便。为了便于计算小样的行数，可以制作一种计算尺，上刻以字行为单位的标志，用时以尺量小样，即可知文所占的行数。

标题所占的篇幅也必须计算清楚。横标题的长度确定后，只要计算标题的高度即可，计算标题的高度也以字行为单位。标题所用的字号、字体不同，行高就不相同。如果排文用的是 9 点的新五号字，36 点的方体字的高度约为 3 行，21 点的方体字的高度为不到 2 行。如果标题的主题为 36 点的方体，引题为 21 点的方体，并均为单行，则这个标题所占的高度就是约 5 行。但标题的上下还需要有适当的空白，因此，5 行实际上是不够的。到底要留多少空白，可视标题的具体情况而定。一般说来，标题越大，空白越要多留（少的一二行，多的六七行）。

竖标题计算的方法和横标题略有不同。竖标题的长度确定后，需要计算的是它的宽度。但计算的单位不是行数而是字数。比如，42 点的方体字的宽度不足 4 个字（新五号，下同），30 乘 36 点的长体字的宽度不足 4 个字。如果新闻标题的主题为 42 点的方体字，副题为 30 乘 36 点的长体，且均为单行，那么这条标题所占的宽度约为 9 个字。但与横题一样，也必须加上适当的空白，一般少则加二三个字，多则加七八个字。如果是靠边竖题，因为一旁有白边，可适当少留一至二个字宽的空白。

（七）伸与缩

在画版样过程中，版面可能提供的空间与稿件的实际篇幅不一致是经常发生的。由于临时的增删或画版样时计算不准确，在组版以后，也可能发现两者不一致的情况，这就需要进行必要的调整。如果文大于版面容量，可以相应采取压缩的办法。具体做法有以下几种：删节原文；删节或抽去毗邻的稿件，以腾出版面位置；压缩标题的行数，如去掉引题、副题，或减少副题的行数；减少横题的空白；但要适当，标题过挤，会影响版面美观；将文字的段落合并，以减少段落后面的空白。

如果调整的幅度比较大，可以采取前三种方法来解决；调整幅度不很大，除了仍可以采用前三种方法外，还可以采取后两种方法来解决。

如果文小于版面容量，则可以相应采取增的办法。具体做法有以下几种：增补原文；增发短小的稿件，这样既能解决文小于版面容量的矛盾，又能使版面的内容更丰富；增补毗邻稿件的文字，以缩小版面空间；增加标题的行数，如增加引题、副题或副题的行数；适当加大标题上下（横题）的空白；将文字多分段落以增加空白。

文内行距不宜随意缩小，行距太小，不易阅读；如果全文行距不一，有松有紧，既不便于阅读，也有损于版面的清晰和美观。

图片可根据需要放大或缩小。方法有两种。一种是按原图的长宽比例放大或缩小。这可采用"对角线法"来取得。设原图的横边为AB，竖边为CD，如要将横边缩为AE，则可在E点上画一直线与对角线BD相交于F，再从F画一水平线与AD相交于H，则AEFH即为缩小后的图形（见图7—69）。放大也可仿照此法进行。另一种方法是对原图进行剪裁，使其缩小。剪裁的要求将在"图片编辑"一章中讨论，这里不赘述。

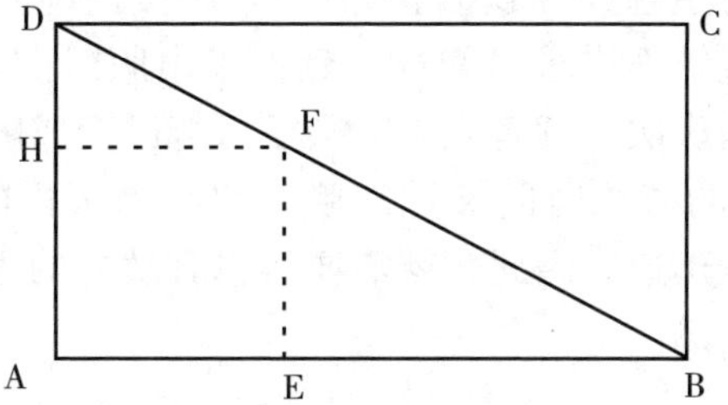

图7—69　图片的放大与缩小

二、画版样

完成设计版面的准备工作以后，就可以着手画版样。版样是具体体现编辑的组版意图的蓝图。版样确定后，激光照排室就可以根据这张蓝图进行组版工作。

现在我国一些报纸开始实行由编辑直接在电脑上进行版面设计的做法，在此种情况下，编辑往往只需在心中对版面有大体安排或只在版样纸上进行大体设计即可。但是，目前我国多数报纸设计版面和电脑操作依然是分别由编辑和激光照排操作人员负责的，这就要求编辑画版样必须规范。

版样一般是画在旧报纸或版样纸上。版样纸有两种：一种与报纸版面大小相同，上印有基本栏和代表每个活字的符号；另一种是根据报纸版面按比例缩小的。上印有基本栏和以五行或十行为单位的横线，旁边印有行数标志。画版样一般是按照如下次序进行的：

先安排重要稿件，后安排次要稿件。重要稿件是版面的主角，它安排在什么地位关系特别重大，因此，要优先安排。重要稿件安排好了，其他稿件的安排就可以适当灵活一些。

先安排长稿件，后安排短稿件。长稿件所占篇幅较大不易变动，短稿件所占篇幅比较小，可以“见缝插针”。因此，安排好长稿再安排短稿就比较方便。

先安排辟栏、专栏、围框新闻、图片，再安排其他稿件。因为辟栏、专栏、围框新闻、图片，在版面上都是以比较方整的形式出现的，它不能被其他稿件穿插，如果放在最后安排，可能会因没有合适的位置而难以处理。

先安排版面的四角，后安排版面的其他部位。四个角安排好了，等于压住了版面的“阵脚”，再来安排其他稿件就比较容易。

画版样要求准确、清楚、迅速。准确，就是所画的版面大小和稿件的实际篇幅相符。如果两者相差很多，拼版就很困难。清楚，就是要把组版意图，包括各个细节都在版样上交代清楚，使拼版工人一看便明白。比如，每一稿件所占的位置要注明标题（只要写主题或标题摘要即可），转接情况要交代清楚，题文关系要画得明白，等等。报纸很讲求时间性，延误了出版时间，晨报就会变成晚报，因赶不上火车、飞机的班次，读者收到时甚至可能已变成隔日的报纸，而有些版（如要闻版、国际版）的截稿时间又比较晚，留给画版样的时间并不是很多的，这就要求版样还要画得迅速。因此，就需要编辑有敏捷的思想，熟练的技巧，否则要做到迅速是不可能的。

版样的示意法，一般是以  和  分别代表横排文和竖排文， 或 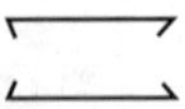 代表图片，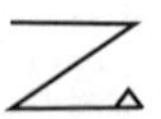 和  表示文已至结尾。

以 2001 年 1 月 23 日《人民日报》第 1 版（见图 7—56）为例，画版样（见图 7—70）如下。

三、看大样

报纸组版以后打出来的样张叫“大样”。检查大样是报纸编辑工作的最后一个环节，也是编辑把关的一个非常重要的环节。错误如果溜过这一关，就会与读

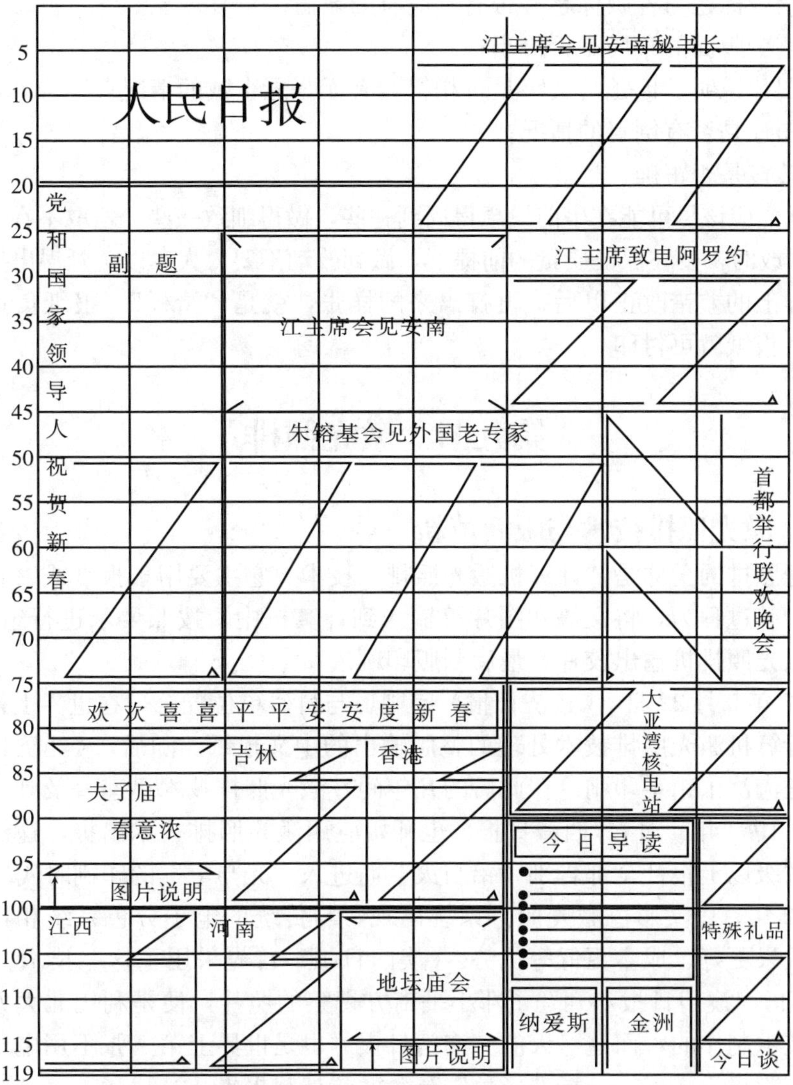

图 7—70　版样　20001 年 1 月 23 日《人民日报》第 1 版

者见面。因此，不能因稿件已修改、推敲多次，而稍有懈怠和疏忽。有些错误是设计版面、拼版过程中发生的，更需要通过这一个环节来加以校正。

看大样要着重检查以下几个方面：

1. 全版的标题、文字在思想、事实等方面是否有不准确、不妥当的地方；

2. 标题的大小、位置、字体、字号是否恰当；

3. 全版标题与各版标题是否有不应有的矛盾、重复现象；
4. 整个版面的布局是否恰当；
5. 图片说明、标题与文字是否相符，有无张冠李戴的情况；
6. 图片是否有倒置的情况；
7. 转接是否正确。

当然，应该尽可能在事前设想得周到一些，做得细致一些，争取不在大样上多改。必须改时，要在保证质量的前提下，做到改动不要太大，以免延误出报时间。

大样上的差错改正以后，再打出来的样张，就是“清样”。报纸负责人审阅后签字，报纸就可付印。

第九节　激光照排

一、激光照排技术与版面革新

激光照排的全称是“计算机激光照排”技术。它主要用于报纸或书刊等的排版印刷。其过程为，将文稿和图片等输入到计算机中，按照要求进行组版操作，并通过激光照排机输出胶片，最后制版印刷。

1987年5月22日，《经济日报》印刷厂与科研单位配合，在世界上推出了第一张用计算机激光照排技术处理的整版输出的中文报纸。随后，《经济日报》在全国率先淘汰了铅字印刷。在此后的几年间，激光照排技术迅速普及到中国的各级报社。1994年4月，《西藏日报》也开始应用激光照排技术出报，这标志着大陆所有省级以上报社全部告别“铅与火”而进入“光与电”的印刷时代。

1992年，中文彩色激光照排系统出现，与传统的电子分色系统相比，它具有彩色效果更好、成本更低等优势。《澳门日报》首先采用了这一技术。1992年1月21日，《澳门日报》刊登了邓小平南方视察的照片，便是利用北大方正的彩色照排技术制作的，而这一天的《澳门日报》也是世界上第一张不用电子分色印刷的中文彩报。之后，一场“彩色”革命席卷神州报界。

激光照排技术的运用，对于新闻出版来说，是一场空前的革命。它将生产第一线的拣字工人、排版工人从铅污染及繁重的体力劳动中解放了出来，并带来了生产效率的成倍增长。

计算机录入与排版的效率分别是人工拣字、排版效率的数倍。一个熟练的录入工人1分钟的录入速度是100个汉字以上，一个熟练的计算机排版工人，只需10分钟左右就可以排出对开报纸的一个版。这些都是铅排时无法想象的。铅排时人工“倒版”，十分复杂和费事。例如，当版面中要需要删除几个文字时，会引起本段、甚至本篇文章后续所有文字的重排，也可能影响到整个版面，而且这些操作全部是人工完成的。使用计算机组版，进行版面修改、调整，虽然仍然可能引起版面重排，但由于计算机处理速度快，所以这些操作看上去只是一瞬间的事。因此，使用计算机组版，大大缩短了截稿时间，也就提高了报纸的时效性。生产周期的缩短，也使报纸可以不断扩大版面，增加信息量。从这个意义上说，激光照排技术，为20世纪90年代开始的国内报纸的扩版潮提供了技术保障。

激光照排技术大大丰富了报纸的编排手段，增强了版面的表现力。这表现为：

（一）激光照排提供了比铅排时期多得多的字体、字号及其变化效果

铅排时的主要字体只有宋体、楷体、仿宋、黑体、隶书等十来种，字号也有限。而激光照排技术出现后，人们又开发出了“细圆”“综艺”“琥珀”等多种更具现代气息的字体。在字号上，除增加了更多选择外，还提供了“无级变倍”的功能，这样，可以得到任何大小的文字。通过对文字进行“立体”“倾斜”“勾边”等操作，可以得到更为丰富的变化效果。

（二）激光照排提供了丰富的美工效果

计算机组版软件提供了更多样式的花边，提供了底纹这一新的美化版面的手段。而灵活运用花边与底纹，可以产生新颖的版面效果。例如，将不同形状的底纹进行组合，可画出生动活泼的图案。这些图案如果与文字配合得当，可起到锦上添花的作用。

（三）激光照排使图片处理的质量迈上了一个新台阶

使用计算机处理图片，不仅可以得到高质量的图片印刷效果，还可以利用软件，对原图片中的一些不足加以修改、完善，达到更好的视觉效果。图片质量的提高，为报纸进入“读图时代”奠定了基础。

（四）激光照排为版式创新提供了基础

计算机组版软件所提供的各种功能，为版式设计提供了更大的创意空间。例如文章区的形状可以是椭圆、菱形或其他自由形状，对于某些类型的报纸来说，这种编排显得更加生动，富于韵味。此外，标题的编排更加活泼，文章的分栏也可以随心所欲。面对这些丰富的手段，编辑们不用再感叹设计出来的版面实现不了了。

从版面编辑的角度看，尽管激光照排的优点是不言而喻的，但是它也可能带来一些副作用。这主要表现在以下几方面：

首先，滥用激光照排系统提供的排版手段，不仅不能美化版面，反而会造成杂乱无章的效果。在激光照排运用于报纸的初期，一些报纸把所有可能的手段

（字体、花边、底纹等）堆积于版面上，其结果是让人感觉俗不可耐。这种现象现在有了很大改观，但仍时有所见，应注意避免。

其次，在计算机组版的过程中，一些编辑把本应属于自己的任务，推到了排版工人的身上，版面上的毛病也就时有发生。例如，有些编辑把安排标题的任务交给排版工人，但排版工人有时未必能准确体现编辑的意图，因此，字体、字号的选择可能出现误差。有些编辑把处理“大样”伸缩的任务，也交给排版工人，而这些工人可能用一些简单的办法来解决版面有剩余或文字排不完的情况，例如改字号、字距、行距等，从整体看，这些做法可能破坏了版面的和谐统一。

此外，计算机组版的便利，虽然给版面的创意提供了更大的空间，但是也给一些编辑的随意设计提供了可能。大量的不规则破栏、不恰当的转文出现在各种报纸上，给读者阅读增加了负担。

应该说，激光照排本身是一种先进的、高效的技术。但是，它归根结底只是一种手段。这种手段应该服从并服务于编辑的编排思想，使版面体现良好的整体风格与审美趣味。

二、激光照排的流程

目前，报社的激光照排大致分为以下几个过程。

（一）文字录入

将文稿录入电脑中，使之成为数字化形式。录入后打印出来的校样称为“小样”，它可以供编辑校对。录入用的软件可用普通的文字处理软件（如 WORD），也可使用系统中的专门软件。录入工作可以由专门的录入工人完成。如果记者、编辑写稿时用电脑，那么，只要将他们的稿件通过网络或软盘等传给组版机即可。

（二）图像、图形输入

如果版面中有图像或图形，则要专门进行图像或图形的处理。一般来说，图像的输入可以由扫描仪扫描后转化成数字化信息输入电脑中，并用一些专门软件进行加工处理，得到更满意的效果。如果使用数码照相机，则可以直接将数码相机存贮芯片中的信息输入电脑再进行加工。图形应由专门的作图软件完成。一些复杂的排版对象，例如棋谱、乐谱等，也可用专门的软件进行制作。

（三）组版

组版功能由专门的软件完成。组版的任务，是将单篇的稿件和图片等，按照编辑的规划，组合成一个版面。它的一般过程是，先为每篇文章画出它所在的区域，指定它的栏数，再将文字灌排进这个区域。一篇文章可以作为一个区域来处理，也可以分成若干个区。后一种方式可以解决文章转版等问题。排文章时的一个重点是对标题进行调整。标题的操作包括确定字体、字号、位置等。

图片、花边、底纹等操作基本类似，即把相应对象排放到指定位置。同一对象可以通过修改它的属性，得到不同的效果。例如同一条线，可以得到不同的花边类型、不同的颜色等。

目前组版任务通常是由专门的排版工人完成的。但从长远看，编辑直接在电脑上画版、组版将成为一种必然。排版软件一般都有自动计算字数的功能，即画出一个区域后，系统会显示该区域可容纳的字数。因此，编辑在电脑上画版，比手工在纸上画版效率更高。

电脑组版后打印出“大样”，可供编辑进一步校对，或进行版面调整。经过几次校对后，就可出“清样”。

（四）发排

将电脑组版后的信息用激光照排机印出胶片。激光照排机的任务就像照相机一样，要把版面“拍”下来。但从工作原理看，激光照排机的光源是氦氖激光，这样成像质量更高。而且激光照排机的“快门”不是由人来控制，而是由版面信息来控制：因为在计算机中所有信息都是用“1”或“0”来表示的，版面信息也不例外，因此，这一串“1”或“0”就可控制“曝光”或“不曝光”，最后得到一张版面的影像，经过显影、定影后，就可得到版面的胶片。如果是彩色版面，那么一个版面经分色后，应产生四张分色胶片。

（五）制版

利用版面的胶片，就可以制作印刷用的版样。通常报纸印刷用的版样是金属版或胶片，这可以满足报纸印刷在质量与数量上的要求。

（六）印刷

用胶印机印刷报纸成品。

思考与练习题

1. 联系实际简论版面功能。
2. 简要说明版面语言。
3. 解释下列名词：区序、变栏、强势、对题、清样。
4. 举实例说明版面的组合与分立。
5. 简要说明穿插式版式和排列式版式的特征、长处和短处。
6. 试将一个报纸上的稿件重新组织成一个版面。
7. 简要点评一个报纸的版面。

第八章

报道的策划与组织

第一节　报道策划与组织的意义

一、简要界说

“报道”一词有多种含义。其一是指把新闻报告给读者的传播行为。所谓“报道的策划与组织”就是指对传播新闻行为的策划与组织。报道是对客观现实的反映，对于如何进行这种反映，可以进行策划与组织，但不是无中生有，制造虚假的新闻。这是在阐述“报道的策划与组织”之前必须明确的前提。

策划，是指筹划、谋划、计划、打算。组织，是指安排分散的人或事物使其具有一定的系统性或整体性。也是指按一定的目的、任务和形式加以编制。所谓“报道的策划与组织”，是指按照一定的目的和要求，对新闻传播行为加以谋划，使之具有系统性或整体性。

在报社编辑部，策划行为包括多种。如对整张报纸内容和形式的总体设计，即所谓报纸编辑方针的制定，这是整张报纸的总体策划。再如，对报纸各版（刊）的内容和形式的总体设计，即所谓对固定的阅读单元的策划。这两种策划，都带有长期性、稳定性、全局性的特点。

报道的策划与组织，是指一个时期内各项新闻传播的策划与组织。具有短期性、变动性和局部性特点。

上述三种策划的关系是全局与局部、方针原则与具体执行的关系。

整张报纸的策划，体现了报纸的编辑方针，是对报纸内容和形式的总体设计，这种设计是原则性的规定，不可能对每个时期每项新闻报道作出具体的规定。比如，编辑方针规定某一张报纸以面向知识界为主，以报道科教新闻为主，但是在一个具体时间内这张报纸应向知识界报道些什么，就要在编辑方针指导下，根据当时形势的变化和读者的要求作出具体的安排。报道的策划与组织，就是进行这种具体安排。这种安排，是编辑方针与当前实际相结合的产物。没有编辑方针，报道的策划与组织便失去依据；没有报道的策划与组织，编辑方针便难以落实。编辑方针指导任何一项报道，带有全局性；任何一项报道的策划与组织，只能规定本项报道，因而带有局部性。

版（刊）的策划，包括本版（刊）内容和形式的总体设计，带有长期性，也是原则性的规定。每一期本版（刊）内容的具体安排，则是根据这种原则性规定由报道的策划和组织来实施的。

报道的策划与组织，具体操作起来，就是对一项报道的策划与组织。这里的一项报道，是指在一定的报道思想指导下对某一客体所作的反映，它是由多篇稿件组成的集合体。一项报道的策划与组织，包括确立报道思想，报道的中心与重点，报道所包括的几部分内容，报道的形式，报道的规模及阶段，报道的时机，报道力量的安排以及与其他报道的关系。

一项项报道，是对一个个客体的反映，这种反映是通过一篇篇稿件、一条条标题、一个个版面设计表现出来的。在这里，稿件的选择与修改、标题的制作、版面的设计都服从于报道的策划与组织，并接受其指导。前者属于微观方面的编辑工作；后者属于宏观方面的编辑工作。两者密不可分。

综上所述，报道的策划与组织在整个编辑工作中起着承上启下的作用。对报纸的编辑方针来说，它是具体落实者，对选稿、改稿、标题、组版来说，它又是指挥者。没有这样一个承上启下的环节，整个报纸编辑工作就不可能正常运行起来。

二、报道的策划与组织的意义

报道的策划与组织有多重意义，分述如下。

（一）报道的策划与组织，是一种选择行为，这种选择有利于发挥报纸的导向作用

报道要反映现实生活，而现实生活又是十分广阔的，无论一张报纸一天出多

少版，也不能把全部现实生活搬到版面上来。因此只能从中选择一部分。而且要求选出的这一部分，能够大体显示、代表现实生活的全部。形象地说，就是借用这一部分给读者描绘出现实生活的比较完整的图画。

那么，报道者选择哪一部分来进行报道呢？这同他对现实生活的理解和态度有关。报道者选出的某一局部，就意味着他认为这一局部可以代表、显示或象征全部，可以让读者大体了解现实生活的全貌。报道者的这种选择本身，对读者就是一种引导。如果以正确的观点选择具有代表意义的局部，就可能对读者起到正面积极的导向作用，否则就可能误导读者。

1999 年 5 月，以美国为首的北约轰炸了中国驻南斯拉夫大使馆，引起了中国人民的极大愤怒，连续几天举行了抗议游行。对于这一事件，西方某些媒体所作的选择是：对中国人民的正义呼声装聋作哑，不予理睬，对游行者的某些不理智行为连篇累牍大肆渲染，并把它同“文化大革命”联系起来，它所描绘的整体画面是：中国又在煽动反美情绪，鼓动民族排外主义。这样的报道就误导了西方读者。对于这一事件，中国报纸所作的选择是：充分地反映中国人民对北约暴行的愤怒，同时对个别不理智行为进行正面引导。这样，中国报纸对事件全貌的描绘是全面而真实的，起到了应有的导向作用。

（二）报道的策划与组织，是一种统筹和协调行为，有利于将对外界的反映由无序到有序，由零散到系统，使读者认识到一个变化而有序的世界

报纸每天都出，报道每天都有，前一报道与后一报道，左一报道与右一报道，它们之间有什么联系，如果缺乏统一筹划，就可能没有章法和秩序，使读者感到理不出头绪，削弱了报道应有的价值和功能。

读者的需求多种多样，众口难调，而报纸的容量有限，不可能一一都照顾到。只有经过报道的策划和组织，对读者需求分清轻重缓急，对于共同性和个别性的要求，加以统筹协调，才能最大程度地满足各种读者的需求。

（三）报道的策划与组织，是对未来行为的规划与预想，这是一种预见行为，它有助于发挥编辑的主动性与创造性，使报道达到最佳的效果

报道是对现实的反映，现实生活中的变动在先，报纸的报道在后，但这不等于说，这种反映是消极的、被动的，也不等于说，编辑注定处在消极、被动、穷于应付的窘境之中。“凡事预则立，不预则废”，编辑可以通过对报道的策划与组织，使整个编辑工作化消极为积极，变被动为主动。

报道所反映的客体是突发事件，编辑无法作出事先的安排。但是对已经发生的事件今后向何处发展，可以根据以往的经验和现实的状况作出各种预想方案，有针对性地做好准备，使编辑处在一种积极的应战状态，及时调整报道方略，从而使报道达到良好的效果。

报道所反映的客体，如果是非突发事件，通过报道的策划与组织，可以从容地作出周详的计划与安排，使编辑处于主动的地位，如遇到意外情况亦能应付自如，并使报道取得令人满意的效果。

（四）报道的策划与组织，是一种控制行为，通过一次次信息的反馈，不断调整传播行为，有助于使报道达到理想的目标

报道是一个持续发展的过程，因此报道的策划与组织就不是一次拍案定乾坤的一次性行动，而是一个不断调整或修正策划方案的过程。这是因为，报道展开之后，各项内容纷纷闯到版面上来，数量一多，各项内容的比例关系就可能被打破，就可能偏离原定的目标，或者由于外界情况的急剧变化，原定的目标可能需要修改，在这种情况下，编辑可以根据对前阶段报道的反馈和目前的形势，调整自己的传播行为，改变原定报道的内容，从而最终使报道在动态中达到理想的目标。

第二节 报道的类型——策划对象的分类

报纸对现实生活的反映，都是有意识的行为，从总体上讲，也可以说是策划的产物。但并不是说每篇稿件对现实生活某一局部的反映，都需要编辑事先作出周密的策划（作者写稿需谋篇布局，这属新闻写作范畴，不在本书讨论范围之内）。需要策划与组织的，是对现实生活反映的主体部分。零星单发的个别稿件，与其他稿件没有任何联系的，可不视为报道策划的组成部分。

一、突发事件与非突发事件的报道

按照报道客体的生成机制和报道者有无精神准备来分，报道可分突发性事件与非突发事件两大类。突发事件如自然和社会的灾祸、战争、政变等，具有突然爆发性，往往是报道者和广大读者始料不及的，具有强烈的新闻性。突发事件报道通常较难进行事前策划，但对其后续报道则可进行策划。

非突发性事件，包括例行或拟议中的会议、谈判、庆典，按计划开展的活动，周而复始的节假日和纪念日的活动等。此外，还包括由量变积累起来的某种社会现象（如时尚、潮流）和态势。

非突发性事件的报道不像突发性事变的报道那样具有强烈的震撼力，由于报道者和读者都有一定的心理准备，加上例行的因素和量变积累的因素，这类报道的新鲜感不及前者。这类事件多种多样，与读者的关系各不相同，因而引人关注的程度也有差别。非突发性事件往往是报道策划的主要对象。

二、重大报道与一般报道

按照新闻事件对社会影响的大小，可分为重大报道和一般报道。重大报道的客体都是整个社会普遍关注的重大事件，涉及的人数多，与人们的关系极为密切，有些在历史上还有重大意义，例如香港、澳门的回归。

一般报道虽然也是策划的对象，但因其重要性不及前者，相应地编辑在这方面所花的力量也较少。有时因人力有限，往往无暇顾及。

三、宏观报道与微观报道

按报道的视角来分，有宏观报道和微观报道两种。这二者都是报道策划的对象。宏观报道的客体时空跨度大，它是对在大范围（地区、行业乃至全国、全球）较长时间内所发生的某类变动的综合反映，气势恢宏，可显示整体面貌和发展的趋向，对于读者认识自己所生存的大环境极为有益。

微观报道的客体时空跨度小，它是对在小范围较短时间内所发生的某一变动的反映，如一人一事、一厂一店、一校一所（研究所）等的报道。微观报道反映的是事物的某一细部或特写镜头，具有生动性、形象性和感染力。

宏观与微观是一个比较的概念。时空跨度的大小与报纸所处的方位有关。以校报、企业报而言，报道全校、全厂的综合新闻，空间跨度就是最大的，可能就是宏观报道，而报道某个班组和班级，可能就是微观报道。

四、各个领域的报道

按照报道客体所在的领域，可有政治报道、经济报道、科教报道、文化报道、社会生活报道等各类报道。每个领域还可细分为各个小领域。如，科教报道可分为科技和教育两个小领域，而教育之中又分高教、中教、小教、在职教育、业余教育……各个更小的领域。无论是大领域还是小领域的报道，都有其质的规定性和有别于其他类别报道的特点。比如，政治报道中的战事报道，由于战争具有突发性、残酷性和机密性的特点，对于这种报道的策划与组织，特别强调要统一组织、集中指挥、高效运转。而教育报道所反映的客体——教育，它不像战事那样具有瞬间爆发的突发性，它的变动具有渐进性，它的影响具有深远性和长期性，因此对教育报道的策划与组织具有从长计议、从容不迫的特点。

上述各领域报道，面对的是某一领域这样一个庞大的“面”，似乎难以下手，无法进行策划与组织。其实不然。一个领域在一段时间内总会相继发生几项较为重要的变动，若是把对它们的报道一一组织好，并以它们作为主线，将各种零星的报道作为辅线，并将两者巧妙地编织在一起，就可以大体勾画出一个领域的全貌。对于长期生活在某一领域的读者，能够了解这种全貌也是十分必要的。这种领域报道就亟须策划与组织。

第三节　报道对象的价值判断

编辑策划与组织的对象是报道，报道的对象（客体）是现实生活所发生的变动。对于这种变动价值的判断，不能不是策划与组织报道的重要问题。

判断的准确，来源于各种信息的充分把握和正确的价值观。

一、把握环境信息

策划者所处的外界环境如何，是作出正确决策的必备条件。以报纸而言，要对报道进行成功的策划与组织，必须考虑报道所反映的变动同外界环境的关系。

现实生活中任何一种变动，都是在一定的客观环境中发生的，一方面它要受到环境的制约，另一方面它又反作用于环境。这种环境包括国内外的大环境和业内的小环境。报道策划者要认识某一变动产生的缘由，必须考察它所处的环境；要认识这种变动的意义及其是否具有报道的价值，必须考察它对环境产生的影响及环境对它的制约因素。总之，这些考察都关系到能否对报道对象作出正确的价值判断。而要有正确的价值判断，必须把握有关的环境信息。

（一）环境信息可以提供一种阐释

报道的对象（客体）——变动，都产生于一定的环境之中。环境信息对变动产生的背景和条件的提示，有助于策划者对变动的原因和性质作出正确的理解，进而可以对报道对象作出正确的判断和选择。如果忽视对环境信息的把握，就可能导致报道的失误。

2000 年 5 月，日本东芝公司因被诉笔记本电脑有质量问题，向美国用户作了赔偿。消息传来，中国客户亦提出赔偿要求，却遭到拒绝。这就是所谓的“东芝事件”。

这一事件发生的原因是什么，它的性质是什么，这是报道策划者首先遇到的一个价值判断问题。由于环境信息把握不足，认识上曾出现了一些偏差。起初，中国多数媒体的报道还是比较理性的。然而后来，东芝公司一位代表在北京就有关问题作出解释后，一些媒体开始把这一经济事件上升到民族感情和民族自尊问题。对此，一位专业人士指出，对于这样一个涉外经济事件，上升为民族矛盾，很明显不利于问题的解决，而且还掩盖了问题的实质，即我国有关法规制度上的缺陷与不足。①

对于这个问题，后来一些媒体已作了反思。《北京青年周刊》写道：在一个严格的法制社会中，东芝公司究竟要不要给予中国用户和美国用户的赔偿，就不是一个情感问题而是一个法律问题。东芝……不肯像对待美国人一样地对待中国人，与日本人是否歧视或者仇恨中国人没有必然的联系，却一定和中国的法律让他们觉得有空子可钻有关。

其实，美国客户诉东芝产品的质量问题，是指在概率多少万分之一的情况下，有丢失数据的可能，按美国的法律只要能确认这种可能性，就应予以赔偿，而且罚款可能重到令厂家倾家荡产的地步（而中国的法律在这方面存有漏洞），同时，东芝还虑及过去日美贸易上的摩擦，对胜诉没有太大的把握，于是在庭外和解中予以赔偿。

当初中国的媒介缺乏对这些环境信息的了解，因此导致对客体判断的失误（随意上升为民族矛盾）。当然，这不是说，在对外经济交往中没有民族歧视问题，但就“东芝事件”而言不能简单地得出这个结论。

（二）环境信息可以提供一种准则

变动存在于一定的环境之中，它的存在与发展变化受到国内外大环境的制约。这种制约，就国内而言，表现为政策、法律、道德、纪律对变动的制约，就国际交往中的经济往来而言，表现为国际上通行的规则和国际惯例对变动的制约。这种国内外大环境制约因素，就是一种环境信息，它所提供的是一种准则，带有约束性的特点。它为编辑策划报道确定了价值取向。

“政策吃不透，有时你搞了点突破，把不允许报道的内容捅了出去，可能违反规矩；政策吃透了，把握了事物变化的阶段性，有时搞了点突破则成独家新闻还获奖。”这是一位报人的感受，反映了我国报业同仁的共识。

把握政策信息，目的就是要用政策来衡量报道对象是否符合其精神，是否有报道的价值。要做到这一点，关键在于吃透政策的基本精神。有很多时候，政策只有原则性规定，甚至只是代表一种方向，没有具体的配套措施或具体的政策规定，甚至有些具体做法还与原则规定发生抵触。在这种情况下，怎样判断某一客体是否有报道的价值?《文汇报》老报人张煦棠介绍了20年前《文汇报》关于个体餐馆的报道风波，或许能为研究这一问题提供一点启示。

---

① 参见车玉明：《多一点“国际意识”》，载《中国记者》，2000（7）。

1980年7月12日上海第一家个体餐馆——“味美馆”开业。它标志着自从1956年公私合营后销声匿迹的私营经济又冒头了。第二天《文汇报》及时作了报道。谁知后来“味美馆”却停业了。原来开饭店要米，而当时米是定量供应的，粮食部门不能额外支出；要烧饭，煤、木柴要凭户口簿供应；你开店，税收部门要收税，税怎么收？财税部门不知所措……所以在有关部门研究“味美馆”的一次小会上，会议主持者说：“‘味美馆’怎么办？政策（这里所指的政策是诸如粮油供应、税收等相关政策）是不符合的，是开不成了。一条是继续支持，一条是倒闭。我们倾向于既然‘味美馆’在国际国内有影响，只好稀里糊涂地支持他们上去。”有关部门提出的这些问题和表明的态度，是《文汇报》是否决定要继续报道“味美馆”的重要信息，但是他们认为，现阶段党的政策的基本点是支持个体经济的发展，至于相关配套政策及措施的不完善，是有条件解决的。所以他们在“味美馆”复业之后再次作了报道，并透露“有关政策，正待研究”的信息。第三次连续报道时，又提出对个体户政策太死，限制太多，不利于个体户的发展。《文汇报》所以采取如此坚定的态度，这同他们吃透了政策的基本精神有很大关系。①

2000年9月19日，渝湘鄂系列抢劫杀人案首犯张君在重庆落网。一些媒体无视法律、道德和纪律的约束，连篇累牍地报道张君与一系列女人的不正当关系，还渲染什么“患难情人”“妈妈级情人”“最喜爱的小老婆”“经过特殊训练的情人”“对爱情坚信不疑的故乡情人”等等。甚至把本身并不涉案的张君的前妻加以曝光，把张君的几个子女的身世也作为报道的材料，似乎忘记了新闻工作者必须时刻保护未成年人利益的职业守则。有的电视台把关不严，竟让张君钻了空子，使他在电视镜头面前，把自己打扮成一个“有目标”“有谋略”“敢斗争”“不怕死”，只是“命运不给他0.1秒”的“枭雄大盗”。甚至他的那些沾满鲜血的“名言”也能通过电视的同期声，直接传达给心有余悸的人们。《中国青年报》载文批评媒介在新闻报道的价值判断上缺乏引导，指出某些传媒“自身也误入了歧途”。②

以上事例说明，环境信息所提供的有关政策、法律、道德和纪律的要求，都属于价值判断的准则，报道策划者不仅要了解它，而且还要身体力行，不得逾越和违规，否则报道就会陷入误区，甚至发生导向性错误。

环境信息所提供的准则，除了国内还包括国外。由于各国国情和社会制度不

---

① 参见张煦棠：《从“味美馆”到“长短亭”》，载《新闻记者》，2000（6）。

② 参见徐永恒：《传媒自身岂能“误入歧途”?》，载《中国青年报》，2000—09—29。

同，不可能在所有问题上都有统一的准则。但是随着世界经济一体化的加速，中国对外开放步伐的加快，加入WTO已成现实，在经济往来和国际交往中，一些通行的国际惯例和原则，越来越成为我们判断报道对象的价值取向或参照物。再如，人口问题、环境污染问题、生态问题、资源问题、灾害问题、保健问题等等都是人类共同关注的问题。其中各国既有差异性，也有一致性。这一致性里面，也包括某些共通的准则。策划与组织这方面的报道，也必须考虑相关的环境信息。

与闭关锁国时代不同，甚至与改革开放的初期也不同，当今对报道的策划与组织，越来越要求把握全球大环境信息。增强全球意识已逐渐成为报界的共识。

（三）环境信息可以提供一种反馈

变动受制于环境，又反作用于环境。不仅变动对环境产生影响，而且有关变动的报道也会对环境产生影响。对于这种影响的认识和了解，也是一种环境信息。它的特点是一种反馈性信息。若能及时把握它，则有利于今后对报道的对象作出正确的判断和选择。例如，我们常以我国某项农产品增产多少，作为显示农业的成就来报道，这在过去我国尚未对外开放的年代，不会造成什么不良影响，但是现在是国门大开，对外经贸往来频繁，这种报道对于我国的大宗进出口商品在世界市场中的价格会产生重要影响，有时还会有负面影响。显然，及时把握这种反馈性的环境信息，及时对报道内容作出调整是完全必要的。

（四）环境信息可以提供同行的动向

当今的报纸生活在媒介激烈竞争的环境之中，各报要以自己的特色吸引读者，必须在报道的策划与组织中，时刻关注同行的动向。同行的动向，也是一种环境信息，它也影响着本报的价值取向。

关于同行的信息，大体包括同行在媒介中的定位，同行历来报道的特点和常用的报道手法，同行在此次报道中投入的力量，同行接触新闻来源的情况……总之，对同行的优势和劣势要摸清，方能确定本报的避让之地和伸展空间。比如，报道同一客体，同行是全国性的报纸，而本报是地方报纸，观察的视角就不同，同行是经济类报纸，本报是教育类报纸，读者关注的焦点不同，同行以大视野的深度报道见长，本报以“短平快”著称……所有这些都影响对报道对象的判断与选择。

2000年3月29日，河南焦作市天堂录像厅发生特大火灾，74人死亡。在获知消息之后的两天内，就有30家新闻单位的记者云集焦作。《生活日报》的报道人员是最后一个到达当地的。“面对突发性的灾难和随之而来的封锁消息，任何一家媒体要想在人生地疏的当地……搞到独家新闻简直比登天还难。而动态的‘片断’早已被此前赶来的同行挖了个底朝天”，面对这种情况，《生活日报》决定以动态报道为辅，着眼于把新闻做大、做巧、做实、做深，体现出灾难报道的人文关怀。考虑到那天晚上放的是“黄片”，大火中丧生的绝大多数是打工仔和在校学生。报道者不相信他们是一群学坏的青年，于是决定通过这些普通人的不普通的死，去透视他们的生存状态、青春的困惑和苦恼，去发现这把火“烧”出了怎样的社会问题。该报从这个视角观察报道的客体，同样发现了它的价值所在。该报前后共发表 4 篇消息和两篇特稿以及十几张图片，大火中不被人关注的那些普通人平平常常的生前故事，竟成为该报取之不尽的“新闻富矿”。[①]

在这里，当地封锁消息，搞独家新闻难上加难，动态的“片断”已被同行挖尽，对《生活日报》来说都是环境消息，根据这些，该报采取的报道对策是：避人之长，不再花更多精力去搞动态报道，而是把精力用在寻找烈火中的“冰点”上面，以深度取胜。而且按此思路，发现了新闻富矿，找到了该报的伸展空间。

二、把握客体信息

客体信息，顾名思义，是指来自报道客体（对象）的各种信息。这是一个宽泛的概念。这里所谓的客体信息，是指其中能为报道策划者判断报道价值提供依据的那一部分。无论这种信息是否可供公开发表，只要能提供这种依据的，就是需要把握的客体信息。它包括客体形成的条件、客体的历史背景和社会对客体的期待等。只有把握了这些信息，才能对报道对象作出正确的判断和选择。

（一）全面把握客体形成的条件

变动是报道的客体。一个变动所以发生，是由各种内部条件决定的。例如，宁夏某地引黄河水治沙，水就是重要条件。一项报道称，20 世纪 50 年代苏联专家来到这里，曾说：我不明白，你们为什么非要在这样的地方种树？现在人们可以自豪地说，我们办到了！但是对这项报道，一位知道内情的人士并未感到欣慰，他长叹道，那是用了多少黄河水才种出一棵树！在这里报道策划者大力宣扬引黄治沙的经验，可能忽略了这样的事实：现在黄河经常断流，是否有足够的水源来支撑！

某地牧民骑摩托放牧，曾被当做反映现代牧民生活新貌的典型来报道，其实，据业内人士讲，牧民放牧所以舍马而骑摩托，一个重要原因是该区草场遭到破坏，以致缺草料养不起马。在这里构成客体（骑摩托）的重要条件也被报道策划者忽视了，导致报道对象判断和选择上的失误。

与上述两例相反，美国新闻史上被称组织报道的范例的《纽约时报》对泰坦

---

① 参见朱德泉：《寻找烈火中的“冰点”》，载《新闻记者》，2000（6）。

尼克号沉没事件的报道，就是因为及时把握相关信息，对报道客体作出正确判断的结果。1912 年 4 月 15 日凌晨 1：20，该报收到美联社的消息：泰坦尼克号在从英国到美国的初次航行中触撞了冰山。该艘豪华巨轮被称为不会沉没的船，这次会沉没吗？编辑主任范安达了解到在纽芬兰的马科尼无线电台曾收到了该船发出的呼救信号。接着他立即询问驻在哈里法克斯和蒙特利尔的《纽约时报》记者和白星航运公司办公处，得知该船的无线电报在第一次呼救后半小时，已不再作声。根据这些信息，范安达果断认为该船一定已经沉没。于是他和其他编辑一起，在凌晨 3：30 以前已将消息、有关船上乘客的背景介绍以及该轮船的照片准备齐全。当日上午，"其他报纸关于这件事的报道还是不完全和不确切的，而《时报》却以数栏大字报道了泰坦尼克号已经沉没的消息"。①

这次报道所以成功，重要的原因是范安达及时捕捉到判断轮船生存状态的信息，并果断作出了准确的判断。

（二）注意把握客体的历史背景

我们报道的是客体的现在，但是它的过去（历史背景）对于理解现在，不无参考价值。而且有些客体值不值得报道，站在什么高度来报道，只有了解客体的历史背景才能弄清楚。

2000 年两会期间，西部大开发成为报道的热门话题。《中国记者》派人访问了政协常委、经济学家吴敬琏。访问中有人问他：在西部大开发战略的实施过程中，丝绸之路应该提到什么位置？吴敬琏马上反问，什么是丝绸之路？丝绸之路是当年东西方实现交换成本最低的途径，在达·伽马发现可绕道好望角之前，通过这条陆路运输有其明显的比较优势。等到新航海线发现后，这个比较优势就没有了。② 在这里吴敬琏提到丝绸之路当年的比较优势以及后来的丧失情况，为判断丝绸之路是否值得报道，应提到什么位置上，作了很好的提示。没有历史背景的了解，就无法认识客体的现状。

（三）注意把握社会对客体的角色期待

客体在现实生活中应扮演什么角色，公众期望它发挥什么作用，这些有关角色期待的信息构成了报道策划者应该把握的客体信息的重要部分。例如，人代会的职责之一是决定国家的大政方针，这是公众对它的角色期待。可是有些关于人代会的报道，却未能尽如人意。有时把人大代表审议政府工作报告，变成了代表对自己所在地、单位业绩的汇报，出席会议的领导本是人民代表的一员，此时却

---

① 参见埃德温·埃默里、迈克尔·埃墨里：《美国新闻史》，377 页，北京，新华出版社，1982。

② 幸培瑜：《听吴敬琏谈经济报道》，载《中国记者》，2000（4）。

像对某一地区的代表作指示。作为报道的策划者不能忽视公众对报道客体（人代会）的角色期待。

应该强调指出，这种角色期待是指社会公众，而非指个人或少数人。前不久，“牛哥当县长”被舆论界炒得沸沸扬扬。牛群是潇洒玩一回，还是真正为养牛大县作点实事，现在作结论还为时尚早。不过有一种议论值得研究：“牛群身为相声演员，不为发展相声出力，而去当什么县长，真是不务正业。”作为读者个人，对牛群有这样或那样的期待无可厚非，作为报道策划者则不应以“相声演员只能说相声”这样的期望去要求牛群。牛群不仅是相声演员，还是社会的一个成员，他要在社会上扮演其他角色，是他个人的事，只要有益于社会，就符合社会公众对他的角色期待。

三、把握读者信息

读者信息是指读者需求的信息，对报道策划者来说，它是判断和选择报道对象的重要依据之一。

新时代，读者的需求是什么?《新华日报》在1999年改版时曾对它作过系统研究，结论是主要表现在以下几个方面：一是时代走向。时代的变迁涉及每个人的生存与发展，是每个人都关心的。二是环境变迁。随着各项改革如火如荼地深入，必然给我们的生活带来影响,对于这样的报道,受众总是如饥似渴地阅读。三是生存艺术。追求成功,是每个人的梦想。四是规避风险。市场经济给人们带来了无穷的机遇,同时伴随着巨大的风险。这些需求,是报道策划者不容忽视的。

有些可供报道的客体看似不寻常，但是新闻在哪里，还需要报道策划者把握读者信息才能抓得住；有些客体，看似寻常，能否从中抓出新闻，也需要把握读者信息，才能作出准确的判断。下面结合上海浦东开发区的报道和南京有关早餐的报道作一些分析。

上海浦东开发区有很多“之最”，如：“建设速度创世界第一”“建筑高度居亚洲之冠”“建设规模史无前例”等，但这些是不是它的新闻点之所在呢？两位记者曾对此作了这样的记述：

一家日本公司的老板，就曾当面对我们满怀激情报道的浦东那道由中华第一高楼、亚洲第一高塔和数十幢超高层建筑划出的天际线，露出不以为然的神色，而对我们4年前在《经济参考报》上简单披露的一则上海科学院研究“华尔街怪风”的新闻倒很感兴趣……作为一个具有现代意识的当代人，这位日本人关注浦东新闻，不是创造了建设奇迹的摩天楼群本身，而是它所引发的生态环境的负面效应，以及人们的新对策……我们报道的浦东设立全国第一个基层法院知识产权审判庭，第一个法律援助中心、第一部保税区地方法规，浦东在国内率先推行警署制、政府采购制和开放房地产二级市场……都在海外引起了很大反响……外国受众感兴趣的，不仅仅是“第一个”，而是如何按国际惯例办事的事实。[①]

从两位记者的上述记述中，可以看出外国人投资浦东，看重的是浦东能否按国际惯例办事，这是他们的切身利益所在（“追求成功”“规避风险”），这是他们实实在在的需求，至于“史无前例”“第一个”，对他们来说并不是新闻点。他们看重的不是摩天大楼有多高，而是由此带来的生态环境问题如何解决，这是他们渴望知道的。

当时任浦东新区政府负责人的赵启正就反对用“最”“世界第一”之类的溢美之词宣传浦东，他认为新闻并不是靠这些大帽子来吸引人的。在这里，赵启正对新闻界的提醒，也表明某些选择新闻的观念应该改变，否则就不能发现受众的实实在在的需求。

有些应该报道的客体如日常生活中的某些不便，人们早已熟视无睹。按传统的新闻思维模式，似乎也算不上什么新闻。这却是读者的实实在在的需求。《新华日报》2000 年二三月组织的一组关于早餐的报道，出人意料地获得了广大读者的好评，而且在南京餐饮界引起了不小的震动。

事情是由记者陪一位朋友吃早餐引起的。他们在一个商家林立的闹市区，找不到一家合适的早餐馆，穿过一条两边都是饭店的大街，竟然也没有吃早点的地方。于是由此想到：随着人们商务活动的越来越多，商务交往需要早餐；老百姓开始关注健康，而健康的生活方式少不了营养的早餐，工作压力日益增大的家庭主妇，也希望逐渐将家务劳动社会化，所以平民百姓也渴望早餐市场多样化。报社正是研究了读者这种实实在在的生存需求，相继推出了《南京：谁来开发早餐市场?》《为夫子庙早餐市场把脉》《湖南路早餐业：亮出你的招牌来》等一组有关早餐市场的报道，取得了良好的效果。[②]

诚然，追求新意，是报道的价值取向之一，但它一定要同读者的需求结合起来。新意与需求并非是水火不容。其实，浦东是新开发区，能否按国际惯例办事，对外商来说也是一种未知的因素。他们关注摩天大楼的生态问题，也是一个亟待解决的新问题。同样，南京人随着时代的变迁，对吃早点产生了新的需求，尽管它是悄悄到来的，并未引起人们的注意，但它并非毫无新意可言。

看来，只有对新闻价值观做到了全面的理解，才能把握住读者的真正需要，

---

① 参见谢金虎、张持坚：《“全球视角”看浦东》，载《中国记者》，2000（1）。

② 参见张粉琴、王向东、姜圣谕：《围绕公众需求作文章》，载《新闻通讯》，2000（1）。

才能搞好报道的策划与组织工作。

第四节　报道结构

变动是报道的对象（客体），它值不值得报道，也就是对它的价值判断，是前一节所讲授的内容。至于怎样报道这项变动，即它应包括哪几部分内容，它们之间的联系方式是什么样的，则是本节所要讲述的内容。

所谓报道结构，就是一项报道所包括的各个组成部分及其相互联系的方式。

一、报道系统

要阐述报道结构，不能不运用系统论的观点来作分析。所谓系统，就是由相互作用和相互联系的若干要素（即组成部分）结合而成的具有特定功能的整体。我们这里所讲的任何一项报道也是由若干方面的事实和观点组成的集合体。每一方面的事实和观点，就是该项报道的一个构成要素。相互联系的若干个构成要素，便组成了该项报道。因此，可以说，一项报道就是一个系统。

系统有大小之分。一个大系统，包括若干个小系统（子系统），每个小系统又包括若干个要素。报道也是如此，一项大型报道可分为若干个构成要素，每个构成要素还可包括若干个小一些的构成要素。

一项报道的构成要素，是按其所传播的内容来划分的。例如，1997 年香港回归的报道，就包括以下几个构成要素：

6 月 30 日回归前夜，北京及各地迎回归的庆祝活动；

7 月 1 日凌晨，中英政权交接仪式和香港特区政府成立仪式；

中央政府代表团和解放军驻军到达香港；

英国政府代表到港，港督府关闭，港督离港；

香港民众庆回归活动；

国际社会对香港回归的反应。

以上六项就是香港回归报道的几个构成要素。由于这是大型报道，每个构成要素，还包括若干相关事实，以及所应阐发的观点。每个构成要素，可以由一篇或多篇稿件组成。

二、报道基调

要确定一项报道包括哪几个构成要素，首先需要对报道的全部内容提出一个总的要求，亦即定下报道的基调。它规定了这项报道所应宣扬的中心思想（基本精神）以及编者的态度和意图。《人民日报》曾围绕我国中西部的开发，组织了一组报道。确定的基调是：分析中西部的潜力和优势，指出它的出路所在，给中西部地区干部群众以鼓舞、信心和力量，也给东部以启示。要展示发展的希望，而不是渲染其贫困、落后和困难。在这个基调中，包括两部分，一是报道的中心思想（中西部有巨大的潜力和优势，有美好的发展前景），二是编者的意图（“给……以鼓舞、信心和力量”“也给……以启示”）。这里的意图，就是编者期望报道起到什么作用。1999 年是新中国成立 50 周年大庆，我国媒介报道的基调是歌颂祖国、歌颂社会主义和歌颂改革开放，营造普天同庆、团结奋进、欢乐喜庆、昂扬向上的良好舆论氛围。这里的“三颂”，既是表明报道的中心思想，又是显示编者的态度，“营造……氛围”则是表明编者的意图。

报道的基调是确定报道构成要素的依据，有什么样的报道基调，就有什么样的报道构成要素。例如，西方某些媒体对北约轰炸南斯拉夫报道的基调是，南斯拉夫对阿族实行“种族清洗”，北约的轰炸是“人道主义干预”，是正义行为。因此，他们所选择的构成要素包括：历数南斯拉夫所谓“种族清洗”的罪行；北约轰炸南斯拉夫的军事目标，以示惩罚；偶有涉及民用设施及平民，那是“误炸”，不得已而为之。而且这里面还含有南政府强迫民众作“人体盾牌”的因素。我国媒介对北约轰炸南斯拉夫报道的基调是，北约的行为是对一个国家主权的侵犯，是地地道道的侵略行为。报道构成的要素是：南斯拉夫政府处理民族问题，不是“种族清洗”，它是一国的内政，不能成为外国武装干涉的理由；历数北约轰炸所犯下的罪行；报道南斯拉夫军民的英勇抵抗及国际社会的声援；揭露北约轰炸南斯拉夫的战略意图。

两种媒体，两种报道基调，决定了两种不同的报道结构。

报道基调的确定依据，是报道策划者的意愿、读者的需求和报道客体的实际状况。报道基调有正确与错误之分。正确的，应是上述三项依据的统一。我国媒介对北约轰炸南斯拉夫的报道基调就是正确的。西方某些媒介的报道基调，由于报道策划者的不良意图导致对报道客体真实情况的歪曲，因而是错误的。

应该指出的是，报道基调中的策划者意图不应是随意的，而应符合社会处理报道所涉及客体时采取的基本原则和基本方针。例如，教育的基本原则是提高学生的素质，而不是为了应试。策划相关报道时就必须以此为基调。我国报纸在学校教育报道中，一般是比较注意这一点的。但是到了每年 7 月初迎接高考的报道中，有的报纸就有所忽视，甚至出现了与上述原则相背离的情况。例如，对社会上某些家庭“父母亲陪考”“吃补品迎高考”“进宾馆备考”“叫出租送考”“吸氧气助考”“考完后旅游”等某些并不带有普遍性的现象加以肯定……这样就易形成某种舆论氛围。结果在各种各样的有形和无形的压力下，不少学生就会变得十分脆弱——耐不得高温、听不得响声、走不得远路，只能由家长掏钱，“躲进宾馆成一流，一心只啃模拟卷”，对此，有识之士提出，新闻媒体对高考及升学的宣传报道理应强化素质教育，在新闻报道中予以正确引导，提倡“一颗红心，多种准备”，使学生能以平常之心来对待升学考试。[①]

三、报道重点

报道结构中各个构成要素之间的关系，是多种多样的。这里只讨论主导要素与非主导要素之间的关系、相邻两要素之间的关系。主导要素与非主导要素的关系，即报道的重点与非重点的关系。

现实社会结构中，按其各个组成部分所起的作用不同，可分为主导部分和非主导部分两大类。现实生活的主要矛盾，党和政府工作的着力点，公众关注的焦点，和平时期以经济建设为中心……都是属于主导部分。

同样，报道是现实生活的反映，报道的构成要素也有主次之分。其中居于主导地位的，就是报道的核心部分，即为报道的重点。其他几个构成要素就是非核心部分或边缘部分，属于报道的非重点，起着补充、配合、衬托的作用。

（一）报道重点的体现

报道的重点表现在哪里，不是靠报道策划者的表白，而是靠各类报道内容的比例关系体现出来的。这就是说，在同等质量的情况下，报道数量多的部分，就体现了报道的重点。比如某一报道是由三类内容组成（即三种构成要素组成），在稿件质量同等的情况下，甲类占发稿总量的十分之七，乙类占五分之一，丙类占十分之一，那么显而易见，甲类内容即是报道的重点。以综合性日报为例，经济所以是该报的重点，就是因为它同政治、科教、文化类内容相比，占有较大的比重。

当然，报道的重点能否突出，不仅涉及报道的数量多少，而且涉及报道的质量高低。有些报道发稿的数量虽然略少一些，但是稿件的质量很高，能够把报道中的精华展示出来，比那些发稿数量很多、质量不高的报道给读者留下的印象更深，这样的报道自然而然地成为人们注意的中心，成为报道的重点。

（二）报道重点的把握

这里分三种情况：

---

① 参见孙卫星：《为高考营造良好舆论环境》，载《新闻记者》，2000（6）。

1. 现实生活的主导部分就是报道的重点，即报道量的大部分、报道的着力点，放在反映现实生活的主导部分。现实生活的主要矛盾，党和政府工作的着力点，公众关注的焦点，即是报道的中心所在。

报道采用这种做法，是为了正确反映现实，引导人们正确认识现实，积极参加现实的斗争。1998年夏天我国发生严重的水灾，长江流域最重，其次是松花江流域，此外，其他地方也有灾情。报纸的报道则以长江、松花江流域为重。当时长江流域的某地，也发生了旱情。有篇反映这种旱情的稿子发到了《人民日报》总编室。要不要发？值班总编认为不宜发。因为水灾是当时的主要危险，长江抗洪是全国的大局，是全国人民关注的焦点，不能因为局部地方的旱情，转移人们注意的视线。

2. 有的时候，现实生活的非主导方面，暂时被突出出来，报道的重点也临时向这方面倾斜，但从长远来看，报道的长期重点，并未改变。

例如，在和平时期，我国始终以经济建设为中心，这是长期的生活现实。报纸的报道也以此为重点。但是1999年北约轰炸南斯拉夫期间，局部战争使局势紧张，我国报纸军事报道量突增，特别是我驻南使馆遭到轰炸以后，报纸用较多篇幅表达中国人民的抗议怒潮，并成为报道的重点，相对比较起来，经济为中心的报道内容不得不作适量压缩。又比如，第十一届亚运会在北京召开，北京的某些报纸在短期内体育成为报道的重点。总之，在这样一些特殊时期，报道暂时偏离长期的报道重点，是必要的，而且从更长期看，并未偏离生活的现实。

3. 为了适应现实社会合理调整结构的需要，在报道中有意使现实社会富余的部分，占有的比例小；而对于现实社会缺少的部分，有意使其占有较大的比例，目的是为它呐喊，以扫清前进中的障碍。比如，新生事物在现实生活中永远是少数，但在报道中却要用较多的篇幅加以报道。目的是把它推广开来，变成全社会的财富。有时有意强调非主导方面的部分，意在促使其转化为主导方面。

又如，传统产业和高新技术产业相比，现在还是传统产业占主导地位。但是报道中有意加大高新技术产业的力度，使其在整个报道中占有较大的比重，读者清楚明白，这是为了改变产业结构不合理的现状，不会误以为这是对产业现状的全面描绘。即便如此，报道也不宜单打一，忽视大多数传统产业的要求，而且还要强调用高新技术改造传统产业，使两者更好地结合起来。

上述三种情况，都涉及报道重点与现实生活主导方面的关系问题。第一种，报道的重点即是反映现实生活的主导方面，换言之，报道结构与现实社会结构是一种同构关系，有学者把它称为平衡结构。第二、三两种，同现实社会结构是一种非同构关系，有学者称之为偏向结构。这种结构，并非歪曲现实生活中真实的结构关系，不会使读者对现实生活的主导方面产生误解。

应当特别指出的是，报道结构与现实社会结构非同构关系的，还包括一种非正常的报道结构，有学者称为畸形结构。用这种结构进行报道，它的最大弊病是，歪曲现实，使读者不能真实地认识现实生活的全貌，导致对现实生活主导方面的误解。

1999年美国某些媒介报道中国民众抗议北约轰炸我驻南使馆的游行，以游行中个别人的不理智行为（扔石头等）作为报道的重点，而对中国广大民众理智的有秩序的抗议活动充耳不闻，这种突出支流掩盖主流的手法，使美国读者不能认识事物的真实面貌。就是一种畸形结构。

与畸形结构不同，偏向结构不是用来反映现实生活的全貌。例如，前面所举把高新技术产业作为报道的重点，不是用来反映高新技术产业已成为全部产业的主导产业，不是用来反映高新技术产业的收入已占全部产业的大头，而是说要强调发展高新技术产业，推动全部产业的结构性调整，读者可以从报道中获得明白的提示。

日本一位学者认为，编辑活动是一种"魔术"。至于是怎样的"魔术"，他并没有解释。不过，这里可以从两方面来理解。若从积极方面来理解，这可能是指一种高超的艺术；若是从消极方面来理解，就是指可以以假乱真，弄虚作假。报道的畸形结构，就是属于以假乱真、弄虚作假这一类。

这里不妨作这样一个"魔术"表演。设定报道的对象是某一年的农业收成状况。除台湾、香港、澳门之外，中国大陆共有31个省、市、自治区，设定每个省（市、自治区）的农业生产水平相当，那么报道的情况，可用下列表格显示：

	增产	减产	总体评价
报道	26篇	5篇	农业丰收
实际	5个省（市、自治区）	26个省（市、自治区）	农业减产

这里的每一篇稿件所反映的情况都是真实的，因为从5个增产省（市、自治区）完全可以产生26篇真实的稿件，而且为显示成绩，可以写5个省（市、自治区）全面大丰收综合稿件，还可写若干地市（专区）的丰产综合稿件，还可以写丰产的个人或联合体的大典型。至于反映减产，可以将范围缩小至减产的村和个人。这样一种报道的策划，使读者看到的是农业大丰收，而掩盖了农业大减产的现实。这里以单篇稿件的真实，掩盖了整体的不真实。问题就出在反映增产和减产两类稿件的比例上。现实是减产为主，报道上是增产为主，报道重点的选择错位，对读者产生了误导。

当然，这只是一项"表演"，并非实有其事。但从中可以提示畸形结构以假乱真的要诀。

四、报道结构中各要素的关系

这里所说的关系是指一个事物的相互依存的两个方面。例如：一种现象的发生，既给人们带来机遇，又给人们带来挑战；一种措施的施行，既有给人们带来好处的一面，也有需要付出代价的一面；一种过程的展开，既有进展顺利的一面，也有遇到挫折的一面；一项事业所取得的结果，既包含成绩，又存在不足；一项先进经验，既有普遍推广的价值，也有一定的适用范围和局限性；一种事物存在和发展的条件，既有外部因素，又有内部因素……对于这种相互依存、密不可分的两个方面，我们在设计报道结构时，可以突出其中的一面，但是不能忽视另一面。在一般的情况下，应该对另一面作适当报道。当然，这并不是说在每篇稿件中一定都得写上这两面，而是说在整个报道中应该有所兼顾。特别是一些持续时间比较长的重要报道更应该如此。比如在 1998 年长江抗灾报道中，报纸上用大量篇幅讴歌了广大干部同军民一起团结奋力抗洪的伟大精神，同时也揭露了一些个别干部临阵脱逃的卑劣行径。只有这样才全面地展现了抗洪的整个画面。

但是在策划与组织报道中，对于上述两面有时就把握不好，原因是存在许多误区。既有观念问题，也有思想方法问题。

一种是“报喜不报忧”。这在反映一个部门、地区的全貌时，表现尤为突出。例如，某个市报连续不断地报道当地工业增长情况，这确实是实情。但是和全国的一些兄弟城市相比，这个城市排的名次连续下降，这也是实情。前者是从纵向比较得来的，后者是从横向比较得来的。但是读者从报上看到的只是前者，而后者却在沉默中被淹没了。

体育报道中“金牌至上”观念衍生的就是“报喜不报忧”和“以成败论英雄”的偏向。《人民日报》长期从事体育报道的编辑许立群对此作了剖析：“以往有些对金牌的报道总是一好百好，没有给人忧患的警示，问题的深度揭示，因而一旦金牌丢失，读者就感到无法理解。有的报道，胜利之时将运动员捧上天，而一旦失败，便置之不理，或冷嘲热讽。”① 她举了这样一个例子：

在汉城奥运会上，当昔日“体操王子”李宁面带微笑对待自己失败的痛苦时，一些报道竟指责他“不知羞耻”。李宁说：“在赛场上，我不能哭，不能垂头丧气，这有损中国运动员的形象。下了赛场，我哭了。我对不起队友，他们那样

---

① 许立群：《体育报道要走出两个误区》，载《新闻战线》，2000（6）。

拼，却因为我失误太多，中国队被挤出了前三名，而且我年龄大了，今后再也无法弥补这次的过失了。”许多记者只看到了李宁的一面，而没有看到他的另外一面。《中国体育报》记者鲁光则捕捉了这一层面，采写了《你能理解李宁吗?》的专访，收到了良好的报道效果。

一种是以亲疏好恶定取舍。这在国际报道中较为突出。亲疏，在这里是指外交关系的远近，好恶是指对国际问题的看法是否相同。对与我们比较友好的国家，过去在报道中常常只反映它的积极的一面，不涉及它的消极的方面。比如，对某一友邻国家，我们的报道只是赞扬国家领导人所推行的积极的对外政策，从未透露他对内的腐朽统治，给读者留下一片好印象。一旦他被推翻，很多读者感到很突然，不好理解。当然这不是要我们的报道去干涉人家的内政，但作为新闻传播媒介，有责任把世界上发生的各种真实情况客观地告诉读者。有的发展中国家的报纸在策划与组织国际报道时，不以报道与否、报道量的多少作为对某某国家友好与否的标志。无论是对友好国家还是关系不好的国家，正面的反面的都报，力求客观地全面地反映事物的面貌。这种经验值得我们借鉴。

一种是狭隘的功利主义。我们不笼统地反对功利主义，但是加上“狭隘的”三个字则要反对。这就是为推行某项措施，为动员群众参与某项事业，只言其有利的方面，不谈或少谈不利的方面，对于应付出的代价和承担的风险也较少涉及。只言近，不及远，只重视“速效”（眼前效益）不重视“迟效”（长远效益）。例如，为动员大家参与改革事业，一段时间内我们对改革所带来的好处言过其实，而对改革所要付出的代价几乎闭口不提。正确的做法，应该是认真地、客观地报道改革中必然出现的社会问题和社会阵痛，使全社会具备坚强的心理应变能力和承受能力。

1992年邓小平南方视察的讲话发表之后，各地为贯彻讲话精神，纷纷设立开发区。为推动开发区的建设热潮，各地报纸连篇累牍地宣扬开发区的好处，对其建设中存在的问题很少提及，或干脆回避。后来，中央发现大部分开发区开而不发，圈地之后荒芜了大片良田，准备采取措施加以纠正。这时新闻界人士已感悟到当时在一片热潮之时，若有报道吹一些“冷风”该有多好。这时中国新闻奖评委会开始评选1992年好新闻，陕西省推荐了一篇新闻稿，曾对当时开发区建设存在的问题提出了批评。评委们认为这是一篇非常难得的稿件，遂将其评为好新闻。但这已是1993年，时过境迁了，只能作为历史经验汲取。其实若真正求功利（即有益于社会的功利），在当年出现不良苗头时，报道就应该敢于提出一些警示，这样不但不影响开发区的建设，反而有利于它的健康发展。

五、报道结构的类型

依照报道构成要素之间的不同联系方式，报道结构可分为纵向式、横向式和纵横交错式。

（一）纵向式

报道构成要素之间的联系是从事件发生、发展以至最后的结果展开的，称为纵向式。要素之间在时间上有先后的联系，在内容上有因果的关系。例如，1999年下半年《羊城晚报》关于追踪农村电价的一组报道，就是这种纵向式。这项报道先是从问题的揭露开始（广东某些农村电价每度高达三元），然后报道各地采取的整顿措施，针对解决问题中出现的反复，又作了后续报道，最后报道了各地整治的效果。报道前后持续了半年，共刊出34篇文字稿和16幅照片。由于政府下大力解决，到年底电价已降至一元以下。在这里报道的四个构成要素：问题的提出→采取的措施→出现的反复→最终治理的成果，是一种纵向的联系方式。

2000年美国密歇根州发生了一宗骇人听闻的校园枪杀案。因发生口角及打架，一名六岁男童枪杀了同班一名六岁女孩。香港一家报纸也是循着纵式结构报道的：事件的发生→引起本校学生和家长的恐慌（事件波及的部分）→男童多名家人都曾犯下与枪械有关的案件（事件的家庭背景）→评论：强权文化毒害着美国青年（事件的社会背景）。在这里，男童的家庭背景是事件发生的重要原因，男童所处的社会背景（“强权出真理”的文化，崇拜枪械万能被“认为是解决问题方法的想法，竟然也深植于一个六岁小孩的心中”）更是导致事件发生的深刻原因。至于学生和家长的恐慌也是由事件引起的，自然也是一种因果关系。

总之，纵式结构有利于揭示事件发生、发展的变化过程，叙事的脉络清晰，有利于揭示事物的因果关系，使报道具有一定的深度。

（二）横向式

报道构成要素之间的联系是从事物的各个侧面并列展开的，它们之间处在对等、对立或相互映衬的地位，具有不同的方位、角度或功能等，这种结构称为横向式。

报道的内部结构采用横向式，可以有多样的用途。下面主要列举四种：用于展示选择性；用于展示思辨性；用于展示互补性；用于展示剖析性。

1. 用于展示选择性

《中华工商时报》报道1999年国民经济增长速度估计有三种可能：乐观估计是9%；中庸估计是8%；保守估计是7%。相应的三种增长方案是：好环境下的高方案；平稳环境下的适宜方案；恶化环境下的低方案。报道对三种可能、三种方案的比较，是从当年经济增长的三个观察角度出发的，三者处在对等的地位，是横向式结构。报道采用这种结构，表示一种选择性。

2. 用于展示思辨性

1998 年 2 月 24 日《中国经营报》关于移动电话是否危害健康的一组报道，两种意见针锋相对，报道构成要素之间的关系是对立关系，这里采用这种方式可传播具有思辨性的内容。

3. 用于展示互补性

1998 年进口大片《泰坦尼克号》，在北京票价高达 80 元，一些厂家纷纷在每次影片放映前作 8 分钟的贴片广告。广大观众、广告界及企业界人士均为之瞠目，4 月 14 日《中国经营报》组织了一组有关电影贴片广告的报道。一方面指出，贴片广告是无法拒绝的电影"加餐"，从观念上引导读者认识这种现象；另一方面发布贴片广告策划方案，从信息上提供一种服务。这组报道的两个构成要素就是功能上的相互映衬（观念＋服务），这也是横式结构的一种。

4. 用于展示剖析性

横式结构由于是从一个事物的各个侧面横向展示，对于剖析一个事物还具有解剖刀的力度。

1998 年 5 月，北京举办了首届中关村电脑节。《中华工商时报》准备从公关策划的角度来报道这项活动。报道的构成要素主要有三：政府；外企；民企（民营企业）。先把视线聚焦到活动中三方都在推销一种东西上。然后分项解剖：政府打出的是概念牌（树立中关村高科技开发区这一观念）；外企打出的是战略牌（推广企业形象）；民企打出的是实惠牌（让利销售产品）。这三张牌犹如三把"解剖刀"，显示出三方企划视角的不同。这组报道以"公关斗法中关村"为主题，附有《戏中戏》短文对这次斗法作点评。这项报道采用政府、外企、民企三方并列"摆擂台"的横式结构，有利于对围绕电脑节的企划作深入剖析。

（三）纵横交错式

即在一项报道中纵式、横式交错使用，使报道更加丰富多彩。

1998 年美国新泽西州普林斯顿大学电机系华裔教授崔琦获得诺贝尔物理学奖，美国的一家华文报纸对此作了充分报道。采用的就是纵横交错式结构。

报道以获奖新闻作先导，分别从横纵两方向展开。从横向来说：这次获物理奖的是三人，崔琦为主，还有两位合作者。报道简要介绍了两位合作者及其对崔琦所起主角作用的赞许。与此同时，还用少量篇幅报道了两位学者获诺贝尔化学奖。从纵向来说，报道了崔琦姐姐对他成长道路的回顾，介绍了崔琦在香港上中学、在美国上大学以及留校执教作研究的经历。从他获知获奖消息到与家人团聚，从记者寻他不着到普林斯顿大学召开记者发布会，从时间来看，也是一个先后过程。由于这组报道信息容量较大，因此采用纵横交错式的结构较为妥当。不过，采用这种结构，各项材料的编排要有序化，要注意条理的清晰，否则就可能影响报道的效果。

最后要说明的是，这里所讲的报道结构类型，是从报道内部各个构成要素之间的关系来分类的。与前面“报道的重点”部分所讲的平衡式、偏向式、畸形式的类型不同，它是从报道与现实的关系方面分类的。

第五节　报道规模

报道规模是指一项报道所占有的版面空间大小和持续的刊期长短。它关系到编辑在策划和组织报道中如何有效利用版面资源以发挥更大的效益。

若从一定的报道规模中承载的内容多少来看，从某种意义上说，报道的规模大小，也反映了报道量的大小。在保证一定质量的前提下，报道规模大，意味着报道量大，报道规模小，意味着报道量小。

报道规模的大小，报道量的大小，往往反映出编辑对报道客体的价值判断不同，满足读者需要的程度不同，吸引读者视线的能量不同。一项报道的报道量不足或过大，都影响到报道的效果。因此，对报道规模、报道量的控制，成为报道的策划与组织的重要问题。

一、报道规模的选择

现实生活的各项变动，组成了一个纵横交错的网络，其中的任何一项变动都是网络中的一个节点，它的上下、左右和前后，都与它紧密相连。因此，一项报道的规模和报道量可以扩展到很大，也可以缩至很小。业内俗语说，把“这个（报道）做大”，把“那个（报道）做小”，表达的就是这个意思。那么“做大”“做小”，有几种选择呢？

（一）过程选择

对变动发展过程的选择，通常有两种：一是追踪全过程；一是舍过程取结果。

追踪全过程，是进行式的报道，它有两种选择：一是追踪全过程涉及的每个方面。如对奥运会的报道，每种竞赛项目都一一展示。二是追踪全过程涉及的重要方面。如奥运会的报道，只涉及一些重大项目的赛事。

所谓“舍过程取结果”，是指事件结束后的一次性终结式报道。

（二）方位选择

有两种选择：一是既报变动的主体部分，又报变动的波及、延伸部分，既报主体的现状，也报它的来龙去脉的背景。一是只报主体，不报波及、延伸的部分，只报主体的现状，不报它的历史背景。

二、选择报道规模的原则

报道规模的选择应遵循以下原则：

（一）需要性原则

确定报道结构和报道量的大小，要根据本报在报业中的分工（所承担的任务）和读者的需求，这是应考虑的需要性原则。一项有关青年切身利益的报道，青年类的报纸可能把报道“做大”，而老年类报纸却可不必“做大”。这就是根据需要性的原则确定的。前面所举美国六岁儿童枪杀同班同学事件，香港那家报纸作了专题报道，是因为该报面向知识界，在校学生是它的主要读者对象之一。其他类报纸（如经济类报纸），因报业分工和读者对象不同，单发一篇消息即可。没有必要把这项报道“做大”。

1999年马来西亚副首相安华被指控性犯罪而入狱，安华不服要上诉，在这期间他发现狱中提供的食物有毒，导致尿内含大量砒霜。他要求有关方面彻底追查。中国的报纸对此事不甚关心，个别报纸也仅是一次性地报道了彻查的结果。而新加坡的报纸却较为重视。因新加坡是从马来西亚独立出来的，两国的联系极为密切。但新加坡报纸由于报业分工、读者对象不同，报道规模和报道量也不相同。作为权威性的严肃大报《联合早报》只发了简短消息。而一些通俗性的大众化报纸围绕安华中毒从四个方面展开，提出四种说法：马国高层人士下的毒；安华为博同情自己下毒；安华与人结仇被人下毒报复；纯粹是意外。有的报纸还就此延伸下去，在新闻版上就《砒霜杀人于无形》为题，安排了半个版，回顾报道了近年新加坡、日本和香港发生的三起砒霜杀人事件，甚至还列举了中国《水浒传》中潘金莲毒死武大郎和法国拿破仑被下毒的故事。意在点明“砒霜杀人于无形”。报道的规模扩展如此之大，是否有此必要，值得研究。

在市场经济条件下，面对媒介的激烈竞争，报纸如何正确处理社会效益与经济效益的关系，直接影响到报道规模和报道量大小的合理确定，这个问题不容忽视。

（二）统筹性原则

确定报道规模和报道量的大小，涉及对版面资源（版面空间和刊期）的分割。报纸的容量是相对固定的有限的常数。甲项报道占据了较多的版面资源，乙项报道就应相对减少所占的版面资源。因此，必须依照各项报道的价值含量统一分配版面资源，做到统筹兼顾，这就是统筹性的原则。

一个时期大型报道不宜过多，否则容易分散读者的注意力，抵消报道的分量。甲项报道如果不及乙项报道价值大，而甲项报道的规模和报道量却超过了乙项，那么这种安排对读者就是一种误导。有些报道所以给人以炒作之嫌，一个重要原因就是其所包含的价值不值得安排那么大的报道规模和报道量。这样安排，不仅浪费了有限的版面资源，而且容易把读者的视线引到不适当的方向。

1999 年，清华大学四位在读大学生得到上海某企业 5 000 万元创业风险金资助，经媒介的大量报道，一股“休学创业”的热潮在部分学生心中涌动。其实休学并不是创业的必要前提，更不是创业的充分条件。少数大学生未毕业先创业，并不具有普遍性。人的能力虽有早晚差异，但就大多数人来说，成才出成果的最佳年龄是成年或壮年时期。美国学者莱曼研究了几千名科学家、艺术家和文学家，认为 25～40 岁是成才的最佳年龄。中国媒介在一个时期对“休学创业”给予较大的报道量，就会使读者认为这种个别现象是值得普遍提倡、大力推广的。报道中的“一阵风、一窝蜂”，往往同报道规模、报道量的控制失当有关。“休学创业”者同“毕业后创业”者相比，毕竟是凤毛麟角，报道策划者给予其过多的关注，说明还不善于从全局的角度，对报道进行统筹兼顾。

报纸天天出，它是一个动态系统。现实生活所发生的变动，不可能是人们预先计划好的，除了少数可以预见的报道（如节日报道、两会报道）而外，每天的报道层出不穷，报纸版面资源的分配亦应具有动态性，先前作为较为重要的报道所安排的报道规模和报道量，可能因为后来出现的更为重要的报道而加以变更。这种动态性，更增加了统筹兼顾的难度，但报道的现实就是如此。这也可以说，统筹兼顾绝大多数都是在动态之中实现的。

第六节　报道时机

一项报道何时发表，影响着报道的效果。所谓报道的时机，就是在策划与组织报道中寻找到的有利于报道获得良好效果的机会。机不可失，时不再来，如果错过了这个机会，报道就可能被削弱其应有的效果。报道时机的把握，需考虑以下几个方面。

一、报道时间的把握

谈到报道的时机，首先涉及报道时间与事件发生时间的距离的把握。关于这个问题，毛泽东有一段论述，他说：“新闻要新，这应当不成问题，因为不是写历史。但是不能没有'旧闻'，也还要有'无闻'……一般讲新闻要新、要快是对的，但有的事情发展太快副作用就很大。比如，1955 年底，北京市几天时间就实现了全行业公私合营，宣布进入社会主义，在天安门开庆祝大会。这样的新闻本来要慎重考虑，但当天就广播了，以致全国各地一拥而上，照北京的办，工作草率、粗糙。所以新闻太快了有时就出毛病，不如慢一点好。"[①] 他还说："有的消息，我们就不是快登慢登的问题，而是干脆不登。比如土改新闻就是这样，我们在报上不宣传，免得传播一些不成熟的、错误的经验。"[②]

毛泽东在论述中所举的实例，离我们已经比较久远，但他对报道时间同现实生活关系的分析仍有一定价值。按他的分类，这种关系有三类：即时报道（即所谓"新闻"），延缓报道（即所谓"旧闻"），不予报道（即"无闻"）。"新闻"即"快登"，"旧闻"即"慢登"。

几十年后的今天，情况已发生了很大变化，但报道时间同现实生活的关系除"无闻"这里不作讨论外，仍可以概括为三类：按照现在通行的说法，在事件发生前根据某种迹象报道事件可能发生，称为前置式报道；事件发生后，立即进行报道，称为即时式报道；事件发生后，暂缓一段时间再作报道，称为后置式报道。

报界通行的说法是，将即时进行报道称为"抢"；将延缓一段时间再作报道，称作"压"。所谓的"抢"与"压"，也是就报道时间距离新闻事件发生时间的远近而言的。

一般来说，报道时间距离新闻事件发生时间越近，越容易取得良好的效果。这是因为及时了解外界所发生的最新变动，是读者普遍的愿望。在业界的激烈竞争中，谁抢先发布外界的最新变动，谁就先期争夺了读者的注意力，其他媒体再作报道，已先输了一着，容易处在劣势的地位。同时，某一报纸最先发布的新闻，已给读者留下了先入为主的印象，其他报纸若想改变这种印象，要花费相当大的努力。因此，新闻事件一旦发生，便立即组织报道，已成为业内同行的共识。1999 年 3 月 25 日 3 时整，北约飞机在南斯拉夫的科索沃上空投下第一枚炸弹仅 5 分钟，新华社英文快讯《普里什蒂纳响起爆炸声》，便传向全世界。3 时 7 分，又发出含义更明确的英文快讯《北约开始空袭塞尔维亚》。在此之前，新华社还向国内受众发出中文通稿《北约开始空袭南联盟》。当读者早晨醒来时，在他们睡梦中发生的重要新闻，已出现在报纸上，收到了良好的传播效果。

尽管新闻的及时采用是普遍的做法，但并不是唯一的做法。在一定条件下，

---

① 参见吴冷西：《忆毛主席》，33 页，北京，新华出版社，1995。

② 《毛泽东新闻工作文选》，193 页，北京，新华出版社，1983。

采用后置式，也是一种选择。

后置式是有意将报道时间与事件发生时间拉开一定距离，其所以这样做，是出于认知原因、利害关系的考虑以及深入挖掘新闻资源的需要。

就认知原因而言，有些涉及广大公众切身利益的敏感问题，在未弄清情况前是否要抢先报道就值得考虑。2001 年 2 月，北京一家著名大医院的一位儿科主任医师谈到，经过一年的调查发现接诊的白血病患儿中有九成家里半年内曾经装修过，而且大多是豪华装修。又据医学专家推测，装修材料中的甲醛和苯乙烯都是国际卫生组织确认的致癌物，苯可以引起白血病和再生障碍性贫血。这些材料发表后，立即引起了众多家长的焦虑，一些准备装修的读者对此也十分关注。过后两天另一家报纸又发表了中国工程院院士、从事小儿白血病临床研究的著名儿科专家的看法。她与上述科主任同在一个科室，她提出该院接诊的白血病患儿中，有相当大一部分来自农村，根本没有家庭装修的历史，并非九成的患儿家都有居室装修的经历。而且根据目前国内外研究显示，白血病的发病原因尚不清楚。目前了解到油漆中苯类物质和大理石含有的放射性物质可能会伤害儿童的造血系统。但伤害程度有多大，会不会导致白血病，还不确知。

从上述情况看，科主任的调查是一个尚未弄清的极为敏感的问题，是否急于向社会公布值得研究。第一，调查的数据是否准确，尚不清楚；第二，白血病的成因是什么，它同装修材料有什么关系，尚有不同的看法。因此待弄清情况后再作报道也不迟。在这种情况下，选择后置式报道就比较适宜。

有些报道并不是因为情况不明，而是出于利害关系的考虑，有意将报道的时间推后。有些突发事件的发生，可能对报道者并不有利，因此用推迟报道时间的办法，淡化热点。例如，中国驻南斯拉夫使馆遭到以美国为首的北约轰炸，致使 3 名新闻工作者遇难，这是外交史和新闻史上的罕见事件，受到国际社会的极大关注。向来热衷于炒作“热点新闻”的美国传媒却一反常态，反应十分迟缓。为了不让美国人民了解事件真相，5 月 8 日的《纽约时报》和《华盛顿邮报》都只是发了一条消息，9 日的《纽约时报》报道了中国秦华孙大使的抗议，时效上已晚了整整一天。这里采用后置式，完全是受到了利害关系的驱使。

报道时机选择后置式，还有一种情况：某些报纸由于在动态消息的及时性上，失去了主动，便在深度报道上抢占先机。这是一种“后发制人”的策略。这种对新闻资源的二次开发，也成为媒介竞争的一种手段。当年，《中国青年报》派记者报道大兴安岭森林大火，在时间上晚于其他报纸，但在深度报道上，它的三篇系列报道却给读者更深的印象，成为各媒体有关这场大火报道中的佳作。

在时机的选择上，采用前置式不太普遍。主要是因为预测变动的发生，难度大，有一定的风险性。如果预测准确，不但能取得良好的传播效果，而且其中的杰出者，往往成为传媒的佳话。

1991年1月17日，上海《解放日报》称海湾战争24小时内可能爆发。果然不出所料，报纸刚出版，海湾战争爆发。对这一报道的策划，夜班编辑并非一时冲动，而是经过了反复思索和判断。他们认为：

第一，联合国安理会已作出决议，要求伊拉克必须于1月15日前撤出它侵占的科威特，否则将采取一切必要措施（实质上是允许多国部队动武），现在已过规定时间的12小时，动武迫在眉睫。

第二，1月份海湾地区的气象、季节等条件，是动武的极好时机。

第三，以美国为首的多国部队已做好一切准备。尽管中国等国家力主和平解决，但难以取得成效。

第四，凌晨2时许，新华社发来日本记者发自华盛顿消息，称可能在24小时内爆发战争。

因此，值班编辑拍板决定将这条预测消息放在一版头条，予以突出处理。而将最后期限到来时，海湾地区无战事的消息发在四版头条。

第二天人们刚上班不久，从广播中得知海湾战争已爆发，与《解放日报》的预测不谋而合，这次成功的报道，受到了读者和业内同行的赞扬。

墨西哥金融风暴、亚洲金融风暴以及印度博帕尔公司农药泄漏事故等重大事件，事先都有报道作过预测，可惜未能引起人们的重视，以致酿成巨大的灾祸。

二、环境与背景的把握

任何报道的发表，都离不开一定的时间、地点和条件。人们对它的理解，也往往不只是看报道本身，而是要联系到它所处的环境和背景。一项报道在它发表前后或同时，外界发生的某些事情常常构成了这一报道的特定环境和背景。借助它有时可以显示报道的意图、意义和倾向，甚至能够把报道中未能说明、不便说明的问题表露出来。如果在策划和组织报道时巧妙地利用这一点，就可以收到更大的传播效果。例如，有一个时期西方世界谣传当时苏联的斯大林故乡第比利斯发生了暴乱。苏联的某家媒体没有直接去辟谣，而是报道了该城举行了一场足球赛。赛场上，观众人山人海、秩序井然。一些警察已获准离开岗位，放假休息，前来观看比赛。这种情景，已经暗示出社会秩序的安定，不可能出现暴乱。西方传播的谣言不攻自破。细心的读者只要联系当时的背景就不难领会报道者的意图。

环境和背景，有时是一个参照物，借用它与报道的内容作对比，显示出报道未能直接点出的问题。以美国为首的北约轰炸我驻南使馆之后，有一家报纸专发一篇文章回顾当年美国驻非洲某使馆被炸的情形以及美国所作的反应。联系当前的情景，读者从中可以领悟到，当年作为被炸者的美国如何千方百计去缉查元凶，如今作为炸人者的美国如何千方百计为轰炸的策划者进行辩解。在这里，现实与历史互为印证，使读者领悟到了更多的东西。这正是报道策划者的用心所在。

应该指出，媒介先前的报道所形成的舆论环境，也是环境和背景的重要组成部分。而且这种环境并不是恒久不变的，报道策划者要随时研究环境的这种变化，才能准确地把握住时机。这里以重大体育比赛的观众反应报道为例加以说明。

1980 年，我国男、女排在亚洲赛区双双获得参加世界杯赛的资格，这给当时孱弱的中国体育事业带来了振兴的希望。消息传来，北京大学学生激动不已，纷纷走出宿舍，在校园和大门口附近自发游行，喊出了“团结起来，振兴中华”的口号。新华社据此写出了报道，从此“团结起来，振兴中华”的口号响遍神州大地。

此项报道抓住了我国经历了“四人帮”所造成的严重破坏之后，亟待振兴的时机，表达了广大人民振兴中华的迫切愿望，收到了良好的传播效果。

此项报道所宣扬的观念和做法，又成为以后报道的环境和背景。编辑们从上述报道中领悟到，对重大体育比赛的反应新闻，不可等闲视之，这里同样可以成为人们关注的热点。恰好此后不久，又遇到一场重大赛事中我国选手战胜了外国强手，大学生们对此的强烈反响，立即被报道策划者所看重，及时组织了报道。以后又遇重大赛事，其报道的规模越来越大。在报道中仍在一个劲地宣扬大学生们如何自发上街游行等，当时虽然没有对自发游行必须申请做法律规定，但有的报纸已感到这样报道不利于安定，应着重宣扬振奋民族精神要落实到具体行动上，《体育报》为此发表了题为《怎样表达胜利的喜悦》的评论，作了及时的引导。

这篇评论应该说是适应了变化的环境，抓准了时机。

三、客观条件的把握

策划和组织报道时，还需要思考报道中所提出的问题是否具有解决的条件，报道中所提供的对策是否有实现的条件，报道中所介绍的经验是否具有推广的条件，总之，客观条件是否具备，是把握报道时机必须考虑的重要方面。

报道中提出的某些问题本身没有错，但在不同的时间、地点、条件下进行报道，其效果可能不一样。曾任《人民日报》和《经济日报》总编的范敬宜曾举过一个十分典型的例子：

1985 年，《经济日报》曾召开过一个规模很大的西部开发研讨会。会议开得非常热烈，形成了许多有价值的研究成果，报纸进行了声势浩大的报道。范敬宜说，即使拿今天的眼光来看，这个“西部会议”方向也是对头的，论证也是科学的。结果却很令人惋惜，不仅没能对西部开发起到实际的推动作用，反而遭到许多非议和指责，引起了一场不小的风波。

2000 年，《经济日报》又开了一个西部开发高层研讨会，报纸也作了报道，结果大不相同。原因是客观条件不同。1985 年前的中国，人们的思想还没有大解放，改革还刚刚起步，综合国力还不够大，引进外资进行开发还存在许多争议，东部和中部的经济发展还不足以支援西部的大规模开发；今天西部大开发，各种条件已经具备，可谓是水到渠成。[①]

由此可见，客观条件是否成熟是选择报道时机的重要因素。

条件的成熟是一个模糊概念，如完全成熟，比较成熟，接近成熟，不十分成熟，有许多等级。有时在不十分成熟的时候，进行少量报道，作一点透露也是必要的。1995 年有一段时间，我国传媒对信息高速公路进行了连篇累牍的报道。但实际上，当时我国电话率普及率还不到 3%，电脑普及率更低。信息高速公路距离仍尚远。大规模报道的时机并不成熟。但是在这种情况下，适量报道是完全必要的，并不违背报道时机的要求。

有些报道涉及实际工作部门的情况，报道时机的选择还要考虑与实际工作部门的工作步骤相配合。一般来说，如果做到相配合，说明解决问题的条件已经具备，时机已经成熟；如果超越了实际工作进展的阶段，提出的问题过多过早，有关部门尚未提到议事日程去解决它，报道的效果不一定很理想。因此讲究章法，分清轻重缓急，正是掌握报道时机所要求的。

1994 年初，国家出台以增值税为主体的流转税制，不法分子趁机倒卖增值税发票。有的新闻单位打算立即报道。但后来考虑到此时税制改革刚开始，这时候报道，会使人们对税收能否顺利实施产生疑问，不是最佳报道时机。进入 4 月，国务院部署打击这种犯罪活动的专项斗争，全国人大常委会也在法律上作出相应补充规定，报道时机到来了。于是开展了报道，取得了良好的报道效果。

当然，强调报道同实际工作部门的配合，并不等于说实际工作部门未讲的问题，报上就不能讲。现实生活中有些被实际工作部门忽视的重要问题，解决的条件已经具备，或者从全局来看，需要为问题的解决作些舆论准备，这时报纸策划和组织相关的报道，正是抓住了报道的时机。

---

① 参见范敬宜：《适时的决策》，载《中国市场经济时报》，2000－03－14。

四、读者心理的把握

我们的报道是给读者看的，他们的心态如何，往往影响传播的效果。因此报道的策划者选择时机时，必须同时考察读者的心理。

读者的情感、兴趣和注意力往往因时而异。节日的心情与平日不同，发生重大事件时的心情与往常也不会一样。一项报道的发表，最好选择在最容易引起读者注意和发生兴趣的时刻，选择在最易激发读者感情的时刻。有些报道选定在特定的日子（例如节日、纪念日）发表，能使读者触景生情，浮想联翩，感染力更大。陆诒曾经回忆说，在重庆办《新华日报》时，每逢“九·一八”纪念日，周恩来同志都要记者去访问流亡在重庆的东北军政要人如马占山、李杜、苏炳文、阎宝航、高崇民等，反映他们要求抗战到底、收复失地的迫切愿望。可以想见，读者在这国土沦丧的悲愤纪念日，读到慷慨激昂的文字，会激发出怎样的抗战热忱！

读者的情感、兴趣容易激发的时刻，往往是与现实生活中出现的某种状况联系在一起的。策划与组织报道时也要注意这种因素。比如，一个时期瘦肉很难买到，有家报纸就大讲吃肥肉对人体健康有什么益处。从科学上讲，所讲的内容并非没有一点道理，但是在这种情况下讲，读者往往会认为是在搞实用主义，心理上就可能产生反感，报道的效果就不可能好。

经常研究读者的兴趣、注意力，常常能抓到一些由头和机会，从而能更好地策划和组织报道。当读者的兴趣、注意力集中到某一方向时，如果能顺着这一方向及时抓一些题目，必定能收到好的报道效果。在粉碎“四人帮”后的拨乱反正期间，一些久未露面的老同志出现在报纸上，引起了读者的兴趣，他们发现在全国政协增补的一百多名委员中有罗章龙、贺子珍等名字，但没有任何介绍，感到不满足。细心的编辑及时发表了有关罗、贺等同志现况及经历的报道，并刊登了他们的近照。这些临时增加的报道从一个小的侧面反映了全国所出现的安定团结的政治局面。2001 年 1 月，北京电视台推出《铁齿铜牙纪晓岚》电视剧之后，引起了不少观众的兴趣。北京有的报纸及时在文化报道中推出了剧中和珅扮演者王刚的访谈。王刚不但谈了他的表演心得，还对贪官和清官谈了自己的看法。针对剧中的戏说成分，有的报道还介绍了相关的史实。读者当时对于这些内容非常感兴趣，如果事隔一两个月，兴趣已转移，再来“炒冷饭”，恐怕就无人问津了。

读者对所报道的问题，什么时候比较容易理解和接受，什么时候则不易理解和接受，换句话说，心理承受力如何，也是掌握报道时机所应注意的方面。

要使报道切合读者的心理承受力，至少宜注意以下几点。

（一）有些重大政策措施事关群众的切身利益，而群众对此又缺乏足够的心理准备，报道时最好先下点“毛毛雨”，作些舆论的准备

例如第一次提出企业破产的时候，广大职工和其他社会成员都缺少心理准备，《沈阳日报》在进行报道策划时，充分考虑到了这一点，开头只发一些常识性、解释性文章，作少量的宣传，使读者思想上有所准备。当群众的注意力已集中到这个问题上，并且议论纷纷时，这家报纸才配合新闻报道发表一些从理论上系统论述有关企业破产法的重头文章，从而收到了比较好的效果。

（二）降低过高的期望值

由于多种原因（也包括报道上的失误），读者对某些事物会产生过高的期望值。此时，对此类事物的报道就宜“淡化”，以降低读者过高的期望值，否则，一旦失望，读者在心理上就会难以承受。1984 年，我国体育健儿首次全面参加在洛杉矶举行的 23 届奥运会，由于苏联和东欧的选手未能参加，使我国成绩的排序向前移了一步，但国人忽略了这一事实，因此，对 24 届奥运会我国将会取得的成绩，有了过高的期望值。而我国媒体未能在会前提醒广大读者注意这一点。结果奥运会开始以后，国人对我国参赛成绩大失所望。其实，24 届奥运会由于苏联和东欧的参赛，我国运动成绩排序向后移，正是反映了我国当时的真实水平。

与上述事例相反，《中国青年报》对十一届亚运会的报道就注意了防止盲目提高读者的期望值。亚运会上中国金牌丰收，在人们欢庆胜利之时，有识之士已指出，“要意识到与世界水平的差距”。该报编辑已意识到人们可能因胜利出现高估中国队实力的情况。于是在闭幕式当日，该报以近半个版的篇幅刊出世界纪录、亚洲纪录、中国运动员在本届亚运会上最好成绩的对照表。“作为一种纯客观的报道，它不著一词，把‘立足 90，面向 92，冲出亚洲，走向世界’的思想昭告世人”[①]。该报用巧妙的引导艺术，为降低读者过高期望值所作的努力，是值得称赞的。

（三）调整视线，分流热点

在现实生活中，有时涉及群众切身利益的实际问题过于集中到一个方面，加上铺天盖地而来的报道，读者心理承受力往往难以支撑，如果这时再加强这方面的报道力度，等于是“火上浇油”，使读者更加悲观、失望和恐慌，反倒不利于问题的解决。这时应将过于集中的视线加以调整，适当转向与此相关的重要方面或群众关心的其他热点。

20 世纪 60 年代，我国三年困难时期，物资极端匮乏，贫穷、饥饿困扰着国

---

① 杨浪：《“点”的捕捉》，载《中国记者》，1990（11）。

人，成为关注的焦点。但是当时的报道没有连篇累牍地去宣扬贫穷和饥荒，没有着意去描绘灾荒的苦难情景，而是把报道的视线放在鼓动人民同心奋力战胜困难上面。报道极力倡导自力更生、奋发图强的精神，同时宣扬了一批困难面前不折腰的典型，使人们看到了力量所在，增强了人们的承受力。

20 世纪 90 年代末，随着经济结构进行战略调整和企业经营的不善，许多职工下岗，生活的困难成为人们关注的热点。报道的着力点不是去揭示下岗人员生活的苦难，而是突出个人、单位和全社会如何同心协力解决就业门路，而且把下岗问题置于整个国民经济强劲增长这个大背景下，使下岗者更看到前途和希望。同时，报道中关注的许多热点，如社会成员忙于业余进修“充电”，也能吸引下岗者的注意力，使他们从中得到启示，通过学习寻找自己更多的发展空间。

其实，调整读者的视线，分流读者关注的热点，并不是削弱解决问题的力度，而是开阔读者的视野，增强其心理承受力，使问题得到圆满的解决。

时机如何把握，很大一部分是报道的艺术问题。正如范敬宜所说：“什么时候要冷处理，什么时候要热处理；什么时候要大声疾呼，什么时候要点到为止；什么时候要理直气壮，什么时候要委婉吞吐；什么时候要旗帜鲜明，什么时候要含而不露；什么时候要大弦嘈嘈，什么时候要小弦切切；什么时候要正面突破，什么时候要侧面迂回……都有学问，都有艺术。”①

第七节　报道方式

报道方式就是报道策划者在传播报道内容时所采取的方法和形式。

采用什么样的报道方式是由报道的内容所决定的。报道方式的选择是否得当，直接影响报道的效果。

报道中经常采用的报道方式，可以按不同角度分成几类。

一、直陈式和转述式

按报道者与新闻事件的关系分类，报道方式可以分为当事者直陈式与第三者转述式两种。

一项报道的内容是由新闻事件的当事者陈述，还是由新闻事件以外的第三者转述，其效果是不同的。报道策划者要灵活运用这两种方式。

---

① 范敬宜：《舆论引导需要宣传艺术》，载《中国记者》，1993（9）。

(一) 当事者直陈的方式

就是由当事者在报纸上直陈自己的见闻、经历、感受和想法，而不是由第三者来转述。这种方式的特点是报道者通过报纸直接同读者讲话，更具有真实感和感染力。大部分读者来信都属于此类。人们爱看读者来信，这是一个很重要的原因。有些事情由本人现身说法，要比第三者更为适宜。例如，人们对文化层次较低的人痴迷法轮功，容易理解。为什么文化层次很高的人也受毒害？报纸上曾登一个名牌大学的博士生的署名文章，谈论他痴迷法轮功的心理历程，就很有说服力。1979 年初，上海一些知识青年返城闹事，报纸上发表了一些知识青年及其家长的文章，表示要顾全大局，用实际行动维护安定团结的局面。由于他们是事件的参与者及其家属，他们出来讲这样的话对于劝服别人就更有力量。2001 年初，一些报纸报道著名经济学家吴敬琏对股市唱了点反调，遭到了围攻，到底吴敬琏说了什么，报道转述的是否准确，为解释这种疑惑，报纸转载了他在近期一期杂志发表的文章，由争论的引发者自己出来说话，全面表示自己的看法，最为清楚明白，直截了当，便于读者了解事件的真相。

当事者是新闻事件的参与者和知情者，在一定情况下，由他们出面说话，更使报道增加权威性。比如，有些人总认为算命很灵，如果让一般人来揭穿算命的欺骗性，他们不一定相信。《中国青年报》曾请一位原来当算命先生的人写文章谈算命的“奥妙”，效果比较好。

如果策划报道时，需要当事者出来现身说法，而当事者已经不在人世，也可以把本人留下的第一手资料（日记、信件、谈话、记录、文章等）在征得家属和有关方面同意后公开发表，这也是一种很有效的方法。

当然，采用当事者陈述的方式，也要注意当事者有意吹嘘自己、为自己开脱的问题。有的报刊发表犯罪者表示醒悟的文章，就曾出现过美化自己、指责他人、开脱罪责的问题。

(二) 第三者的转述式

这是报纸大量采用的方式。记者、通讯员写的新闻、通讯、述评以及报纸上刊登的各种新闻评论都属于这一类。由于稿件的作者不是新闻事件的当事者，他们是以第三者的身份来报道和评论事件的，因而这种方式的显著特点是具有客观性。写稿的人可以不受当事者某些观点的束缚，看问题较为冷静客观。有时有些读者来信反映本单位领导的问题，本单位的领导又不承认，当双方争执不下时，发表记者的调查附记，往往具有很大的说服力。先进人物的先进事迹由本人自己来写，有许多事就不便说，也难免会有“卖瓜”之嫌，由第三者来写，容易展开，也容易为读者所接受。

记者、通讯员是经过专业训练的专职、兼职报道人员，一旦他们接触新闻源，便可迅速地将新闻报道出去，事件当事者虽然也接触新闻源，但一般来说他们没有记者、通讯员那样的专业素质和活动条件，因此报道通常还是采用第三者报道的方式为多。

二、集中报道、连续报道、系列报道和组合报道

按反映报道对象的方法分类，报道方式可分为集中报道、连续报道、系列报道和组合报道几种。

（一）集中报道

是短期内集中较多篇幅反映某一事物的方法。它的最主要特点是：在一定的报道空间（版面）和时间（刊期）内，发稿数量多，同类内容的稿件呈密集状态，能够把人们的视线集中起来，使整个报道突出、醒目。利用这种特点，可以用来表示重大的主题和强烈的感情。新中国成立50周年大庆和迎接新千年的到来，很多报纸都进行了集中报道，以烘托节日的喜庆气氛。为迎新千年，有的报纸推出了100个版，其气势之恢宏，编排之考究，是前所未有的。随着近年来报纸的多版化，集中报道使用的频率和所占的版面空间有越来越大的趋势，很值得注意。

集中报道虽然有它的长处，但是也不能滥用。例如，下述五种情况就应不用或少用。第一种是，报道的内容本身不是当前工作的重点，不是群众关心的热点。第二种是，问题虽重要，但因条件不完全具备，只能部分解决或小解决，不必用集中报道大力宣扬。第三种是，解决某种思想认识方面的问题，不宜连篇累牍，下“倾盆大雨”。第四种是，一项工作刚刚布置下去，不必天天在报纸上造声势，赶进度，这样做往往助长实际工作部门的形式主义和强迫命令的作风。十二届三中全会刚通过关于经济体制改革的决定，中央领导人就要求新闻界不要轮番报道各地的表态，等贯彻之后真正取得了成效再说，就是出于这种考虑。第五种，有些报道的内容过分集中，会引起读者心理上的反感，或产生其他的副作用，这时也要避免使用这种报道方式。

集中报道要使用得好，需要注意下面三个协调，即：版面的大容量要与内容的丰富性相协调；版面的大容量要与信息的新颖性相协调；版面大容量所具有的强势，要与读者心理的承受力相协调。

（二）连续报道

连续报道是报道者随着报道对象本身的发展，连续及时地进行报道的方法。一项报道可以报道的全部内容，并不是一次显现在报道者的面前的，而是随着事

件的发展一一展示出来的。

这种报道的特点是：

1. 具有及时性，能够对现实作出迅速的反映

事情一发生就报道，有什么进展，接着续报，不是等事情全部结束后再去报道。这种报道是行进式的，而不是终结式的。它不仅具有动态感，而且富有新鲜感。事情发生过程中的很多新闻，都能及时得到传播。如果一切等到事情结束后才开始报道，新闻就失去了时效，能够向读者提供的东西也不多了。有一次登山报道，就是等到运动员登上峰顶，获得成功之后才作报道的。登山过程中很多牵动人心的生动事实，此时已成为旧闻，大大削弱了事件的新闻价值。

若对某一事件从它发生起就进行追踪报道，读者可以通过报纸对事件的发展发表自己的看法，具有一种参与感，从而加强了对事件的关注和兴趣。报纸也可以通过各种形式及时发挥舆论监督的作用。这也是连续报道的及时性所显示的效能。

2. 具有完整性，能充分展现事物发展的整个过程

这里所说的完整性，是指通过多次及时的报道，最终完成对整个事件发展全过程的反映。这种多次及时的报道，比其他报道方式更能充分展示事物的全过程。不管事物发展的过程多么复杂、曲折，连续报道都能紧追不舍，对它作出充分的反映。有些关于改革的报道，给人的印象是，一改革马上就成功，改革似乎是轻而易举的事情。造成这种情况的原因就是缺乏对改革过程中所遇到的矛盾、挫折和风险的连续性反映。

3. 具有反复性，能够多次连续报道某一事物，收到潜移默化、深入人心的效果

毛泽东在《实践论》中说过，人的认识要经过多次反复才能完成。我们的新闻报道也是如此。特别是像我们这样一个人口众多的国家，一个新思想、新事物的传播，要达到家喻户晓，就更需要一个反复报道的过程。不论是一种可贵精神的发扬，还是一种不良作风的纠正，都需要通过反复报道才能逐步深入人心。吸烟的害处，计划生育的好处，要逐渐为人们所接受，没有反复报道也是不行的。常常有这样的情形：一篇重要报道、重要文章发表之后，未能引起人们注意，后来连续报道读者对此文的反应，才引起一些人的注意，于是又促使他们回过头去找那篇报道和文章来看。

连续报道的反复，不等于简单的重复。反复之中应有变化，重复的题材应有新意。简单的重复，不但浪费可贵的版面，而且使读者望而生厌，产生相反的效果。

4. 连续报道具有寻根问底的深刻性

任何一项报道都是现实生活的一个链条，当这个链条被提起来的时候，与它相关的因果链条必然也相继暴露出来，报道的策划和组织者若能循此线索追下去，必然可以使报道进一步深化。

1996 年 4 月 16 日新华社推出了全国劳模、水电修理工徐虎的典型报道后，除了报道徐虎身边工友学徐虎而外，报道者又在思考这样一个问题：徐虎 10 年来几乎每两天要在工作之余为居民维修一次，现在“小徐虎”虽也有了 14 位，但面对上海近 400 万户居民的庞大急修需求量，毕竟是杯水车薪，于是 28 日又在报道中提出：只有把徐虎精神转变为整个房修服务业的新机制，才能彻底解决居民房修难问题，5 月 16 日又发表述评，提出：如果工程设计再合理一些，安装马桶时不要让水泥渣土掉入马桶、管道，卫生间的浴缸安装得好一点，徐虎们就可以轻松得多。5 月底，又播发《学徐虎催发上海一些行业服务到位》，由房修业引申到一些相关行业。[①] 对徐虎进行连续报道的过程，也是发扬徐虎精神、促进改革的过程。

5. 运用连续报道可以使报道的安排与调整具有灵活性

一次报道的整个布局，可以不必在报道开始前就全盘定下来。特别是突发事件的报道，事先根本无法作计划。报道开始后，可视情况的发展，随时作出新的安排和变更。发稿数量的多少，报道的过程长短，都有伸缩的余地。特别值得注意的是，对前面报道中的不足和不妥之处，后续报道随时可以补充和修正。

连续报道虽然有上述一些优点，但是也有它的局限性。任何事物都有一个不断发展的过程，篇幅有限的报纸不可能把每个事物的发展过程都反映出来。如果我们报道的每件事都拖一个连续报道的“长尾巴”，这么多个“长尾巴”一张报纸上又如何容纳得了？报纸不是对客观事物发展过程的无取舍的记录，哪些题材该连续报道需要有所选择。有些不十分重要的过程，就没有必要连续报道，可以截取一段进行报道。如有的会议只报道闭幕，有的工程只报道竣工，有的外事活动从来到去只报道一次，等等。

有连续必有间断，连续和间断正是对立的统一。有些事情虽然有普遍意义值得报道，但是它的效果及其所产生的影响，需要经过一个时期才能看得出来，所以，有必要间隔一段时间再报道。有些事情曾在群众中产生过较大的影响，是读者所熟悉的，也未必有必要一直连续报道下去。如果在间隔一段时间之后，遇到有利的时机，报道一下它的最近发展，读者可能会更感兴趣。

---

① 参见邬鸣飞：《新闻报道要讲究有效性》，载《新闻业务选编》，1996（6）。

（三）系列报道

系列报道虽然也可能是连续发表的报道，但是它与连续报道的一个显著不同是，着手报道时，应报道的对象已全部摆到报道者的面前，只是需要报道者转换自己的角度，从不同侧面深入挖掘，依次加以反映。简言之，系列报道就是从事物的各个侧面依次展开的报道。它不是单纯地去追踪和描述事件的发展过程，而是用深邃的眼光去深入解剖事物。系列报道在反映现实上具有较强的透视力，多用于报道一些具有一定深度、带有启示性和研讨性的问题。有的也用于反映重大的典型。1987 年夏《中国青年报》关于大兴安岭森林大火的系列报道（《红色的警告》、《黑色的咏叹》和《绿色的悲哀》）就是颇为引人注目的系列报道。它从自然、社会、人三者关系方面深刻剖析了这场大火发生的原因及其深远背景，引出了宝贵的经验教训。

（四）组合报道

组合报道就是用一组稿件反映同一时间不同地点所发生的具有共同性的事实的一种报道样式。例如，《经济日报》曾于 1988 年元旦以《新年，钟声响过的时候》为总题目刊登的一组稿件，就是一项组合报道。这里的六篇稿件分别记述了新年之夜作者在饭店、商店、车站、电话局、海洋局等不同单位的见闻，赞美了在新年之夜辛勤劳作的人们。这种组合报道为读者开辟了一个特定的观察生活的窗口。从这里不仅可以看到人们对待同一件事的同样表现，还可以看出他们的不同表现。

组合报道所选的题材或问题比较集中，同时又对时间、地点等要素作了限定，这样能够以有限的篇幅提供事物的全貌，对读者有一定的认识价值。

组合报道是预先经过周密设计的报道，这种设计要合情合理，如果技巧失之于自然，人工雕琢的痕迹过重，效果就不一定好了。这种报道方式用于突发性事件时难度较大。多用来报道非事件性新闻或用于揭示某种现状和存在的问题。

三、单向式、回应式和相向式

按读者是否参与报道过程分类，报道方式可分为单向式、回应式和相向式三种。

（一）单向式

即直接由报道人员把报道的内容传播给广大读者。读者不参与报道过程，不同报道者发生直接的交流。报道内容的传播是单向的。用图来表示这种报道过程，就是：

报道者——→读者

报纸上的新闻报道、新闻评论、一般文章都是属于这一类。单向式报道的特点是可以最直接、最便当地满足读者被告知的要求。编辑、记者、通讯员直接接触新闻源，若最迅速地把新闻报道出去，采用单向式应是最佳的选择。在报纸上，单向式是采用最多的报道方式。

需要提出的是，单向式报道并不意味着报道者可以不顾读者的需要，可以任意由自己决定给读者报道些什么；恰恰相反，只有充分了解读者，针对读者的需要进行报道，所报道的内容才能真正被读者所接受。有效的单向报道的过程实际上都是从读者开始的，只是这个读者不直接地、公开地表现于报道过程罢了。因此，应该这样更确切地表示单向式报道的示意图：

读者……报道者——→读者

如果报道者在传播过程中忘记了前一个读者，那么，报道的内容也很难真正传达到读者。因此，在策划与组织报道时，要确保单向报道成功，就必须真正了解广大读者的要求、愿望，有针对性地进行报道。

（二）回应式

又称双向式，即报道者是直接根据读者提出的某个要求、问题来进行报道，这种报道是对读者所发出的信息的一种回应。报纸上的“答读者问”“信箱”“读者点题采访”以及应读者要求编排的稿件等都属此类。1961 年，《羊城晚报》收到一位城市读者的来信，建议禁止滥杀鸟类，他们以《一个公民的建议：不准打鸟》为题将信刊出。接着，他们又发表《鸟类专家谈打鸟》《绿化委员会负责人希望市民不要在市内打鸟》等文章，最后刊登市政府通告：《切实保护鸟类，严禁随意捕杀》。这个专题报道发表在当时粮食供应紧张，不足以充饥的 1961 年，报道策划者和读者有这样的环境意识，是难能可贵的。在这项报道中，那位读者的来信也参与了报道的过程，报道者与读者有直接的交流，是一种回应式报道。用图来表示，就是：

读者——→报道者——→读者

因为报道者直接面向读者所提出的要求进行报道，因此，它就具有这样一个明显的特点：所报道的内容有针对性，不容易犯无的放矢的毛病。而且因为读者也直接参与报道过程，不是完全处于被告知地位，因而与报道者的关系更为融洽，也就更乐于接受报道者所发表的内容。

但是，要注意的是，前一个读者与后一个读者并非是等同的。前一个读者可以是个人，也可以是一群人，而后一个读者是读者群，不可能也不应该只是个人。因此这两个读者也可能存在着矛盾。比如，读者提出的要求或问题只是个别性的，并无普遍意义，满足这种要求，回答这个问题，也可能不受广大读者欢迎。只有当读者所提的要求或问题具有普遍性，符合共同兴趣的时候，所回答的内容才能真正吸引广大读者。

（三）相向式

即报道者与读者之间，读者与读者之间各自向对方提出意见和事实，共同探讨某个问题，双方共同参与整个报道过程。这里的报道者，可以就如何展开讨论发表意见，也可以发表记者所采集的事实，以引导讨论的深入展开。就信息的流向而言，是多向式的。在这种方式中，报道者既是读者，读者也可以是报道者（把自己所掌握的信息告知对方）。用图来表示，就是：

报道者⟷读者

这种方式的特点是，能在很大程度上打破报道者与读者的界限，从而消除两者之间的隔阂，使所传播的事实和观点容易被对方接受。而且参加讨论的各方，地位平等，没有什么人摆着架子训人。总之，融和性是这种方式的显著特点。显然双方的意见可以不一致，甚至争论很激烈，但这种方式有助于消除这种分歧。

这种方式的另一个特点是探索性。它不是先把结论告诉读者，而是在交流、讨论的过程中逐渐使意见明确起来，一致起来。读者经历提出问题、展开争辩到最后得出结论的过程，容易把结论看成是自己的东西。有时，讨论最后并未取得一致意见，但这种讨论至少有助于以后形成某种结论。这种方式所具有的探索性还有一个妙用就是，有些问题暂时不宜用新闻、通讯等形式把它直接报道出来，可以采用讨论方式，把各方的观点透露出来，进行某些探索，以“投石问路”的方法，听听各方的反应，推动人们去思考。

应该指出，编者接受有关部门委托出题，利用报纸这块园地，请广大读者就某一问题发表意见，各种意见可以互相交锋，讨论切磋，也可以各说各的，各抒己见。这种参与式，也应属于相向式报道这一类。使用这种方式的目的，从领导部门来说，是广泛征集意见，作为决策时的参考，从读者来说，也是行使民主权利，参与国事、公共事务的一种行动。1988 年《经济日报》首创“两会”电话热线，就是让普通群众通过新闻传媒参政议政的好方式。我国“十五”计划制订之前，国家计委也曾发出公告欢迎公众通过媒介或其他方式发表意见和建议。有些报纸还就一些法律的修改（如《婚姻法》），发动读者在报上参与讨论，提出建议。

以上分别介绍了各种报道方式的特性和作用，它们各有长处，也各有不足。报道策划者要善于统筹安排，有效地、灵活地选择使用各种报道方式。

第八节　报道策划的组织实施

毛泽东曾说过，领导的任务不外决策和用人，治理国家是这样，办报纸也是这样。[①] 这是当年毛泽东对《人民日报》和新华社总编辑吴冷西说过的一句话。其实，报社领导抓报道工作也是这样，报道的策划就是一种决策，策划的组织实施，就是善于组织力量（用人）将其实现。

一、报道策划与组织实施的关系

这里所讲的报道策划，是指报道前对整个报道的谋划，谋划的智力成果最后具体化为报道策划方案。其内容包括：报道对象（客体）、报道的基调、报道的重点、报道的结构、报道的规模和阶段（过程）、报道的方式、报道力量的配置等。

报道策划方案的组织实施，包括报道机构的设置和人员的调配，报道开始后的指挥与调度，对报道方案的实施与调整等。

策划在前，实施在后，这是毫无疑义的。特别是一些能够预先设计的报道，如香港和澳门回归、一年一度的“两会”以及重大节庆日的报道，事先都作了周密的策划，而实施的过程又较长，策划与实施的分界比较清晰。即使如此，实施过程中也离不开谋划。一些短期内迅速完成的报道，一个策划一提出，马上就去实施。策划与实施是紧紧连在一起的，而且有时策划者和实施者是一身而二任的。似乎把两者分开，意义不大。其实，本书所以把策划与实施分开，既是为了叙述方便，同时也是为了强调策划在报道中的指导地位和统帅作用。

二、报道机构的设置与人员的调配

经常性的一般报道，都是由现有的机构和固定分工的人员来完成的。重大的报道需要调动报社各方面的力量，有需要成立专门负责报道策划的实施机构和组织。无论哪种情况，报道策划的实施主体，总是由指挥者、报道者和后期加工制作者组成的。大型的报道，则可由指挥系统、报道组和后期加工制作系统组成。

指挥者或由其组成的指挥系统，负责实施过程中的指挥调度。其特点应是指挥得力、调度有方、决策果断、富有效率。

---

① 参见吴冷西：《忆毛主席》，44 页，北京，新华出版社，1995。

1999年新华社对于科索沃战争的报道，被认为是一次成功的战事报道。其快速反应、昼夜不息、多方配合、判断准确，受到各方称赞。它之所以取得这样的成绩，其调度有方、高效运转的指挥系统功不可没。他们认为，科索沃战争是第二次世界大战结束后欧洲最大规模的战争，世界超级大国、欧洲发达国家、剧变后的东欧、大国地位衰落的俄罗斯都与这场战争密切相关。为此，决定这次报道需要多方配合。首先在战争爆发前从驻南斯拉夫周边国家的分社调集人员到南斯拉夫，组成了一个强有力的7人报道组。北约轰炸南斯拉夫后，新华社调动驻各国记者，全方位运作，对北约行动、驻在国态度、各界反应进行充分报道。在总社的得力指挥下，前后方紧密配合，协同作战。为适应战事报道需要，他们还改变了发稿运作方式，不少领导走上发稿第一线，直接编发处理稿件，直接指挥前方记者，遇有特别紧急情况和重要报道意见，有时由社领导或总编辑直接与前方联系，一改过去那种“社领导—总编辑室—编辑部—编辑室”层层传达的习惯做法。[①]

前方一线采写报道组是实施报道策划的主力，它的人员配置的原则应是优势互补。例如，人民日报周庆总结该报的经验时就提出：重大报道选将派兵有三点要考虑，一是选一些熟悉同类新闻事件的记者，他们善于应对各种情况，防止出纰漏；二是选一些文字过硬的记者，能准确运用各种新闻体裁，出手快，质量高，善于干急活儿；三是选一些有突破能力的记者，善于发现新问题，能抓住机遇作出优美的“自选动作”。[②] 羊城晚报社则提出以“老”带新的人才结构。1999年“两会”，他们曾派一名有较强业务能力又有报道“两会”经验的部主任带队，3名刚刚毕业不久、有冲劲、有活力的年轻记者加盟，力求用这样一种组合，使这一政治性极强的战役报道在不出偏差的同时，也能冲击一下固有的思维定势，在立意、选材和写作等方面搞出一些新意来。[③] 南方日报社在“长胜”轮案报道策划中，采用的是另一种优势的结合：在编辑部的各业务部门中，集中了各条战线的“专家”，与他们配合的是驻站记者，他们是报纸对某一地区最有权威的发言人，这两种优势的结合，有助于增加报道的深度与广度。[④] 总之，报道组人员的构成，不宜单一，而宜多样互补。如新闻业务上的不同专长的互补，不同年龄的互补，专业知识与熟知情况的互补等。

---

① 参见陆小华主编：《重大报道对策》，171、173页，北京，新华出版社，2000。

② 参见周庆：《从“实战”看重大报道的策划》，载《中国记者》，2000（9）。

③ 参见陆小华主编：《重大报道对策》，37页，北京，新华出版社，2000。

④ 参见王巍：《发挥优势　把握主线　上下合力》，载《南方新闻研究》，2000（2）。

由于记者长期的分工、活动范围的限制，形成了只了解局部、不大了解全局的缺陷。以金融报道为例，有的新闻单位在分工上割裂金融的整体性，分配甲记者联系政策性银行，乙记者跑国有商业银行，丙记者负责中央银行。由于长期固守一个角落，结果每个记者都是只见树木不见森林，对金融一知半解，报道水平难以提高。这种缺陷的存在，往往给组织涉及全局性的专题报道带来困难。解决这一困难问题，应是报道指挥者的责任之一。人民日报社组织《中西部的希望》专题报道时就注意了这一点。这项报道是由各驻地记者共同完成的涉及全局性的报道。专题中的每一篇报道，从范围来讲，都要涉及好几个省区的情况，不仅重点评说中西部，也要以东部为参照，更要以中央的决策为依据。为此，报道的策划、组织者除了组织记者进行学习，帮助记者把握大局、站在宏观的高度分析问题外，在采访方法上，也要求改变过去常用的几个人扎到某一省区、专写某一省区情况的做法，而是采取记者跨省采访，要求“下去一把抓，回来再分家”，以保证写出的报道信息量大，有空间跨度和纵深感。①

报道的指挥者除了帮助记者克服由长期习惯的活动方式所带来的缺陷外，还要帮助记者解决深入第一线时所带来的新问题。例如在战事报道中，记者越是在前沿，看到的东西越细，越容易失去对全局的把握。因此报道的指挥者有责任及时通报全局的情况，并将指挥部对局势的判断告诉给前方记者。例如，新华社在组织有关科索沃战事的报道时，首先把报道指挥者关于“这场战争不会很快结束”的判断，传达给有关的各个分社，要求作好“战争可能扩大化、复杂化、长期化”的准备。② 并经常通报情况，出谋划策，让孤军深入前线的记者能够对战争全局有所了解，开阔视野和思路。

后期加工制作系统与第一线报道组的紧密配合，也是实施报道策划的重要方面。这个系统是第一线各方记者来稿的总汇，可以作综合加工和系统配置，因其掌握丰富的资料来源，又可以为记者提供帮助。例如香港报纸组织“两会”报道就是如此。“香港记者有自己的工作路线，能全力以赴、四处出击，后方有熟练而高明的‘写手’为他们准备了各式各样的‘配菜’，作他们的坚强后盾；将他们不易寻来的材料加工得更加成熟、更加精彩。所以，他们的报道更多的是协力合作的产物”。③

---

① 参见人民日报记者部：《〈中西部的希望〉：深度报道的新探索》，载《新闻战线》，1996（7）。

② 参见陆小华主编：《重大报道对策》，172页，北京，新华出版社，2000。

③ 同上书，40页。

三、策划方案的执行与调整

策划方案是报道的策划者根据现实情况制定的，但毕竟是主观意识的产物，它是否正确还需实践来检验。同时方案在实施过程中，报道的客体（对象）、读者的需求和周围的环境这三方面都可能随时发生变化，报道的实施者要根据这三方面的信息，及时对方案加以调整。即使方案无须调整，在报道进程中，报道量大小亦需随时加以控制。

报道的调整有以下两方面。

（一）维持原定目标的调整

在报道所制定的基调中，都包含有报道所要达到目标的要求。这是报道主旨与编者意向的体现。

原来所确定的报道目标是正确的，但是有时报道的展开偏离了这种目标，这就需要加以调整。例如有关某一方面的稿件发得过多或过少，影响了各类报道内容所占的合理比例，使整个报道失去了应有的平衡，产生了片面性，偏离了原定的目标。这时就需要从报道量上加以调整。

还有一种情况是，有的报道所要达到的目的不是一个，而是几个。这几个目标之间又有一个互相制约的关系，因此需要通过报道的调整，使它们协调起来。比如，关于当年苏联切尔诺贝利核电站事故的报道，我们报道的目的就不止一个：既要强调安全的重要性，又要宣传大力发展核电的意义（我国对此项能源利用很少，亟须发展）。报道中揭露核电站事故造成的危害，可以达到促进安全生产的目的。但是如果在这方面揭露过多，对于利用核能的意义、保证核安全的措施讲得过少，就不可能同时达到上述两个目的。

（二）调整原定的目标

随着报道的展开，有时发现原定的目标需要调整。这种调整，一般来说集中在以下几个方面：

1. 调整报道的规模

原定的规模可能比较大，现在要压缩。也可能是原定的规模小，现在要扩大。例如，一次贵州发生三个流氓侮辱、残害女教师的事件，原来报道的规模并不大，后来正在开会的全国人大的一些代表，纷纷要求严惩罪犯，加上我国第一个教师节刚刚到来，各地欢庆自己节日的教师纷纷来信要求保障教师的人身安全，这时一些报纸为此扩大了报道的规模。

2. 调整编者的态度

由于报道对象本身的变化，编辑对现实情况认识上的变化，或是对各种利害关系的不同考虑，有时报道的开头和后期，编者的态度会有所变化。这种态度上的调整有两种，一种是态度鲜明程度上的变化。即所谓从低调到高调，或从高调到低调的变化。所谓低调，就是在报道中态度不鲜明，感情不外露，主要是客观叙事，不发表直接表明编辑部鲜明立场的评论。所谓高调，就是在报道中表明编者的态度，感情较为强烈。在关于某些社会动乱、军事冲击、外交上的纠纷报道中，有时会出现这种调子高低的变化。有时报道的开头对某事物大力宣扬、积极鼓吹，到后来转为有节制的支持，也是属于这种变化。

态度的调整还有一种是在褒贬之间的变化，这是根本方向上的变化。如从原来的肯定态度转到后来的否定态度，或者是相反，从否定到肯定。这种态度的改变，转弯太大，往往使读者感到茫然，不知所措。当然，如果是报道对象本身发生了急剧变化，报道者的态度不得不随之改变，则是另当别论了。有时报道的后期，编辑发觉原先所持的态度是错误的，也应当及时纠正。

3. 报道结构的调整

一项报道原来设计的几个部分，由于报道目标的调整，需要删去一部分（选题），增加一部分（选题），这就是结构上的调整。

4. 报道过程的调整

一项报道原定的过程比较长，由于报道目标有变化，过程缩短，甚至中途停下来。反过来，如果原定的过程较短，也可以延长。

报道的方案，不像建筑的图纸那样精确，报道方案的实施，也不可能像工程的施工那样与原方案不差分毫。报道过程中，可变的因素比较多，报道方案实施过程中的调整是经常的，关键是要把握住报道的方向和各类内容在整个报道中的比重，并根据反馈信息，适时作出调整。

思考与练习题

1. 简述报道的策划与组织的意义。
2. 在报道策划中，如何对报道客体作出准确的判断?
3. 怎样把握报道的重点。
4. 简述一项报道的内部结构。
5. 报道策划中如何把握报道的最佳时机?
6. 简述报道方式的类型。
7. 自选一个报道题目，写出策划方案。

第九章

图片编辑

图片是报纸版面上不可缺少的重要组成部分，而且随着媒介竞争的加剧和科学技术的发展，图片在报纸版面上的地位越来越重要。进入 20 世纪 70 年代以后，电视对报纸的巨大冲击，迫使报纸需要倚重图片提供的生动图像去吸引读者，由此报纸使用图片的数量与篇幅不断增多、加大。近 20 年，由高科技带来的数码相机、卫星传稿、计算机制图与排版、彩色印刷等技术设备的普及，为报纸更多更好地运用图片提供了极大便利。国际互联网络的高速发展，使越来越多的人能够方便地“发表”自己拍摄的照片，网络上涌现的大量照片极大地丰富了新闻图片资源。研究图片在报纸上的应用也成为一个越来越引人注意的课题。

第一节　图片的种类及其在现代报纸上的地位

一、报纸上常用图片的种类

目前报纸上经常采用的图片种类较多，从表现形式上看，有侧重于真实再现的新闻照片，也有侧重于艺术创作的美术作品，如漫画。从功能上看，有作为独立报道体裁的新闻照片、新闻漫画，也有作为文字陪衬的题饰性照片、图饰，还有作为文字报道的补充的示意图等。总体归纳起来，报纸上最常用的图片主要有以下四种。

（一）照片

照片在报纸所采用的图片中所占比例通常最大。报纸上采用的照片可分为新闻照片与非新闻照片两大类。新闻照片就是以新闻事件、新闻人物为拍摄对象，再现新闻现场情景的照片，它可以作为独立的新闻报道出现在版面上，也可以配合文字报道一同编发。非新闻照片则不具备新闻照片的新闻性、时效性，如对自然景观的拍摄、为一些明星拍摄的艺术照等，这些照片一般不作为独立的报道体裁出现在报纸上，但可以用作题饰，即压在标题下面，或者配合某些文字报道刊用。

（二）漫画

漫画是美术作品的一种，特点是以高度夸张、风趣幽默的表现手法揭示社会生活中的问题和现象，激发读者的兴趣，引导读者联想和思考。漫画在现代报纸上的使用也非常广泛，有根据新闻事实进行艺术加工的新闻漫画，时效性较强，经常刊登在新闻版上；也有一般反映社会生活现象的社会性漫画，通常刊登在专刊副刊上；还有用来配合文字报道的图解式漫画，以及连环漫画、幽默画等。

（三）图示

图示包括统计图表、示意图和新闻地图三类。统计图表就是将统计数字制成表格，便于读者集中阅读，一目了然。示意图不但将统计数字集中绘制成图，而且用形象化的手法表示这些数据所说明的意义，如用曲线图、柱状图表示一段时间中数据的变化走势，使数字的类比或对比更加鲜明生动。新闻地图则是根据标准地图，将新闻发生地的地理位置绘制成更加简洁明确的地图。图示一般配合文字报道使用得较多，但近年来也出现了相对独立的图表新闻。

（四）图饰

图饰与图示不同，它不传播任何新闻要素信息，只是报纸版面的一种装饰。图饰一般是用美术图案点缀和烘托报纸的报头、报眉、标题、栏题、版头或版面的其他部位，使整个版面更加美观生动，恰当地运用图饰还能使版面编排思想得到更加充分的体现。

二、图片的地位与作用

报纸传递信息主要依靠两类符号：文字语言符号和视觉性非语言符号，文字语言符号的表现物主要是报纸上的各类文字稿件，还有标题、栏题，而视觉性非语言符号的表现物则主要为图片、色彩和版面结构。文字语言符号（我国最常用的是汉字）是一种信息代码，读者阅读这种代码必须通过约定俗成的规则进行译码，因此文字阅读要求读者具有一定的文化水平和进行抽象、演绎的思维能力，而且这种阅读所耗费的时间也比较多。而图片这种非语言符号则能够传递信息的最原始状态，直观而形象，不需要复杂的解码和演绎，没有多少文化知识的人也同样能够看懂新闻照片，并且看图片要比阅读文字更加快速、轻松。因此，在媒介竞争不断加剧，读者的生活节奏不断加快的今天，图片在报纸上的地位也必然不断提高。

图片在报纸上的地位的提高还与科技发展有着紧密的关系。在近代报纸出现的初期，摄影、照相制版和图片印刷技术或没有发明，或处在很落后的阶段，报纸便不可能采用图片传递信息。1839 年法国人路易斯·达尔盖的摄影术得到了确认和公布，时隔三年之后，欧洲国家出现了最早刊登新闻照片的画报。报纸运用照片则要晚一些，在照相铜版发明之后，19 世纪末期的英、法、美、德等国的报纸上才有少量的新闻照片发表。20 世纪初，传真技术发展到可以传递照片的水平以后，新闻照片在报纸上的使用才真正推广开来。

20 世纪中后期电视的出现对报纸重视图片的运用起到了巨大的推动作用。因为照片提供给读者的固定形象对于那些习惯了电视图像的人们来说具有强烈的吸引力，于是照片在报纸版面上多起来、大起来，并成为一种普遍的现象。1982 年美国诞生了一家全国性报纸《今日美国报》（*USA Today*），在版面上大量采用大幅的彩色照片，而且每天出版整版的彩色天气预报示意图，以一种“快餐式”报纸的活泼新颖的形象在西方报坛独树一帜。《今日美国报》的成功掀起了西方报纸的改版热潮，图片在报纸上的地位进一步提高。

1990 年 8 月举行的我国首届全国报纸总编辑新闻摄影研讨会提出“图文并茂，两翼齐飞”的方针，是图片在我国报纸传播中地位提升的标志。现在重视图片已成为报人的共识。《人民日报》前总编辑范敬宜就多次在《总编辑手记》中谈到图片编辑的重要性，提出“要改变仅仅把照片当作点缀版面、美化版面的旧观念，而要把照片放在与文字并重的地位（当然不是指数量）。采编人员要有图片意识（即在发稿时要想到尽可能配照片）；摄影记者要有版面意识（即拍摄时要尽可能想到如何适应版面的需要和印刷的效果）；版面编辑要有主体意识（即把照片与文字并重）。”① 在 20 世纪末期国内外重大新闻报道活动中，报纸对图片的运用达到前所未有的境界，如香港、澳门回归祖国，新中国成立 50 周年盛大庆典，迎接新千年的到来，悉尼奥运会报道等，几乎所有报纸都采用了大量的巨幅新闻照片，而且很多报纸用的是彩色照片，版面上流光溢彩，气势夺人。

---

① 范敬宜：《总编辑手记》，391 页，北京，人民日报出版社，1997。

图片在版面上地位的提高不仅表现在新闻照片被采用的数量与面积上，还表现在漫画、图示等在报纸版面上也越来越得到重视上。不少报社拥有自己的漫画家，版面编辑大量运用电脑技术制作各种类型的示意图、地图和图表，新华社的图表新闻在各类报纸上的采用率也在上升。有相当一批学者和业内人士认为，我国报纸进入了“读图时代”，可见图片对于报纸的价值已经得到人们的普遍关注。

概括而言，图片作用主要表现在以下方面。

（一）纪实性作用

作为独立报道体裁的新闻照片具有再现新闻现场、记载真实瞬间的作用，这类照片成为报纸上不可或缺的重要组成部分。俗话说，“一图胜千言”，新闻照片能够以文字新闻报道所没有的非语言符号，形象地再现新闻发生现场的每一处细节，使读者得以最直观、最全面、最真实地看到事物的全貌。1998 年，以美国为首的北约空袭我国驻南斯拉夫大使馆时，幸免于难的《人民日报》文字记者吕岩松拿起相机和海事卫星电话，第一个向国内发回了消息和 8 幅照片，当天见报 5 幅，在国内外引起极大震惊和关注。如果没有这些拍自于现场的新闻照片，当时的新闻传播难以获得如此强烈的效果。今天的新闻是明天的历史，而新闻照片无疑是一种最生动、最真实的历史纪实。

（二）证实性作用

非独立使用的新闻照片与非新闻照片具有证实文字报道的作用，这类照片对新闻资源的充分发掘，对提高新闻报道的可信度具有重要意义。对于读者来说，文字报道固然能够描绘新闻人物或事件的发展变化，能够阐述其意义，但“耳闻是虚，眼见为实”，如果在阅读文字报道的同时还能够通过照片的形象性画面看到当时的真实场景，对报道内容的真实性就更无怀疑。

（三）解说性作用

图表、示意图、新闻地图、漫画等能够以形象性的符号统计和描绘新闻报道中的某些内容，从而对相对比较枯燥的文字表述进行生动易懂的解释。因此越来越多的编辑在编排专业性较强的新闻稿件时，制作相关的图表或示意图帮助读者阅读理解。近几年，很多报纸还开设了“图解新闻”一类的专版，对新中国成立以来的建设成就、对各行各业发生的巨大变化、对社会上出现的一些新现象、新问题以图表、漫画加示意图的形式进行报道，这些图片已经成为这类特殊版面上的“主角”，得到广大读者的欢迎。

（四）装饰性作用

图片的形象性特征使其可以作为文字稿件的美化装饰手段，比如照片可以用来衬托新闻标题，漫画可以用来点缀文字报道，示意图穿插于文字稿件中除了有解说作用，也具有活跃和美化版面的作用。还有图饰，更是作为版面的装饰物灵活使用的，而且固定位置、频繁出现的图饰还具有标志版面的风格特色的作用。

（五）视觉冲击作用

图片的形象性和直观性能够产生强烈的视觉冲击效果，产生巨大的吸引力与震撼力，这是文字报道难以达到的。因此，现代报纸版面设计中，图片特别是新闻照片已经被当作吸引读者的第一位元素得到编辑的充分重视，很多报纸的新闻版在编排时，首先考虑的是选择具有视觉冲击力的“主打照片”，以较大的篇幅加以突出，因为一张优秀的照片足以让版面生辉，从而强烈地吸引读者阅读。

第二节　照片的选择与编辑

一、照片的选择标准

报纸编辑选择照片，一方面要考虑照片的内容具有新闻价值、良好的社会效果和合乎报纸采用，这与对文字稿件的选择是相同的，另一方面还要考虑照片作为一种形象化的作品，在技术上要达到一定的要求，适宜于报纸的制版印刷。因此，图片编辑应该懂得摄影规律，能够把握摄影技巧，要善于发现那些能够成为新闻事件典型代表的新闻照片。

概括来说，照片的选择标准概括起来大致有以下几条。

（一）照片反映的内容是真实的、自然的，而不是拍摄者摆布或假造出来的

新闻照片尤其强调画面内容的真实性，这种真实包括画面中的形象是真实的、人物的表情和新闻细节是真实的，现场气氛是真实的。编辑对于照片的分析与对文字稿件的分析一样，一旦发现不合情理之处或者产生某些疑问，就要对当事人或知情人进行调查核实，杜绝假新闻见报。配合文字报道的照片还要注意图片反映的内容与文字报道相一致，不可出现张冠李戴或风马牛不相及的情况。

（二）新闻照片报道的题材具有新闻价值

编辑要分析照片所反映的新闻事实是不是新近发生的、重要的、显著的、具有趣味性的、与读者地理或心理上相接近的，这些新闻价值要素具备得越多，新闻照片就越有采用的价值。

（三）照片的画面形象具有视觉冲击力和感染力

新闻照片不同于文字报道的最大特点是以形象性的符号生动再现新闻场景，因此，编辑在选择照片时要考虑其画面是否抓住了报道对象最典型、最精彩的那一瞬间，这一瞬间应该能够展示人物最有特点的面貌与性格，展示事件发展最高潮时期的场面和气氛。新闻照片应该具有动感。

（四）照片画面上的景物层次丰富、对比清晰、制作精良，有利于制版印刷

编辑一般都要对图片进行剪辑和放大或缩小，如果照片层次不清、图像模糊，在制版以后就会效果不佳，照片中的主体得不到突出，视觉效果大打折扣。黑白照片的黑白对比不宜太大，也不能太小，以免影响制版效果。如果是彩色照片，还要注意照片画面的色彩不宜太多，景物不宜太多太琐碎，否则花花绿绿一片，既不利于突出主体，也不利于整个版面的美观和谐。彩色照片的主色调最好能够与版面的主色调和风格相协调。

（五）照片反映的内容具有正面的社会效果，力戒负作用

有些新闻照片从画面上看很有视觉冲击力，但这种冲击力可能是来自于对社会阴暗面或者丑恶行为的夸张性的表现，甚至是对一些犯罪场面、淫秽行为的赤裸裸的展示，这样的照片如果发表出去会产生不良的社会后果。还有一些照片由于拍摄者考虑不周，选择角度或取景不当，画面上泄露了不应泄露的国家机密，这类照片也是不能予以采用的。

（六）照片的内容和形式符合报纸的特点

编辑选择照片与选择文字稿件一样要立足于本报的编辑方针，根据报纸的性质、立场、读者需求和风格特色来分析照片是否适合报纸采用，是否能够体现报纸应有的水平和一贯风格。

（七）协调照片之间的关系

如果是选择系列照片编辑专题新闻报道，或者编照片专栏或专版，还要综合考虑照片之间的相互配合，要避免一组照片中出现画面相重复的情况，而且要注意中景、远景和特写镜头画面的相互配合，使其组合后的整体效果大于每幅照片机械相加的总和。如2000年10月6日《羊城晚报》国际新闻版上半版刊登了三张新闻照片与一条新华社综合信息，报道贝尔格莱德发生骚乱、数千名抗议者冲入议会大厦的新闻(见图9—1)，编辑选择的是分别从三个不同的角度拍摄的最有代表性的照片。其中，篇幅最大的是从高空拍摄的议会大厦被几千人包围，浓烟滚滚的全景照片，一张是示威者与警察相冲突的中景照片，一张是警察的防护镜被打碎的上半张脸部的特写镜头。这三张照片组合在一起，使读者能够看到新闻现场的整体情况和典型细节，获得比较全面的信息。这样的照片组合产生了强烈的视觉冲击力。

编辑对照片的选择是否恰当，不仅关系到报纸的质量和新闻传播效果，而且还会潜移默化地引导摄影记者与作者的拍摄倾向和趣味。如果编辑在选择照片时能够重视与鼓励摄影业务的创新，给那些角度独特、构图新颖的照片以突出的版面

A6

国际新闻

羊城晚报

贝尔格莱德骚乱

数千抗议者冲入议会大厦

议会大厦浓烟滚滚

警察

示威者

最新消息

用系列照片编辑的专题新闻报道

图 9—1　2000 年 10 月 6 日《羊城晚报》

处理，记者的创造性便会充分地得到发挥，报纸也有可能获得更多的精彩照片。

二、照片的采用方式

照片在报纸上最常见的采用方式有如下几种。

（一）独立编发的新闻照片

在编发新闻照片时，大多数情况下是一幅新闻照片，有时是两三幅，配以标题和简短的文字说明。独立编发的新闻图片有两类，一类是“图片新闻”，作用类似于简讯或消息，以图片反映报道对象最典型的场面与瞬间，以简洁明快的直观方式传递新闻信息。另一类是特写性的新闻摄影报道。以特写性镜头表现新闻对象的典型瞬间的典型特征，刻画其局部或细节。特写性新闻摄影的作用类似于文字报道中的“新闻特写”，在时效性上一般比图片新闻弱，但比图片新闻更有深度、艺术性和表现力。

（二）配合文字稿件的照片

以一幅或多幅照片配合文字报道，具有证实性与解释性的作用，这类照片可以是新闻照片，也可以是时效性不强的非新闻照片如人物照片、风景照片等，照片视文字稿件与版面情况，可配文字说明，也可不配文字说明。

（三）专题新闻摄影的系列照片

用多幅新闻照片与标题、文字说明相组合，全面深刻地揭示新闻事物。这类照片的特点是围绕一个特定的主题，选择表现多时空状态下的多个瞬间形象的一组照片进行有机组合，从而表现事物发展变化的过程及重要细节，达到报道的深度和广度。

（四）照片专栏

照片专栏有两种，一种是在报纸版面上位置相对固定、有专门名称的一种以照片为主、标题和文字说明为辅的专栏，以连续的、有规律的方式出现，如《人民日报》曾经开设的“立此存照”。另一种是临时根据报道需要组织的专栏，也是以照片为主，标题与文字说明为辅。

（五）照片专版

可以看作是照片专栏的扩大，即以整个版面刊登照片，可以是定期的，也可以是不定期的；可以是同一主题的照片的汇集，也可以是不同主题的照片的汇集。现在越来越多的报纸推出整版的图片新闻报道，有的叫“图片报道”，有的叫“视觉新闻”，它们的共同特点是以规模化的新闻照片进行新闻传播。也有一些带有副刊、专刊性的照片专版，这种专版更接近传统意义上的画刊，照片的时效性不强，更注重艺术性和观赏性。

三、照片的剪裁

在编辑以上几类照片时，都要注意对照片的剪裁，要编写好照片说明和标题。《人民日报》副总编辑李仁臣曾说：“一张报纸照片用得好，不仅是记者或通讯员拍摄得好，其中更包含老总的决策和编辑的辛劳。”“编辑的二次加工，是对新闻照片内涵的再度挖掘，是对新闻照片的包装打扮，使之在版面上‘亮’起来。是编辑的呕心沥血，才使记者和通讯员的千辛万苦在版面上得到比较完美的体现。是记者、通讯员和编辑共同创造才使一幅新闻摄影佳作有了更大的价值。这也是摄影记者、通讯员对遇上一个好编辑无限感激的原因。”① 确实，无论从更好地发挥摄影作品的潜力，还是从增强整个版面的吸引力来说，编辑对照片进行二次加工都是非常必要的。

编辑对新闻照片进行剪裁的目的，是为了使照片能够更好地体现编辑思想，突出报道主题，同时也使照片更有视觉冲击力。因此，在剪裁照片时，需要注意

---

① 李仁臣：《思考的相机》，载《新闻战线》，1999（12）。

以下几点。

（一）照片构图的修正

一般来说，新闻照片在当初拍摄时已经考虑到了取景构图的问题，但由于新闻摄影因为往往要抢时间，还会受到拍摄距离和拍摄角度等客观因素的限制，难免有不该摄入的对象也进入画面的情况，这样新闻主体在照片上就不够突出，主体与背景的比例也会失当。因此，编辑在剪裁照片时，就要根据报道意图分析照片的构图是否合理，剪除那些与主题关联不大的东西，使画面的布局更加合理，新闻主体形象更加鲜明。比如有些报纸编辑在采用新闻人物照片时，考虑到照片原来选取的背景与所反映人物的特点并不协调，或者背景太乱影响了人物形象，就干脆将照片的背景全部剪裁掉，只保留人物。这样人物形象在版面上非常突出。还有一些照片是用来衬托标题的，照片的一部分将被压在标题字下面，这时就要考虑到标题所占空间的大小，以及所处的位置，使照片被标题遮盖的部分不是这张照片中最重要的内容，而且要考虑照片的色调能够突出标题。在这种情况下对照片构图的处理与对独立发表的新闻照片的构图的处理有很大差异。

（二）照片长宽比例的调整

编辑在剪裁照片时一方面要考虑到照片的长宽比例应该符合审美要求，通常情况下符合“黄金比例”是最好的，但另一方面也要考虑到照片在版面上的位置以及稿件配置时的特殊需要。比如版面编排时需要一张压题的狭长横幅照片，或者需要一张竖立于版面中心位置的狭长纵幅照片。如果是同时采用多张照片，还会因为要处理好它们相互之间的位置和大小比例关系，需对一些照片进行特殊规格的剪裁。当然，对照片长宽比例的调整，要以不损害照片主题思想的表现、不损失主要内容为前提。有时恰恰会为了更好地表现主题，而选择某种特殊的长宽比例。

（三）照片篇幅大小与外形的确定

编辑对照片用到多大篇幅，一方面要考虑到照片新闻价值的大小、社会效果是否突出，一般对于重大主题的新闻照片应该给予相对大的篇幅。如果照片拍摄的人物很多、图像比较复杂，也应该给予足够的篇幅使读者能够看清楚。另一方面，还要考虑到照片的质量，如果照片本身的清晰度不是很高，放得很大效果就会不佳。此外，如果是编辑系列新闻照片，还要考虑一组照片中的主次区分，选择画面最典型、视觉效果最佳的一张作为主打照片，给予最大篇幅，其他照片的大小和长宽比例则在考虑版面设计整体效果的前提下灵活掌握，一般应做到大小相结合，远景照片、中景照片和特写照片相结合，不同角度拍摄的照片相结合。照片的外形一般以矩形居多，因为外形为矩形的照片方便版面的整体安排，也有助于版面的整齐美观。但在现代报纸编排中，也有有意用非规则外形的照片来活跃版面的做法，特别是在一些副刊、专刊中，照片经过异形的剪裁，在版面上成为突破常规、令人耳目一新的特殊部分，营造出这些版面与众不同的风格和个性。有些报纸的新闻版也在尝试这种异型的剪裁，如《北京晨报》2000 年 10 月 3 日奥运特刊第一版刊登了四幅照片（见图 9—2），其右下角的照片有意将画面

异型剪裁叠放的照片

图 9—2　2000 年 10 月 3 日《北京晨报》

中一位男选手的头部突出在照片矩形结构之外，而且这两位男运动员高扬的手臂也越出了这张照片顶端的边缘，伸入位于该照片上方的照片中。这种有意的破格剪裁和照片叠放，使这些照片更紧密地相接应，也使这个版面更加生动。当然，这种异型剪裁是不能随意操作的，特别是在剪裁后要叠放的话，还须慎重考虑这

种处理不至于造成与客观实际的不相符，或者引起读者误解。另外，这种异形处理在一块版面上也不宜过多，否则会影响版面的整齐与简洁。

四、编辑照片说明

照片往往需要配文字说明，因为照片使用的是非语言符号，它虽然能够给读者以最直观的视觉性信息，但这种信息经常是不全面的，比如读者可能会对照片中的人物、地点、时间以及画面上无法表现的其他新闻要素不甚明了，这就需要用文字说明来辅助图像信息的传播。另外，单独发表的照片有时和文字报道一样，还需要加上标题，使新闻照片的主题得到突出。

照片的文字说明应该包括两方面。

（一）读者应该知道的、照片画面本身无法传递的信息

这里有两种情况，一种是单独发表的新闻照片，必须借助文字说明来解释画面。如1997年4月4日《人民日报》头版头条发表的新闻照片（见图9—3），画面上是一群幼儿园的孩子正在老师的指点下认识地球仪上的某一地点。如果不看文字说明，读者将无法领会这张照片的主题思想。因此，以下这段文字说明是必不可少的：

香港在这里！

虽然这里地处边远，虽然他们只是孩子，但是“香港”这个名字同样在他们幼小的心灵里引起极大的兴趣。三月下旬以来，四川省绵阳市安县塔水镇幼儿园举办了“了解香港看香港”的活动。这个幼儿园是塔水镇四万多人捐资修建的，连续几年被评为先进单位。图为可爱的孩子们在陈茜阿姨的指点下，正在地球仪上寻找香港的位置。你看，小朋友们的神情是多么专注！

这段文字说明包含了许多画面本身所没有的信息，它告诉了读者这些孩子是谁，他们在做什么。读了这段文字再来欣赏这张新闻照片，才能全面了解它所表达的内容。香港回归前夕，全国人民都沉浸在欢乐和期待中，这张照片由抓拍一群幼儿园的孩子们非常专注地在地球仪上寻找香港的一幕，来表现一个重大的时代主题。由此，我们不能不赞赏摄影者选择新闻素材、捕捉典型瞬间的巧妙。如果没有这段文字说明，这张照片所包含的深刻意义就无法体现出来。

还有一种情况是，照片要配合文字报道一同发表，这时如果照片画面本身的信息量足够，而且照片的篇幅也不是很大，比如配合人物报道发一张主人公的照片，就可以不加说明。但如果这张照片不是主人公的近照，则还需要以文字说明补充交代照片拍摄的时间背景。

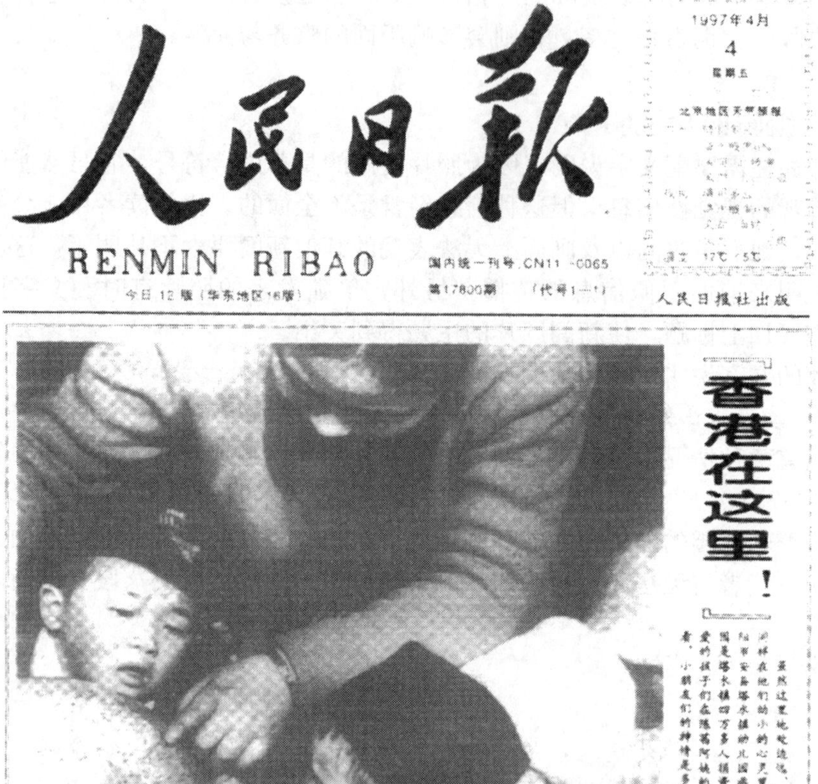

人民日报

RENMIN RIBAO

今日12版（华东地区16版）

国内统一刊号.CN11-0065

第17800期　（代号1—1）

1997年4月

4

星期五

北京地区天气预报

人民日报社出版

香港在这里！

文字说明不可缺少的新闻照片

图 9—3　1997 年 4 月 4 日《人民日报》

（二）有关照片拍摄者或者照片来源的文字介绍

有些照片是从其他新闻媒介上转载使用的，除了要标明拍摄者的姓名外，还应说明是转自于何处，或者是某某媒体为本报提供，这是向作者负责，也是向广大读者负责。

对于专题报道的系列照片，除了要为某一幅照片编写分说明，还要编写一条总说明。一般情况下，如果分说明比较详细，总说明就相对简练，如果分说明比较简练，总说明则应相对详细。因此，在编写系列照片的说明时，要统筹规划，全面考虑。如 1996 年 5 月 2 日《中华工商时报》第二版刊登了一组照片揭示北京长安街上建筑物设计过于单调的问题（见图 9—4），四张照片的文字说明分别

有总说明和分说明的图片专题报道

图 9—4　1996 年 5 月 2 日《中华工商时报》

是“交通部办公大楼”、“中国海关总署办公大楼”、“长安光华大厦”、“东单体育场办公大楼”，非常简单地标明了四张照片的拍摄对象。而这组照片的总说明则比较详细：

看高楼，头上帽子相仿！问长街，觉不觉得单调？

有中华第一街之称的北京长安街近年来出现许多新楼宇，但楼顶多是清一色“大帽子”造型。仅从建国门到东单一公里的路段上即有四栋屋顶类似的建筑。

建筑专家说，如果一种民族建筑风格只是简单的重复，就将失去其特色和光彩。一些“老北京”也纷纷表示，老祖宗留下的建筑艺术手法不单只是大屋顶一招，咱们怎不变变花样？

这段文字说明才让读者了解到记者为何要拍摄这四张照片，以及想通过这些照片提出什么问题，表达什么观点。因此，编写总说明，要注意从全部照片中提炼和概括报道的主题思想，交代必要的背景信息，同时还应做到生动活泼、言简意赅。

值得注意的是，在报纸版面设计不断改进之后，照片配发说明除了考虑补充传递信息之外，同时也越来越多地考虑到版面编排的需要。比如为了优化版面的整体效果，对一些可以不加文字说明的照片也有意添加说明，甚至除文字说明以外还配其他文字内容。如 2000 年 12 月 12 日《北京青年报》第一版头条新闻《向日葵告别在清晨》，报道了与癌症勇敢抗争的上海青年陆幼青逝世的消息，在该版中心位置配发了一张巨幅新闻照片（见图 9—5），照片拍摄的是陆的妻子在家中为丈夫设置的灵堂的一角。这张照片篇幅很大，左下角相对较空，编辑便在这一角叠加了一行文字说明：“在亲友的帮助下，时牧言在家中布置了简单的灵堂”。这一文字说明实际是文字稿件中已经写到的，照片上加此说明不过是重复这一信息，但它对于那些没有时间细读文字报道的读者还是很有帮助的。此外，编辑还利用照片左下角的空白，以较大的反白字印上了陆幼青本人的一段话：“生命是因为有结局才绚丽的，我坚信这一点。——陆幼青《生命的留言》”。这段文字已经不是照片本身的说明，但它恰恰呼应了这照片所展现的场景，对揭示这篇报道的意义是很有价值的。而且，从版面设计上看，对照片进行这样的加工处理后，传播效果也更好，版面显得比较精美。类似这样的图片说明，编辑在制作时需要具体情况具体分析，配发什么样的说明，应该从报道整体效果出发，不能随心所欲，弄巧成拙。

五、照片标题的制作

新闻照片在单独发表时，为了使报道思想得到更加鲜明的体现，有时还需要配上标题。新闻照片的标题与文字报道的标题一样，要求内容真实准确、立场态度鲜明、语言生动简练。但由于照片一般比标题更具有视觉冲击力，照片画面上

经过特殊编辑的新闻照片

图 9—5　2000 年 12 月 12 日《北京青年报》

的非语言符号也更加丰富的原因，为照片制作标题就要求比为文字稿件作题更加简明扼要，一般情况下，采用单一型的一行标题较多，但在编排系列新闻照片时，有时也采用多行题或复合式标题。

新闻照片的标题大致有两类。

（一）写实性的标题

这类标题以简洁的语言概括图片所反映的主要新闻事实。如 2000 年 3 月 31 日《人民日报》第 9 版刊登的一幅新闻照片（见图 9—6），报道陕北安塞县真武洞镇农民艺术家王西安自幼跟母亲学剪纸，创作了很多作品，形成了独特的艺术风

写实性标题的新闻照片

图 9—6　2000 年 3 月 31 日《人民日报》

格。王西安家被陕西省旅游局定为对外参观点，一年多共接待国内外游客及艺术家近千人。编辑在这张照片的上端排列了一行标题："农民王西安家成为旅游点"。这行大字标题非常醒目，读者即使不读照片的文字说明，也能够根据画面本身和这行标题了解报道的主要内容。写实性标题都是实题，向读者交代最重要的新闻要素，标题向读者传递的信息能够帮助读者在最短的时间内准确把握照片的主题。

（二）写意性的标题

这类标题以饱含感情色彩的语言，阐述观点、抒发情怀，揭示新闻照片的内在意义，使报道主题得到升华。如 1998 年 8 月 9 日《华西都市报》一版头条刊登了一张新华社记者在抗洪前线拍摄的新闻照片（见图 9—7），画面上一位年轻的解放军小战士背负着一位满面愁容的老大娘，小战士稚气的面容、专注而坚毅的神情令人过目难忘。这张照片上叠印了一行标题："灾区的妈妈，儿子的脊梁就是你的家!"这行标题用感人肺腑的语言道出了照片画面本身无法表述，但却蕴含在画面之中的深刻意义。这样的标题与照片的画面形象相互映衬、相互烘托，使图片报道具有更强的感染力和冲击力。前文中提到的《中华工商时报》的系列图片报道（见图 9—4）的标题"看高楼，头上帽子相仿！问长街，觉不觉得单调?"借图提问，表明观点，尖锐而生动。写意性的标题，"意"是借助于图片表现的新闻事实来生发的，要做到"意"和"实"相符，编辑不能脱离画面本身随意引申，或者牵强附会。否则照片的标题就不会有说服力和感染力，相反，还会引起读者的反感，产生负面社会效果。

值得注意的是，专题新闻报道的标题，以及同一主题的新闻照片专版的大标

華西都市報

HXDSB 四川日报 社主办 国内统一刊号 CN51—0030

第1304期 今日12版 | 1998年8月 农历戊寅年六月十八 | 9 星期日 | 总编辑 席文举

灾区的妈妈，儿子的脊梁就是你的家！

长江

本报综合消息 在长江第四次洪峰[illegible]区、广州军区、南京军区、空军和武警部队[illegible]中央、国务院的指示和中央军委的命令，[illegible]抗洪抢险重点地段，确保长江大[illegible]以来长江流域的最大洪峰。从进入[illegible]已出动60万人次，飞机100余架次，船艇1.3万艘（台）次，军列162列，45位将军，1700多位师团干部在第一线指挥作战。目前，全军和武警部队在长江中下游抗洪一线的兵力已达10万余人。

济南军区、空军奉中央军委派部队赴武汉执行抗洪抢险的命令后，紧急加派7000多名官兵奔赴湖北荆江地区，担负守护荆江大堤和机动抢险任务。

为了确保九江大堤的安全，从昨天到今天中午，南京军区紧急调动3500多名官兵投入抗洪抢险。至此集结在九江堤区的官兵已有7200多名。昨天，广州军区驻广东某集团军3400多名官兵，从汕头登机，紧急飞往黄石、黄冈等地；驻桂某部派出8000名官兵紧急奔赴武汉，在荆州到沙市堤段投入护堤、守堤战斗。武警部队近日紧急从福建、江苏等地调动部队3000多人，奔赴抗洪抢险第一线，严防死守长江大堤。目前，武警部队战斗在抗洪抢险第一线的官兵已近两万。

昨夜，湖北公安县境内出现险情，空军航空兵某师立即出动4架飞机，由师长带队，超低空飞行，空投救生物品1.2万多件（套），运送方便面、矿泉水等饮食20多吨。

写意性标题的新闻照片

图 9—7 1998 年 8 月 9 日《华西都市报》

题相对而言在报道内容的概括、主题思想的表现上要更费琢磨，因为这一标题要统率这一专题或这一整版的所有照片，它的立意应该比下辖的这些单幅照片所表现出来的各部分的意义更完整、更深刻。另外，由于在版面上有更大空间来表现，这类标题的制作也更加灵活，更注意语言优美、耐人寻味。如 1998 年 11 月 7 日《羊城晚报》第 8 版“视觉新闻”版，以一组照片表现广州世纪大观舞蹈学校一批年轻女学生的学习生活（见图 9—8），除了各张照片有分说明外，还编写了一段较详细的总说明，同时制作了非常醒目的复合式标题：

A8 视觉新闻

花季舞蹈

标题制作灵活的图片专题报道

图 9—8　1998 年 11 月 7 日《羊城晚报》

花季舞蹈

一批来自中原的美丽少女正在世纪大观苦练。她们“享受”着同龄人难得的待遇：不准随意外出，不准早恋，不准……

从版面排列上看，标题的引题横在顶端，而主标题竖排在版面中部偏左位置，字体也是有变化的，其中“舞”字选用了行书字体，笔画飞舞，生动传神。这一标题，将写实与写意相结合，很好地表达了主题思想。

第三节　漫画、图示、图饰编辑

一、编辑漫画

漫画是报纸上一种传统的图片类型，早在清朝末年我国报纸上就开始刊登漫画，在报纸有了很大发展变化的今天，漫画仍然是报纸版面上深受读者喜爱的一个重要品种。

漫画的主要类型有政治、社会性漫画、漫画插图、连环漫画和幽默画等。

（一）政治、社会性漫画

政治、社会性漫画是漫画的主要品种，这类漫画中时效性较强的又称时事漫画或新闻漫画。《羊城晚报》就曾在新闻版上推出过“新闻漫画”专栏，将国内外大事或者社会生活中的新闻以漫画的形式加以表现。政治、社会性漫画有较强的新闻性、政治意义和社会意义，实际是作者通过漫画形式对时事加以描绘和评论。这类漫画的内容丰富广泛，可以歌颂时代的变革、社会的发展，可以形象地评价国内外大事，也可以对社会生活中有趣的内容进行夸张的表现，对落后现象进行嘲讽等。如 2001 年 1 月 12 日《工人日报》第 2 版在“本周时政漫画”专栏中刊登的一幅漫画（见图 9—9），画的是上市公司的人戴着大耳塞，对放在一旁

针砭时弊的社会性漫画

图 9—9　2001 年 1 月 12 日《工人日报》

的供股民联系用的电话机不理不睬，这架电话机已经结上蜘蛛网，纯粹是个无用

的摆设。漫画旁有一段文字说明写道："最近有调查表明：30％的中国上市公司设立的股民联系电话不知何故无人接听。不知道是管理疏忽，还是嫌股民打电话来烦，无论如何这都是对股民的不负责任。这样的公司股票股民买它何用?"显然，作者是以漫画的形式揭露时弊，表达不满情绪。

政治、社会性漫画实际是一种形象化的评论，与文字评论不同的是，它对时事与社会问题的评论主要借助于幽默的图画、夸张的形象，它评论的对象也不像文字评论那样是具体的人和事，而是从社会现象中抽象出来加以想象和创造的。虽然漫画可以借助标题和文字说明来表达主题思想，但与文字评论相比，漫画更注重的是以图说事和以图明理，文字只是帮助读者理解画面的一种向导。也正由于漫画对时政与社会问题的评论受到画面形象的限制，它对问题的分析往往不可能像文字评论那样全面而深刻，对观点的表述也不能像文字评论那样准确明了，而需要读者根据画面形象，结合自己的知识积累和经验去思考，从而得出结论。因此，编辑在选择和编辑漫画时，要考虑到读者的知识水平和理解能力，并不是任何题材都适用漫画作品来表现的。

（二）漫画插图

漫画插图是附属于文字稿件的漫画，这类漫画目前常见的有三种：

1. 利用漫画夸张、幽默的特点，深化文字报道的主题思想，渲染报道内容的感情色彩

如 2000 年 12 月 12 日《羊城晚报》第 5 版头条新闻《病人选医生眼下难两全　广东开展这项工作 7 年，能否顺利推行，关键在机制要彻底改革》，在标题下方配发了一张套题漫画（见图 9—10），以幽默的笔法描绘一批老幼患者面对医院的"名医榜"不知所措的景象，一位患者说："如果名不副实，岂不是贴钱买难受?"这幅画实际是将文字报道中揭示的病人选医生难的问题从其中一个角度进行了形象的表现。这就使读者在阅读稿件之前，或者在没有时间详细阅读全文的情况下，能够通过生动有趣的漫画了解报道的主题。值得注意的是，由于漫画只能选择最有趣味性或最具典型性的一个角度来进行形象描绘，它所包含的信息必然是相对有限的。比如选医难这篇稿件中揭示的难处并不只限于患者不知道"名医"是否名副其实这一点，但这幅套题漫画只能展示其中比较突出的这一个方面，对其他难处则难以全部表现。因此，编辑在选择和采用插图漫画时，要注意漫画与主题的联系是否紧密，尽可能选用与报道内容最贴切、能够充分表达报道主题的漫画作品。

2. 利用漫画的形象性特点，对文字报道或科普文章中比较艰深难懂的内容进行图解，帮助读者掌握相关的知识

这类漫画在一些科普性文章或者专业性较强的报道中经常采用，比如介绍罕

羊城晚报

要闻

病人选医生眼下难两全

广东开展这项工作7年，能否顺利推行，关键在机制要彻底改革

配合文字报道的漫画插图

图 9—10　2000 年 12 月 12 日《羊城晚报》

见的天文现象、讲述一些复杂的技术原理时，配发图解式的漫画，就能让读者产生阅读的兴趣而不致感觉太枯燥，并且参照这些图解式的漫画，对稿件中那些生疏的内容也比较容易领会。

3. 装饰性漫画插图，以漫画夸张性的特点激发读者的阅读兴趣，启发读者展开想象，活跃版面气氛

如 2001 年 1 月 8 日《中国青年报》第 18 版刊登的一篇稿件《玩玩玩　2001 新年大逃亡》是栏目主持人对一些网友的调查报道，披露这些网友嘉宾是怎样欢度新世纪元旦的。该稿件标题上方配了一幅无标题也无说明的漫画，画面上的卡通人物正大吃大喝、滑雪、打保龄球(见图 9—11)。这幅漫画不像前两类漫画那样是对政治、社会问题进行形象化评论或者是对专业问题进行图像化解释，它只是为文字稿件添加装饰，为活跃版面而制作的。当然，装饰性漫画的画面形象创作要以文字报道内容为基础，与报道主题相吻合，而不能图文毫无联系，比如《中国青年报》这篇报道网友如何过元旦的稿件就不宜配与过节休闲无关的其他漫画。

(三) 连环漫画

连环漫画是以连续排列的多幅漫画表现事物发展变化的一段过程。与单幅漫画相比，连环漫画故事性更强，如 2001 年 1 月 6 日《工人日报》第 6 版在“趣画连载”专栏中刊登的一套连环漫画《胖大姐的一家》，共由 6 幅漫画组成，表

Digest
网阅读
18版
年度十大新闻评选揭晓
玩
玩
玩
2001新年大逃亡
CEO的2000年
原创美文
OFFICE 扮勤奋爆笑高招
瑞星杀毒软件
2001版
隆重上市

活跃版面的装饰性漫画

图 9—11　2001 年 1 月 8 日《中国青年报》

现的是胖大姐的孩子和另一个小孩子打架，头上被打了个大包，其父怒气冲冲拉了自己孩子去找对方家长评理。没料到对方孩子的父亲恰是自己的顶头上司，于是态度来个 180 度大转弯，痛打自己儿子屁股一顿，对上司称："局长，他不知道是您的孩子。"（见图 9—12）这套连环漫画展示给读者的是一个完整的小故事，它通过故事情节的变化，讽刺了社会上一些人对上级奴颜媚骨、拍马溜须的现象。连环漫画以连续出现的画面形象表现主题，其信息含量大于单幅漫画，在叙事说理方面可以得到更好的发挥。连环漫画作为一种有系列性特点的漫画创作作品，一般在报纸副刊上用得更多一些。

故事性强的连环漫画

图 9—12　2001 年 1 月 6 日《工人日报》

(四) 幽默画

幽默画是选取人们日常生活中一些有趣的镜头，以夸张的形式描绘出来，令人读来风趣有味，发出会心的一笑。优秀的幽默画在令人捧腹的同时，还能够让人思索和联想，悟出人生的一些道理。如 2001 年 1 月 20 日《羊城晚报》的副刊“晚会”刊登的一组幽默画《双响炮》(见图 9—13)，画的是一位女主妇看看挂历，快过年了，于是命令家人准备大扫除，并指示丈夫说“把老旧的东西都清理掉”。结果，她本人被第一个扔进了垃圾桶。这样的幽默画便是根据日常生活中的一件小事进行想象与夸张，以幽默风趣的人物形象令人一乐，同时也暗示读者，其实生活中不是所有“老旧”的东西都能丢弃的。幽默画大多在副刊上采用，新闻版上一般用得不多。

风趣的幽默画

图 9—13　2001 年 1 月 20 日《羊城晚报》

报纸编辑对漫画的选择和编排首先要注意在政治思想上把好关，因为政治、社会性漫画具有评论事实、发表意见的作用，必须要考虑到传播效果。编辑对漫画中所反映的问题是否典型、反映的时机是否恰当、表现的方式是否合适、揭露和讽刺的分寸是否把握得当要慎重分析。其次，编辑还要对漫画的意义是否深刻、构思是否新颖、笔法是否幽默风趣加以分析，要尽可能采用思想性强而且不落俗套的漫画作品。

二、编辑图示

图示是报纸上一种形象化的资料展示，它包括统计图表、示意图和新闻地图。图示最早是配合文字稿件使用的，将文字稿中比较抽象的数字和内容或者难以描述的事物以形象化的方式介绍给读者。近几年，新闻图表开始作为一种独立的报道体裁越来越多地出现在报纸上，新华社还专门设立了图表资料编辑室，为报社提供图示资料稿件，受到报纸和广大读者的欢迎。《北京青年报》开设的“数字新闻”版就经常采用新华社发布的图示资料，这些图示所报道的领域非常广泛。如 2000 年 12 月 14 日该报“数字新闻”版中就集中采用了 5 张图示（见图 9—14），反映的主题包括我国公众对电影票价过高的反应、我国石油产量增

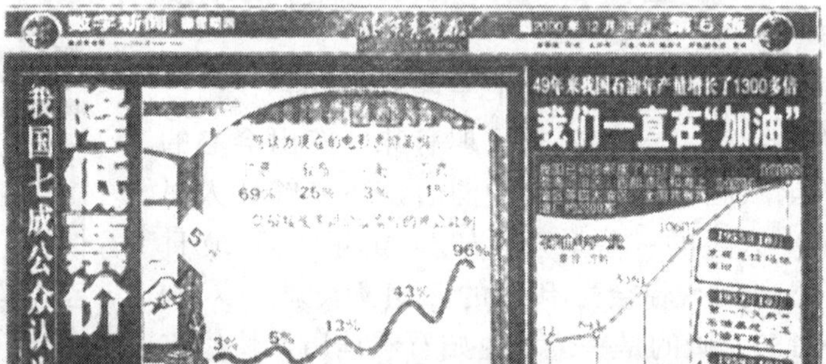
数字新闻

我国七成公众认为电影票价过高

降低票价 拉回观众

69% 25% 3% 1%

3% 5% 13% 43% 96%

72%

53%

11%

49年来我国石油年产量增长了1300多倍

我们一直在“加油”

1949 63 73 83 93 1998

发展中国家儿童死亡率高达9%

经济落后 儿童遭殃

5岁以下儿童

庄稼“串种儿”了

基因农业风靡世界各地

日本人眼中的十大发明排行榜

爱寿司 更爱方便面

集中采用图示的版面

图 9—14　2000 年 12 月 14 日《北京青年报》

长情况、发展中国家儿童死亡率高、基因农业风靡世界、日本人对十大发明的排行榜等。这些新闻信息以图示的方式出现在版面上，使报纸的现代感更强，对读者来说也非常有吸引力。

随着报纸版面的增加，读者读报的时间压力越来越大，图示的大量运用在方便读者快速阅读以及给读者增添读报的乐趣方面是很有作用的。另外，报纸的版面设计也在不断创新，特别是彩色印刷普及之后，版面对图片的需求量越来越大，除了照片、漫画，各色各样的图示在版面上的地位也在不断提高，采用频率明显增加。因此，做好图示的编辑工作，是报纸编辑的一项基本任务。

（一）编辑统计图表

统计图表是将统计数字以表格的形式进行条理化的罗列，使读者能够方便地阅读和比较。如果新闻报道和文字稿件中涉及的数字较多，而且这些数字具有可比性，并能通过这种比较更好地表达主题思想，编辑就应该考虑运用统计图表帮助读者阅读理解。如《中华工商时报·商城周刊》1996 年 9 月 15 日第 1 版的报道主题是有关电视机屏幕的实际尺寸大小与标准是否相符的问题，该版除了头条稿件《您家电视够尺寸吗?》之外，还在左下角的“商城实验室”专栏中提供了一篇实验报告《量量电视　比比大小》。这两篇稿件中都涉及各类电视机屏幕的实际尺寸与说明书上标明的尺寸等一系列数据，这些数据在文字稿件中出现的比较零散，为了方便读者比较，编辑配发了两个统计图表，一个是配发头条新闻的“电视机尺寸参考规格表”，另一个是“商城实验室”专栏内的六种品牌电视机的规格型号、所测显像管可视画面对角线尺寸和外包装或说明书上标注的屏幕尺寸等几组数据的比较图表（见图 9—15）。

报纸上采用的统计图表与工业、经济研究中用的专业图表不太一样，因为报纸要考虑到普通读者的理解能力和接受水平，并且要争取提高读者的阅读兴趣，在制作和采用统计图表时就要注意不能专业性太强、太复杂、太深奥。而且，编辑有时还会在统计图表中配上一些小装饰或卡通形象等，使图表看起来更轻松、更有趣味性。如 2000 年 10 月 7 日新华社制作编发的图表新闻《多数旅客对“十一”出游表示满意》（见图 9—16），以一组数字反映我国 21 个主要城市的游客对“十一”出游的满意率。这幅图表除了标明这些数字以外，还画了一个导游人物卡通形象在旁边，并且以一幅大瀑布的风景图作为图表的背景衬图，使整个图表看起来活泼有趣。

统计图表在版面上的运用，不但活跃了版面，还大量节省了读者的读报时间。但编辑在设计制作这些图表时，应对文字稿件进行详细的分析和消化，用在统计图表中的数字，一要来源可靠、准确无误；二要具有可比性，能够说明问

中華 工商時報商城
CHINA BUSINESS TIMES
周刊 Weekly

您家电视够尺寸吗?

专业人士：消费者理解存在偏差

消费者：不相信自己的眼睛

中消协：消费者应有知情权

饼干怎么吃?

电视机尺寸参考规格表

量量电视　比比大小

提供比较的统计图表

图 9—15　1996 年 9 月 15 日《中华工商时报》

题、表现报道主题；三要安排得有条理，而且尽量使文字稿件中的数字与图表中的数字避免重复，以便使配发了统计图表的文字稿件变得简短。

（二）示意图

示意图有两类，一类是对统计图表加以变形和发展。与统计图表的差异在于，它不但将统计数字集中绘制成图，而且用形象化的手法展示这些数据所说明的意义，使数字的类比或对比更加鲜明生动，并且这些比较所说明的问题更容易为读者理解。如《中国电子报》2000 年 7 月 13 日第 6 版报道当年前 5 个月我国微波炉市场的竞争情况，在这篇《格兰仕 LG 谁与争锋——2000 年 1～5 月微波

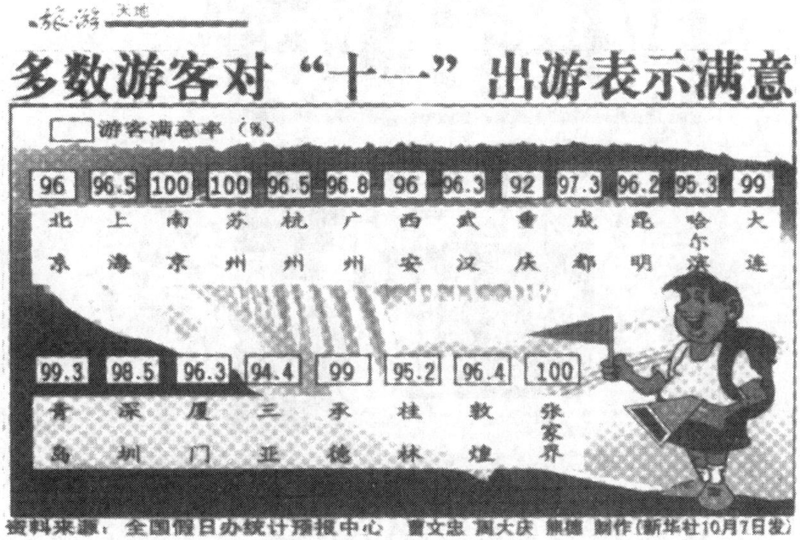

经过装饰的统计图表

图 9—16　2000 年 10 月 7 日新华社发稿

炉市场平面广告投入分析》的稿件中，除了配发4 张统计图表外，还配发了 4 张不同类型的示意图（见图 9—17）。

由统计图表变形发展而来的示意图主要有三种，一种是曲线图，如图 9—17 中的“1～5月微波炉市场平面广告投入趋势”和“2001 年 1～5 月两大微波炉品牌平面广告投入对比”这两张示意图就是曲线图。曲线图的特点是以连续的变化的曲线反映事物发展变化的过程和趋势。

第二种是柱状图，图 9—17 中的“1～5 月微波炉广告区域投放比例”这张示意图就是柱状图。柱状图的特点是以高低不等的柱体横向排列，表现事物相互间在数量、体积等方面的差异。

第三种是饼状图，图 9—17 中的“2001 年 1～5 月微波炉产品平面广告品牌结构”这张示意图就是饼状图。饼状图的特点是以分割成若干块的圆饼状的图形表现各类对象或同一事物各个部分之间的比例差距。

还有一类示意图与以上所说的根据统计图表加以变形得到的示意图不同，它不是对数字进行形象化的解释，而是对组织结构、工作原理等专业性较强、头绪较多或比较抽象、复杂的内容进行形象化的表现。如 1998 年我国国务院机构改革方案正式公布，《中国青年报》在 1 版头条报道这一消息时，就制作了一张示

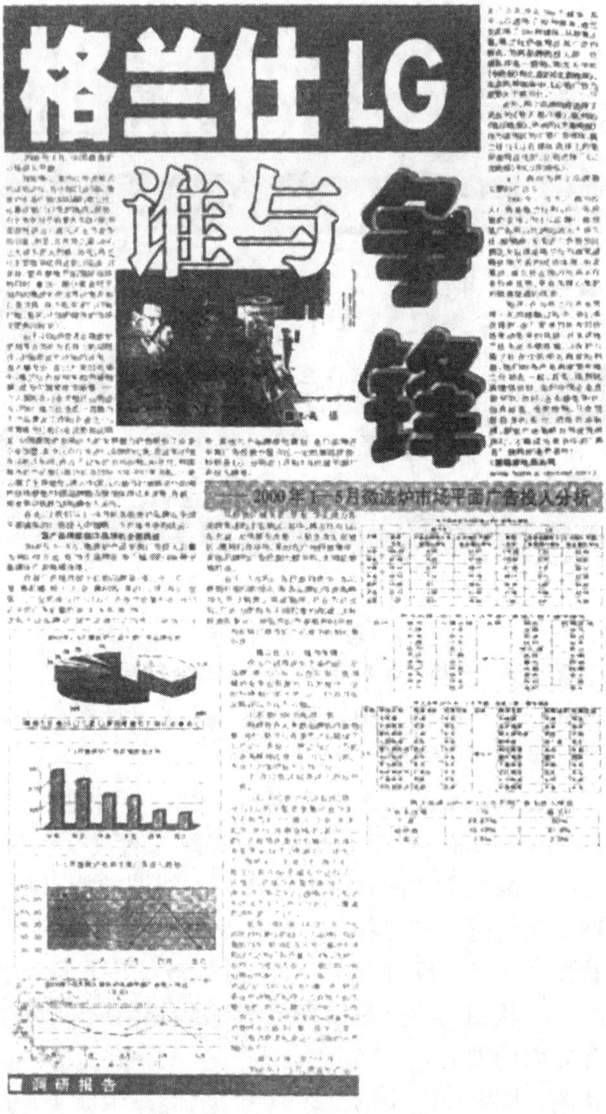
格兰仕LG
谁与争锋
——2000年1—5月微波炉市场平面广告投入分析
调研报告

多种类型的示意图

图 9—17　2000 年 7 月 13 日《中国电子报》

意图（见图 9—18），非常形象地介绍了国务院新的组织结构。采用示意图方式报道这一重大新闻，是一次大胆的创新，受到了业内外人士的一致好评，这一版面后来还在中国新闻奖评比中获奖。

由于示意图的种类较多，编辑在制作编辑这类图示时就要根据内容的需要精

中国青年报
CHINA YOUTH DAILY
1998年3月
11
星期三
江主席在解放军
军队要适应
两会扫描
国务院机构改革方案正式公布
九届人大一次会议决定批准
国务院
外交部
国防部
文化部
农业部
水利部
交通部
建设部
财政部
教育部
人事部

别具一格的示意图

图 9—18　1998 年 3 月 11 日《中国青年报》

心选择最恰当的表现方式，要注意条理清楚、通俗易懂。如果包含数字，还要注意对数字的标注和表现要准确无误。此外，还要注意画面形象美观、活泼、新颖。

(三) 新闻地图

报纸上采用的新闻地图是根据新闻报道的需要，对照标准地图选择其中某一局部加以放大，并以更加简单的线条和符号制作出来的。新闻地图主要用来表现新闻事件发生的地理方位、区域大小，也可用于表示建设布局、环境和建筑规划。

新闻地图的比例可以不像标准地图那样准确无误，但是对新闻中提到的重要地点应加以突出。而且突出这些地点的新闻地图的表现方式也是比较灵活自由的，比如可以在地图上对要强调的重点画上星号标记，在发生爆炸的地点画上爆炸图案，在发生病虫害的地区画上相关害虫的图案等。

新闻地图一般比标准地图更加简洁明了，不需要将所画地区的山脉、河流、道路、城市等一个不漏地全部画齐，而只需根据新闻报道的内容标明相关的重要地点。如 2000 年 1 月 12 日《羊城晚报》的国际新闻版以头条新闻报道欧美及中东地区流感盛行，数百万人患病的消息，旁边就配发了一张新华社发布的题为《流感在欧洲和美国蔓延》的新闻地图资料（见图 9—19）。这张新闻地图只简单地勾画了欧洲和美国的大致地形，标明了欧洲的主要国家，而突出的是在图上将已经发生流感的国家全部涂上阴影，读者可以从这样的新闻地图上一眼获知流感盛行的区域范围。这张地图还以卡通漫画的形式添加了几个人物形象，有的用热水泡脚，有人裹着被子吃药，更加形象地表现了报道主题。

羊城晚报

2000 国际新闻

流感狂潮波及欧美中东

数百万人卧病在床 医生坐诊走廊餐厅

流感在欧洲和美国蔓延

1918 年流感像瘟疫

国际档案

配合新闻的新闻地图

图 9—19　2000 年 1 月 12 日《羊城晚报》

编辑新闻地图的目的是帮助读者更清楚更准确地了解报道内容。因此，如果选择标准地图作为样本制图，要注意它的绘制日期，不能选用已经过时的版本。因为行政区域、边界划分都经常会有变化，旧版本的地图上可能反映的是过去的情况，与现实不相符。比如有的国家已经独立，有了新国名，而旧地图上还是标着它在殖民地时代的名称；两个相邻国家的边界已经变动，旧地图上还是按原来的边界划分，等等。这些问题在编辑新闻地图时都要引起注意，尽可能找最新的地图资料作为样本，对拿不准的内容要认真核实，防止产生差错。

三、编辑图饰

图饰是报纸版面上的一种美术装饰，过去以手工描绘制作的漫画、插图、剪纸、木刻等居多，在电子排版技术普及以后，美术编辑开始大量用电脑设计制作图饰。图饰与图示不同，图示是以形象化的方式传递有关新闻信息或者提供与新闻相关的资料，而图饰则不担负传递信息的功能，只是作为艺术化的装饰品点缀版面，活跃气氛。长期固定位置出现的图饰还有一种标志性的作用。

图饰主要用于装饰报头、报眉、标题、栏头，有时在版面上相对较空的位置，也穿插一些图饰，俗称“版花”。2000 年 11 月《北京青年报》改版时，就运用了图饰来装饰和标志报纸不同的版组。新闻版组的图标是地球，凡新闻版组的版面，报眉都以蓝色为主色调，左右两侧各有一个地球图案；深度新闻版组的图标是太阳，报眉以红色为主色调，左右两边各有一个太阳图案；每日副刊版组的图标是月亮，报眉以绿色为主色调，左右两边各有月亮图案；生活服务版组的图标是星星，报眉以黄色为主色调，左右两边有星星图案。这种图饰使读者能够相对容易地辨认各个版组。电子排版技术使图饰的设计与运用变得越来越容易操作，在报纸版面不断增多后，图饰对报纸版面的标识作用也必然得到更多的重视。

然而，图饰对标题、栏头和版面的装饰在电子技术运用于排版之后，使用的频率似乎不再如铅印时代那样高。因为现代报纸版面越来越强调对照片的使用，特别是新闻版，在彩色印刷普及之后尤其重视大幅彩色照片在版面上的地位。色彩成为版面上最富于变化也最有视觉冲击力的一个因素。在这种情况下，报纸其他部位包括标题、栏头的形状变化便不再被强调，相反，从方便快速阅读、营造简洁明快的版面风格考虑，编辑开始大量运用电脑制作造型简单、不加装饰的栏头，比如直接用反白字压网纹；标题的制作也开始固定于某一两种字体，不多加修饰。但图饰在一些专版、副刊上的使用仍时有所见，而且恰恰也是得益于现代化排版技术，编辑能够在版面缺少照片的情况下，很方便地用图饰来活跃版面气氛。如 2001 年元旦那天，《中国青年报》的副刊“屋檐下”刊登的是一组“写给 2100 年的家书”，该版全部都是文字稿件，缺乏图片，编辑便在版面正中大标题的上方配了一幅图饰，画面上是一群很有现代气息的卡通人物造型，这幅图饰使本来容易流于枯燥呆板的版面变得生气勃勃。而且该版的右上角还添加了一个小天使的图饰，整个版面被描绘成小天使正在卷起的一张信笺（见图 9—20）。这块版面能取得较好的视觉效果，正是缘于题饰和版花的运用。

屋檐下

幸福是个哑巴

给家人手写一封信

写给2100年的家书

对婚姻家庭生活的向往

网络牵起远方的挂念

高考的喜怒哀乐

以另一种身分与18岁相约

一个县长给百年后子孙的信

“走”在读书的路上

美化版面的图饰

图9—20　2001年1月1日《中国青年报》

图饰用于装饰栏头在一些报纸的专版和副刊上颇受青睐。值得注意的是，图饰虽然是版面的装饰物，但它对表达版面的编辑思想、标志版面或专栏的功能是有很大作用的。当图饰用作标题的装饰时，也能够以形象的画面暗示读者这篇新闻的内容。因此，编辑在设计和采用图饰时，要根据稿件的内容，以及版面整体安排的需要，选取最能传情达意的合适的画面。当然，在图片较多、讲求时效性的新闻版面上，图饰的使用不宜多。

思考与练习题

1. 报纸上的图片有哪些种类？地位与作用如何？
2. 报纸编辑选择照片的标准是什么？
3. 报纸上采用照片的方式主要有哪几种？
4. 试为一些新闻照片配写文字说明和标题。
5. 漫画、图示各有哪些主要类型？

第十章

专刊和副刊编辑

报纸是以刊载新闻为主的连续出版物。一般把载有新闻及其评论的新闻版称为正刊，把延伸新闻，提供理论、知识、文化享受和各种实用资讯的各版称为专刊和副刊（即所谓“专副刊”）。专副刊是报纸的重要组成部分，其地位已显得越来越重要，为此本书专列一章来讨论。

第一节　专副刊的产生、发展与界说

我国的报纸先有副刊，后有专刊，专刊是从副刊衍化而来的。为探讨专副刊的特性，有必要对其产生和最初的发展作一简要的回顾。

一、中国报纸副刊的产生

中国古代报纸没有副刊。19世纪初，近代第一份中文报刊《察世俗每月统记传》已出现副刊类的文字，如随笔、杂谈、诗词小品等。当时这类内容与新闻编排在一起，位置不固定，还没有以相对独立的形态出现在版面上，因此只能称为副刊的先导。

在此后的几十年里，这些副刊类文字一直是作为报纸的补白，在稿荒时填充版面，但并无固定位置。它们被称为“杂俎”、“余兴”、“谐部”或“补白”。其作者多为仕途失意的文人墨客，内容多是“描写艳情”“流连景物”“谈狐说鬼”，“间及中外近事”，也是“信笔点缀”，目的是“备普通社会阅之，藉为酒后茶余之谈助”，人们将其戏称为“报屁股”或“报尾巴”。

未曾料到，这类被认为不入流的文字，竟然受到一些读者的欢迎。面对上海报业的竞争，为取悦于读者，《字林沪报》从1897年11月24日起，率先把副刊类文字印成单张，取名《消闲报》随报赠送。这个“附张”不仅有正式刊名，而且有固定的刊期和版面，这就是说它已具有独立的编辑形态，因此被认为是中国最早的副刊。

《消闲报》的功能，在刊登于第2号上的《释消闲报命名之义》一文中作了解说：“既歇息，则闲矣，则当有消闲之法矣。一篇入目，笑慨开，虽非调摄精力之方，要亦可为遣闷排愁之助也。”《消闲报》的内容则是“上自国政，下及民情，以至白社清谈，青楼丽迹……艳冶娱情”，无一不备。

进入20世纪以后，许多报纸都设有副刊。有的是另附一张，有的是在整张报纸上辟出一个版（或部分版面）作为副刊。但是“副刊”这个名称出现要更晚。1921年10月12日北京《晨报》将载有文艺作品的第7版改为四张的单张出版。此单张取名《晨报副镌》，亦称《晨报附刊》。据编者孙伏园说：“原来‘附刊’这个名字是鲁迅先生取的。他认为晨报登学术文艺的第7版，既然独立地另出一页四开小报，随同《晨报》附送，那末就叫《晨报附刊》吧！‘附刊’也就是另一张的意思。晨报总编辑蒲伯英的字写得不错，他亲自写了一个汉砖字体的版头，把‘附刊’写成了‘副镌’。为了尊重鲁迅先生的原意，所以报眉仍用‘晨报附刊’几个字。”[①] 由于“镌”字欠通俗，《晨报副镌》从1925年起改名“晨报副刊”。从此，“副刊”这个名称逐渐在全国通行起来。

二、副刊的发展与专刊的崛起

（一）副刊的发展

副刊原是以富有文艺色彩的消闲类文字起家的。但是副刊诞生不久，便迎来了辛亥革命和五四运动。在这两次革命的高潮中，一些副刊便成为鼓吹革命、传播新思潮新文化的阵地。“五四”时期曾涌现出《晨报》副刊、《京报》副刊、《民国日报》《觉悟》副刊和《时事新报》《学灯》副刊的“四大名刊”。文艺性与

① 孙伏园：《鲁迅和当年北京的几个副刊》，载《北京日报》，1956—10—17。

学术性相结合，成为当时副刊内容的一个重要特点。在这些名刊中，有的以介绍学术上的新思潮为名，积极传播马克思主义学说。1919 年《晨报》副刊就辟有《马克思研究》专栏，发表了马克思的《雇佣劳动与资本》最早的译文。《民国日报》《觉悟》副刊连载过列宁的《帝国主义论》、《国家与革命》和恩格斯的《社会主义从空想到科学的发展》等译作。毛泽东曾把邵力子主编的《觉悟》副刊称为"《觉悟》旗帜"①，足见此时副刊的作用已不是昔日的"报屁股"了。

当时一些报纸的副刊把小说、诗歌、小品文及学术演讲录排在一起。例如，《晨报》副刊就是如此。其主编孙伏园的解释是："附刊是学术性的但又比较趣味化，因为那时正是'五四'运动时代，很希望学术性、民主性的气味浓一点。"②这里所谓的"趣味化"，可能指的就是所传播的马克思主义学说，都属于新思潮，自然引起读者的兴趣。

当然，副刊出现在报纸上，作为一种文化现象，也是很复杂的。当时传播新思潮，并非是全国报纸的一致行动，传播新思潮，并非只宣扬马克思主义一种学说，传播新思潮，并非取代和否定副刊的文艺性和消闲性。

但是，往昔被视作"报屁股"的副刊，如今能在传播新思潮新文化中发挥如此巨大的能量，毕竟是中国副刊史上具有划时代意义的大事。

（二）专刊的崛起

专刊的内容，最早孕育在副刊之中。早在副刊正式诞生之前，一些副刊类文字已含有知识的内容。《上海新报》是上海第一家中文报纸，"1868 年，介绍西方科学文化知识的文字大量增加。编者经常解答读者有关自然科学的问题，并且展开讨论。关于日食、地球运行、火山爆发等原理，都曾经在编者和读者之间发生多次的'争鸣'。"③ 副刊诞生后，这类传播知识的内容，一直保存下来。除了文史知识而外，一些有科学素养的编辑，也在副刊中传播自然科学和相关的产业知识。1916 年陈蝶仙接办《申报》《自由谈》就"经常发表科学生活、工业知识、家庭常识之类的文章,这在当时社会上科学技术落后的情况下,很受读者欢迎"④。

进入 20 世纪之后，随着社会的发展，科技的进步，需要传播的知识范围越来越广，它不仅包括各门学科知识，各个行业的科技知识，还包括保证人类健康的医药卫生知识以及日常家庭生活的实用知识，所有这些内容远远无法容纳在文

---

① 《毛泽东书信选集》，1 版，55 页，北京，人民出版社，1983。

② 孙伏园：《鲁迅和当年北京的几个副刊》，载《北京日报》1956—10—17。

③ 杨瑾琤：《副刊溯源》，载《新闻业务》，1962（10）。

④ 宋军：《申报的兴衰》，162 页，上海，上海社会科学出版社，1996。

艺性、消闲性浓厚的副刊之中。这就要求报纸创造一种新形式。因此以介绍各项专业知识为内容的专栏便应运而生。据方汉奇主编的《中国新闻事业通史》第一卷所载，在辛亥革命前后，已出现专门探讨如何发展民族资本的“经济”“实业”“商学”，专门介绍科学新知的“译学馆”“科学谈”等栏目。这些专栏为日后专刊的发展奠定了基础。

“五四”时期及20世纪30年代，相继出现了与文艺副刊有明显区别的专刊。例如，邵飘萍主办的《京报》（1918年至1926年）上先后出版过《科学与宗教》《社会科学半月刊》《北大经济半月刊》《教育周刊》《国语周刊》等十多种专门性的刊物，实质上就是专刊。

上海《新闻报》1928年3月23日就刊出《各业专刊》照相号（介绍摄影事业及其技术），11月11日就刊出《各业专刊》皮货号（介绍我国皮货贸易概况及穿皮货的好处），这里已明确打出“专刊”的旗号。

1932年11月30日《申报月刊》公布的《〈申报〉六十周年革新计划宣言》中，就把《自由谈》副刊同谈论专门问题的附刊相提并论，这种附刊包括《经济》、《建筑》、《卫生》、《教育》、《国货》和《科学》各刊。尤其值得注意的是，它对专刊的内容和功能作了清楚的说明。宣言中说：“每周星期一就商业新闻的篇幅，编经济专刊一种，详志一周内国内外的经济上的变动，并编制各种重要统计”，“务使读者就所好获得所需求的智知和资料”。这里指出这种专刊不同于商业新闻，但篇幅相当，内容是回顾一周来所发生的新闻，并进行深入解说（“详志”），可以说是新闻的延伸，其功能是提供“智知和资料”，它既不同于新闻版，也不同于副刊（《自由谈》）。

与上海《申报》和《新闻报》相互呼应，天津的《大公报》也在同期推出了许多类似专刊的周刊。除早期推出的《军事》和《医学周刊》之外，1933年二三月份，又推出《经济周刊》、《科学周刊》和《社会问题》双周刊。《经济周刊》就是以“讨论我国经济状况，介绍世界经济形势”为宗旨办起来的，《科学周刊》的宗旨是：“假日报广播之能力，以唤起社会之注意。一面发表专家论著，以供同志之钻研；一面介绍科学常识，以增社会之兴趣。”《社会问题》的内容是：“以社会学及社会问题为主（社会研究也在范围之内）。”

《大公报》的“专刊”虽然是以“周刊”“双周刊”的名称出现的，但从其所述的宗旨与内容来看，实质上也与《申报》的专刊毫无二致。《大公报》的办刊宗旨还涉及刊物的新闻性与现实性、提高与普及等问题。

专刊从副刊中衍化出来，是一个渐进的过程，没有一个明显的标志和严格的时间界限，大体上说，专刊大约产生在20世纪20年代，到了20世纪30年代可以说是蓬勃发展时期。

三、专副刊的格局和界说

（一）专副刊格局的变化

专副刊诞生以后，很长一个时期，在报纸上的格局一直是以副刊居主导地位。其重要原因是，副刊种类少，刊出的频率高（几乎每天都有），专刊种类多，各刊的刊出频率较低（多为周刊、半月刊），而且遇有版面压缩，首当其冲的是缩减专刊的种类和降低刊出的频率。因而给读者留下的印象远不及副刊那么深。新中国成立后到20世纪80年代改革开放初期，报纸一般为四版，文艺色彩较浓的综合性副刊能经常刊出，处于主导地位，其他内容的专刊数量不多，而且每种专刊刊出的间隔时间也较长，影响力远不及前者。当时人们的文化生活也不如现在这样丰富，阅读文艺性的综合副刊是获得文化享受的重要渠道，也是读者看重这种副刊的原因。

更值得提出的是，当时是处在一个特殊的社会环境中，政治运动连续不断，“以阶级斗争为纲”是当时的主旋律。在这种情况下，政治敏感性较强的副刊，比专业性较强的大多数专刊更易于在政治斗争中发挥作用。在那时副刊上登载一篇什么样的重要文章，很可能会成为政治斗争的晴雨表，成为街头巷尾谈论的话题。在这种情况下，副刊同大多数专刊相比，处于主导地位是必然的。

党的十一届三中全会以后，“以阶级斗争为纲”的时代结束了，以经济建设为中心的新时期开始了。专副刊在报纸上的格局开始发生变化。特别是进入20世纪90年代，我国进入社会主义市场经济以后，报纸副刊日渐萎缩，各类专刊大幅度增加，刊期缩短，内容更新，现已占据报纸新闻版以外的大部分版面。所以有人说，现在专刊和副刊是报纸的“半壁江山”，而专刊又是这“半壁江山”的大头。

报纸专副刊的格局之所以发生如此重大的变化，其原因有以下几方面：

1. 读者需求的增加和需求的多样化

改革开放以来，人们的物质生活和精神生活发生了很大变化。特别是电视的普及，各种文化书刊的大量发行，人们获得文化享受的渠道越来越多，对文艺性副刊的依赖越来越小。过去在计划经济时代，人们的衣食住行、生老病死，全由国家包下来，无需自己操心；如今进入了市场经济时代，人们需要自主决定自己的升学就业以及经济生活、文化生活等各方面。适应这种需求，有关理财、住房、汽车、电脑、求学、就业、旅游等类的专刊就应运而生。

报纸本是大众传媒，由于人们需求的多样化，报纸也要分众化（小众化），因此需要适应不同年龄、职业和爱好的读者，分门别类地去创办多种多样的专刊。

2. 媒介的竞争

在迅速传播新闻方面，报纸远不如广播和电视，因此便在深度报道方面与之对抗。专刊容量大，时效性又不那么快，便于提供背景对新闻事件作深入阐释和多方面的开掘，便于从容地对社会热点问题做冷静的思考。因此，各类专刊便成为报纸参与媒介竞争的有力手段。

3. 面向市场的选择

从 20 世纪 80 年代末到 90 年代初，我国很多报纸相继失去了国家财政的补贴。办报的人不得不考虑如何通过竞办各种专刊来吸引广告主。各类专刊往往与相应的产业有较为密切的联系，也是相关产业的广告主看重的一块吸引相应消费人群的园地。住房、汽车、电脑、人才等提供信息服务的专刊，所以如此兴盛，不仅表示报纸服务读者的热忱，而且也包含办刊的经济动因。这是不必讳言的。

4. 经济和物质技术条件的改善

长期以来，由于物质技术条件和经济实力的限制，报纸一直是四个版，不能满足读者对专刊的需求。改革开放以来，特别是进入 20 世纪 90 年代以后，随着报纸经济实力的增强，印刷出版技术（特别是激光照排技术）的进步，为报纸的扩版和专刊的大量增加提供了物质条件。

（二）专刊和副刊的界说

关于专刊和副刊，业界有两种说法：

一是从属说。认为专刊是属于副刊的一种，是专门性、专业性副刊的简称。这种说法，并不否认两者在性质、功能上的差别，但看重的是它们之间的历史渊源关系。

二是并列说。认为两者在性质、功能方面有很大的差别，两者应并提，当然也并不数典忘祖，否认它们之间的历史渊源关系。

其实，两种说法并没有原则的区别。但考虑到副刊一词在人们的概念中往往与文艺色彩联在一起，而一般专刊极少有文艺色彩，因此不列为副刊的一种，也不无道理。再者，如上所述，在现代生活中，读者对专刊的需求越来越大，专刊在报纸上的地位越来越重要，因此强调专刊与副刊并列更有其现实意义。这也正是本书采用并列说的缘由。

关于专副刊是什么的问题，实际上前面的论述已从不同侧面作了回答。这里若用一句话做出科学的界说，可以作如下表述：

副刊是报纸上文艺色彩较浓、用文学体裁反映社会、能给读者提供美的享受的固定版面，定期出版，一般有刊名。

专刊是报纸上用文章形式(一般不用文学体裁和消息体裁)深入阐释新闻事件、阐发理论见解、介绍各种知识和实用信息的固定版面,定期出版,一般有刊名。

上述的专刊和副刊都是长年刊行的连续出版物，是本书的研究对象。为纪念、庆祝和介绍某个特定对象偶尔推出的专页、专版、特刊，其性质类似专刊的，亦可称为专刊，其编法与一般的专刊有许多相通之处，这里不再单列一项进行研究。以专刊、特刊、专题、专版或增刊名义单纯展示企业形象、单位形象、地区形象的，应归入广告一类，不是本书研究的对象。

有些业者不辨别所载内容的性质，统称上述各版为“专版”。“专版”是一个含义宽泛的词语，它既可以指专门刊登某类新闻，也可是指专门刊登某类知识的专刊。因此，专刊与专版是两个既有联系又有区别的概念。

第二节　专副刊的特性

要编好专副刊就要认清它们的特性，为认清它们的特性作下面三种比较。

一、专副刊与新闻版的比较

（一）专副刊与新闻版的相同之处

关于专副刊与新闻版的关系，曾长期主管新闻工作的胡乔木说：“整个报纸应该是一致的，从第一版到第四版只有一个方针。可以有种种体裁，可以有种种格式，但是不能有两个方针。在从前国民党反动派统治下，有些报纸曾经有两个方针，那个报纸第一、二、三版都是反动的，在第四版我们偷偷地开一个小窗户，让读者在地狱里边勉强呼吸一点新鲜空气。那种自相矛盾是应该的。现在我们的报纸不应该这样来办。”[①] 这是 1950 年他在全国新闻工作会议上所作报告中提出来的。当时报纸的篇幅很小，共有四个版，第 4 版是指专副刊。他在这里对比新旧中国的不同，指出在新中国办刊必须坚持一个共同的方针。他的这一论断仍是今天我们办刊必须坚持的一个根本原则。

专副刊与新闻版同为报纸的组成部分，它们同样服从于报纸的办报方针和编辑方针。具体说来，就是在办报宗旨、指导思想、政治态度、报纸水准、报纸风格、读者对象以及所承担的任务方面与新闻版应该是一致的。中国是社会主义国家，无论办报主体是谁，都必须符合四项基本原则。专副刊与新闻版都应该坚持一个共同的政治方向，不能相互背离。在报纸水准方面，都应保持在同一层面上，一个较高，一个较低，一个艰深，一个浅显，是不适宜的。在报纸风格方面，一个雄浑大度，一个婉约细致，一个高雅，一个通俗，也是不相宜的。在读

① 商恺、朱元石主编：《胡乔木谈新闻出版》，51 页，北京，人民出版社，1999。

者对象方面，除个别专刊面向特殊的对象外，两者都应拥有相同或相近的读者群。专副刊与新闻版还应服从于报业分工的同一要求。例如以经济报道为主的报纸，其专副刊应以自己特有的方式与经济相互联系，虽不必“言必称经济”，但完全摆脱与经济的联系也是不相宜的。

谈到专副刊的方向问题，这里还需对旧中国报纸的一种特殊现象加以分析。当时的报纸，专副刊与新闻版同样都是其中有机的组成部分，作为一个统一体，从总体上说在政治方向上是一致的，两者的分离只能是暂时的、局部的。胡乔木在谈到这种矛盾现象时说“我们偷偷地开一个小窗户”，这里的“我们”，显然不是反动报纸的主办者，而是这些报纸里的进步人士，所谓“偷偷地开一个小窗户”，这“偷偷地”三个字表明，一个是主办者未察觉，或者是虽察觉但出于种种考虑，未加干预，而且“窗户”不能开得很大，只能让读者“勉强呼吸一点新鲜空气”。所谓新闻版与专副刊在方针上的矛盾只能达到这个有限的程度。当时所以出现这种特殊现象，是由于受复杂的阶级关系的影响，报社受到来自内外的不同因素的牵制的缘故。有的是迫于革命形势的巨大压力，为笼络人心，争取读者，在专副刊中发表一些含有进步倾向的稿件；有的是地方实力派为了与当局抗衡，默许在专副刊中发表一点不同的声音；有的是进步人士渗入反动报纸内部，他们虽然无法改变整张报纸的办报方针，但在情况允许的条件下，争取发表某些与新闻版的倾向不相一致的稿件。

鲁迅当年曾以不同的笔名在各种报纸的副刊上发表杂文，他对副刊要受报纸立场的制约有清醒的认识。他说，报纸没有一家没有背景，我们可以不问，因为我们自己绝对办不了报纸，只能利用它的版面，发表我们的意见和思想。不受到限制干涉，就可以办下去；没有自由再放弃这块园地。总之，利用一切机会，打破包围着我们的黑暗和沉默。[①] 鲁迅先生的见解，不仅对于我们理解旧中国报业的特殊现象有启示，而且对于我们今天坚持专副刊的正确立场也有现实意义。近年来有的专副刊背离报纸宗旨，宣扬一些错误的东西，值得我们警惕。

（二）专副刊有别于新闻版的特性

专副刊同新闻版的根本区别在于，它不是像新闻版那样，报道刚刚发生的新闻，而是对新闻的延伸。这种延伸是指对新闻版的整体的延伸，并非是对某篇消息的补充和解释。这种延伸表现在以下几个方面：

1. 功能的延伸

报纸的主要功能是：报道新闻，传播信息；表达意见，引导舆论；服务社

---

① 参见李霁野：《回忆鲁迅先生》，33页，上海，上海新文艺出版社，1956。

会，指导生活；传播知识，普及教育；提供娱乐，裨益身心；播载广告，促进产销。[①] 在这几项功能（除广告功能外）中，新闻版主要承担第一项。其他几项只能有所涉及，不可能展开或深化。而专副刊则是其他几项功能的主要承担者。对于第一项功能，专副刊也只能以自己特有的辅助方式加以体现。从这个意义上说，专副刊是对新闻版承担功能的延伸。

2. 内容的延伸

由于现实生活的广阔性和读者需求的多样性，新闻版所提供的内容尽管对读者来说是十分必要的，但有些时候尚感到不满足，需要专副刊加以补充和解释，加以深化和开掘。这就是在内容上对新闻版的延伸。

这种延伸，包括事实、理论、知识三方面。所谓事实的延伸，就是围绕新闻和现实生活的热点，提供带有背景性的事实，包括国内外不久前或很久以前甚至古代历史上发生的事实。专副刊提供这类事实，可以有助于读者更深入地理解刚刚发生的新闻和现实生活的热点。

这种背景性的事实，新闻版也会偶尔选用，但数量有限，而且附属于新闻，是简单的配合新闻。而专副刊则是从这类事实出发，阐释和分析某种社会现象。它不是附属于某篇新闻，而是以一种独立的形态出现。

所谓理论的延伸，是围绕新闻和人们关心的问题，从理论上加以阐明。尽管新闻版的评论，在分析问题时离不开理论上的阐明，但由于其容量和本身特性的限制，这种阐明不能充分展开，它要紧紧服务于观点的辨析、主张的表明、态度的表达和方向的指明。不能像专刊的理论文章那样，从理论上系统地深入地加以阐释，从容不迫地探讨各种理论问题。从议论的范围来看，专副刊的言论也比新闻版宽得多。

所谓知识的延伸，是围绕新闻和人们感兴趣的问题，介绍各类知识。新闻版在报道新闻的同时，也附带介绍相关知识，但它要紧紧服务于新闻的传播，处于从属的地位，数量也有限，不可随意展开，喧宾夺主。专副刊对知识的介绍，范围可以伸展到新闻版所不能涉及的广阔领域，类别既包括开阔眼界的科学知识、文史知识，又包括日常生活中的实用资讯，篇幅可长可短，灵活自由，不处于从属地位，具有独立形态。

上述三个方面的延伸表明，专副刊无论从量或质的方面来说，都呈现出与新闻版不同的特点。选材范围要比新闻版广得多，题材的性质侧重于知识性、理论性、实用性、娱乐性、消闲性。

---

① 参见甘惜分主编：《新闻学大辞典》，19 页，郑州，河南人民出版社，1993。

3. 状态的延伸

报纸上用文字表述人和事物的状态，无非是变化的状态（动态）和相对静止的状态（静态）。新闻版反映现实生活中正在发生的变动，即呈现一种动态。专副刊作为新闻的延伸，其主体部分呈现出的是静态。例如，对事实的延伸，其所使用的材料是属于已经发生的背景事实（甚至是远古的史实），尽管可以写得活灵活现，但仍是一种静态。至于理论的延伸和知识的延伸，都是利用人类在长期改造世界过程中所获得的认识、结论、见解去解释和剖析现实生活正在发生的变动，这种理论和知识仍是静态的。专副刊虽然可以介绍某些新的理论和知识，但仍是把它们当做早已存在的成果来介绍，侧重在静态；若是将某人新近发现什么作为新的变动向读者报道，则是新闻版的任务。

当然，这种动与静的划分，并不可能那么泾渭分明。新闻版以动态为主，并非绝对排斥静态，有时也需要少量的静态内容（如配资料）。专副刊以静态为主，同样也不排斥动态。相反，为了增强其动势，也强调选用动态的由头，但毕竟是属于次要的地位。

由以动态为主延伸到以静态为主，这正是新闻版与专副刊既相互独立又相互配合的巧妙之处。

4. 方式的延伸

专副刊在选材的角度、信息的流向、选用的体裁等方面与新闻版不同，可以说是在传播的方式上的一种延伸。

对现实生活中正在发生的新变动，新闻版往往是从正面、直接地切入，专副刊尤其是副刊往往是从侧面间接地切入。

信息的流向，新闻版往往是单向传播为主。因为报社编辑部直接接触新闻源，而且总是迅速及时地报道出去，为此“编者──→读者”的单向传播最为便当快捷。专副刊所传播的内容丰富多彩，信息来源广阔，时效性又不像新闻版那么强，因此信息的流向不仅包括单向传播，还包括编者与读者、读者与读者之间的双向和多向传播。

新闻版的体裁主要是消息、通讯和新闻评论，此外尚有极少量的非新闻体裁（如资料等说明文）；专副刊的体裁则由新闻体裁扩展到新闻与文学的边缘体裁（报告文学）以至纯文学体裁（如副刊上的杂文、散文、诗歌、小说）；由新闻评论扩展到一般的理论文章、议论文；由说明文的资料扩展到知识性、实用性强的各种应用文体。

就图像而言，新闻版上是新闻照片，副刊上则是艺术照片；新闻版上是时事漫画，专副刊上则是各类题材的多种多样的漫画。专刊的图表与新闻版相比也更为多样。

（三）专刊与副刊的差异性

1. 从选材范围来看

专刊限定在一个专门的领域，而副刊特别是综合性副刊就是反映社会生活各个领域的。当然，在一个领域内专刊的反映也可以具有多样性，但同综合性副刊的“综合性”不是属于同一层面上的，二者并不相同。

2. 从题材的性质看

专刊比较严肃，偏重于“硬性”的题材；副刊比较轻松，多是选用“软性”的题材。专刊没有文艺性，副刊则把文艺性作为必备的品质。对现实生活的反映，副刊可以通过艺术的虚构，折射现实。专刊则是直面现实，它所提供的背景事实或理性的分析都是用来对客观存在的事实做出解释和阐明。它同新近发生的新闻，联系更为紧密，新闻性更强。

3. 从表现形式来看

由于所反映的内容和选用的体裁不同，专刊的文字平实、直白；副刊的文字绚丽多彩。

4. 从稿件配置的结构方式来看

专刊常常被用来作深度剖析，因此喜欢用集纳的方法，即围绕一个共同的主题，各篇稿件分别从不同侧面加以展示，稿件之间的联系十分紧密，整版内聚力很强。副刊则不同，它要求一个版丰富多彩，内容避免单一化。因此稿件配置的结构方式通常是综合式的。只有在少数情况下（如纪念某位文化名人），才用集纳的方法。

二、专副刊同杂志的比较

专副刊与杂志在内容性质上有许多相似之处，为了探讨专副刊的特性，有必要同杂志作一比较。

《光明日报》前总编、老报人穆欣说：“我们报纸的专刊、副刊……它的性质类似期刊，却又不是独立存在，而是作为本报版面的组成部分。也可以说，它是‘报纸中的期刊’，因为它是定期出现的专科性刊物……而它不同于一般杂志的地方，则是能够更为及时地、更为紧密地与当前的宣传任务和宣传重点相互配合，强化思想理论工作，有利于促进对现实问题的探讨研究。”[①] 在这里，穆欣对专副刊与杂志的异与同作了分析比较，特别指出了专副刊在及时、紧密反映现实方面

① 穆欣：《办〈光明日报〉十年自述》，160页，北京，中共党史出版社，1994。

的特性。此种特性就是一种新闻性。

专副刊和杂志都是用非新闻体裁传播思想、理论和知识，提供文化享受，在这些方面有许多共同之处。但是专副刊比杂志读者面更广，时效更强，篇幅（指单篇作品）更小，在专业性方面也不如某些杂志那么强。作为新闻纸的有机组成部分的专副刊同杂志相比，更具有较强的新闻性。

专副刊一般不刊载新闻（零星动态除外），这种新闻性当然不是指由刊载新闻而带来的特性。专副刊的新闻性是指所载的内容与客观外界正在发生着的变动有较为密切的联系。主要表现有以下几个方面。

（一）专副刊所载的内容更具有现实性和时代感

这里有两层含义：一是用非新闻类文字直接反映现实生活；二是虽然未直接写现实生活，但具有现实意义。后者如介绍一段史实，作为现实生活的借鉴就是常见的方式。比如描述某一朝代任用官员如何实行回避制度，这虽然未写现实生活，但是它对我国目前推行公务员制度、进行廉政建设就有借鉴意义。

（二）用非新闻类文字作为主要形式，对新闻版报道的新闻事件进行解释、补充或引申

如1999年3月下旬起，北约向南斯拉夫联盟持续进行狂轰滥炸，很多报纸的专副刊就相继发表文章，介绍北约是什么样的组织，南斯拉夫民族是什么样的民族，巴尔干半岛在军事上具有什么价值，对这一事件发生的原因和发展趋向做出解释和说明。

（三）专副刊所写的内容是静态的，但是借用了含有动态的由头

比如，电视剧《新星》刚刚播映的时候，有家报纸副刊介绍了剧中出现过的一座木塔。虽然剧中提到的古陵县名是虚构的，这座塔却是实有其物，而且是世界闻名的我国现存最古老的木塔。这种高层木结构建筑巍然屹立在山西应县已有900余年。这一静态的事物由于一出电视剧的播映引起了人们的兴趣。副刊以此为由头进行介绍，从而显示出一种动势。

第三节　专副刊的功能和类型

一、专副刊的功能

专副刊对于读者，对于报学、文学乃至整个社会生活都有不可或缺的价值，其作用是不可低估的，本节所要讨论的就是专副刊的功能问题。

（一）导向功能

报纸的专副刊同新闻版一样，都具有导向功能，但其实现功能的方式和着力点是不同的，因而对客观现实所发生的影响也不一样。专副刊发挥导向功能有两个显著特点：

1. 以间接侧面的方式积极反映和正确引导社会舆论

反映和引导社会舆论，新闻版主要以正面直接的方式，专副刊主要采用的是侧面间接的方式。新闻版是直接正面报告新闻事实，直接正面代表编辑部对新闻事件发表评论、表明态度，具有强大的声势和震撼力。专副刊则不同，它是通过从各个侧面对新闻事实做出解释和阐明来反映和引导舆论的。它对新闻事件的表态，大都是以个人的名义，间接地反映编辑部的立场。

值得注意的是，这种侧面间接的方式，在现实斗争中还有一种独特的作用，这就是可以触及新闻版不能或不便涉及的问题，说出新闻版不能或不便说出的话。对某些情况，新闻版不能报道，专副刊可以借古喻今；某些事实不能在新闻版公开，专副刊可以避开事实谈理论原则，辨明是非，也可以将其移植到虚构的艺术形象之中，折射现实。

当年国民党推行专制的报刊图书检查制度，引起公众的强烈不满。在重庆出版的《新华日报》，每日要受到当局的检查，无法公开批评这种文化专制主义。于是在副刊中发表《满清弘历检查图书的方法和技术》，以学术研究的名义揭露清代采用“挖改”“灭迹”“毁板”等手段压迫舆论，借此以古喻今。

在重庆期间，国民党要人孔祥熙的二女儿驾车违章，受到劝阻，竟蛮横无理，打了值勤警察。这样的消息在当时难以见报。作家张恨水以此素材，虚构了潘金莲依靠丈夫西门大官人的权势随意打骂警察的情节，作为寓言式小说《八十一梦》的一回，刊登在《新民报》的副刊上，受到周恩来的赞扬。《新民报》编辑陈理源曾著文回忆周恩来同报社编辑们会面时说：“反对国民党的黑暗统治，《新民报》如果像《新华日报》那样，常用政论的形式，从正面揭露和抨击它，是有困难的，但可多用文艺形式，比较曲折的笔法等，从侧面加以揭露和抨击，这样，他们的检查人员一时不容易看出，稿件可以少被检扣——‘天窗’可以少开几个，在宣传效果上却是很好的。”陈理源还记得，当时周恩来还嘉勉《新民报》在这类做法上有自己的经验，并举出在座的张恨水所著《八十一梦》为例，热忱地向张说：“恨水先生的这部作品，不是就起了很好的作用吗？”①

有些问题因时机不成熟，不宜在新闻版上提出，可以在专副刊中以曲折的方式加以透露，适当地反映某些社会舆论。例如，在粉碎“四人帮”以后到党的十一届三中全会以前的一段时间，由于“两个凡是”的影响，1976 年 4 月 5 日群众

① 陈理源：《重庆〈新民报〉史话》，见《〈新民报〉春秋》，126 页，重庆，重庆出版社，1987。

悼念周恩来遭到迫害的天安门事件迟迟未能得到平反。上海业余作者宗福先创作一部六幕话剧《于无声处》，剧中虽未正面描写这一事件本身，但以此作为戏剧的背景来处理，受到了一些报纸副刊的热情赞扬。这些评论充分肯定了广大群众悼念周恩来的正义行动。虽然文中并未直接提出为整个天安门事件平反，但已是呼之欲出了。后来北京市委做出决定为这一事件平反。当然，做出这一决定，绝不能全部归功于一出戏和报纸副刊的评论，但报纸副刊善于抓住时机，正确地表达社会舆论，其作用也是不容抹煞的。

上面事例说明，反映和引导社会舆论，有时运用新闻版正面直接的方式无法施展，运用专副刊侧面间接的方式却大有可为。但这并不是说，新闻版的方式可以达到的地方，专副刊的方式就毫无意义。比如，目前有些风景区为了挣钱，为了发展，不顾保护，使自然景观遭到人为的破坏和污染。对于这种现象，新闻版可以正面直接揭露一些怵目惊心的事实，并发表评论大声疾呼。专副刊也可以用侧面间接的方式，反映和引导社会舆论。2000 年 11 月 16 日《中华工商时报》文化副刊《信天游》上发表吴昊的《武夷“真山水”》的一篇游记文章。开头是从武夷山崖壁上镌刻清代秀才林翰的手笔“真山水”三字写起，依作者的感受，武夷山至今保护得良好，“游武夷，坐竹排，荡在九曲十八湾上……那一番舒坦，那一种飘逸，那一段情怀，是任何地方都没有的，也是一生都忘怀不了的”。作者呼吁不要用假山假景破坏自然风景区的“真山水”。这种呼吁，就引导舆论的力度来讲，自然不如新闻版，但是作者对“真山水”的痴迷之情，对失去“真山水”的痛惜之情，是新闻版所没有的，这种诉之以情的引导，同样是需要的。

2. 以先进的思想和高尚的情操感染人

传播先进的思想是整个报纸的功能，专副刊在这方面有独特的优势。

传播先进思想离不开说理。各种专副刊一般都有着眼于说理的评论，理论专刊更是如此。与新闻版相比，它们可以更从容不迫地用马克思主义的基本原理，回答和解决人们思想上各种问题。

传播思想离不开以情动人。同新闻版相比，副刊富有文艺色彩，注意以形象的吸引和情感的传导来影响读者。优秀的文学作品对人物的刻画、环境的展现，往往能使读者在思想上受到潜移默化的影响。

胡乔木曾谈过副刊文章的特点：“一、内容侧重在人（文学＝人学）而不在工作本身，侧重在思想、伦理、心理、品质、风尚方面；二、言之有文。”[①] 这里提的两个侧重，正是点明了副刊所具有的教化功能。早年曾经编过副刊的张友

① 商恺、朱元石主编：《胡乔木谈新闻出版》，112 页，北京，人民出版社，1999。

渔，在谈到副刊的指导性时说："所谓指导，自然不是板起孔二先生一般的圣人面孔，或者像党务委员们的正正经经，来向大家说教。不过是在文字的内容和技术上，给读者以一种暗示与感化罢了。"① 这里的"暗示与感化"，正是道出了副刊教化功能的特点。

（二）认知功能

专副刊不仅可以为读者在政治上指明方向，在思想品德方面予以积极的影响，而且还可以在认识世界、开阔眼界方面提供有益的帮助。

1. 专副刊是读者深入了解外界重要变动的窗口

新闻版向读者提供的是正在发生的新闻，是他们迅速了解外界最新变动的窗口。但由于时效的限制，不可能对这种变动的来龙去脉和发生的深刻背景做出详尽解释和深入剖析。这一任务大多数是由专刊来完成的。如果说，新闻版的报道，是新闻资源的第一次开发，那么专刊所做的便是第二次开发。专刊时效性要求比较宽松，且有一定的专门性，它可以从容地提供新闻事件的历史背景和所处的环境状况，追溯它的发展历程和前因后果，也可以展望前景、预测未来。总之，可以为读者提供深入了解外界重要变动的窗口。

至于副刊，在这方面也不是无能为力的。它主要是用文艺的形式将作者所理解的这种变动的意蕴展示给读者。

以 1999 年北约轰炸南斯拉夫为例，专刊可以通过提供各种背景资料，从政治、经济、历史、地理等多方面深入阐释这一事件。副刊则可以从人的角度切入，写作者所接触到的南斯拉夫人具有怎样一种倔强的民族性格，写他们在过去战争中所遭受到的心灵的创伤，评述反映抗击德国法西斯的英雄业绩的影片，总之从这里可以展示人心的向背，有助于中国读者从更深层次上理解这一事件。

2. 专副刊是传播各类知识的课堂

新闻版由于时间、空间的限制，对知识的传播数量较少，只能作为宴席上的一道"配菜"，而在专副刊中却可作为一道"主菜"。传播的内容极其广泛，既有科学的前沿，又有眼前的生活常识；既有太空的奥秘，也有人类的生存问题；既有历史的谜案，也有对未来的探寻……读者除了在学校受到的系统知识教育之外，获取知识最经常、最便捷的途径之一就是报纸的专副刊。它所传播的知识，与人的需求增长俱进，与时代前进的步伐俱进。专副刊是人的一生接受继续教育的课堂之一。

---

① 王文彬编：《中国报纸的副刊》，57 页，北京，中国文史出版社，1988。

(三) 服务功能

专副刊的服务功能，主要包括两项：一是提供各种实用信息，为解决读者在工作、生活中遇到的实际问题提供帮助。二是为自身文化事业（这里仅指报业和文学事业）的发展提供支持。

现代读者要求报纸不仅是“新闻纸”，而且也是“有用纸”。应该看到，“有用纸”的使命，新闻版是较难以完成的，主要应是由专副刊（主要是专刊）来承担。举凡升学、就业、理财、求偶、家居、保健、饮食、购物、出行、旅游、敬老、育儿的实用信息以及相关的法律咨询，专副刊都可提供，真可成为一个小型的“百科全书”。

专副刊的服务功能，应是一个“大服务”的概念，首先为广大读者，同时也为自身的发展。专副刊既是报业的一部分，也是文学事业的一部分，具有报学、文学的价值。

从报学来讲，专副刊是突出报纸个性的手段。新闻版的主体是新闻，各报虽然可以在内容的取舍、材料的选择、表现的方法和角度的变化上显示出不同，但毕竟反映的都是同类甚至同一的报道客体，选择的余地有限，不容易显示出很大的差别。而专副刊不同，各报在内容设计、栏目设置、联系的作者等诸方面有更大的选择余地，他们可以根据各自的读者对象，设计出与众不同的专副刊。随意翻开两家报纸，在新闻版上可以找到相同或类似的内容，而专副刊则是面貌各异。正是由于专副刊的存在，为报纸的个性化提供了强有力的支持。这正是从更广的意义上，体现了专副刊的服务功能。

从文学来讲，专副刊（尤其是副刊）对于繁荣文艺创作、培育文艺新人方面起着巨大的作用。文学研究者历来把报纸的文学副刊作为文学事业的一部分来研究。《申报》的《自由谈》，既是报学研究的课题，也是文学研究的课题。《光明日报》的《文学遗产》，对于推动我国古典文学研究事业所作的贡献，是有目共睹的。副刊通过开展文艺批评与学术争鸣，推动了文学事业的发展。一些文学样式（例如杂文），正是通过副刊孕育发展起来的。

长期以来，由于副刊经常刊登文艺作品，在它的周围吸引了一批文学爱好者。副刊不仅满足他们对文艺的审美需要，而且也为他们提供了一个崭露头角的园地。老报人萧乾在一篇题为《一个副刊编者的自白》的文章中说：“我们了然副刊占不上文坛的上席，但也从未藐视其应有之职责与价值。它是一道桥，它应该拱了腰身，让未成长或还未把握住自信力的作家渡来。”① 中国的一些著名作

① 萧乾：《一个副刊编者的自白》，载香港《大公报》，1939—09—01。

家，如鲁迅、郭沫若、冰心等，他们的处女作或早期作品就是在报纸副刊上发表的。所以，副刊在培养文学新人方面有着不可小看的作用。副刊可以说是培养作家的一个摇篮。

（四）愉悦功能

愉悦功能，就是为读者提供文化享受，也可以说是消闲功能。新闻版刊登文化消息，读者获得的是新闻信息。副刊刊载的杂文、散文、诗歌、小说、幽默小品、寓言故事、绘画以及谜语、棋谱之类，读者从中直接获得的是文化享受、审美的愉悦。有些专刊（例如《电脑专刊》），对于一些着了迷的爱好者（如“网虫”），阅读时未必不是一种文化享受。

近代中国的第一张副刊是以《消闲报》三个字命名的，但是副刊是否应该具有消闲功能？一直存在着争论。这里有两个问题需要讨论。

第一，关于消闲的概念。

按词典解释，消闲是消磨空闲的时间。消遣是用自己感觉愉快的事来度过空闲的时间。从词义来讲，应是中性的。可是从办刊理念和办刊实践来看，历来有两种观点、两种做法。一种是把消闲当做是低级趣味的代名词。早期的副刊就有“谈狐说鬼”“捧戏子”“谈嫖经”的内容，直至今日仍有所谓“风月版”（如香港某些报纸）。一种是把传播健康的情趣，提供有益的文化享受，作为消闲的内容。在社会主义制度下办副刊，应该采取的是后一种态度和方针。

第二，消闲是读者的需要，但报纸副刊消闲功能发挥到什么程度，要受时代和条件的限制。

比如，过去的战争年代和革命年代，由于现实斗争非常紧张，读者没有多少消闲的时间，如果副刊过多地提供消闲的内容，会分散读者的注意力。但是，正如鲁迅所说，“其实，战士的日常生活，是并不全部可歌可泣的”①。“日常生活”难免有些闲情，而且频繁战斗的间隙，也需要把紧张的神经松弛一下，以便迎接新的战斗。那个时代的副刊既需要歌颂英勇行为的《烈火金刚》，也需描述战斗间歇平凡生活的《荷花淀》。在那饥寒交迫的艰苦年代，对于那些连饭都没得吃的穷苦朋友们，“你不告给他吃饭的办法，而向他讲趣味，在他看来真是凶年劝吃肉糜，不中听的很”②。

现在，我们正处在和平建设时期，20 年来的改革开放，使人民的生活已开始摆脱贫困，正由温饱走向小康，人们的休闲时间日益增多，加上双休日假日的

---

① 《鲁迅全集》，第 6 卷，603 页，北京，人民文学出版社，1981。

② 张友渔（署名“疑”）：《真个是“别来有恙”!》，载北平《世界日报》，1931—12—03。

实行和老龄化时代的到来，更要求报纸副刊进一步发挥消闲的功能。

（五）参与功能

与新闻版不同，专副刊的文章都是以个人的名义发表的，这就为读者代表个人参与社会事务，提供了有利条件。专副刊的参与功能，是指读者可以利用专副刊这块园地，通过发表个人看法、传播个人所接触的事实，对国家和社会的公共事务以及办好报纸提出意见和建议，参与感兴趣的问题的讨论，发挥读者的积极作用。

新闻版的职能是迅速报告新闻，对新闻版来说，读者的参与，也主要限于提供自己发现的新闻线索，范围比较窄。而对专副刊来说，读者参与的范围大得多。以发表意见，提供建议而言，上至国家大事，下至邻里关系，几乎无所不包。如感兴趣，还可参加各种问题的讨论。专副刊是民主的园地，也是相互切磋、交流、沟通的园地。

二、专副刊的类型

按照选材范围、题材性质、内容配置的结构方式以及表现方法等综合因素分类，专刊有新闻性专刊、学术性专刊、服务性专刊和社会性专刊等，副刊有综合性副刊和文艺副刊等。

新闻性专刊：是对某一领域的重要新闻事件或热点问题提供背景解释、深入剖析的专刊。它侧重从事实方面对现实生活所发生的变动提供解释和剖析，不同于新闻版对新闻所作的简洁、迅速的报告。只要是出于阐释、剖析的需要，古今中外所发生的事实均可在选用之列。现在一些报纸在经济、科教、政法、军事、文化等各个领域中往往辟有这类专刊。文字平实，新闻性、阐释性比较强。

学术性专刊：探讨各类学术和理论问题的专刊。它偏重从理论上对社会和业界普遍关注的问题进行研讨和剖析，阐发对人类未知领域的新见解，传播科学前沿的新知识。其知识性、思辨性、探索性和争鸣性都比较强。

服务性专刊：为读者提供各类服务性信息和知识的专刊。它偏重从实用性方面提供有关衣食住行、吃喝玩乐、卫生保健、求学就业、交友择业、投资理财等方面的信息与相关的知识。实用性强是它的重要特点。

社会性专刊：以观察社会、探索人生为主要内容的专刊。它以生动的事例和深刻的哲理，着重从品德修养方面探讨人生的真谛，探讨人间应该有什么样的亲情、友情和爱情。教化性和情感性都比较强，是这类专刊的显著特点。

综合性副刊：以文学形式反映社会生活各个领域的副刊。这种副刊，面向较为广泛的读者，具有普遍兴趣。它既带有文艺色彩，又有综合性。它主要刊登杂文、散文、诗歌、报告文学、小说（短篇或长篇连载）、书评、剧评、影视评论、书简、科学小品、美术作品等，一般篇幅比较短，注重侧面选材，以小见大。

文艺性副刊：专门反映文艺界人士及其创作活动的副刊。由于其限于文艺一个领域，有别于上述综合性副刊。广大读者（尤其是青少年）对于文艺界人士的成长历程和敬业精神，创作的过程及其成果，向来是很感兴趣的，因此刊载这类内容的文艺性副刊具有较强的趣味性和愉悦性。

文艺界人士创作的成果，如某种体裁作品的专辑（如散文作品版），也可归为文艺性副刊的一种。

中国报纸的专副刊，经过十年“文化大革命”的摧残，到20世纪80年代步入了带有恢复性质的增长期，到了20世纪90年才进入内容、形式全面革新的繁荣期。

进入20世纪90年代，异军突起的是周末版。它是在原有副刊基础上发展起来，又有别于原有副刊的新品种。它是在一个刊名下多个副刊的集合体。它不但在形式上篇幅多容量大，编排上具有较强的视觉冲击力，而且在内容上具有以往副刊不具备的新特点。第一，它运用大特写，关注新闻热点的阐释，具有较强的新闻性。第二，它关注平常人的感情生活，《北京青年报》以“我”字命名的专栏，展示普通人作为个人的人生感悟、情感历程，就是这类周末版的代表。第三，它关注人们的休闲生活。第四，它突破了少数文人经营的小天地，把副刊变成了一般大众的文化快餐。这四项内容，有的是过去从未有的，有的是较少涉及的。所以给读者耳目一新的感觉。但是，周末版的大量涌现，也难免良莠不齐，甚至沉渣泛起。经过不断整顿，现已有所改进。

周末版的浪潮刚过，又迎来了大周刊的兴起。大周刊是在原有专刊基础上发展起来，又有别于原有专刊的新品种。由于报纸的版数有限，一种专刊不可能天天出版，所以改为周刊，但每次刊出时，又不止一块版，故称为大周刊。它是一个刊名下拥有多版的专刊集合体。它与过去的专刊不同，过去的专刊新闻性不强，还缺乏实用信息的内容，读者面也比较窄。新出现的大周刊则关注本专刊范围内新闻热点的阐释；关注实用信息的提供，关注广大读者的需求。尽管谈的是专门的内容，但注意从普通百姓的角度切入，具有较强的可读性。

周末版和大周刊的出现，并不是偶然的。当时的社会大背景是，从计划经济向市场经济过渡，报纸由昔日“吃皇粮”变为走向市场找饭吃，报业的激烈竞争，促进办报观念的转变，读者意识的增强。各报相继推出这两个新品种，正是寻找出路的新尝试。

专副刊的类型，是专副刊与读者、专副刊与社会互动的产物。这种互动，没有停止，专副刊的类型划分不会是凝固不变的。

第四节　专副刊的内容设计

上面几节在论述专副刊特性、功能和类型时，已经或多或少地涉及了设计专副刊内容的某些要求。下面再作比较系统的阐述。

一、时代感

专副刊及其读者都存在于一定的时空环境之中。这里所谓时空环境中的“时”，首先就是指所处的时代。不同的时代，读者的需求不同，专副刊的内容也不同。专副刊作为一种文化产品，只有融和于时代，才有存在的价值。因此要编好专副刊就要考虑时代的要求。

是否具有时代感，是衡量专副刊价值大小的标尺之一。所谓时代感，就是要反映社会发展现阶段所提出的根本任务和完成这一任务所应倡导的精神，即反映时代的主旋律。各个时期的报纸专副刊由于所面临的社会发展阶段不同，其所反映的时代精神的内容也有所不同。例如，在“五四”时期，面对反动军阀的统治，鼓吹反帝、反封建，倡导民主与科学，唤起民众觉醒就是专副刊所要反映的时代主旋律。那一时期一些著名副刊所体现出来的时代感，不仅为当时的人们所称道，而且时至今日，人们仍感念它们对推动历史发展所作出的贡献。

在现阶段，建立社会主义市场经济体制，建设繁荣富强的社会主义国家是历史发展的要求。报纸的专副刊应该宣扬与这一要求相适应的改革开放、锐意创新、自力更生、艰苦奋斗、团结协作、无私奉献的精神。报纸的专副刊如果脱离时代的主旋律，宣扬开倒车，就会在方向上滑入歧途。《人民日报》副刊老编辑袁鹰在谈到副刊的基调问题时就说：“副刊必须充满时代的声音，必须充满代表着时代中主流的声音。副刊的基调，必须是堂堂正正，热气腾腾。一定要不断地反对那种站在时代激流之外指手画脚的冷言冷语，吞吞吐吐。”①

专副刊的内容要有时代感，应反对两种倾向。一是落后于时代，一是超越时代的发展。1958 年“大跃进”时期，报纸副刊所宣扬的“向共产主义迈进”，就是超越了历史发展的现阶段。其教训也是非常深刻的。

当然，专副刊上刊载畅想未来的科幻作品，尽管有空想的成分，但它并未将

---

① 袁鹰：《副刊编辑手记》，载《新闻战线》，1959（2）。

幻想与现实混淆起来，不能视之为超越时代。

专副刊如何体现时代感，有以下几个问题值得注意。

（一）“虚”与“实”问题

不能把专副刊的时代感理解得太“虚”，变成空洞的说教，也不能把它简单地等同于对某项具体任务的配合，变得太“实”。

1997年《中国青年报》有个专刊登载了两篇稿件，一篇是《回家乡　开发资源》，一篇是《留北京　衡量能力》，两个青年人谈自己的经历，非常具体，似乎与时代感不搭界。但是编辑在配发的图片旁鲜明标出两行字：《自己的责任自己扛　自己的道路自己选》，而且把上述图文置于《成长的课题·十字路口的抉择》栏目之下，并在按语中提出：“学会做选择是成长过程中重要的一课。”这样来提出问题，正表明在向社会主义市场经济过渡的年代，市场配置人才资源的作用越来越大，文中所鼓励的正是新时代所提倡的开拓进取的精神。

这个实例显示，编刊要有时代感，绝不是空洞的口号，它要具体落实到所刊登的人和事上，而且要从这里体现出时代所提出的要求。

但是这种“具体”，绝不能等同于一些实际部门所提出的一个个具体任务。过去曾出现过这种情况：农村积肥造肥、抗旱保苗，副刊也跟着配合进行宣传。实际工作部门很多，具体任务一个接一个，作为综合性副刊，如果一味跟着跑，只能是挂一漏万，结果是丰富多彩的现实生活无法得到充分反映，在更大的方面脱离了现实。即使是专刊，其所应该反映的专业工作任务也是比较多的，也不能把其中的一个专业部门提出的某项临时任务作为专刊的中心内容。

当然，这不是说，对上述各种临时的具体任务，专副刊一律采取拒绝的态度。原则上可以做某些适当的配合。所谓“适当”，就是配合的项目要有选择（确有必要），数量不宜多，时间不宜拖得太长，而且更重要的是用专副刊特有的方式来表现。如果勉强去配合而抹杀了专副刊的特性，既起不到配合的作用，又使报纸失去了一块良好的园地，其结果只能是得不偿失。

（二）“冷”与“热”问题

关注现实生活热点，是专副刊富有时代感的体现。但是专副刊的种类很多，对热点关注的程度和方法也不应相同。以新闻性专刊和社会性专刊为例，前者紧紧追踪新闻事件，现实性、时代感极强，自然引起读者的热切关注。但是由于其“热度”升得快，消退也快，极易事过境迁。后者谈友情、亲情、恋情，这些是永恒的话题，虽然也有时代的“烙印”，但它所蕴含的价值观念和处世原则有相对稳定的一面。读者对它的关切度有时可能不及前者，但对读者的影响也会比较持久。专刊的报道领域不同，其时代感也不能用同一模式来要求。

还应该看到，报纸的读者相当广泛，专副刊所反映的现实生活也应是相当广泛的，除了用较多篇幅关注热点而外，还应当适当关注非热点，而且有些非热点，并非同时代精神格格不入。《中国青年报》有一个《冰点》专刊，其中所选的很多题材都是不为媒介所追逐的“冷门”，却受到了读者的欢迎。1997 年 3 月 25 日发表的《麻雀的故事》，讲述了一段尘封已久的史实：50 年代中期，毛泽东根据农民来信反映麻雀祸害庄稼，在与省委书记们一起撰写的《全国农业发展纲要》中将麻雀列为四害之一，随后全国开展了“捕雀战”。后来科学家提出科学论据证明麻雀不是害鸟，毛泽东遂将麻雀从“四害”中剔除。这段史实对于 20 世纪 90 年代的报纸来说，当然是冷门题材，但透过它显示：领导的决策应如何尊重科学。阐述这样的主题，对于倡导学习科学、尊重科学、以科学态度建设现代化，无疑具有现实意义。文中阐述的“人类要与鸟类和平共处，共同创造美好的环境”，也正是当前应大力倡导的环境意识。

作为专副刊，即使选用了冷门题材，只要它所传播的观念同时代的脉搏一起跳动，也是必要的、有意义的。

由此可以看出，不能简单地把现代题材与时代感、历史题材与非时代感画等号，题材不是决定是否有时代感的唯一因素，关键要看怎样表现它。当然，我们是生活在当今的世界上，人们最熟悉的是现代题材，作为报纸上的专副刊还应以现实题材为主，历史题材不应占有过大的比重。

二、地域性

所谓专副刊要有地域性，就是指在内容上多选用具有贴近性的本地题材，并利用为当地读者所喜闻乐见的形式来表现。

所谓本地题材，是指具有本地特点的现实生活和历史沿革、历史事件、历史人物、名胜古迹、地理特征、物产资源、文化传统等。例如，四川自贡市是座历史文化名城，恐龙、盐井和灯会构成了它的三大特色。《自贡日报》专副刊自然也要体现这些特色，多表现此方面的题材。其副刊就以“自流井”命名。仅围绕盐井这一特色就辟有《盐场史话》《盐都探胜》《盐都风情》《盐都英烈传》《盐都革命斗争史》等栏目，刊发了不少具有鲜明个性和浓厚乡土气息的文章，给读者以知识和启示。

本地题材所反映的事物，有的形成和产生的年代较早，含有变动的因素较少，多呈现出一种静态。因此选用这类题材时要与当前的形势、时令节气、纪念日、节日和正在举办的活动结合起来，以突出动势和现实感。地方报纸所在的地域毕竟有一定范围，为避免题材的“枯竭”，还应善于寻找新的角度和时机，使题材不断翻新。

一般来说，一个地方具有历史意义的街巷和古建筑，一向为人所瞩目，报纸专副刊过去都或多或少作过介绍。似乎再没有什么文章可做了。但遇有新的机会(比如城市改建)，仍有展示其风采的可能。比如，北京修建横贯东西的平安大道和广安大道，其间经过的地方就有一些值得人们纪念的历史遗迹。工程开始动工之前，北京报纸的一些专副刊就曾介绍过这些历史遗迹有什么文物价值，为何值得建设者和市民们珍惜。这些材料并不是什么新发现，但事隔一段时间之后，借用修建大道的时机传播出去，对年长的读者来说，可以温故知新，对一些年轻的读者来说，可能还是未曾听说过的新知识。

所谓地域色彩，并不只是描述一地的“物”（文物古迹、物产资源、风光景物），而且包括在这里生活的人以及他们所做的事。人民艺术家老舍是北京人，有很长一段时间生活在北京，他的夫人胡絜青为纪念他诞辰一百周年，写了一篇《恋家》的散文。文章开头就写老舍是个“恋家的人”。他恋老家，恋小家，更恋国家。随着新中国的建立，他回到新生的北京，有了“真正属于他的家”，“他喜欢这个小院，他自己动手布置它，每天擦洗它，用无数的花草树木装点它，把它打扮成一座小花园”，而他每天在这里写作，他终于找到家的感觉，他太爱这个家了。遗憾的是“文化大革命”破坏了这个家，打碎了这个家。这篇文章主要以老舍在北京的家为题材，向人们昭示这样一个道理：要关爱我们的小家，热爱我们的国家。《北京日报》副刊上发表的这篇作品，被评为第九届中国新闻奖（副刊作品奖）。

应该指出，突出报纸专副刊的地域色彩，表现在当地生活过的名人固然重要，而表现普通人对当地的情结也不可少。

北京的胡同，最具有浓郁的地方色彩。报纸的副刊围绕它做过不少文章。2001 年 1 月 22 日，恰逢农历腊月廿八，《北京青年报》的《天天副刊》发表了一篇《我的胡同情结》，作者是普通人，而且是年轻人，他写道：“我眷恋胡同儿，不仅因为它是我出生的地方，更重要的是胡同儿几百年的古代文明与新世纪、新文化交织组合而形成的最具代表性的北京胡同儿文化时刻熏陶着我。”报纸上还配发了他所描绘的北京胡同的风俗画：《乐子》、《卖冰棍儿》、《抓票买彩电》、《咱家有了私车》和《打扮儿》等。绘画所展示的年代，是从他记事的 20 世纪 70 年代起，直至今日。这里图文相配，浓郁的地方色彩和热烈的节日气氛，交相辉映，反映了一个普通的北京人对胡同割舍不断的情结。

发掘本地的历史文化遗产和人文景观资源，固然是增强专副刊地域色彩的重要方面。但对于地域色彩的理解，不能偏于狭窄，反映具有当地特点的现实生活，亦应是不可缺少的重要方面。而且这里有挖掘不尽的题材。

南通市所辖的通州市，有一个时期水污染特别严重，《南通大众报》周末版为此发表了大特写，揭露了这种状况。省环保工作检查组到通州实地考察，并把这期报纸带回去研究，最后把治理这里的水污染确定为重点解决的问题。这篇大特写被《中国环境报》转载后，惊动了国务院，水利部奉命派司长来这里检查。南通市领导也赶来共同研究，采取了切实的步骤。读者说："要不是报纸宣传，怎么能通到国务院!"市委领导称赞报纸"为通州人民说了话"[①]。《南通大众报》认为这类题材就是周末版应注重开发的"地方产品"。

当然，强调地域性，并不是要把读者的目光局限于狭窄的一隅。我们正处在改革开放的年代，一个地区、一个国家同外界的联系日益频繁，随着全球经济一体化和现代通讯技术的发展，本地读者越来越需要更多地了解外地、外国的情况。因此，专副刊的地域性与开放性应相互结合而不应相互排斥。

三、新颖性

设计专副刊的内容，除了考虑读者所生活的时代和地域外，还要考虑读者的认知领域。"喜新厌旧"是读者普遍的阅读心理。专副刊的编辑要研究哪些内容对读者来说是新鲜的，哪些内容是陈旧的。要判断新与旧，一个重要原则就是看这些内容与现实生活中新近发生的变动之间的联系。如果两者之间缺乏联系，就难免使人感到内容的陈旧。

专副刊与现实生活中发生的新变动之间的联系，有直接的和间接的两种。所谓直接的，就是用非新闻体裁直接反映新涌现出的人物和事物。对当今的国事、政务、社会现象、科学的新发现、新问世的书刊、新推出的戏剧影视以及文坛上出现的新思潮加以评述和阐释，都能使专副刊与蓬勃的新生活息息相关，具有新鲜感。

所谓间接的联系，是指专副刊内容所写的虽然是很久以前发生的事或早已一直存在的事物，但是它同现实生活的新变动仍有这样两方面的联系：其一是从功能来说，它对读者认识、理解这种新变动有意义；其二是从发表的契机来说，展示这些内容的时候，往往借用了这种新变动作为由头。这种同新变动发生的间接联系，因具有现实性，也是读者所需要的。事实上这类稿件往往占据了专副刊中很大一部分。

上述这种间接联系，有三种情况，也可说是三种做法。

---

① 参见《中国新闻年鉴》，203页，北京，中国社会科学出版社，1994。

（一）旧内容与新需求

专副刊的有些内容（如某些实用信息和知识），并不是新的，但有时由于外界的变动，读者产生了新的需要，仍有必要刊登。比如，医学界对预防感冒的研究，多少年来，并没有多少新的进展，但是这类预防预感冒的常识，每当感冒大量流行之时，读者又有了新的需求。这时传播这类保健知识，对读者来说是新的提醒，并不会感到过时。

（二）旧内容与新视角

有些内容，专副刊过去已经传播过，但有新的视角，能给读者新的感觉，仍然具有新颖性。比如“十二生肖”，在那破“四旧”的年代，在报纸上被视为禁区，不能谈论。党的十一届三中全会以后，禁区被打破，每年春节很多报纸的副刊都要发一篇《鼠年说鼠》或《牛年说牛》之类的文章，人们都感到比较新鲜。但是十二个生肖轮番谈过之后，再来《×年说×》，就毫无新意可言。但是生肖的文章仍能再做下去。2001 年 1 月 23 日《北京青年报》的《天天副刊》又找到了一个新视角。文章的标题是《本世纪九大龙年》，从回眸世纪的宏观视角，依次讲述了九个龙年：流泪的龙；苏醒的龙；危难的龙；抗争的龙；抬头的龙；崛起的龙；悲怆的龙；振兴的龙；跨世纪的龙。回顾了这九个龙年里发生的有关国家和民族生死存亡与发展的大事，画龙点睛式地反映出一个世纪以来，中华民族从屈辱中苏醒，在危难中抗争，在奋斗中崛起，满怀信心迎接新世纪的历程。文章所援引的都是历史上的旧材料，但选择跨世纪龙年的最后一天（2001 年 1 月 23 日）回顾百年历程这样的视角却是新颖的。在这里读者可以从旧材料中得到新的启示，从而受到鼓舞和激励。

（三）旧材料与新由头

新由头是指披露旧材料的一种契机和引子。凭借它，就可以把那些很久以前发生的事情和早已一直存在的事物引发出来，使这些失去时效性、显现一种静态的内容也含有一种动势。

这种新由头，不是新闻写作中的新闻根据。新闻根据应是尚未披露的有价值的新闻事实。而专副刊所借用的新由头，可以是已发表过的新闻，可以是人们在现实中刚刚接触到的事物（是某种变动，但未必具有新闻价值），有的甚至是一种时间上的因素。总之，只要它具有较强的时间性，显示出一种动态即可。

专副刊选用的由头比较多，主要有如下三种：

1. 刚刚发生的新闻，是专副刊中常常借用的由头

例如 1989 年 1 月 7 日，日本天皇裕仁病逝，皇太子明仁即位。1 月 22 日《人民日报》的《国际副刊》发表的《日本年号琐谈》一文即以这则消息为由头，

介绍日本从公元645年起就仿中国王朝使用年号，其命名均取自中国典籍。迄今247个年号中，已引用中国典籍70余种。此外，该文还谈到年号的选定程序及使用规定。这篇知识小品的主要内容是谈历史，但借用了一则新闻为由头，就有新鲜感。

2. 除了新闻以外，在日常生活中人们刚刚接触到的事物或刚刚发生的事情（虽然构不成新闻），也可以作为由头

例如，电影院正在放映的某部影片、电视里正在播放的某部电视剧，以及刚出版的报纸书刊中提到的某个事物，就常常被用来作为由头。《北京晚报》的《五色土》综合性副刊，趁电影《骆驼祥子》上映之机，以影片中出现的人、事、物为由头，在《谈北京》专栏中先后发表了《兔儿爷》、《旧北京的庙会》、《旧北京的洋车工人》、《旧北京的拉洋片》和《旧北京特产冰糖葫芦》等短文，每篇二三百字，从一个侧面介绍了旧北京的民俗风情。这部影片，人们刚刚看过，趁这个时候介绍影片中涉及的旧北京的风情，就有一种新鲜感。

有一次，北京观众在体育场上观看中国队与科威特队的一场足球赛，中国队3∶1的战绩使球迷们激动不已，他们纷纷以跺脚表示庆贺。3天后，这件刚刚发生的事情，被《北京晚报》的《科学长廊》副刊作了由头，写了《看球跺脚与振动反应》一文，从物理学的角度讲了众人一齐跺脚所产生的振动可能危及建筑物。有关振动的原理，当然不是什么新发现，但是借用了新由头来讲述，就使人感到一种新鲜感。

3. 作为专副刊的由头，还有一种就是时间的因素

例如时令节气，各种纪念日，作为一种时间，它的到来与逝去，具有变动性。这种时候往往可能伴随着某种现象（如自然景象或节日气氛）的出现，也可能使人们的某种感情油然而生。这时发表怀念某位故人的文章，也使读者具有新鲜感。《北京晚报》《五色土》副刊《北京的"六桥烟柳"》中介绍的颐和园西堤六桥，早已存在多年。但是在柳条吐绿时节，从昆明湖东岸远远望去，这座桥就犹如浮现在烟波浩渺之中的彩练，这种景象是刚刚到来的季节所特有的。这篇文章以此为由头，就有一种新鲜感。

应该说明的是，由头的使用也应该有节制。有些文章明显针对现实，具有强烈的现实感，就不必借用由头。有些文章虽然谈的是过去的事情，但运用新的观点和方法加以阐释，这本身就有新鲜感，不必非得加上一个新由头不可。

四、趣味性

设计专副刊的内容，除了考虑读者所生活的时代和地域、读者的认识领域

外，还要考虑读者的阅读情趣。专副刊与教科书虽然都有传播理论知识的内容，但前者轻松，后者严肃，内容性质不同。因此，我们把趣味性列为专副刊内容设计的一项要求。

所谓趣味性，就是要求专副刊所选择的内容应该让读者读起来感到有兴趣，能引起会心的微笑或愉快的情绪，并从中获得教益。作家唐弢在《办好副刊》一文中指出："副刊要办得有趣味。凡是艺术就摆脱不了趣味。否则哪里会有吸引力和感染力！关键只在于什么样的趣味。鲁迅把战斗的杂文比作'匕首'和'投枪'，但又说要'给人愉快和休息'（《小品文的危机》）；既要它'生动，泼辣，有益'，又要'能移人情'（徐懋庸作《〈打杂集〉序》）……岂仅文艺作品而已，科学的文章如果要使人想读，爱读，也应有一点文采，有一点文字的魅力。"[①]《晨报》副刊编辑孙伏园，主张在副刊中"对于各项学术，除了与日常生活有关的，引人研究之趣味的，或至少艰深的学术而能用平易有趣之笔表达的，一概从少登载。"[②] 他们的主张和见解，是对专副刊应有的趣味性的很好阐明。

专副刊中的趣味性，按照他们的主张和见解，不应仅限于文艺性副刊，而且包括"科学的文章"和"艰深的学术"。对于后者，也要"有一点文采，有一点文字的魅力"，也要用"平易有趣之笔来表达"。可见，趣味性是办好专副刊的一个共同的要求。

什么是我们所要求的趣味性？作家孟超的一段话很值得体味。他说："我所说的'趣味'，并不同于'打诨'，'磨牙'，'文字游戏'，'闲情逸致地卖弄风情'，'无中心思想的打哈哈说笑话'……自然这种所谓'趣味'，不是我们所需要的……而在另一方面，我们每天读着艰涩的理论，方方正正的板着面孔谈问题，有时总也感到枯燥；如果我们换一个作风，以风趣、轻松、短小精悍、引人入胜的笔调来传达我们所需要的理论，所要谈的问题，我想，那是一样的有他的作用的……"[③] 在这里，孟超对两种趣味性作了严格区分，阐述了正确的主张，虽是几十年前的见解，至今读起来仍发人深思。

专副刊要能做到趣味隽永，一般可以从两方面入手：一是选择的题材轻松而有趣；二是题材虽然不一定都是轻松有趣的，但是表现手法比较生动活泼。

现实生活中，轻松而有趣的题材比较多，例如名人轶事、奇风异俗、科学珍闻、生物趣话、奇特景观以及天上人间的种种奥秘等等。选择这些题材，要注意

① 《唐弢杂文集》，912页，北京，三联书店，1984。

② 孙伏园：《理想中的日报附张》，载《新闻学论文集》，1930（1）。

③ 孟超：《副刊的趣味性》，载《桂林晚报》，1939—10—17。

防止为趣味而趣味，不要变成庸俗无聊的插科打诨、卖弄风情和文字游戏，要注意寓庄于谐。所谓“庄”，就是要求其中蕴含比较深刻的社会内容或科学道理，即使不能都做到这样，至少也要有一定的意义，使读者在欢笑声中心情舒畅，得到有益的休息。

1990 年 2 月 17 日《法制日报》周末版《明镜台》副刊刊登了《郑板桥巧宴知府》一文。内容是：传说郑板桥在范县当知县时，有一次知府来巡视。这位知府对吃非常讲究，不论到什么地方，人家招待他吃什么都得事先征得他的同意。看不惯官场腐败作风的郑板桥灵机一动，拟了一个“四菜一汤”的菜单呈上。知府看过，认为尽管样数不多，但从菜名上看都是没有品尝过的新鲜佳肴。心想郑板桥不仅诗、书、画“三绝”，在吃上也是“一绝”。遂吩咐照此办理。酒饭上来以后，知府看后方知，所谓“青龙卧沙滩”是一盘麻汁黄瓜，所谓“白皮颤又煽”是一盘酸醋泼粉皮，“一清拌二白”是小葱拌豆腐，而“油酥天鹅蛋”不过是一盘油炸黄豆粒，“门泊东吴万里船”，竟是一碗鸡蛋汤，上面还漂着半个蛋壳。知府看了老半天，无法下筷，郑板桥却是十分热情，弄得他哭笑不得，只好作罢……这个故事把深刻的社会内涵与富有情趣的情节融合在一起，做到了寓庄于谐。

有些专副刊上的文章，也写奇闻奇事，但着眼点不是搜奇猎奇，而是注意探究其中的科学道理。湖北省监利县农民徐光平曾养过一只乌龟，放生以后，年年在端午节前回徐家。《新民晚报》在传播这个奇事时，没有在所谓感恩之类上做文章，而是对这种现象作了科学的解释。文章认为，动物在其自身历史发展的长河中形成了一种适应性和选择性，它能根据温度、光照、食物、气候等环境变化，或其本身对地磁感应的功能，返回原地，正像大雁和某些鱼类每年能回飞、回游到固定地区繁殖或越冬一样。可见乌龟回归，是一种返巢本能，而不是“感恩”行为。

自然界、人世间的有些奥秘，至今尚未被人揭开，专副刊不能依照邪教的歪理邪说去解释，而应以科学的态度介绍奥秘探索的进展程度及还留下的难题。这样的内容，既富有趣味性，又可让读者感到世界的奇妙，激发起探求的兴趣，也是一种寓庄于谐。

总之，专副刊的趣味性，应是庄与谐的结合。失去“谐”，“庄”就缺少趣味性；失去“庄”，“谐”就会变成浅薄，甚至是荒诞无稽。

专副刊要做到趣味隽永，除了选用适合的题材外，采用富有兴味的表现形式也是一个重要方面。这种有兴味的表现形式，可以是借用有趣的由头，采用巧妙的联想，以及运用仿拟手法等。下面分别加以说明。

专副刊所谈论的有些问题本身不一定很有趣味，但是借用了一件趣事作引子，就会使读者感到有兴味。1989 年 1 月 8 日《健康报》的《知识与健康》专刊有篇科普文章介绍过量的酒精会损害精子与卵子的活力，这样的内容当然比较严肃，可是文章借用陶渊明饮酒与训子的故事为由头，就富有情趣。这位东晋大诗人平生喜欢饮酒，杯中之物使他自得其乐。但是令他烦恼的是，五个儿子个个痴愚难教。为此专门写了一首“责子诗”来责备他们。其实这位才华横溢的陶公哪里知道他所以生下如此之多笨拙之子，竟是他过于贪杯所致。作者以这样的一个故事为由头，讲酒精与生育的科学道理，读者就会感到有兴味。《北京晚报》《五色土》副刊曾刊登一篇杂文，所讲的主题是：在改革开放的年代，不能闭关自守，要与外界沟通，在捕捉信息上下功夫，才能使自己成为一个明白人，一个能人。这样的主题不可谓不严肃，但是作者选用的是这样有趣的由头：一些传统戏曲和古典文学作品中，不少丫环都比小姐能干（例如红娘与莺莺就如此）。据作者认为，一个重要的原因是：在那样的年代，大家闺秀高居绣楼之上，难得迈出大门，整天生活在那么小的天地里，耳目闭塞，不了解世事。而丫环则不同，里里外外，进进出出，见多识广，所以能成为小姐的“智囊”或“高参”。作者以这个有趣的由头作引子，进一步阐发那个比较严肃的主题，就比较引人看。

借用巧妙的联想，涉笔成趣，也是专副刊增加趣味性的一种方法。《北京晚报》《科学长廊》副刊曾发表一篇《郑板桥与巴甫洛夫》的文章。郑板桥比俄国的巴甫洛夫早出生 150 多年，而且不在一个国家，难道两个人还能有什么交往吗？一看题目就会令人感到好奇。其实读后就会发现，把两人连在一起并非生拉硬扯。科学家巴甫洛夫是条件反射原理的发现者。文学家郑板桥在少年时代就悟出条件反射现象的存在，并利用它嘲弄了村里一个横行霸道的地主。作者在看似毫不相干的事物之间发现了其中的巧妙联系，不仅使读者感到兴趣盎然，而且也增长了见识。

此外，善于运用仿拟等手法，也会使专副刊增加趣味性。例如，《中国青年报》副刊为了系统揭露送礼行贿的丑行，曾套用××学科研讨会综述的形式，发表了一篇题为《“送礼学”研讨会综述》的文章。为了增加其“学术色彩”，文中特意加了四个插题：一、关于“送礼学”提出的依据及其含义；二、关于礼的分类；三、关于送礼与收礼的方法学研究；四、关于今后“送礼学”的研究方向。本来送礼行贿是一种私下秘密交易的歪门邪道，这里却堂而皇之地把它当做高深莫测的学问来描述，明褒实贬，极富讽刺意味，因而也激发了读者的阅读兴趣。

五、丰富性

专副刊内容的设计，除了考虑读者所生活的时代、地域，读者的认知领域，读者阅读的情趣之外，还要考虑读者需求的多样性。

报纸的专副刊是大众化的读物，即便是某些专刊是面向少部分人的，这些读者的需求仍是广泛的，因此，专副刊的内容不能单一、贫乏，而应多样化。

（一）拓宽领域

报纸专副刊所反映的现实生活，其领域是十分宽阔的。综合性副刊所反映的领域是整个社会生活和人类所生存的环境。专刊所反映的虽是整个社会生活中的一个领域，但在这一领域中又可分为若干更小的领域，兼顾这些小领域，就可使专副刊的内容更加丰富。

（二）展示过程

每一领域内包含若干种事物，每种事物都有其产生和发展的过程。发展过程的每一阶段，都适当选些题目，这样题材就多样了。《中国青年报》有个《长知识》副刊。它的内容是介绍科学思想、科学精神、科学方法和科学技术。前三种是属于精神方面，后一种属于物质方面。把精神转化为物质，这就是一个发展过程，这个副刊的内容就是把这个过程展开，因而具有丰富性。有家食品报有一个介绍食品的专刊，其内容涉及食品的来源（原料）、制作、销售、贮存、食用等整个过程，因而显得丰富多彩。同样，报纸的文艺副刊包括文艺理论、文艺创作、文艺作品评析与欣赏，从精神产品的生产过程展开副刊的内容，也就可能具有一定的丰富性。

（三）展现层次

无论是自然界还是人类社会，在同属一大类的各种事物中都有不同的发展水平。如，最高的，较高的，中等的，较低的和最低的。专副刊的内容要丰富多彩，就应反映事物的这种不同层次。仍以介绍饮食知识一类的专刊为例，它可以介绍健康者、较健康者、体弱者、患病者等身体素质不同者宜享用的食品；也可以介绍婴儿、幼儿、儿童、少年、青年、中年、老年等不同年龄的人宜享用的食品；也可以根据营养成分和口味的不同（如高糖、低糖、无糖）介绍各类食品；还可以根据财力大小和烹饪水平高低，分别介绍高档、中档、低档菜肴的制作。这里的健康水平、年龄状况、营养成分的含量、经济条件和制作能力，都有一个层次性，专副刊编辑就应根据自己专刊的分工，从中找出多种选题，从而使专副刊的内容丰富起来。

（四）从时空方面延伸

专副刊所反映的对象，无论是人、事、景、物，都存在于一定的时间和空间之内。以时间来说，有古代、近代、现代和当代，其中又可分为若干时期；以空间来说，有中国和外国，中国又分内地和港澳台，内地又分为省（市、自治区）、市、地、县、乡、村……联系时空特点来选材，可写的就数不胜数。例如以反映某一地方为题材，就可以向多方面展开，写多种多样的地方。如具有优美风光的，具有悠久历史的，具有特殊民风习俗的……而具有优美风光的，美在何处又不一样：有的是山势险峻，有的是水清秀美，有的是怪石嶙峋，有的是云海苍茫，有的是古墓碑林，有的是庙宇金塔。专副刊的编辑如果能根据本报的分工，从时空方面延伸开去捕捉题材，专副刊的内容便会色彩纷呈，琳琅满目。

(五) 改变角度

专副刊如果仅从一个角度去观察和反映生活，时间一长难免出现题材单一化倾向。如果能改变角度进行观察，则可以发现更多的题材。例如，一位著名的作家故去，要怀念他的业绩和高尚精神，可以请作家的家属和朋友来写，也可以请其他作家来写，也可以请热爱这位作家的读者来写，也可以请负责发表这位作家作品的编辑来写，也可以请文学评论家来写。这些人以不同的方式与故去的这位作家发生联系，有的是生活中朝夕相处，有的是从读作品中熟悉作家（是一种神交)，有的是工作上发生关系（如编辑)。这种不同的接触方式，就有不同的观察角度。如果都能把各人所感写出来，内容必定是丰富的。

六、共赏性

曾编过多年副刊的作家夏衍说："编刊物（指副刊——引者注）像做厨子，每天一道菜，要得到一家老小大家满意才好，而现在，我这个厨子的服务对象是一个'大杂院'呢，篇幅少，这像'节约餐'一样的已经有了一重限制，而读者从名流学者到工农大众，各有水准和嗜好不同……把这些不同的要求记在心头，在'配菜'上特别留意到每一位读者的嗜好，求出一个大多数人的共同性来，这难题是勉强可以对付过去的。"[①] 这里，夏衍提出编副刊要适应不同层次读者的需要，亦即要雅俗共赏，这也是设计专副刊内容的一个要求。

雅俗共赏，按词义解释是，无论"雅士"和"俗人"都能欣赏，亦即无论文化水平高低，都能欣赏。就专副刊而言，它是办给广大读者的，即使某一专刊办给某些特定对象的，其读者"各有水准和嗜好不同"，编刊的人要"把这些不同的要求记在心头"并"求出一个大多数人的共同性来"，方能兼顾各种层次的读者的需要。寻找这种"共同性"，便是做到雅俗共赏的基本方法。具体说来，还有以下几点，值得注意。

第一，讲求高雅，不能脱离广大群众。专副刊允许发表具有探索性的作品，

---

① 夏衍：《做厨子不易》，载香港《华商报》，1947－11－14。

但是不能玄而又玄，让读者都看不懂，唯有作者在那里孤芳自赏。即使深邃的思想，讲解也应深入浅出。艰深费解只会把读者关在门外。

第二，讲求通俗，不能粗制滥造，忽视质量，不能流于庸俗，不能变成“搞笑骂街式的文化快餐”。

第三，雅与俗不是以题材的类别来划分的。在人们的某些传统看法中，“雅”往往同满足精神上的需求联系在一起，“俗”往往同满足物质上的需求联系在一起，这种划分未必很准确。编刊的人要兼顾读者的这两种需求。

第四，雅俗共赏的要义是：应满足本刊大多数读者的共同性需求，使他们能看得懂，喜欢看，有所得。

第五，讲求雅俗共赏，是从总体上对专副刊提出的要求。不是要求每篇文章都是如此。

胡乔木说：“我们的副刊，一方面有通俗的作品，但另一方面也要发表带有指导性的文章，使那些水准较高的人也得到满足，并得到正确的方向。一些娱乐性的东西如下棋、猜谜语，只要是正当的，我们都可以刊载。这样对于严肃认真的读者不忽视，对于一些要求趣味的读者又不排斥。读者层自然就会扩大了。这也是我们的解放。”[①] 在这里，胡乔木从兼顾各类读者的需求出发，联系编辑思想的解放谈论雅俗共赏，有助于我们深入理解这一问题。

第五节　专副刊表现形式的选择

一、各种体裁的选用

专副刊所载的作品有图、文两大类。前者如绘画、照片、书法、篆刻、图表等；后者包括文学作品、理论文章和各种小品以及边缘体裁。专副刊不同于杂志，其作品须适合报纸的特点。一般来说，杂文、散文、诗歌、游记、各种小品和篇幅不长的理论文章最适合于专副刊。一些长篇作品（如长篇小说）要选用，其题材、结构和表现手法也要适合长篇连载的要求。下面就专副刊所常用的几种体裁的特点及选用时应注意的问题分别加以阐述。

（一）纯文学体裁

1. 杂文

杂文是一种带有文艺色彩的政论，以泼辣、锋利、短小、活泼为特点，能直

---

① 商恺、朱元石主编：《胡乔木谈新闻出版》，24 页，北京，人民出版社，1999。

接而迅速地反映现实生活，具有强烈的战斗性，被称为“匕首”和“投枪”。在专副刊中，特别是综合性副刊中，杂文占有极其重要的位置。质量高的杂文常放在副刊的头条位置，被视为副刊的旗帜。整个副刊赞成什么和反对什么，往往通过它体现出来。

人们所以历来重视杂文在副刊中的地位，这是同鲁迅所作出的历史性贡献分不开的。

鲁迅的杂文大多发表在报纸的副刊上，黎烈文主编的《申报》副刊《自由谈》，发表了鲁迅等一批进步作家的杂文，有力地抨击了帝国主义和国内反动势力，在副刊史上写下了光辉的一页。

新中国成立后，副刊上的杂文在继承鲁迅杂文传统的基础上，又有了新的发展。《人民日报》开办《长短录》杂文专栏时，提出杂文要在表彰先进、匡正时弊、活跃思想、增加知识方面发挥更大的作用。它从一个方面对新时代的杂文所应具有的社会功能作了很好的概括。

副刊应该选用什么样的杂文？怎样发挥杂文应有的作用？在编辑思想上应注意以下几点：

第一，把握住杂文的锋芒所向。杂文的批判锋芒，应该勇于指向一切反动、没落、腐朽的东西，指向各种时弊。如果不敢触及，处处回避，或磨去了锋芒，成了“温吞水”，不但失去了杂文应有的功能，而且也削弱了副刊应有的战斗性。

杂文作为锐利的武器应该有“刺”，它不但可以刺向敌人，也可以刺向人民内部的错误思想。但是两者的界限要严格区分。过去由于种种原因，有时副刊上的杂文对人民内部的批评，上纲过高，简单粗暴，伤害了人的感情。这是应该汲取的教训。

第二，应该力求杂文的内容和形式的多样化。在我们这个时代，不但应有切中时弊的批评性杂文，也应有表彰先进、讴歌美好事物的颂扬性杂文，启发人们思想的哲理性杂文以及开阔人们眼界的知识性杂文。只有用这种多种内容的杂文，才能反映丰富多彩的现实生活。

杂文的表现形式也应多样化。有些副刊编辑可能是为了保持杂文的“严肃性”，不敢提出多样化的要求。其实，内容的严肃性与形式的多样性并不矛盾。杂文可以采用各种生动活泼的形式，如抒情式、特写式、对话式、通信式、日记式等。《人民日报》《大地》副刊所载的杂文《阿Q的诉讼状》，采用了具状人阿Q写诉状形式，通过有力的申辩，批评了责难合法经营的个体户的奇谈怪论，形式就比较新颖有趣。

报纸副刊刊载各种各样的杂文，就是对杂文多样化的鼓励；如果只刊登一种模式的杂文，就会误导杂文走向单一化。

2. 散文

按照广义的分类方法，散文是指除诗歌、戏剧、小说外的文学作品，包括杂文、随笔、特写、小品等。鉴于杂文的重要，副刊编辑习惯于把杂文单另提出来，这就有了“杂文”“散文”并提的说法。

散文的篇幅较短，笔法灵活，长于叙事、抒情和议论，能迅速反映现实生活，被称为“文学的轻骑兵”，是报纸副刊常用的一种文体。无论是写人、写事、写景、写物，散文在副刊上都大有用武之地。

副刊运用散文这种形式反映现实，有以下几点值得注意：

第一，题材问题。散文的题材应多种多样。如果所发的文章总是写身边琐事，咏花鸟虫鱼，就未必好。有人提出，散文家们在写自己熟悉的生活和个人感受的同时，应从文人的圈子里走出来，去感应时代的大潮。这个意见不无道理。

第二，感情问题。散文这种文体带有抒情色彩，如果副刊所发表的散文缺乏感情，就容易失去感染力。过去有些副刊在这方面就有所忽视。但是如果感情的抒发都是那种月下伤怀、花前落泪的情调，又偏入了另一个误区。我们是生活在一个蓬勃发展的新时代，如果副刊所抒发的情感与这个伟大的时代格格不入，也难以取得广大读者的认同。

3. 诗歌

诗歌是副刊中常用的体裁之一。由于诗歌语言凝练，富有节奏韵律，感情丰富，想象力强，能高度集中地反映现实生活，颇受读者的喜爱。

选登诗歌时宜注意以下问题：

第一，关于题材与写法。诗歌的题材应多样化，但副刊上不应缺少表现时代风貌的厚重之作。刊登的诗歌要言之有物，不能无病呻吟，装腔作势，也不能流连于平庸无聊的闲情逸致。

应鼓励对诗歌的创新与探索。但是刊登的诗作应考虑读者欣赏水平，不要晦涩和过于朦胧。

第二，对于诗歌形式的选择，自由诗、格律诗、散文诗、歌谣等均可。但应以自由诗为主，格律诗宜少用。因后者语言上要求极严，表现现代生活的内容易受到限制。当然，今人创作的旧体诗确系上乘之品，也是读者喜爱的，可适当选用。当年毛泽东赴重庆参加国共和谈，重庆《新民晚报》《西方夜谭》副刊发表毛泽东杰作《沁园春·雪》轰动了山城，成为一时的佳话。

第三，鼓励和繁荣诗歌的创作，这是副刊应尽的责任。副刊从诞生那天起，就与诗歌结下了不解之缘。一些著名大诗人，他们早期的或成名的诗作，就是登载在副刊上的，并从此走上了诗坛。副刊上的诗歌，曾为民主与科学鼓与呼，为民族的解放发出了战斗的号角，为受三座大山压迫的人民发出了愤怒的呼喊。在现阶段，报纸副刊上刊登的诗歌不仅数量有限，而且佳作不多。除了配合时事的应时之作外，其他品种也很少。过去曾发过一些讽刺诗，受到读者欢迎，但以后辣味渐去，变成了甜辣椒，也少有人问津了。诗歌是报纸副刊的重要体裁之一，鼓励和繁荣诗歌创作，对编辑来说，应是责无旁贷的。

4. 小说

小说是叙事性的文学体裁，通过塑造人物来反映社会生活。按照胡乔木的说法，副刊的“内容侧重在人（文学＝人学）而不在工作本身”，因此小说是副刊常用的体裁之一。中国现代和当代小说家的一些名作，有不少是在副刊上发表的。鲁迅的著名小说《阿Q正传》，就是由《晨报》副刊发表的。

报纸副刊所载的小说，按题材来分，有社会问题小说、言情小说、侦探小说、武侠小说、历史小说、科幻小说等等。有些报纸由于专业分工的特殊要求，可能偏重选用某类题材的小说，如法制类报纸可能多选用侦探小说之类。但是，对于综合性副刊来说，小说的题材就不应偏重某一类，而应更加多样化。武侠小说家梁羽生对某些报纸大肆刊登武侠小说就表示异议。他说：“我们的文艺以鼓舞人民、教育人民，以现实生活的题材为主嘛！把武侠小说放到那样高的位置上，我觉得主次颠倒了！”①

副刊选登小说，在内容上应强调格调健康，不能宣扬暴力和色情，毒害广大读者。

副刊选登小说，要鼓励创新，但不能赞同为了“创新”而丧失小说特点的做法。有的副刊发表所谓“三无”（无主题、无情节、无人物）小说，这样的小说很难打动广大读者。

副刊选登小说，应以短篇为主。因它反映现实比较迅速，更适合报纸的特点。随着社会生活节奏加快，近年来微型小说（又称小小说）发展很快，越来越受到副刊的重视。《北京晚报》的一分钟小说别具特色，很受读者喜爱。

一些质量较高的中长篇小说，虽然也受到读者欢迎，但因篇幅长，需适应连载的要求，限制较多。相比来说，报纸选用的比较少。

分期连载是副刊发表长篇作品所采用的方法。适合连载的小说，除了题材新颖、有社会意义外，情节要富有曲折性。每期自为起讫，而且最好末尾留下悬念，能够吸引读者愿听“下回分解”。每期所载内容虽有相对独立性，但又要服

① 王颖：《“陈大侠”的愿望——访武侠小说家梁羽生》，载《中国青年报》，1985－05－31。

从整篇小说的布局。如果事先未设计好，往往容易出现局部与整体不协调的情况。旧社会有的小报搞所谓“集锦小说”。十人共写一篇连载小说，每人写一段，每天换一人，段与段之间只要能衔接上即可，至于写什么由个人自定。这种做法近乎游戏，其质量可想而知。

长篇连载的作品，有的是作家单为某副刊所写，一般说来比较适合报纸的要求。鲁迅的《阿 Q 正传》就是单为《晨报》副刊所写，它采取那样的体式，就是考虑到便于连载。如果选用作家已写成的长篇作品，其体式最好也是符合连载的要求，否则只能忍痛割爱。

长篇连载总要持续一段时间。时间的长短，应慎重考虑。时间如果拖得过长，可能形势有变化或读者生厌，这时断然停下来，或硬着头皮坚持载完，都是很为难的。

副刊除了长篇连载小说而外，还可连载其他长篇佳作，如传记、回忆录等。其要求大体相似，不再赘述。

5. 文艺评论和书刊评论

副刊上发表的文艺评论，包括文学、影视、戏剧、音乐、舞蹈和美术等各方面的评论。其中刊登量最大的是影视评论。

书刊评论也是副刊中一种重要的评论。其中有一部分评论的是文艺书刊，当属文艺评论，其余对非文艺书刊的评论，虽不属于文艺评论，但从大范围来说仍属于对文化工作的普及与指导，仍是副刊的任务之一，其写作要求也有与文艺评论相同的一面。所以过去曾有些人把书刊评论、影视评论、戏剧评论统称为副刊的“三评”。有鉴于此，这里将文艺评论和书刊评论放在一起加以阐述。

副刊文艺评论和书刊评论的对象以单个作品及其创作者、演出者为主，有时也对文艺、出版界某个部门、领域、流派或某种态势加以评论。形式有长篇论文、短论、漫谈、随笔、杂感等。内容介绍，严格地说不属于评论范畴，但也是副刊版上的内容之一。

副刊上刊登文艺评论和书刊评论的目的是帮助读者理解和欣赏作品，提高鉴赏能力，帮助创作者、演出者总结经验教训，提高水平，指导文艺、出版事业健康发展。出于商业目的，把副刊所介绍的作品作为促销商品的手段，有违于办刊宗旨，是不可取的。

副刊的评论要坚持正确的方向，无论是评论文艺作品或书刊，都要用正确的观点加以分析，评价要恰如其分。既不可贬低，也不可拔高。贬低和拔高，不利于读者的理解，对作者也是一种戕害。当前要特别警惕庸俗无聊的吹捧之风。老作家秦兆阳对此曾作过尖锐而形象的揭露：轿子乱抬代替棍子打鬼；桂冠轻赠代替帽子扣人；树未成材即以栋梁相许；禾始抽穗便以丰收相视。

评论的语言也要通俗易懂。如果玄而又玄或生搬硬套各学科术语，形成“新名词大爆炸”，编辑选用这类稿件，无异于故意把读者吓跑。

上述纯文学体裁，主要用于副刊。一些专刊有时根据自己的需要，偶尔也选用此类体裁。

（二）新闻与文学结合的边缘体裁

现在专副刊中纪实类的文字所占的比重相当大。用于报告事实的通讯和调查报告，多为专刊所采用。至于新闻与文学相结合的边缘体裁如报告文学和大特写，则常为专副刊所共用。

报告文学是用文学手法报道具有新闻性的人物和事件。新闻性与文学性相结合是它的特点。《谁是最可爱的人》、《为了六十一个阶级兄弟》和《哥德巴赫猜想》等名篇，都产生过轰动效应。编辑选用这些作品，除了要注重主题的社会意义而外，还应重视新闻的真实性和文学的感染力。细节描写是否允许虚构，这是争论多年的老问题。作为报纸的编辑，新闻真实性的原则是不容动摇的。忽视细节真实，已经带来了许多负面效应。至于报纸上某些稿件缺乏文学感染力，却冠以“报告文学”字样，同样也是不可取的。

大特写是近年来备受青睐的一种文体。大特写的“大”是指题材的广度和深度。通常它所表现的时间跨度长、空间跨度大，所写问题重大，表现事物采取全方位、多侧面的视角。它是将新闻的真实、文学的审美、史学的铺叙、哲学的沉思和社会学的分析融为一体的新闻体裁。

编辑在选用这类稿件时，同样要注意它同允许虚构的文学作品的区别。有些稿件，说是大特写，但描绘的却不是事实，或者虽有某些事实依据，但已被描绘得面目全非，这是某些文学青年常犯的毛病，编辑应加以提示。某些大特写，架子摆得很大，篇幅拉得很长，材料却很单薄，完全是虚张声势，编辑应防止这类稿件闯入到专副刊的版面。

（三）理论文章和实用性文章

这两类文章，一虚一实，也是专刊常用的体裁。

理论文章是理论专刊的主角。编辑选用这类文章要注意处理学术性与指导性、理论性与现实性、高品位与通俗化的关系。学术上的超前探索与对现行政策做理论上的阐释，两者都是读者所需要的。理论文章空对空，在概念上作游戏，固然不可取，罗列经验做法，毫无理论升华，也不是恰当的。作为报纸上的理论文章，要有一定的深度，但必须深入浅出，通俗易懂。这些都是办刊中应把握的编辑思想。

实用性文章是实用性专刊的主角。这类文章平实、简洁，提供应用性较强的信息和经验。选用这类文章，贵在实用。有时这类文章在介绍实用信息时，往往涉及有关的厂家和商家，在为读者提供服务的同时，客观上也为这些企业树立了良好形象，起到了广告的作用。但编辑选用这类稿件的出发点应是为读者提供服务，不能以"为读者"的名义作幌子，实际上是为企业做广告。

（四）短小灵活的其他品种

专副刊为了内容的充实、情趣的调剂和长短的搭配，都需要一些短小的作品。如三言两语的言论集锦、寓言谚语、谜语、对联以及各类简讯。

以上各种都是属于文字方面的。至于图片方面，包括各类绘画（漫画、速写、宣传画、连环画）、插图、照片等，则是专副刊需要的另一大类作品，鉴于本书有图片编辑、版面编辑各章，已作阐释，这里不再赘述。

二、专栏的运用

根据稿件之间的不同关系，专副刊的稿件可以采取多种组合方式，其中最重要、最经常的组合方式是专栏。

专栏是由一组有共同性的稿件组成的集合体。各篇稿件在主题、题材、体裁、表现手法几个方面中至少有一个方面存在着共同性。这种共同性，表明这些稿件属于同一类。因此，专栏是显示稿件类别的标志。

（一）专栏对专副刊的特殊价值

专副刊与新闻版都有专栏，但它所处的地位和所起的作用不完全相同。

从使用的数量、频率和覆盖面来说，新闻版的专栏较少，除个别者外，一般刊载的时间比较短；专副刊的专栏数量多，刊载时间也较长。具体说来，专栏对专副刊的特殊价值表现在以下方面：

1. 专副刊是规划、调整本刊内容、落实办刊方针的手段

新闻版反映的都是最新的变动态势，稍纵即逝，内容极不稳定，昨天发生的事件，今天可能毫无进展，相反却从别处冒出一件另类的新闻。较难组成以内容共同性为特征的专栏。而专副刊则不同，它们是新闻的延伸，内容多属静态，相对比较稳定。以内容共同性为特征的专栏比较容易组成。一个专刊或副刊，经常刊登哪几类内容，可以设置相应的若干专栏。这样一来，这些专栏就构成了专副刊内容的形象骨架。专副刊内容的栏目化，使人们对专栏在专副刊中的地位和作用有了新的认识。

无论是设计一个专刊还是副刊，首先就要确定它经常刊载的内容，这是确定办刊方针的首要问题。而专栏正是规划专副刊内容、具体落实办刊方针的手段。

1990年初，《法制日报》创办《明镜台》副刊，确定的方针是把历史，尤其是政治法律史作为一个博古通今的“宝鉴”，对上下五千年、方圆天地间的法制领域作一些有益、有趣的观照与扫描，使读者温故而知新。为把这一方针具体化，副刊设立了《旧案重提》《轰动一时》《今日忆当年》等栏目，引导读者回顾与反思过往的事件和案件；设立《人物长廊》和《法学家趣闻轶事》，使读者与古往今来的法学界人物相会交友；设立《故事新编》专栏，以说书的形式与读者一道评说《古代奇案》，此外还有《灯下碎语》《读史偶拾》《阅案一得》《说古道今》等夹叙夹议的评论专栏以及《珍闻异录》等小专栏。这里所确定的几个专栏，实际上规定了这个副刊经常刊登的内容，这样一来，就把副刊方针所提出的原则具体体现出来了。

专副刊上设置一个专栏，就意味着今后要多发专栏所标识的那一类共同性稿件，相反撤销一个专栏，就意味着与它相关的那些共同性稿件要少发。无论是新设或撤销某个专栏，都涉及专副刊内容的调整。所以，专栏也是调整、平衡专副刊内容的工具。

2. 专副刊利用专栏作为稿件类别的标志，向读者推荐刊物的内容

如上所述，专栏是稿件分类的工具，任何一个专栏都是向读者表明，刊登的是某一类有共同性的稿件。因此，专栏是稿件类别的标志。

在这一点上，新闻版无需利用这种标志，因为新闻已直接用标题表明文中所写的具体内容，稿件的类别早已显示在其中。而专副刊的内容很多是静态的，而标题往往又是比较含蓄，不足以显示稿件的类别，因此有必要通过专栏来显示，作出引荐。还有，专刊在一个版上刊登的都是同类内容，唯以显示各篇稿件在写作角度或具体类别上的差异性，还需要专栏作出引荐。比如，图书专刊中，《书评》和《书人书语》两个栏目，内容虽然都是围绕书的问题来写，但前者仅限于对书的本身的评价，后者则有关写书人、编书人、读书人的故事或发表的看法。有时文章的标题尚不能显示，需要借助专栏来提示。

有些副刊刊登的是同一体裁的作品，借助专栏还可以显示它们所表现的不同题材。如2001年1月7日《广州日报》的《茶亭》，是以聊天方式谈论当今社会的副刊。全版都是由若干个专栏组成，《非常关注》、《世象众生》、《市井百态》、《品味都市》、《流行在线》、《荧屏内外》和《说男道女》等栏目，分别表现了各篇稿件所写的题材范围，有兴趣的读者可以在栏目的提示下，选择自己喜欢的内容来读。

3. 专栏是专副刊创特色的手段

专副刊与新闻版不同，它的内容和形式是靠一个个专栏体现出来的。如果这

些专栏质量一般，整个专副刊不可能办出特色。因此很多编辑都在创办有特色的专栏上下功夫。20 世纪 60 年代前期，《北京晚报》副刊编辑经过一番努力，推出了邓拓的《燕山夜话》专栏，以切中时弊，开阔眼界，增长知识为宗旨，以知识性杂文为特色，在各报副刊中独树一帜，该报副刊也因这一名专栏的推出，办得更有特色。专副刊的专栏，一般具有连续性和稳定性的特色。若不设专栏，专副刊固然可以发表很有特色的文章，但是难以保证它的“批量”生产。设置了专栏，如同有了生产“优质名牌产品”（富有特色的文章）的规格要求，便于编辑与作者共同努力去实现它。谢觉哉曾说：“副刊有个好的专栏就成功一半”[①]，是颇有见地的。

（二）专栏的设置

1. 专栏的分工要明确

专副刊上的专栏比比皆是，它们之间在内容上往往有一些关联性，为使个个专栏特色鲜明，必须要求各专栏之间要有科学的分工。例如，《人民日报》副刊的《山川风物》专栏和《光明日报》副刊的《祖国文化名人寻踪记》专栏，两者都有湖光山色的景致描写和历史人物的片断介绍，但是前者以写景为主，偶尔也写人，但不限于文化名人；后者则是以写人为主，因为是循着文化名人生活创作的足迹展开，自然也有景物的描写。但这里写景，主要是为了衬托写人。两个专栏在着眼点上显然是不同的，因而显示出不同的个性。

2. 专栏的选材范围要宽窄适当，设置每个专栏都要确定其选材范围

范围的大小，要根据读者的需求、稿源的情况、专副刊各专栏的分工和刊期的长短来确定。范围如果过宽，即使稿源有保证，也可能因侵占了其他专栏的“领地”，相互重复，而失去本专栏的特色。范围如果过窄，题材不能展开，则可能缺少共同兴趣，满足不了广大读者的需要。从稿源来看，选材范围过窄，稿源也会面临枯竭的危险。《光明日报》《周末生活》副刊为反映知识分子的业余生活，开辟了《我的书斋》专栏，把业余生活限定在读书方面，把读书的地点又限定在家里。从领域和空间来说，选材范围不能说很宽，但又不狭窄。从当时住房条件看，知识分子单有专用书斋的极少，都是兼作几用的，在这样的条件下如何坚持做学问，一定有很多东西可写。知识分子一生与书本打交道，与书有特殊的感情，如果联系一生几十年的曲折经历和社会变迁来谈，也有不少内容可写。一位读者对这个专栏作了如下的评述：“笔者身为一个语文教师，常感到学生作文之难，《我的书斋》对我们无疑是一个良好的启示：只要题目命得好，使作者有

---

① 丁浪：《谢老谈晚报》，见《谢觉哉与新闻工作》，165 页，重庆出版社，1983。

话可说，便不愁读不到好文章。一个书斋竟点到了作者们的话源上，因而潺潺汩汩竟流出了这几十篇多姿多态的小溪，流进我们的心，滋润历史的土。文章竟从是处来！我不得不惊叹于编辑命题之精绝。”这位读者称赞这个专栏“点到了作者们的话源上”，说明专栏的主旨和选材范围是恰当的。

3. 掌握好数量和刊期

一个专刊或副刊要设多少专栏，每个专栏的刊期是多长，要有一个统筹的规划。这也涉及专栏的合理布局问题。在保证一定质量的前提下，一个专刊或副刊的专栏数量多，会显得丰富多彩。但由于容量的限制，每个专栏不可能天天刊出，若间隔时间过长，读者的印象就会淡漠。因此，确定专栏数量多少的原则应是既要有利于专副刊内容的多样化，又要有利于主要栏目能经常与读者见面，能给读者留下较深刻的印象。

4. 既要相对稳定，又要推陈出新

一个专栏的“规格”（内容和形式上的特殊要求）定下来后，总要按照这样的“规格”办一段时间。如果“规格”天天变，专栏的特色就不易形成。但是整张报纸的内容都是处在变化之中，读者的口味也会因时而变，因此专栏的“规格”不能是几十年一贯制，也要随着形势和读者需求的变化，推陈出新。

三、问题讨论的组织

专副刊在传播方式的选择上，除了同新闻版一样采用单向传播外，还重视双向、多向传播，而且在这方面专副刊有独特的优势，是它的一大特色。

报社直接接触新闻信息源，为保证通过新闻版迅速及时地将它传播出去，采用编者⟶读者的单向传播最为便捷。若采用读者⟷编者的双向传播和读者⟷读者、读者⟷编者的多向传播，一来条件不具备，二来时效又不允许。只有在极少数情况下，才能采用双向、多向传播。

至于专副刊，它所传播的内容不是迅速及时的新闻，而是时效要求不那么严格的非新闻作品，而且是以个人署名（不是报社记者身份）的方式出现的。这两个特点，就为专副刊采用双向、多向传播提供了极为有利的条件。就专副刊的传播内容而言，作为社会群体的读者既是它的接受者，也是它的提供者。作为接受者，他们有权利表现自己的看法和感受，并与编者或其他社会成员进行交流，在时间允许的情况下可以参与传播过程。读者广泛生活在社会各个领域，他们接触到、甚至研究过的理论、知识和各种问题，正是专副刊所需要传播的内容，作为这些内容的提供者，亦有条件参与传播过程。

开展问题讨论，是专副刊采用双向、多向传播的主要方式。运用这种方式，需注意以下问题。

（一）坚持正确的指导思想

开展问题讨论，各种意见都可能出现，毫不稀奇。但组织讨论的出发点和落脚点是为了通过有益的争论，明辨是非，繁荣和发展社会主义事业，必须坚持正确的指导思想，不能把讨论的视线和结论引到错误的方向上。

（二）选准讨论的题目

讨论的范围比较广泛，现实生活的热点问题、学术问题、艺术问题、思想问题、社会问题，都是讨论的对象。在当前，我国西部如何实行大开发，加入WTO如何应对，《婚姻法》如何修改，中小学生如何减轻过重的课业负担等，都可以成为专副刊的讨论话题。讨论要组织得好，首先题目要选好。对题目的要求，第一要有意义，不是一般无谓的争论；第二比较具体，易于把分歧展开，具有可争辩性。1998年3月《中国作家》杂志刊登了作家赵瑜的报告文学《马家军调查》，一时间舆论哗然，褒贬不一。6月19日《南方周末》的《百姓茶坊》版就教练是否应该打骂队员，在金牌问题上个人尊严和国家利益孰重孰轻，体育的意义是什么等问题展开讨论。这样的题目既有意义又有可争辩性，引起了人们的关注。

（三）善于引导

讨论开始后，来稿日益增多，提出了各种各样的问题，作为讨论的组织者，编辑要紧紧抓住讨论的核心，引导读者围绕分歧的焦点发表意见。根据讨论的进展情况，编辑还要适时明确下一步讨论的重点，以便把讨论引向深入。《北京晚报》的《家》副刊所组织的《不成婚便成仇吗?》的讨论，开头一个时期，来稿对于失恋以后是否报复对方，从方法方面谈得较多（如为避免报复对方，如何转移视线，用于工作和学习等）。编辑在按语中指出："这不是简单的方法问题，而是恋爱观的具体反映。究竟什么是爱情？怎样看待失恋？用什么样的道德观念来对待失恋？欢迎大家围绕这些问题进一步发表意见。"副刊相继发表了《失去爱，不能失去人格》、《失恋与恋爱道德》和《要搞清什么是爱》等文章，引导大家从人生观、道德观、恋爱观方面去思考如何对待失恋问题，从而使讨论深入一步。

（四）坚持民主作风和客观公正的原则

在讨论中，编辑对所要讨论的问题可以有自己的看法。但是在这里编辑是作为讨论的组织者而不是作为争鸣的一方而出现的，选择稿件不应以个人的好恶为标准，与编辑意见不同的稿件只要是言之成理，持之有故，有助于推动讨论的深入展开，就应该允许发表。持有不同观点的人，平等地发表意见，可以从不同视角、不同思路出发剖析问题，不仅避免了片面和极端，而且也体现了客观公正的评判原则。《中共中央关于进一步繁荣文艺的若干意见》指出:“在文艺和学术讨论中,要对争辩、竞赛的各方实行机会对等的原则,作为评论阵地的报纸、刊物,不能只发表自己欣赏的一种观点,而拒绝发表另一种不同的观点,特别要防止不健康的思潮和情绪垄断评论阵地。”

在专副刊所讨论的问题中,学术问题占有一定的比重。这些问题有时会与政治问题有一定联系。但是要看到学术问题不等于政治问题,不能混淆两者的区别,更不能用政治批判来代替学术讨论。只有掌握住这一点,发扬学术民主,才能把讨论组织好。1965 年《光明日报》专刊上关于《兰亭序帖》真伪问题的争鸣,被学术界认为是贯彻双百方针的一次较成功的讨论。《兰亭序帖》是行书帖,自被唐太宗李世民断定为晋代王羲之的真迹之后,经历代的宣扬,一直被视为“神物”。郭沫若经过考证,否定了这种说法。但是也有一些学者不同意。为此《光明日报》开展了一场讨论。虽然大多数人支持郭老以辩证唯物主义的观点推翻帝王的定论,但是专刊对持有不同观点的人也支持他们发表自己的见解,展开心平气和的争论,因而收到了良好的效果。但是同样是《光明日报》,关于某些问题的讨论,由于外界的插手,混淆了学术和政治的界限,使一些人受到了伤害,造成了不良后果。

(五)专副刊上的问题讨论要合理布局,统筹安排

专副刊上的问题讨论,虽然是有益的,但也不是越多越好。讨论的规模,可以有大有小,时间可以有长有短。有的可以针对某篇文章的某个论点,发表两三篇不同意见的文章即告结束。有的则是事先作出调查和认真的准备,开展为期较长的讨论。一般来说,一个专刊或副刊在同一时期不宜开展几个讨论。也不宜在一年之内接连开展过多的大型讨论。这主要是因为讨论(尤其是大型的)一展开,就要占去较多的篇幅,如果讨论的时间持续比较长,就不可避免地会使专副刊的有些内容长期偏重于一个方面,这就可能影响专副刊满足读者多方面的需要。

一般来说,每次讨论不宜拖得过长,应适可而止。所谓“适可而止”,是指争论各方的主要观点已经摆明,经过交锋,意见已趋于一致,如尚不能取得一致,只要明确了争论的症结所在,澄清了某些是非,亦可将讨论告一段落,剩下的问题留待以后解决。结束讨论的方法,可以请权威人士作总结,亦可邀请各方面代表人物座谈来代替总结。

第六节　专副刊的个性

上面两节论述的是专副刊内容设计、形式选择的一般原则,尚未涉及到具体策划每一个专刊或副刊时怎样突出自己的特色。由于编辑策划的一般原理已有专章论述，这里仅就专副刊突出个性的有关问题作一简要阐述。

由于媒介的激烈竞争和读者需求的变化，专副刊如何突出自己的个性，越来越显得重要。这里所谓的个性是指一个专刊或副刊有别于其他专副刊的特性，有别于其他媒介相似部分的特性。只有采取“人无我有、人有我优、人优我变”的差异性战略，才能使自己的专副刊具有不可取代的独特存在价值，具有鲜明的个性。

一、突出个性的一般要求

（一）个性的表现

作为社会主义国家报纸的专副刊，政治方向应是一致的，但是在内容和形式的选择上应有所不同。具体表现在以下几个方面：

1. 从题材选择的范围、重点和角度方面显示不同

选材范围属于哪个领域（如文艺、教育、科学），只是从大的方面显示两刊的区别。但是光有这种区别，尚不能充分体现一个刊物的个性。比如两刊反映的是同一领域，它们的个性就要体现在选材重点和角度的不同。《天津日报》为突出其《文艺评论》副刊的特色，当年的主编、作家孙犁曾作了如下规定：评论的范围涉及文学、音乐、美术、戏剧各个领域，重点在文学。文学领域中又以当代为主。所评论的作品，不受地区限制，但是优先顾及本市的创作。这里的“两个为主”和“一个优先”，表明这个副刊在内容的安排上有自己的侧重点。孙犁还提出对一般政治说教式的、引经据典、诗云子曰式的所谓文艺评论，要少登。偏重于政治的论文，可由报纸的其他版刊出。这里又对文学评论的角度作了规定。总之，对范围、重点和角度都提出了特殊的要求，使副刊的个性得以突出。

2. 从题材的性质显示不同

专副刊的内容有的具有知识性，有的具有趣味性，有的具有学术性，有的具有实用性……要使专副刊具有鲜明的个性，就应对题材的性质有一个特定的要求。当然不必要求每一个刊物都要集各种“性”于一身，但是应该从中选择几个作为固定的要求，持之以恒，坚持执行下去，就可以形成自己的特色。

2000 年《人民日报》推出《假日生活》周刊，提出坚持严肃性、权威性、指导性与可读性、新闻性、贴近性的统一，文章要做在假日生活如何文明、健康、科学这个主题上面。该报一位副总编辑对周刊的评价是：“亲切而不媚俗，活泼而有格调，琳琅满目而不花花哨哨”。正是由于题材性质不同而显示出《假日生活》的个性。

3. 从表现形式方面显示不同

专副刊从总体上说，体裁是多种多样的，但是就一个专刊或副刊来说，为配合它所要表达的内容，应选择相应的几种主要体裁，以形成自己的特色。《中国青年报》的《辣椒》副刊为表现其特定的内容，多采用讽刺小品的形式，从而形成了尖锐泼辣的风格。《北京晚报》的《五色土》副刊复刊时，考虑到是小型报纸，又是晚刊，臧克家建议以散文、杂文为主，“一般创作不一定用”（因有别的刊物），后来大体上是按这个建议做的，从而形成了自己的特点。

除了体裁以外，专副刊的文学风格若能有特点，亦可有助于形成鲜明的个性。有人总结《京郊日报》专副刊的风格是：《农科天地》简洁、朴实，少雕饰；《信息世界》清晰、自然，条目多；《青年之友》明快、清新，有新意；《喜鹊》副刊活泼、大方，吸引人。显然，这种种风格显示了各刊的个性。

以上用逐项“分解”的方式，阐述了专副刊如何办出特色的问题。下面仅就一个专刊——《中国青年报》的《冰点》专刊（原为专栏）来剖析专副刊的个性。据该报举办复刊以来最大一次读者调查统计，在一万份抽样中，《冰点》以3850票位居读者“我最喜爱的专版”榜首。这里根据主编的自述与读者的反应对这一专刊的个性略加介绍。

第一，关于选材范围。

“从一开始就彻底告别多年来所习惯的‘单向度’办报模式，只根据本报特定读者对象的需要，全方位地扫描我们目力所及的社会生活的各个领域，并确立相对个性化的新闻标准。”[①] 这里的扫描社会生活各个领域，意指选材范围的广阔，同该报各个专刊分工把守相对应的某一社会生活领域是不同的。

“中国社会普通百姓的生存状态，以及他们的困境、磨难、希望和奋斗，长期以来没有得到传媒的普遍重视……普通百姓的有血有肉的生活，极少在主流媒体上得到真切、详尽和直接的报道。‘冰点’创刊伊始，就把反映普通民众‘不普通’的命运，作为办刊的重要方针。”这里把上段引文中扫描“社会生活的各个领域”作了限制，说明选材的范围是这些领域中没有得到传媒普遍重视的“普通民众”。所谓“冰点”就是指这个被冷落的角落。读者也是认为《冰点》应该是“平民化”，“新闻只属于名人、党政要人的时代已经过去，新闻也该走下‘圣坛’，到平民百姓中去寻求生存。”

专刊把“反映普通民众”作为重要方针，毕竟“普通民众”范围还是太大，

---

① 李大同：《漫话冰点》，载《新闻爱好者》，1997（4）。此处和以下几处引语，均引自此文。着重号为引者所加。

于是又加上"'不普通'的命运"加以限制，即指普通民众中具有"不普通"命运的人们。经过这样的限制，题材的新闻价值才能体现，才能显示专刊的个性。

第二，关于题材性质和选材重点。

"……这样一个选题标准，将自然地形成某种'风格'，即不可避免地要以反映现实、引发思考、提出警告、增长见识、抨击丑恶以及弘扬社会的真善美等较为浓重的题材为主。"题材按性质来分，可有凝重与轻松两大类。《冰点》正是以题材的凝重性为主。这就与那些以轻松题材为主的专副刊有所区别。

第三，关于表现的形式和写法。

"……我们必须开出一条'可读性长文'的新路。"

"为克服长文章难读的弊端，'冰点'对记者的写作提出特别要求，即完全摒弃大报记者往往端着架子、'俯视众生'的写作习惯，以普通人与普通人之间的交流方式娓娓道来，尤其注重现场氛围和生活细节的真实再现；做到以老百姓的思维方式和提问题的角度与采访对象交谈。"

第四，关于刊名特色和内涵。

读者的评论是："《冰点》……使人们在这些被社会冷落的人群中去发现真善美……《冰点》，名为冰，实为暖——暖得普通人因被人理解而爱社会、奉献社会，《冰点》不冰！"

综上所述，《冰点》所以有特色，设计上首先以关注普通百姓的生存状态为特点，抓住了一些大报同行的疏漏。其次，善于在夹缝中寻求生存空间。关注普通百姓，是非主流报纸的看家本领。但他们多是抓住轻松题材，而《冰点》却抓住了凝重题材的空当。《冰点》问世时，社会生活各领域已分别被该报各个专副刊一一瓜分完毕，"可供独自耕耘的领地"已不复存在。但发现全方位地扫描社会生活各领域，也是一个生存空间。再次，破除传统习惯和思维模式。《冰点》选用凝重题材为主的长文形式，读者不爱看怎么办？对策就是摒弃大报记者端着架子、"俯视众生"的写作习惯，以普通人与普通人之间的交流方式娓娓道来。《冰点》的独特性可以论证来自设计思想的这种创新。

（二）个性形成的制约因素

任何一个专刊或副刊个性的形成，要受到主观、客观多种因素的制约。

1. 要受整个报纸编辑方针的制约

《人民日报》的《假日生活》周刊，强调引导健康休闲和健康消费，是由该报的性质和宗旨决定的。作为对全国有巨大影响的主流媒体，不能向小报靠拢，不能媚俗，不能炒作。它的读者对象主要是党政干部，他们的思想观念、视野情操、生活方式，代表着社会文明、健康科学生活的一个较高层面，并且对群众有辐射、导向作用。因此周刊必须以高格调、高品位取胜。它所提供的服务，主要应是高层次的、宏观的，当然也不排斥具有普遍意义的、必要的、具体的咨询服务。总之，周刊所提出的上述主张，都是由《人民日报》整张报纸的编辑方针决定的。[①] 再如，《中国青年报》的《长知识》副刊突出宣传当代科学技术的新发展，宣传科学的思维方法和科学精神，这同该报所承担的教育青年一代的任务是分不开的。

2. 专副刊个性的形成还受到现存报业结构的制约

一个专刊或副刊选择的内容和形式是这样的，而不是那样的，其中一个重要的考虑就是避免与现存报业系统中各种专副刊的雷同。

3. 受编辑人员素质的制约

专副刊是否有个性，关键在于编辑是否有较高的水平，能否充分发挥自己的独创性。墨守成规是办不好专副刊的。

4. 受时代要求的制约

凡是办得较有特色的专副刊都是善于捕捉时代的需求，先人一步创办起来的。创办以后，还要随着时代的发展而不断更新内容，否则也会落后于时代而失去特色。

二、专刊设计的特殊要求

专刊与副刊设计上的共同要求，以上已有所阐述。为突出专刊个性，这里再对其设计上的特殊要求加以补叙。

新闻性和实用性是近年来专刊凸现的品性。为了给读者提供对新闻事件完整的深入的解释，提供对实用信息的全方位服务，有些专刊采用一期围绕一个中心（主题）、全方位展开的设计方法。由于这种方法近年来采用较多，已成为一种特色，这里有必要加以探讨。

怎样采用上述方法设计专刊呢？

（一）发挥专刊专门化的优势

专刊顾名思义姓“专”。这里的“专”是指一期专刊主题单一，目标集中，直接面对某一现实问题。1999 年 4 月，国际上相继出现五大新闻事件：北约轰炸南斯拉夫；北约成立 50 周年；新日美合作指针的相关法案获通过；美国作出部署导弹防御系统的决定引起国际上强烈反响；欧元问世 100 天。《人民日报》

① 参见《人民日报·周末生活》编辑组：《党报宣传报道的一种改革尝试》，载《新闻战线》，2000 (3)。

的《国际周刊》（实为专刊）分五期对一个新闻事件，从各个侧面加以深入阐释，直接回答了读者所关注的这些热点问题。与此同时，《人民日报》的《国际副刊》每一期都以多个选题反映来自不同国家的社会生活、人文景观和自然风貌。两刊选材都来自国际方面，但前者主题单一，选材集中，充分发挥了专刊“专”的优势；后者主题和选材都力求多样，充分发挥了副刊“杂”的优势。两刊都显示出了独特的个性。

（二）发挥专刊深入剖析的优势

用一个中心、全方位展开的方法编专刊，有利于从容地进行纵横比较，深入阐释问题。

1999年4月23日《人民日报》的《国际周刊》围绕北约成立50周年及其推出的新战略，发表了七篇文字稿和一幅诗配画。《北约走过50年》《北约大事记》《新概念　老主义》《国际回声》栏内关于北约成立20周年至50周年的言论摘编，从纵的方面剖析了北约战略发展的历程及当前新战略的实质。《危险的新战略》、《波匈捷入盟后的难题》和《俄罗斯面对北约双扩》是从横的方面剖析北约新战略对各国带来的灾难。通过这样的分析，有助于读者深入了解北约及其新战略的本质。

用一个中心、全方位展开的方法编专刊，有利于将某些现象加以演绎和升华，引导读者上升到理性认识。1998年初，“中国彩电第一品牌”长虹在济南受挫，七家大商场以“售后服务不好”为名拒绝销售，厂家则称“谁不卖‘长虹’，谁最后会后悔”，双方尖锐对立、互不相让。《中华工商时报》的《企划广场》专刊于5月8日刊出《厂家　商家　亲家？冤家？——从危机公关看“长虹”事件》等一组稿件。不仅对事件作了介绍，而且用一个典型案例和一篇理论文章，从史和论两方面加以评析。案例说的是，1982年美国一家大公司生产的镇痛胶囊据传媒报道有7人服用后死亡，引起消费者巨大恐慌。在未查清事实真相之前，该公司通过新闻媒体向社会宣布，本着对消费者负责的精神，花费巨资回收该药。与此同时请有关部门进行科学鉴定，结果证实7人死亡与该药无关。最后该公司及其药品重新赢得了公众的信任。这篇经典案例以令人信服的事实揭示了一个企业面临危机之时应该如何正确进行公关。配合上述案件，刊登《危机公关处理原则》一文，则从理论上阐明在危机面前如何坚持主动性、诚意性、真实性等原则，巧妙地开展公关，渡过难关。通过这两篇文章的评析，使读者领悟到应如何看待“长虹”现象，企业应如何正确树立处理危机的公关理念和态度。

（三）发挥专刊集束化的群体优势

用一个中心、全方位展开的方法编专刊，显著的特点就是同类稿件的集纳。

利用这种集纳性，可以显示事物的全过程和多样性。一些提供实用性信息的专刊常常利用这一特性，提供全程服务和多样化服务。

1999年6月27日《中国电力报》的《家庭电气化》专刊以《来，清凉一下》为题，围绕家用空调推出了一个整版。从家用空调的选购—安装—使用到发展趋势，为读者提供了全程的信息服务。这对于渴望空调走进家庭的人们来说，无疑是很需要的。

1998年3月3日《精品购物指南》的《选择》专刊推出了《最适合您的运动是什么》专版。它根据人们参加运动的动机，将运动形式分为健身健美型、社会交往型和情感宣泄型，并且分别列表介绍各类体育运动的主要场馆和地址。这种信息服务与上一例不同，是横向展开的，它给读者提供了多样选择的机会。

围绕一个中心、全方位展开的编刊方法，只是专刊设计的一种。主题单一，同类稿件集中，既有优点，也有局限。它在满足众多读者多种多样的需求方面，有时显得力不从心，因此不能将这种方法当做唯一的做法。

第七节　专副刊的作者与组稿

专副刊的内容和形式无论设计得多么好，最终还要通过一篇篇稿件体现出来。充足可用的稿源，是实现这种设计的保证。专副刊不同于新闻版，它没有固定的供稿渠道（如通讯社）。各部门、各地区所设立的通讯报道队伍，主要也是为新闻版提供自己所负责领域内的新闻。其中虽然也有人为专副刊写稿，但大都是自发的（不作为通讯报道任务），采用率也不高。因此，根据编辑部的要求，有目的地向一些作者约稿，就成为保证专副刊稿源和稿件质量的重要环节。

一、组稿的对象

为专副刊撰稿的人，大体分为两类。一类是专家；一类是群众。前者在某一领域有较深造诣，发言具有一定的权威性。同时驾驭文字的能力也较强。专家包括各行业的专业人士和以写作为职业的作家。群众作者是指具有一定的专业知识和写作能力的一般投稿者。他们无论是专业方面的造诣还是文字方面的表达能力，通常均不及专家。但他们多生活在基层，来自第一线，有较丰富的工作经验和生活体验。他们当中除一部分写作积极分子经常动笔外，大都是在生活中偶有所感才拿起笔来。

无论是专家还是群众作者都是专副刊编辑的组稿对象。但是由于编辑的精力有限和作者的供稿情况有别，一般来说组稿多偏重在专家以及群众作者中的写作积极分子方面。

在实际工作中，上述两种作者并不是现成地站在每位编辑面前，而是需要编辑主动去寻觅、去物色。发现作者的途径大体有以下几种。

（一）从专家学者聚集的单位里发现作者

科研单位、文化团体、大专院校、党政机关、大型企业中的专家、学者和高层管理者较多，在社会上往往有一定的知名度，他们很自然地成为专副刊编辑物色作者的对象。他们在自己所涉猎的领域中当然是内行，但是是否长于写作，是否有精力撰稿，仍是物色中要注意的问题。

（二）从已刊发的作品中发现作者

物色作者固然要听取有关方面的介绍，但是作者所公开发表的作品，集中反映了作者本人的水平，是对作者本人最生动、具体的“介绍”。从中可以发现哪些作者熟悉哪方面生活、善于撰写哪类文章，如符合专副刊的需要，就可作为物色的对象。

（三）从参加会议和各种活动中发现作者

在这些会议和活动中，编辑可以接触各种人，他们的发言，他们对各种问题的见解，他们所谈的经历，都为了解作者提供了十分有利的条件。编辑可以从中物色到适应为专副刊撰稿的作者。

（四）从自发来稿中发现作者

采用这种办法发现作者，难度较大。这是因为作者缺乏知名度，编辑又与之不熟悉，所写作品即使很优秀，也被淹没在大量来稿之中，稍不留意就有失之交臂的可能。因此应该要求编辑以独具的慧眼和扶植新人的热忱细心审读自发来稿，从中发现作者。

二、发现和培养作者

发现和培养作者是专副刊编辑应尽的责任，同时也是编辑工作的好传统。可是在这方面某些情况令人担忧。编辑中有一种说法是“我培养你，谁培养我呀?”有位老作者撰文指出，现在的编辑也说自己是“为人做嫁衣的”，可有时候想想，就觉得现在这些“做嫁衣”的编辑有点儿像大街上的裁缝，不是白白地给你做嫁衣，给你做嫁衣就得收取一定的报酬。[①] 有鉴于此，《北京青年报》的《天天副刊》编辑约请中国现代文学史专家孙郁写了一篇文章，介绍中国报刊界的优良传

① 王安琪：《从客体到主体》，载《中华工商时报》，2000—10—19。

统。孙郁写道："我记得30年代时，许多副刊的文章，是从自然来稿中被选中的，且质量上乘。曹聚仁、萧乾、沈从文当编辑时，就发现了许多人才……鲁迅做编辑时，就结识了一大批青年，那时的文学新人，虽不乏浅陋之士，有的甚至狂妄得很，但他们有个性，不被时尚左右，文字间有凌厉之气。像白薇、叶永蓁、白莽等，是因为投稿而与鲁迅相识的……二三十年代的报刊史是较为活跃的历史，作者与编者似乎被同一种力量吸引着，不断有新人，不断有佳作，如今想来，让人感慨不已。"①

湖北一位部队作者黄芥田作为投稿者认识了《光明日报》副刊老编辑黎丁，他非常感激黎丁给予他的帮助。他在一篇文章中写道："黎丁在百忙之中，劳心费神给我写过30多封长长短短的书信，编发过我近20篇杂文。作为一个大报的名记者、老编辑家，他毫无名人的架子，长期真诚地关怀和帮助着像我这样的非亲非故的'投稿者'——普通杂文作者，并且成了忘年之交。"②

上述事例，都说明为作者做嫁衣，是编辑的一种美德，同时也是应尽的职责。

当然，为作者做嫁衣，是要付出一些辛劳的。作家萧乾曾做过多年的副刊编辑，他自诩为"文学的保姆"。他说："我热爱这份'文学保姆'的工作。首先，它使我步入同辈青年朋友的精神世界，分享他们在生活中的苦恼与向往。他们寄来的文章，但凡能用的，即便还需要修修补补，我也千方百计让它们见天日。这给予我莫大的快乐……其实，我认为当'文学保姆'的甘远远多于苦。"③ 萧乾的这种正确的苦乐观，来源于他对编辑职责的深刻理解。他说："我认为品评一个文学刊物的成就，主要不是看它发表过多少资深作家的文章，而是看它登过多少无名的。我编《大公报·文艺》期间……我思想里就很明确：自己的主要职责是为新人新作提供园地。"④

现在我国正步入社会主义市场经济时代，报纸除了社会效益外，还要讲经济效益。在这种情况下，专副刊的编辑还要不要为他人做嫁衣？这个问题已尖锐地摆到了编辑们的面前。在新时代，编辑要靠作者提供稿件，这一事实没有改变。作者队伍要不断更新，新的作者尚不成熟，需要得到帮助，才能提高水平，这一过程也无法改变。新的作者不需编辑的帮助，只要进一个速成学校，一下子就可以成长为成熟的作家，可惜这样"神奇"的学校尚未出现。在这样的情况下，编

---

① 孙郁：《为什么不能自然表达》，载《北京青年报》，2000—12—09。

② 穆欣：《甘愿为作者"做嫁衣裳"》，载《新闻爱好者》，2000（1）。

③④ 萧乾：《我当过文学保姆》，载《新文学史料》，1991（3）。

辑不去帮助新作者、培养新作者，到哪里去寻找合意的稿件？专副刊的作者，不像某些企业的新员工，经过短期培训就可上岗，他们在写作园地上需要编辑的浇灌和扶持，并通过长期写作实践的磨炼才能成熟。编辑是浇灌和扶持他们的园丁。因此，编辑发现、培养作者是责无旁贷的。

三、组稿的方法

专副刊编辑的组稿，有个别组稿、集体约稿和公开向社会征稿三种方式。个别组稿，有的是登门拜访，有的是电话相约，有的是信函邀请。表达约稿意图，有的是开门见山，直截了当，有的是迂回曲折，最后提出要求。这要根据作者的情况和编者与作者的关系而定。个别组稿像是特意定制“产品”，它有利于发挥作者的特长，也能满足编辑部的特殊需要。个别组稿是编辑最经常采用的一种约稿方式。

集体约稿，是编辑在同一场合（如会议）向一批作者同时约稿的方法。通常是编辑和作者们共同商定若干选题，然后由个人认定或共同商定各自承担的任务。通过这种方法可以组织一批稿件，各篇稿件之间既有联系，又有分工，能使一个较大的选题得到较充分的阐述。在集体约稿中，要注意每位作者的特色，要尽可能使作者扬其长，避其短。

公开向社会征稿，是通过书面方式以统一要求向更大范围的作者征求稿件的方法。这种约稿往往围绕某一中心或为新辟的某一专栏向作者求稿。凡是专副刊准备拿出较大篇幅纪念某个人物、事件和节日，或就某个重要问题展开讨论，或倡导某种文学体裁（如鼓励写小小说）时，常常采用这种公开向社会征文的办法。作者的范围很广，既包括专家，又包括群众。事实上往往后者居多。编辑事先对稿件的内容和形式提出统一要求，应征者按此进行写作。如果题目出得好，就可收到大量稿件。稿源充足，专副刊的质量也就有了保证。如果稿件用不完，弃之又可惜，可推荐给其他报刊选用，如有条件亦可约请出版单位出专集。

这种公开向社会征稿的方式，牵动面很大，若不是较为重大的选题，不宜轻易采用这种方式。

以上三种方式，各有所长，各有所适用范围。作为编辑要善于根据专副刊的要求，灵活运用它们。

组稿是同各种作者打交道的社会性工作。如下几个问题需要注意：

第一，事先应对作者有基本的了解，要看准对象。

无论采用哪种组稿方式，了解作者是第一要义。向社会征稿和集体约稿，都要了解应征者和应约者对编辑出的题目是否感兴趣，他们是否愿意和有条件撰稿。采用个别组稿的方式，对于作者应有更多的了解。比如，作者最近关注的问题，他的经历、专长、爱好、工作和生活近况以及对作者最适宜的访问时间和方式等等。谢觉哉曾做过多年的编辑工作，而且也是副刊的老作者。他的主张是：应当通过各种途径去熟悉作者，这方面的时间花得多了，约稿的时间就花得少了，而且事半功倍，双方满意，读者也看到了好文章。谢老的话是经验之谈，值得借鉴，有些编辑约稿所以不成功，重要的原因是不肯在熟悉作者方面下功夫。由于情况不明，所出的题目不能适应作者之所长，若作者勉强应允也会感到力不从心，回绝又有拂编者的盛情。结果双方都感到很尴尬。这是组稿时应尽可能避免的。

应该指出的是，编辑要熟悉的不是静态的物，而是活生生的人。作者的思想感情和对事物的兴奋点是经常处在变化之中的。编辑如果能及时了解并捕捉这种变化，不失时机地去约稿，不仅作者会欣然命笔，而且也容易约到好文章。有个报纸副刊准备在李大钊殉难 30 周年纪念日编发一组纪念性稿件，编辑已筹集了几篇。只是缺一篇重头的文章。恰好得知曾与李大钊一起工作的陈毅同志刚去凭吊过先烈的陵墓。于是编辑抓住这一由头前去约稿，果然成功。作者不但写来文章，还附五绝六首。

编辑对作者的熟悉应是多方面的，除了注意大的方面外，小的方面亦不应忽视。有位作家是在辛亥革命前就从事革命活动的老人，诗文写得精彩。某副刊的一位编辑前去约稿，正值老人闭门写作一部长篇小说。家人遂谢客。可是这位编辑以为只说几句话，并无大妨碍，执意要见本人。最后虽然见到了，但遭到了拒绝。事后这位老人对编辑说：“我有个怪脾气，写东西的时候，怕人家打乱我的构思。那天，我写得正有味道，你来了，叫我写诗。待我把小说写得差不多，或告一段落的时候，一定自动地给你们报社写首诗。”其实，这位编辑约稿的失败，不在于对作者的特长不了解，而在于对他的其他方面（写作时概不会客之类）缺乏了解，因而话不投机，未能达到目的。

第二，要建立良好的业缘关系。所谓业缘关系是指围绕编辑业务而形成的与社会各方的联系。循着这种联系，编辑可以顺利地找到合适的作者，较好地完成任务。对编辑来说，它是一个人才信息库。《人民日报》副刊编辑袁鹰总结的组稿四字秘诀中，就有一个是“单”字。所谓“单”，即一叠作者的名单。他举例说，这一张都是一些散文的作者，那一张，只适合写一些文学性政论的，再一张呢，老作家居多，对副刊来说，是希望他们写一点小品随笔等等，也还有一批单子，那是一些不相识的作者。编辑同志是从他们的来稿里逐渐认识了他们，熟悉了他们善于和适宜于写什么样的稿件，等到需要的时候，就可以向这些作者提出具体的要求。[①]《光明日报》副刊一位老编辑，每天都写“情况摘记”，写进“摘记”的作者名录将近千人，包括文化界知名人士以及党、政、军、学各界名流，还有相当数量的初学写作的文学青年。他与许多作者成了真诚的朋友。正因为有了这样的联系，报社急需约请名家撰稿，交给他去办，文稿总能如期到手，准时见报。

现在很多年轻的编辑也注意在与作者的联系中建立良好的业缘关系。武汉《长江日报》《长江周末》的一位编辑，有次从北京一家报纸上读到一篇未署名的简讯，说是藏族相声演员洛桑因车祸身亡，其遗体已火化。编辑马上与北京的朋友联系，后辗转得知天津的一位干新闻的朋友详知此事，乃挂通天津的长途电话，一番问询，这位朋友不仅到过殡仪馆采访，还采访了洛桑的亲人及他的搭档，于是约他写了一篇 2000 多字的《洛桑猝死的前前后后》，刊出后，引起了众多读者的阅读兴趣。[②] 这位年轻的编辑事后深有感触地说，副刊是要当事人自己来写，还要要求人家迅速写就并合乎我意，这不能不说是个复杂活动，它不仅需要很好的交际技巧，平时还要注意培养业缘关系。

第三，善于想点子，出题目，但又不强加于作者。稿子写得好，固然要作者们善于动脑筋，但是约稿的编辑也要能抓住形势的变化和读者的需求，善于出点子出题目。在此基础上，如果再能找到合适的作者，不愁没有好的文章。20 世纪 60 年代经济困难时期，一位编辑向知名作家、老报人夏衍请教如何办好副刊。当时北京经过两年干旱之后刚下了一场大雪。夏衍说，副刊应该反映广大群众密切关心的问题。比如这场雪，作为一个副刊编辑就应敏锐地注意到，可以请科学家写雪与农作物的关系，请医生写雪对人身体的影响，也可以请诗人咏雪等等，方面很广。[③] 在这次闲谈中，夏衍一口气就出了三个题目。说明要出好点子，必须要有观察问题的敏感和对读者心理的细致体察。

编辑要出好主意，还应有长远的战略眼光和坚持真理的勇气。艺术大师梅兰芳对京戏发展作出了杰出的贡献，但是一直忙于演戏，未能及时对自己的艺术实践静下心来加以系统总结。《文汇报》老编辑黄裳想到了这个问题。于是他约请梅兰芳在百忙中抽出时间撰写《舞台生活四十年》在报上连载。对于这件事，有

---

① 参见袁鹰：《副刊编辑手记》，见《中外报纸编辑参考资料》，395～396 页，北京，中国人民大学出版社，1987。

② 参见万强：《新闻周刊编辑的角色意识》，载《新闻战线》，2000（3）。

③ 参见《关于副刊的一些想法——夏衍同志谈副刊》，见《中外报纸编辑参考资料》，360 页，北京，中国人民大学出版社，1987。

人作了这样的评价："如果没有约稿者的眼光，中国戏曲史将失去这部宝贵的遗产。"1957年反右斗争以后，画内部讽刺画已被很多人视为畏途。华君武为《光明日报》作画也暂停了一段时间。后来总编辑穆欣亲自登门要求继续供稿。华君武开玩笑说："你敢登，我就敢画!"穆欣笑着回答："你敢画，我就敢登!"于是《光明日报》《东风》副刊上开辟了一个内部讽刺画专栏。由于编辑的支持，虽然无形的压力还有，但华君武认为这种画不是针对社会主义制度，而是针对旧思想、旧作风，所以一直坚持作画，直到"文化大革命"开始，才被迫停笔。①

专副刊编辑出的题目，最终要由作者来完成。题目出得再好，也要尊重作者的意愿，不能强加于人。《人民日报》社曾有过这样的规定："副刊编辑同志应该同作者保持密切联系，在一定时期，可以根据报纸和读者的要求，提供一些题目或线索；但不作强制性的要求，写与不写和如何写；应该尊重作者的自由。"为了避免强加于人，有些编辑在约稿时先不谈文章，而是先同作者共同讨论某个问题。在交谈过程中，编辑有意把自己想好的题目和点子引入讨论的话题，当发现对方对这个话题感兴趣，滔滔不绝发表自己的见解之时，编辑就顺势请作者以所谈问题为基础写篇文章。这时的作者也往往乐于从命。下面就是两位老编辑向作家孙犁约稿过程的描述：

> ……这是两位有丰富约稿经验的老手，他们先不同孙犁谈约稿，却谈起当前小说创作的一些情况和问题。孙犁像以往一样，总是虚心、耐心地听取别人讲话；时而点头（表示赞同），时而不语（这是他在思考），时而纵情地哈哈大笑……这是他对对方谈话产生了共鸣。今天，孙犁兴致很好，他谈了不少对短篇小说创作的看法……
>
> "你把这些意见写写，我们发表!"编辑这才表露了来意。"可以吧!"孙犁踌躇了一下，答应了，这是粉碎"四人帮"以后第一家找他约稿的刊物，他很感动……②

在这里，两位老编辑采用先同作者讨论，后定题目的做法，好处是可以充分尊重作者的意愿，避免了约稿中的主观主义。如果在情况不明之时，一上来就定题目，让作者奉命作文，往往收效甚微。

任何一种做法，都有适用的条件。上述做法就需要花费很多时间。如果编辑同作者是老朋友，经常见面，平素对对方的意愿、想法和长处都一清二楚，加上约稿任务紧急，开门见山提要求定题目未尝不可。有些作者喜欢快人快语，约稿

---

① 参见郭振华：《访漫画家华君武》，载《人物》，1987（2）。

② 克明：《一个作家的足迹——孙犁创作生活片断》，载《长城》，1981（2）。

也可直截了当。总之，无论采取哪种方式，尊重作者意愿，能发挥其所长，这条原则必须遵循。

第四，及时帮助作者解决写作过程中遇到的问题。作者在写作过程中，有时需要了解本人不掌握或不易获得的某种情况和资料，有时需要配合发表其他体裁的作品（如插图），而作者本人又是无力解决的，在这种情况下，编辑凭借其与各方面的关系，可以从旁加以协助。有一年国庆前夕，《人民日报》副刊编辑约老舍写文章，老舍提出要去北京的天桥看看，编辑为此主动事先作了安排，并陪同前去访问。最后，老舍写出了一篇反映天桥变化的散文。有一次，《人民日报》副刊拟发表郭沫若的组诗《百花齐放》，诗中写了上百种形态各异的花，为了便于读者欣赏诗作，编辑曾约请几位著名木刻家为组诗配插画，并陪同他们与诗人、园艺师会面，一起参观花圃。写花、画花、养花的人汇集在一起，切磋琢磨，作者得到了帮助，感到很高兴。

第五，不要总是在少数几个作者中约稿，应不断扩大作者队伍。专副刊这块园地虽然不大，但它是属于广大读者和作者的，不能当做少数人的领地。专副刊的作者面窄，原因很多，从编辑方面来说，有的是因为不善于交往，缺少活动能力；有的是不够勤快；有的则是存有偏见和私心。约稿时，有的编辑目光盯住了自己的亲朋好友或几位名家，对众多“无名之辈”不屑一顾。一个称职的编辑应是“重作品不重人，重水平不重私交”[①]，“以文取人，勿以人取文，惟择优者以上宾”[②]，“不因作者名气小而埋没珍珠之作；也不因作者有名而发表草率成篇的东西”[③]。

第六，编辑与作者不应只是约稿和写稿的关系，而应成为知心的朋友。在约稿过程中，我们反对编辑把目光只投向自己的朋友，对其他作者不屑一顾。但不是反对编辑与作者有正常的交往和亲密的朋友，相反应该大力提倡编辑同作者交朋友，而且最好是知心朋友。他们能帮助编辑发现新问题，提出新论点，想出新点子。对于作者“不能用着时靠前，用不着靠后；约稿时，急如星火，稿到手，冷若冰霜”[④]。作家萧乾说：“我不大愿意接近那种‘纯’编辑。他兴冲冲地走进来，要求提的倒是很明确：要什么文章，哪天截稿——而且日子往往尽量往前提。交代完毕，就等被组稿的人作出承诺。50 年代还有些出版社的编辑，他们提了只皮包，里头放的是合同及钞票。合同一签，定金一付，就算成交了。我们之间纯粹是供货

① 丁言昭、周忠麟：《施蛰存的编辑生涯》，载《编辑学刊》，1989（2）。

② 舒群：《编文艺副刊有感》，载《人民日报·大地》，1982—11—09。

③ 胡少安：《在寂寞中追求——作家孙犁谈文学创作》，载《人才》，1981（10）。

④ 孙犁：《编辑手记》，见《孙犁文集》第 7 卷，108 页，天津，百花文艺出版社，1982。

者与定货者的关系。任务是完成了,但这种往来仅仅是交易而已。”[①]

综上所述，一个专刊或副刊能否编得好，一个重要因素是能否有一支良好的作者队伍。而作者队伍的建立和发展，又要靠编辑的长期辛勤努力。在这里，编辑这位无名英雄所作的贡献，同样会铭记在人们的心中。

思考与练习题

1. 简述专副刊的含义和种类。

2. 专副刊的特性是什么?

3. 结合实例阐述专副刊的功能。

4. 专副刊内容的设计应注意哪几方面?请设计一期专刊或副刊（包括总体设想、选题、体裁，拟约请的作者)。

5. 简述专副刊常用的几种体裁及其特点。

6. 专副刊中专栏的作用及设置专栏的要求是什么?

7. 专副刊编辑应该怎样物色作者?组稿时应注意什么问题?

---

① 萧乾:《清泉集》，1～2页，上海，上海文艺出版社，1982。

附　录

一、中华人民共和国专业标准　校对符号及其用法

本标准规定的符号及用法，适用于出版印刷业中文(包括各少数民族文字)各类样的校对工作。

编号	符号形态	符号作用	符号在文中和页边用法示例	说　明

(一) 学符的改动

1	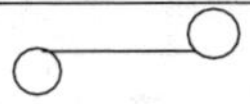	改　正	增高出版物质量。　提	
2	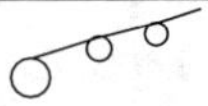	删　除	提高出版物物质质量。	
3	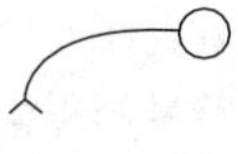	增　补	要搞好校工作。　对	增补的字符较多，圈起来有困难时，可用线画清增补的范围。
4	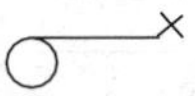	换损污字	坏字和模糊的字要调换。	
5	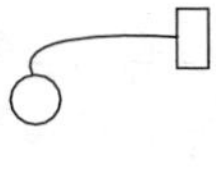	改　正 上下角	16= 42　2 H_2SO4　4 尼古拉 . 费欣　· 0. 25+ 0. 25= 0 5　. 举例 2× 3= 6　: X : Y= 1: 2　:	

(二) 字符方向位置的移动

续前表

编号	符号形态	符号作用	符号在文中和页边用法示例	说　明
6		转　正	字符颠倒要转正。	
7	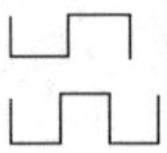	对　调	认真经验总结。 认真经结总验。	
8	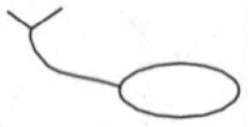	转　移	校对工作,提高出 版物质量要重视。	
9		接　排	要重视校对工作, 提高出版物质量。	
10		另起段	完成了任务。明年……	
11	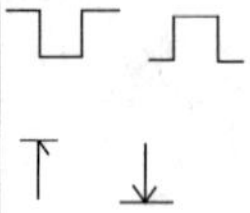	上下移	序号　　名称　　数量 01　×××　2	字符直移到缺口左右水平线处。 字符下移到箭头所指的短线处。
12	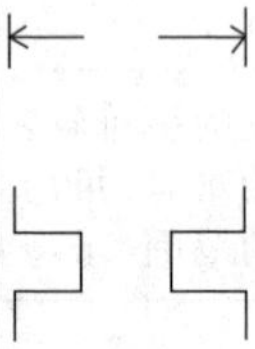	左右移	要重视校对工作, 提高出版物质量。 3　4　　5　6　5 欢呼　　歌　唱	字符左移到箭头所指的短线处。 字符左移到缺口上下垂直线处。 符号画得太小时,要在页边重标。
13	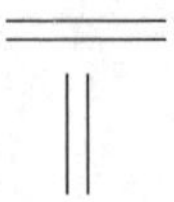		校对工作非常重要。 必须提高印刷质 量,缩短印刷周期。	
14		排阶梯形	RH_2	

续前表

编号	符号形态	符号作用	符号在文中和页边用法示例	说　明
15	⊥	正　图	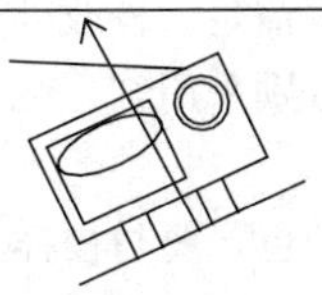	符号横线表示水平位置，竖线表示垂直位置，箭头表示上方。

(三) 字符间空距的改动

16	∨ ＞	加大空距	∨∨∨ 一、校对程序 ＞校对胶印读物、影印书刊的注意事项：	表示适当加大空距
17	∧ ＜	减小空距	∧ 二、校对程　序 ＜校对胶印读物、影印书刊的注意事项：	表示适当减小空距。横式文字画在字头和行头之间。
18	#	空 1 字距 空 2/ 字距 空 3/ 字距 空 4/ 字距	第一章　校对职责和方法 #	
19	Y	分　开	Goodmorning! Y	用于外文

(四) 其　他

编号	符号形态	符号作用	符号在文中和页边用法示例	说　明
20	△	保　留	认真搞好校对工作。△	除在原删除的字符下画外，并在原删除符号上画两竖线。
21	○=	代　替	机器由许多另件组成，有的另件是铸出来的，有的另件是锻出来的，有的另件是……。 ○= 零	同页内，要改正许多相同的字符，用此代号，要在页边注明。 ○= 零
22	。。。	说　明	第一章 改三黑 校对的职责	说明或指令性文字不要圈起来，在其字下面画圈，表示不作为改正的文字。

使用要求：

1. 校样中的校对引线不可交叉。初、二、三校样中的校对引线，要从行间画出。

2. 校对上改正的字符要书写清楚。校改外文，要用印刷体。

3. 校对校样，应根据校次分别采用红、纯蓝、绿三种不同色笔（墨水笔或圆珠笔）书写校对符号。

4. 著译者改校样所用笔的颜色，要与校样上已使用的颜色有所区别，但不可用铅笔。

二、电子排版常用字体

报　宋	中华人民共和国	繁報　宋	中華人民共和國
仿　宋	中华人民共和国	繁仿　宋	中華人民共和國
黑　体	中华人民共和国	繁黑　體	中華人民共和國
楷　体	中华人民共和国	繁楷　體	中華人民共和國
书　宋	中华人民共和国	繁書　宋	中華人民共和國
小标宋	中华人民共和国	繁小標宋	中華人民共和國
中等线	中华人民共和国	繁秀　麗	中華人民共和國
细　黑	中华人民共和国	繁中　楷	中華人民共和國
行　楷	中华人民共和国	繁行　楷	中華人民共和國
魏　体	中华人民共和国	繁魏　體	中華人民共和國
美　黑	中华人民共和国	繁平　黑	中華人民共和國
姚　体	中华人民共和国	繁方珊瑚	中華人民共和國
大　黑	中华人民共和国	繁大　黑	中華人民共和國
大标宋	中华人民共和国	繁大標宋	中華人民共和國
舒同体	中华人民共和国	繁舒同體	中華人民共和國
细　圆	中华人民共和国	繁細　圓	中華人民共和國
中　圆	中华人民共和国	繁中　圓	中華人民共和國
准　圆	中华人民共和国	繁准　圓	中華人民共和國
粗　圆	中华人民共和国	繁粗　圓	中華人民共和國
淡古印	中华人民共和国	繁淡古印	中華人民共和國
综　艺	中华人民共和国	繁綜　藝	中華人民共和國
琥　珀	中华人民共和国	繁琥　珀	中華人民共和國
隶　书	中华人民共和国	繁隸　書	中華人民共和國
彩　云	中华人民共和国	繁彩　雲	中華人民共和國
隶　变	中华人民共和国	繁隸　變	中華人民共和國

黑　变　　中华人民共和国
行　草　　中华人民共和国
细黑一　　中华人民共和国
超　黑　　中华人民共和国
中长宋　　中华人民共和国
日　文　　中华人民共和国
日文黑　　中华人民共和国
楷　宋　　中华人民共和国
胖头鱼　　中华人民共和国

繁黑　變　　中華人民共和國
繁細黑一　　中華人民共和國
繁超　黑　　中華人民共和國
繁中長宋　　中華人民共和國
繁通　心　　中華人民共和國
繁廣　告　　中華人民共和國
繁胖頭魚　　中華人民共和國

三、标题与正文字数（行数）换算表

类别 字数 字号	四开版一栏	四开版两栏	类别 字数 字号	直排所占行数	类别 字数 字号	八开版一栏	八开版两栏	类别 字数 字号	直排所占行数
五号	11	23	五号	1	五号	9	20	五号	1
方小四号 扁小四号 长三号	9	20	长小四号 方小四号 扁三号	1.5	方小四号 扁小四号 长三号	8	18	长小四号 方小四号 扁三号	1.5
方四号 扁四号 长小二号	7	16	长四号 方四号 扁小二号	1.5	方四号 扁四号 长小二号	7	15	长四号 方四号 扁小二号	1.5
方三号 扁三号 长二号	7	16	长三号 方三号 扁二号	1.5	方三号 扁三号 长二号	6	4	长三号 方三号 扁二号	1.5
方小二号 扁小二号 长小一号	6	13	长小二号 方小二号 扁小一号	2	方小二号 扁小二号 长小一号	5	12	长小二号 方小二号 扁小一号	2
方二号 扁二号 长一号	5	11	长二号 方二号 扁一号	2	方二号 扁二号 长一号	4	10	长二号 方二号 扁一号	2
方小一号 扁小一号 长小初号	4	10	长小一号 方小一号 扁小初号	2.5	方小一号 扁小一号 长小初号	4	9	长小一号 方小一号 扁小初号	2.5

续前表

类别 字数 字号	四开版一栏	四开版两栏	类别 字数 字号	直排所占行数	类别 字数 字号	八开版一栏	八开版两栏	类别 字数 字号	直排所占行数
方一号 扁一号 长初号	4	8	长一号 方一号 扁初号	2.5	方一号 扁一号 长初号	3	7	长一号 方一号 扁初号	2.5
方小初号 扁小初号 长小特号	3	7	长小初号 方小初号 扁小特号	3	方小初号 扁小初号 长小特号	3	7	长小初号 方小初号 扁小特号	3
方初号 扁初号 长特号	3	6	长初号 方初号 扁特号	3	方初号 扁初号 长特号	2	6	长初号 方初号 扁特号	3
方小特号 扁小特号 长大特号	2	5	长小特号 方小特号 扁大特号	4	方小特号 扁小特号 长大特号	2	5	长小特号 方小特号 扁大特号	4
方特号 扁特号 长 63 磅	2	4	长特号 方特号 扁 63 磅	4	方特号 扁特号 长 63 磅	2	4	长特号 方特号 扁 63 磅	4
方大特号 扁大特号 长 72 磅	2	4	长大特号 方大特号 扁 72 磅	5	方大特号 扁大特号 长 72 磅	1	3	长大特号 方大特号 扁 72 磅	5
方 63 磅 扁 63 磅 长 84 磅	2	4	长 63 磅 方 63 磅 扁 84 磅	5	方 63 磅 扁 63 磅 长 84 磅	1	3	长 63 磅 方 63 磅 扁 84 磅	5
72 磅	1	3	七十二磅	6.5	72 磅	1	2	72 磅	6.5
84 磅	1	3	八十四磅	8	84 磅	1	2	84 磅	8

注：1. 表中正文均指小五号字，行距为小五号的 1/4。

2. 表中横标题只列出一栏和两栏，三栏以上的标题用一栏和二栏相加计算。

3. 表中直排所占行数中的数字是指直排标题每个字所占正文的行数。

图书在版编目(CIP)数据

报纸编辑学教程/郑兴东等著
北京:中国人民大学出版社,2001
21世纪新闻传播学系列教材

ISBN 978-7-300-03905-3
Ⅰ.报…
Ⅱ.郑…
Ⅲ.报纸-编辑学-高等学校-教材
Ⅳ. G213

中国版本图书馆CIP数据核字(2001)第066404号

21世纪新闻传播学系列教材
报纸编辑学教程
郑兴东　陈仁风　蔡　雯　著

出版发行	中国人民大学出版社		
社　址	北京中关村大街31号	邮政编码	100080
电　话	010-62511242(总编室)		010-62511770(质管部)
	010-82501766(邮购部)		010-62514148(门市部)
	010-62515195(发行公司)		010-62515275(盗版举报)
网　址	http://www.crup.com.cn		
经　销	新华书店		
印　刷	北京昌联印刷有限公司		
规　格	170mm×228mm　16开本	版　次	2001年12月第1版
印　张	28.5	印　次	2022年1月第29次印刷
字　数	517 000	定　价	49.80元

关联课程教材推荐

书号	书名	第一作者	定价（元）	出书时间
978-7-300-26788-3	新闻编辑学（第四版）	蔡雯	58.00	2019-03
978-7-300-17508-9	新闻编辑	方毅华	35.00	2013-08
978-7-300-17804-2	报刊编辑	王灿发	45.00	2013-07
978-7-300-17786-1	新媒体编辑	詹新惠	35.00	2013-08
978-7-300-10329-7	新闻编辑案例教程	蔡雯	34.00	2009-04
978-7-300-28460-6	网络新闻编辑	胡明川	45.00	2020-08

配套教学资源支持

尊敬的老师：

衷心感谢您选择使用人大版教材！

相关的配套教学资源，请到人大出版社网站（www.crup.com.cn）下载，或是随时与我们联系，我们将向您免费提供。

欢迎您随时反馈教材使用过程中的疑问、修订建议并提供您个人制作的课件。您的课件一经采用，我们将署名并付费。让我们与教材共成长！

联系人信息：

地址：北京海淀区中关村大街31号206室　龚洪训　收　邮编：100080

电子邮件：gonghx@crup.com.cn　电话：010-62515637　QQ：6130616

如有相关教材的选题计划，也欢迎您与我们联系，我们将竭诚为您服务！

选题联系人：	电子邮件：	电话：
翟江虹	zhaijh@crup.com.cn	010-62515636

俯仰天地　心系人文

人大社网站 www.crup.com.cn

专业教师QQ群：259226416（人大新闻）

欢迎您登录人大出版社网站浏览，了解图书信息，共享教学资源

期待您加入专业教师QQ群，开展学术讨论，交流教学心得